蘇頌精神長青

北宋著名科學家蘇頌史料研究

管成学 主编

江苏大学出版社
JIANGSU UNIVERSITY PRESS
镇江

图书在版编目(CIP)数据

苏颂精神长青：北宋著名科学家苏颂史料研究／管成学主编. — 镇江：江苏大学出版社，2020. 11
ISBN 978-7-5684-0870-7

Ⅰ. ①苏… Ⅱ. ①管… Ⅲ. ①苏颂（1020－1101）—人物研究 Ⅳ. ①K826.1

中国版本图书馆 CIP 数据核字(2020)第 223502 号

苏颂精神长青： 北宋著名科学家苏颂史料研究
Su Song Jingshen Changqing: Beisong Zhuming Kexuejia Su Song Shiliao Yanjiu

主　　编/管成学
策　　划/中国苏颂学术研究会
　　　　　中共镇江市委宣传部
　　　　　镇江市历史文化名城研究会
责任编辑/吴　君
出版发行/江苏大学出版社
地　　址/江苏省镇江市梦溪园巷 30 号(邮编: 212003)
电　　话/0511-84446464(传真)
网　　址/http://press.ujs.edu.cn
排　　版/镇江文苑制版印刷有限责任公司
印　　刷/句容市排印厂
开　　本/718 mm×1 000 mm　1/16
印　　张/25.75
字　　数/440 千字
版　　次/2020 年 11 月第 1 版　2020 年 11 月第 1 次印刷
书　　号/ISBN 978-7-5684-0870-7
定　　价/60.00 元

如有印装质量问题请与本社营销部联系(电话:0511-84440882)

前言

2020年12月10日，是我国古代科学家苏颂诞辰千年纪念日。千年一回，弥足珍贵！

按照编委会的安排，由我为本书撰写前言，主题是“传承中华优秀传统文化，弘扬科技创新、勤奋为民、公正廉明的苏颂精神”，并介绍这次所采取的“编委会+学者”的合作模式。

苏颂是我国北宋杰出的药学家、天文学家和天文机械制造家、科技研究的组织者和实践者，又是11世纪世界著名天文学家。英国学者李约瑟所著《中国科学技术史》的插图中，有一个东西方天文学发展对照图（图1），其中中国部分就标有天文学家苏颂和《苏颂星图》。在“天文学”这一章中，李约瑟先后评介了苏颂的《新仪象法要》（英译为《天文钟》）、苏颂星图、水运仪象台。他在评价水运仪象台时说：“中国古代和中古时期给浑仪提供机械动力的做法，虽然一般用在演示或计算用的仪器上，可是已和现代望远镜的转仪钟的发明相近了。苏颂把时钟机构和观测用浑仪结合起来，在原理上已经完全成功，因此可以说，他比罗伯特·胡克（Robert Hooke）先行了六个世纪，比方和斐（Joseph Fraunhofer）先行了七个半世纪。”

1984年8月3日，李约瑟在给我国苏颂研究者管成学等人的信中说：“苏颂是中国古代和中世纪最伟大的博物学家和科学家之一。他是一位突出的尊重科学规律的学者，虽然同时，他又身居高官要职……苏颂和韩公廉及其助手的合作，说明了他是一位非常谦逊的人，他总是随时随地向别人学习。”

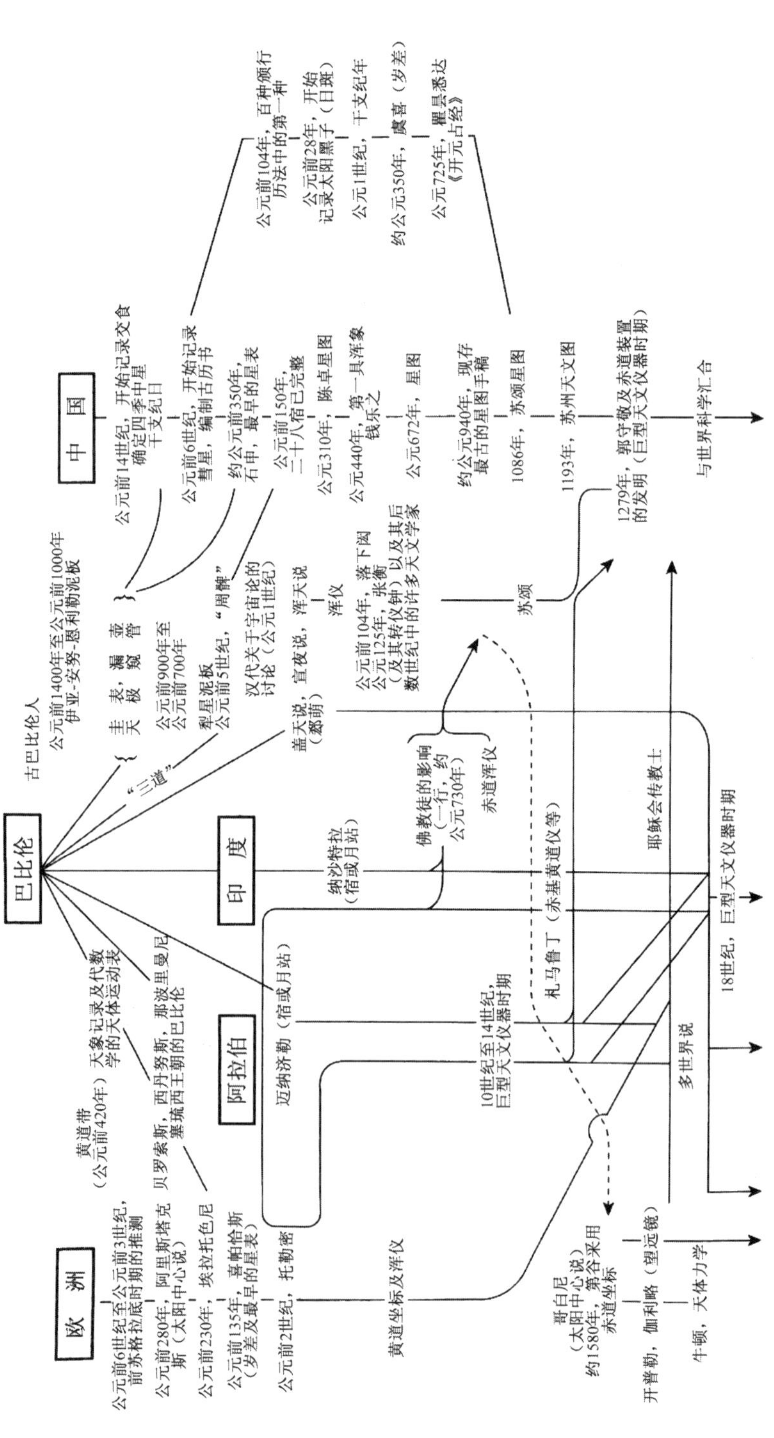

图1　东西方天文学发展对照

一、苏颂的人生经历

苏颂（1020 年 12 月 10 日—1101 年 6 月 18 日），字子容，原籍是北宋时的福建路泉州同安县（今福建省厦门市同安区），定居地是北宋时的浙西路润州和镇江军治所（今江苏省镇江市区）。颜中其主编、管成学副主编的《新编苏氏大族谱》和管成学主编的《新编苏氏总族谱》都认为苏颂与苏轼同宗，苏颂是福建芦山派子孙，苏轼是四川眉山派子孙。苏颂是苏轼的叔父。

北宋是我国古代科技发展达到高峰的时期。苏颂生活在北宋中期，中央集权制强化，农业、手工业和商业都有发展，官僚机构和军队庞大，人民负担沉重，财政不堪重负，变法派与保守派互斗，反反复复。

苏颂 23 岁（虚岁，下同）进士及第，别试第一（别试是为避嫌而另行安排的考试），与王安石同榜。此后其重要经历为：开始即到地方任职，后又曾到地方工作，先后任职的地方有宿州、江宁（今江苏南京）、南京（今河南商丘）、颍州（今安徽阜阳）、开封、婺州（今浙江金华）、亳州、杭州、沧州、扬州等 14 处，其中任职 1 ~ 3 年的有 8 处，总共在地方工作近 19 年，勤政为民，公正廉洁；从事朝廷馆阁校勘、集贤院校理等文字工作约 9 年，得以博览皇家藏书，主持或参与修订《本草图经》等药书；在朝廷短暂任职的有三司度支判官、工部郎中、同判太常寺兼礼仪事、通进银台司、赴辽使节等多职，共 8 年；从 67 岁到 76 岁（1086 年—1095 年），先后任刑部尚书、吏部尚书，主持研究制造水运仪象台，73 岁（1092 年）任右光禄大夫、尚书右丞、尚书右仆射兼中书侍郎（宰相），这是他人生的高峰。苏颂自云“仕宦五十四年”，其中包括为父母守孝和遭遇挫折的岁月，实际任职 46 年。

苏颂的仕途很不平坦。北宋中期，变法派与保守派互斗，官员之间的矛盾层出不穷，尽管苏颂智慧应对，仍难免被牵连。苏颂从 50 岁到退休前，曾三经挫折：第一次是因为拒不草拟皇帝的诏书而被调离降职；第二次是因案件处理而被贬职；第三次是被诬陷包庇罪而坐牢，与苏轼同狱相邻。但是，苏颂却能积极应对，挫而不折。我们还注意到，苏颂在宰相高位上自请解职，也与他在朝进忠言无用相关，《宋史·苏颂传》就明确写道："争论未决……稽留诏命，颂遂上章辞位，罢为观文殿大学士、集禧观使，继出知扬州。"

苏颂从76岁至81岁在润州家中居住。居家养老期间，他仍然好学不止，关心国事。公元1101年6月18日，苏颂病逝，这一年刚即位的徽宗诏朝廷辍朝2日，赠司空，后期又追赠魏国公，南宋理宗朝赐谥正简。

二、苏颂定居润州

苏颂原籍今福建厦门市同安区，考中进士后任职不久就定居今江苏镇江市区。其经过是：庆历七年（1047年），苏颂因父亲苏绅卜葬润州（今江苏镇江市）而在此守孝并安家落户。建宅地点在宋城朱方门外化龙坊，今已不存，初步论证在今梦溪园南、正东路北，宋时与沈括、刁约（字景纯）住宅相邻。苏颂筹建住宅时，因宅地狭窄，还得到退居在家的刁约学士数亩相赠。元丰七年（1084年），苏颂母亲陈夫人病逝，与其夫合葬于润州，苏颂同样在此守孝。元祐六年（1091年），苏颂升任右光禄大夫守尚书左丞（尚书左右仆射均为宰相），向朝廷请奏将润州因胜寺作为他家的"因胜报亲院"并得到批准。绍圣三年（1096年），苏颂获准告老还乡，就居住在京口化龙坊，头一年就将《新仪象法要》木刻印行。苏颂去世后葬在润州五州山东北阜，子孙以此为家，至今镇江还留有苏颂的后裔。苏颂定居润州53年，实际在这里居住10年以上。以苏绅为始祖、苏颂为始迁祖的润州苏姓世系，从此生生不息。

苏颂定居润州后，即自称"润州""丹徒""京口"人，题跋等署名时也有自称"丹阳"人的。这是因为唐朝时，曾改润州为丹阳郡，随后仍改称润州。李白作有《永王东巡歌》（其六）："丹阳北固是吴关，画出楼台云水间。千岩烽火连沧海，两岸旌旗绕碧山。"这首诗正是写在润州改丹阳郡末。直到北宋时，仍有以丹阳代指润州的。清朝乾隆年间编印的《三希堂法帖》，收印有苏颂在王羲之《二谢帖》后写的题记，就自称"丹杨苏颂"（苏颂在这里写的"丹杨"，在古代"丹阳"与"丹杨"是通用的。《辞海》在解释丹阳郡名时就说："阳一作扬或杨。"《三国志・吴书》称：

“策舅吴景，时为丹杨太守。”这里用的就是“杨”字。《旧唐书·地理志》用的是“丹阳郡”，而《新唐书》用的却是“丹杨郡”或“丹杨县”。可见在古地名中，两字是随用的）。这幅题字有 9 行 89 字，原题字如图 2 所示。

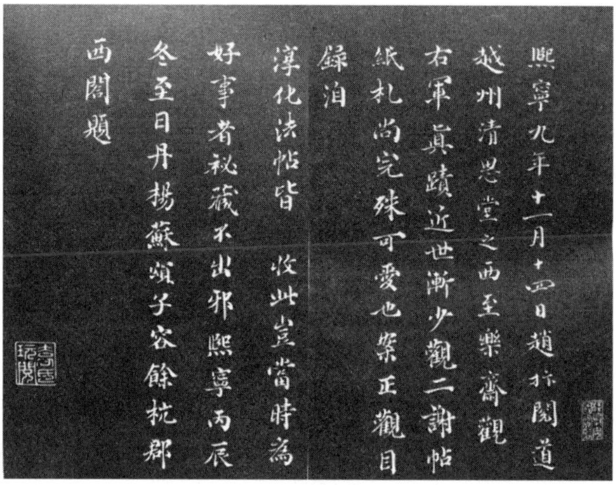

图 2　苏颂为《二谢帖》写的题记

这是苏颂知杭州同年的事。四月到任，十一月去看王羲之《二谢帖》。同行的是赵抃（字阅道，景祐进士，原为朝廷参知政事，因反对王安石青苗法而罢官贬职），去的地点是越州（治所会稽，即今绍兴）。苏颂看到字帖保存完好，甚喜，写下了这段题跋。署名“丹杨苏颂子容余杭郡西阁题”。这幅字能随王羲之的字帖一起收入法帖，可见苏颂的书法也很好。

镇江的地方志，从南宋《嘉定镇江志》到元《至顺镇江志》、明《万历镇江府志》、清《乾隆镇江府志》，直到 1993 年的《镇江市志》，都有关于苏颂的记载。市历史文化名城研究会编著的《中国历史名城镇江研究丛书·科技巨匠》（江苏人民出版社，2004 年）第四章就是“宋代天文学家和药学家苏颂”。镇江从 1986 年着手研究科技史料以来，对苏颂的科技成果、故宅、因胜报亲院、苏公祠、墓址和后裔等研究逐步深化，五州山净因寺（即宋因胜寺）得以重建，镇江博物馆考古所对五州山东北阜进行了苏颂墓地的前期勘测，海外苏氏宗亲会和苏颂原籍福建厦门市同安区芦山堂苏颂史绩研究会等也多次到镇江实地考察，镇江成立了苏颂研究会。近两年来，更以纪念苏颂千年诞辰为契机，继承和发扬苏颂的科技创新、勤奋为民、公正廉明精神，做到古为今用，为现代化建设服务。

总之，历史伟人苏颂不仅属于厦门、镇江，而且属于中华民族，属于全世界!

三、苏颂精神的基本内涵

这本著作是苏颂精神和苏颂史料的有机统一。从各章内容看，苏颂在好学上进、科技创新、勤奋为民、友好使者、公正廉明、按章办事、挫而不折等方面，都给我们留下了宝贵的精神财富。概括说来，就是科技创新、勤奋为民、公正廉明。

（一）科技创新

科技创新是苏颂精神的最大特色。我国的新发展理念更是将“创新”放在首位。据《中国科学技术史·人物卷·苏颂篇》和苏颂研究学者的评传，苏颂在科技方面的重大成就有修订医书、研制水运仪象台（天文钟）、制造天象仪（假象仪）、绘制《苏颂星图》和编著《新仪象法要》等。

1. 修订医书

1053—1061 年，苏颂主要是在馆阁校勘，其中约一半时间是参加或主持编校三部医书：一是《补注神农本草》，又称《嘉祐补注神农本草》。在各家本草著录的 983 种药物的基础上，新增 82 种，新定 17 种，共达 1082 种。其中“序”和“后序”都是苏颂手笔。二是《本草图经》。由苏颂负总责，各地派员到产地找人详认根茎苗叶花实的形色大小，以及可作药用的虫鱼鸟兽和玉石等物，逐件画图，一一说明著花、结实、收采时月和所用功效。在此基础上，画成本草图，撰写图经。三是《备急千金要方》。苏颂参加校勘和定稿工作，撰有“校定备急千金要方序”及其“后序”。当然，这些医书是参与者的集体成果。但是，从苏颂所写序言的字里行间，仍然可以看出他办事办学的主导思路，这成为我国本草学发展的重要里程碑之一。明代李时珍称赞苏颂等所校勘的医书“考证详明，颇有发挥”，并在他的不朽名著《本草纲目》中大量引用了《本草图经》的条目。

2. 研制水运仪象台（天文钟）

苏颂更加著名的科技创新成果是研制天文仪器——水运仪象台，英译本称之为“天文钟”，日本学者称“天文观测时计塔”。元祐元年（1086年）七月，苏颂改任刑部尚书，十一月奉诏“定夺新旧浑仪”，这一年他已66岁。元祐二年（1087年）正月，苏颂升迁吏部尚书。他分析原有的新旧浑仪，除浑天仪、铜浑仪之外，还有浑天象，这次有必要研制一套综合这三器功能的水运仪器，使之既能观察天象，又能自动显示天象和时间。然而，汉朝“张衡之制，史失其传；开元旧器，唐世已亡”，即使是本朝太平兴国初期首创的太平浑仪，也是“机绳断坏，无复知其法制者”。而且，这次又是将三种功能合为一体，研制的难度更大。于是，苏颂在确定了总体设想之后，呈送了《进仪象状》，哲宗“诏如所请”。早在受命之初，苏颂即礼贤下士，发现和选拔韩公廉等一批研制人才，组建成研究所。在苏颂的主持下，经过全所创造性的艰苦努力，从原理探讨到中小模型实验，最后到浇铸成铜仪，费时五年半，终于在元祐七年（1092年）六月十四日，水运仪象台宣告建成。

这座仪象台把浑仪、浑象和壶漏报时装置结合在一起，是一组多功能的大型天文观测和显示仪器，整个仪器高近12米，长、宽各7米左右，从下到上有微收，是一座呈方台形的木结构建筑，台顶、台中、台下的浑仪、浑象、壶漏用两吨铜铸成。仪象台有上、中、下三层：上层是观察天体的浑仪，中层是演示天体的浑象（天球仪），下层是使浑仪、浑象随天体运动而报时的以水力为动力的机械装置。仪象台南侧中下部设五层木阁为报时装置，每层木阁中的木人等活动部件，都从机轮或其他传动机构与天柱相连，而天柱则是贯通全台上、中、下三隔室的传动主轴，从而带动全仪。五层木屋设钟、鼓、铃、钲4种打击乐器，4种活动手臂的木人，红、紫、绿3种不同颜色的司辰木人，158个固定的持牌木人。有专家称，这座水运仪象台占有多项世界首创、世界领先：仪象台的枢轮靠铜壶滴漏的水推动，经过擒纵器的抵拒作用，使枢轮只能转过一幅，并能循环往复，等速运转，这样的天衡系统是现代钟表的先驱，因而苏颂又被称为现代钟表的鼻祖；仪象台上层观测用的浑仪，通过“天运单环”与“枢轮”相连，使之能随枢轮运转，这与现代天文台转仪钟控制的天体望远镜随天体运动是一样的，是现代天文跟纵机械转仪钟的远祖；仪象台台顶安放浑仪的顶层板房，在观测时屋顶板可以摘除，是现代天文台自由启闭屋顶的先导。

水运仪象台于元祐七年（1092 年）制成后，放置在汴京（今开封）西南的合台，直到靖康二年（1127 年）北宋灭亡，才与皇室成员及其他财物一道“悉归于金”。这样算来，仪象台制成后在汴京使用和存放了 34 年。如今，中国国家历史博物馆、英国南肯辛顿科学博物馆、苏颂原籍福建同安苏颂公园、台湾台中自然博物馆、日本长野县诹访湖、北京科技馆等都有先后复制陈列的水运仪象台。

3．制造天象仪（又称假天仪）

水运仪象台研制成功后，翰林学士许将等去验收，提出了“即象为仪”的问题，即以浑象为基础，把观测用的设备放进演示用的天象中去，人在球内可以仰看天象，如同我们在天文馆天象厅欣赏满天星斗、天体运行那样。这一建议得到朝廷批准后，苏颂勇于承担这一任务，和韩公廉一起设计构造、布算星位、施工制作，历数年时间制成一台水力推动的天象仪。这一球形天象仪，“大如人体，人居其中，有如笼象，因星凿窍，依窍加星。以备激轮旋转之势，中星、昏、晓，时皆见于窍中。星官历翁，聚观骇叹，盖古未尝有也”。

4．绘制《苏颂星图》

这是附在《新仪象法要》一书中的五幅星图：《浑象紫微垣星图》《浑象东北方中外官星图》《浑象西南方中外官星图》《浑象北极星图》《浑象南极星图》。这是保存在国内的最早的纸绘全天星图（唐代《敦煌星图》现存伦敦大英博物馆），图上标有 1461 颗星，比欧州文艺复兴时期绘制的 1022 颗星多了 439 颗星，而且早了 300 多年。尤其是首创圆横结合画法，解决了长期以来赤道与北天极周围绘制失真的问题。星图中的圆图，是我国古代传统表示方法，一般称为盖图，因古人将天球比喻为伞盖而得名，天体正圆，如两盖之相合；横图是以赤道为界的南北星图，赤道横络天腹，如两盖之交处，其北为内郭，如上覆盖，南为外郭，如下仰盖，两图相合，全体浑象，则星官阔狭之势与天吻合。《中国科学技术史 · 人物卷 · 苏颂篇》的作者伊世同教授是研究历代星图景表承传变演关系、绘制中西对照星图方面卓有成效的专家，他认为：“就苏颂个人贡献而言，则主要反映在星象方面。”《苏颂星图》用多种圆图与横图相配合的方法描绘星象，以赤道为界展开南北天星图，这在我国刊印星图中是首见的。因此，他把《苏颂星图》单列出来，作为苏颂的一项重要科研成果。

5．修订印制《新仪象法要》

苏颂在完成水运仪象台后，在原来设计图纸和说明文字的基础上，修订为正式版本，付诸木刻发行，为我们留下了世界上最早、最完整、最系统的机械设计图纸，共有总体图、部件图、零件图 63 幅，绘制机械零件 150 多种，并对材料、试验、调试全过程做了详细说明，为后人准确复原提供了基础条件。

（二）勤政为民

苏颂的一生中，任职时间长达半个多世纪。他忠君爱民，奋发有为，从不懈怠。特别是在地方任职近 19 年中，勤政爱民的优良传统在他身上得到了很好的体现。这里列举四个方面的事例说明之。

1．解决民众饮水问题

熙宁九年（1076 年），苏颂知杭州，了解到杭州大旱，井水污浊，不堪饮用，饥疫流行，死者殆半。而城郊凤凰山石缝泉"清纯而甘滑"，是很好的饮用水源。于是，他在派员做前期踏勘后，又亲自查勘，并组织管道施工，引水入城。他的诗作《石缝泉》写的就是在杭州知州任上，首创管道自来水这件盛事。他在诗中写道："人道煮茗奇，味与中泠敌。""若非仕江乡，何由见奇迹。智者必乐水，君子以观德。""兹泉虽未大，其用已为益。""来哲倘不遗，庶几成远绩。"

2．治理黄河、运河和兴修农田水利

嘉祐八年（1063 年），苏颂任提典开封府界诸县镇公事。宋代汴京的水患与漕运一直是朝廷的重中之重。苏颂赴任后，立即踏勘京畿各县的沟渠河道，发现流水不畅，潜伏着泛滥成灾的隐患，及时奏请朝廷，请任专官疏浚自盟、白沟、圭河、刀河四水，确保汴京安全、漕运畅通。此后，经过详细调查研究，制订了汴京水利及黄河治理的系统方案，奏送朝廷。

元丰四年（1081 年），苏颂知沧州。由于黄河决口，洪水经沧州流入界河，东折入海，造成巨大水灾。沧州的水位暴涨，主要是入海口不畅。他亲自到灾区察看，发现沧州东北的三堂泊，纵广百余里，下连海道，于是决定在这里兴办蓄水和引水入海工程，为治理黄河做出了贡献。

3．减轻民众负担

嘉祐八年（1063 年），仁宗驾崩，朝廷为修建陵墓，向诸郡紧急征调"不时难得之物"，苏颂正知颍州（今安徽阜阳），毅然出面劝阻：

“遗诏务从俭约，岂有土不产而强赋乎？量其有无，事亦随集。”他调查当地百姓有无，有的就按价收购，没有的由官府另想办法，从而使百姓免受侵扰。

4. 兴办教育

熙宁四年（1071 年）九月，苏颂在经过“三舍人事件”被停职 17 个月后，收到任命的诏书，随即赴任婺州知州。在乘船过桐庐县漏港时，突然狂风大作，苏颂的幼子及长妹母子落水而亡，苏颂和母亲幸免于难。苏颂到达婺州后，忍痛交接政务，便一如既往地履行职责。他在婺州工作时做了一件长远造福绅民的事，就是兴办教育，创新州学。原来的婺州州学逼近双溪，每当秋季溪水猛涨时，学堂被淹，只好停课。苏颂下决心另选高地，筹集资金，新建校舍。新州学开办后，就读学生逐渐增多。尤其是苏颂用自己的教育理念指导教学，使学校越办越好。从此以后，考中举人、进士的学生逐年增多，婺州教育事业展现出勃勃生机。

（三）公正廉明

苏颂的为人之道是“持家以孝，治事以公”。“持家以孝”，他以实际行动做到了；“治事以公”，他在仕途历程中也做到了；公正廉明更是他的本色。

1. 秉公办事，惩治贪腐

苏颂考中进士后，先任宿州观察推官，上任两年，朝廷为照顾他在金陵守孝的父亲，特命他到江宁任知县，当时他才 25 岁，在这里履职三年。赴职前，他便调查访问，了解到当时政风不正、赋税不公、民众不满等问题；到任后，即从整治法纪入手，奖廉惩贪，奖善惩恶，做到公平征收赋税，尤其是对违法乱纪、残害百姓的官吏给予严惩，大快人心，使正气大振，官民融洽。他刚步入仕途不久，就如此果断干练，取得优异政绩，留名江南，以至于《宋史·苏颂传》开头就对他这段经历给予充分肯定，并引用监察州县地方官员的监司的话说：“非吾所及也。”

2. 珍爱人才，知人善任

这在组建水运仪象台研制队伍过程中表现最为突出。例如，苏颂在寻访研制人才中发现了擅长天文、历法和数学的吏部守当官韩公廉，“通《九章算术》，常以勾股法推考天度”，并看了他撰写的方案及所造的木样，即奏请皇帝调其来担当研制重任。他走出汴京，在郑州原武县发现主簿王沇之有机械制造方面的专长，即将他调到所里负责监造兼管收支工作。又在都督院发现监造军械很有经验且有管理才能的尹清，选用他统管全所组织工作。同时，苏颂全面考察了北宋专职天文历算的科研机构——翰林天文院和太史局的科研人员，从中选调了一批参加研制工作的制度官，以及从事测验晷影、漏刻等工作的专业人员。苏颂自己博学专攻，亲自精心钻研，又能谦虚待人，组建队伍，是一位优秀的科研领导和管理者，从而使水运仪象台的研制取得了诸多中外首创的成就。

3．刚正不阿，挫而不折

以苏颂在“三舍人事件”中的表现为例。宋熙宁三年（1070 年）四月，神宗违反法定官员任命的规定，授李定为监察御史里行。李定原任州郡幕职，神宗和王安石正寻求对“青苗法”的支持，李是王安石的学生，早知皇上和王安石的意向，即乘机在御前附和，尽言青苗之便。神宗甚喜，欲任李知谏院，宰相曾公亮认为不妥，即改任监察御史里行。神宗的御批多次送到舍人院，先是命中书舍人、知制诰宋敏求起草诏书，宋以李为州郡幕职，而法定“须太常博士经两任通判方许举荐入台”，李不具备任职资格，拒不受命。神宗愤怒，将其撤职。又命中书舍人、知制诰苏颂起草诏书。苏一面为宋辩护，一面提出李刚由泾县主簿转秀州军事判官，骤升为监察御史里行，违背任官法，仍拒不撰诏。神宗再命工部郎中、中书舍人李大临拟诏，李也封还了神宗的御批，拒不起草。三舍人联合拒绝起草诏书后，神宗再次找苏颂面命，苏颂建议李定可先任一般京官，经过考验，再提为台官。神宗威胁说：“久违诏命，恐将得罪，卿宜思之。”苏颂回答说：“臣等所以喋喋有言，不避斧钺之诛者，非它也。但为爱惜朝廷法制，而遵守有司之职业耳。”于是，神宗决定将苏颂、李大临撤职，李定改任通进银台司。苏颂因忠于职守，捍卫法制，宾客盈门，人望亦重，天下高其节，苏轼誉其为“三舍人之冠”。

“三舍人事件”过后，李定不仅任职御史台，而且被任命为御史中丞。他对苏颂怀恨在心，两次打击报复。第一次是元丰元年（1078 年）五月，苏颂知开封府，相国寺僧徒状告住持以寺院钱还祥符县令孙纯之债，司法官员未判孙纯有罪，反而杖责告发者无事生非。此时，有人告苏颂袒护孙纯。案件由御史台审理，李定等以苏颂与孙纯有远亲关系为借口，诬陷苏颂放纵孙纯。这年十一月，苏颂因此冤案由开封尹贬知濠州。第二次是元丰二年（1079 年）九月，李定等把神宗关切过的国子博士陈世儒夫妇案翻出重审。案情是陈母被奴婢害死，而其李妻却对奴婢说“博士持丧，将厚赏汝辈”，开封府法官认为李氏杀母证据不足，神宗对苏颂说要严处，苏颂却说应由有司处理。李定由此罗织苏颂罪名，说李妻是枢密副使吕公著的妹妹，公著与苏颂往来密切，苏颂放纵李氏。于是将苏颂逮捕，关进御史台监狱，与因“乌台诗案”被陷入狱的苏轼仅一墙之隔。苏颂写诗为苏轼鸣不平。狱吏诱苏颂诬告陈世儒参与谋杀，苏颂义正词严地回答：“使某诬人，死不可为！”尽管苏颂被罗织种种罪名，最终还是被无罪释放。

再说“水运仪象台”这个名字，也是苏颂坚持下来的。当时，因太史局直长赵齐良奏：“宋以火德王天下，……乞更水名以避刑克火德之忌。”哲宗即“诏以‘元祐浑天仪象’为名”，研制机构也就更名为“详定元祐浑天仪象所”。这次，苏颂没有当面坚持，而是在专著中正名。绍圣三年（1096年）六月十三日，在《新仪象法要》定稿时，苏颂仍然使用了“水运仪象台”之名。

4. 一生好学，廉洁自律

苏颂年轻时就喜欢读书，后来官居高位，仍然好学不止，于经史、九流、百家之说，以及图纬、天文、数学、医药等无所不通，为从事科技研制打下了扎实的基础。他61岁时，因陈世儒案被撤职在家过了半年的闲居生活，每天读《老子》《庄子》和《贞观政要》等书，或整理诗文，很少外出，也不会见亲友。《嘉定镇江志》载，他京口家中的藏书多达数万册，不少都是秘阁中未收藏的珍品。尽管如此，他还是从秘阁传抄书籍，自定每天抄录两千字，并认真校雠。他离官归乡长居京口时，好友就会前来向他借书阅读，丹徒尉叶梦得就是他的常客。

苏颂倡导节俭廉政。他不仅多次上书呼吁，而且以身作则，奉公律己。他在京城建的西冈宅十分简陋，在他不做宰相时，二府诸公看后，以为不称相第。他答道：“曾高以来，忝侍朝廷，下逮子孙辈，已有官，而四方无尺椽寸土，今有此第已为过分。”他告老还乡，回到润州居住，仍宅第简陋，并亲营田亩，补贴家用。曾肇在其《赠司空墓志铭》中这样描述苏颂：“家贫，担石不充，无愠色。”“尤以礼法自持，虽贵，素养如寒士。筑第京口，仅蔽风雨。比薨，来吊丧者，见其服用俭素，皆叹息而去。”

四、本书采取“编委会+学者”的编撰模式

为迎接苏颂千年诞辰，2020年年初，中共镇江市委宣传部、镇江市高新技术产业开发区和镇江市历史文化名城研究会商定编写一本全面介绍苏颂一生的专著，宗旨是：继承和弘扬苏颂的科技创新精神、勤奋为民精神、公正廉明精神，在“古为今用”上下功夫，以史实、故事、情节感人，严防穿靴戴帽、人为拔高、把现代语言强加给古人。苏颂精神是灵魂，而史料则是内核，应当从史料中提炼观点，用观点统帅史料，使全书成为有机整体。

怎样编写？按照惯例，都是由镇江市历史文化名城研究会组织课题组编写。而这次却具有新的条件：2019年年底，镇江高新技术产业开发区在五州山净因寺举行复建“宋相魏国公苏颂祠”（同时也是“镇江市苏颂纪念堂”）的开工仪式，长期研究苏颂的资深学者管成学教授等应邀前来参加这项重要活动。他们对苏颂定居之地满怀深情，经过相互了解，密切联系，很快达成了共识：这本书采取“编委会+学者”的编撰模式。

镇江编委会的任务是负责组织管理工作：与特约主编订立合同；共同商定本书主题、宗旨、分章内容；承担前言和镇江史实的撰写任务；对初稿提出修改和补充意见；负责落实出版社和经费；负责出版后的发行工作等。根据上述任务，确定组成人员。

本书特约主编理所当然地是请管成学教授担当。管教授是科技史和文献学学者，他全面、深入、系统地研究苏颂数十年，从东北师范大学历史系毕业后，先后在吉林大学历史系、长春大学苏颂学术研究室、长春师范学院苏颂研究所、温州大学人文学院历史系、北京大学资源美术学院文物系任教，先后撰写、校注和主编的著作达30多种，倡议建立苏颂学术研究会，召开苏颂学术研讨会，应邀赴美、欧、日等地9所知名大学进行国际学术交流，与英国剑桥大学李约瑟博士有数次书信交流。1984年8月，李约瑟来中国参加第三次科技史大会期间两人还约见过。管教授在职从事教学、科研和社会工作45年，2009年7月退休以后继续从事学术研究、创作和相关社会活动。他的社会职务有：中国历史文献研究会理事、苏颂研究

会常务副会长、世界苏姓宗亲会顾问、香港中医药学院客座教授等。这次请他任本书主编，虽然他年已八旬，依然与分工编写的教授和研究人员一起，及时写成初稿，虚心征求镇江方面的意见。镇江市历史文化名城研究会及时组织专题研究，提出修改意见，本书编委会顾问钱永波、江苏大学吴晓峰教授和单重阳博士、镇江市作协副主席李德柱还提交了书面意见。编著者认真进行了调整、修改、补充，更令我们敬重和感动！

“前言”成稿后，特请本书编委会成员镇江市历史文化名城研究会范然副会长、江苏大学吴晓峰教授、镇江市教育局《镇江教育》编委办裴伟主任复看，得到他们的真诚帮助，得以修正、补充、完善40多处，这里一并表示谢意！

钱永波

2020年7月15日

目录

第二章 勤奋为民 无私奉献

第三章 科学泰斗 誉满中外

公正廉明 道德模范

第四章

出使辽国 功勋卓著

第五章

第五章 出使辽国 功勋卓著

第六章 著作宏富 诗文传世

著作宏富 诗文传世

第一章

好学有为　博学专攻

第一节
苏颂的出生地、定居地与家世源流

在科技史上，中国宋代科学家苏颂一人独得七项世界第一。这在中国科技史上是绝无仅有的伟大成就，在世界科技史上也是十分罕见的。他为什么能取得这样卓越的科学成就？这是很值得我们研究的。特别是当学术腐败的风气已开始污染神圣的科学殿堂，我们研讨这位伟大先贤的科学创新精神和公正廉明的道德风范，就更有现实意义。

一、苏颂的七项世界第一

苏颂（1020—1101），字子容，福建省同安县（今属厦门市）人。他历仕仁宗、英宗、神宗、哲宗、徽宗五朝，官至宰相。他在元祐三年（1088 年）任吏部尚书时，领导研制了水运仪象台。它是一座高 12 米，长宽各 7 米，像三层楼房一样高大的巨型天文仪器。

水运仪象台的上层是观测天体的浑仪，中层是演示天象的浑象，下层是使浑仪、浑象随天体运动而报时的机械装置。它兼有观测天体运行，演示天象变化，随天象推移而有木人自动敲钟、击鼓、摇铃准确报时三种功用。它不仅在国内取得了前无古人的成就，而且在几个方面为人类做出了贡献，使众多中外科技史专家为之叹服。

置于水运仪象台上层观测用的浑仪通过“天运双环”与“枢轮”相连，使浑仪能随枢轮运转。这与现代天文台转仪钟控制的天体望远镜随天体运动是一样的。因此，可以说水运仪象台的这套装置是现代天文台跟踪机械——转仪钟的远祖。英国科技史专家李约瑟对这一点给予高度评价：

“苏颂把时钟机械和观察用浑仪结合起来，在原理上已经完全成功，因此可以说，他比罗伯特·胡克（Robert Hooke）先行了六个世纪，比方和斐（Joseph Fraunhofer）先行了七个半世纪。”这是李约瑟指出的苏颂的第一项世界第一。

水运仪象台顶部设有9块活动的屋板，雨雪时可以防止对仪器的侵蚀，观测时可以自由拆开。水运仪象台的活动屋顶是现代天文台圆顶的祖先。所以，苏颂与韩公廉又是世界上最早设计和使用天文台观测室自由启闭屋顶的人。这是李约瑟指出的苏颂的第二项世界第一。

水运仪象台的原动轮叫枢轮，是一个直径一丈一尺，由72根木辐，挟持着36个水斗和36个勾状铁拨子组成的水轮。枢轮顶部设有一组由“天衡”“天关”“天权”“左右天锁”组成的杠杆装置，枢轮靠铜壶滴漏的水推动。当漏壶的水滴满一个枢轮水斗时，“枢权”失去平衡，“格叉”下倾，枢权扬起，轮边铁拨子拨开“关舌”，拉动“天衡”，“天关”上启，枢轮下转，由于“左右天锁”的擒纵抵拒作用，使枢轮只能转过一辐，依次循环往复，等速运转。天衡系统对枢轮杠杆的这种擒纵控制与现代钟表的关键机件——锚状擒纵器（俗称卡子）具有基本上相同的作用。所以，水运仪象台的天衡系统是现代机械钟表的先驱。

李约瑟在研究了水运仪象台之后，修改了他过去的著作。他在《中国科学技术史》“天文卷”中说：“我们借此机会声明，我们以前关于‘钟表装置……完全是14世纪早期欧洲发明的’的说明是错误的。使用轴叶擒纵器重力传动机械时钟是14世纪在欧洲发明的。可是，在中国许多世纪之前，就已有了装有另一种擒纵器的水力传动机械时钟。”这是李约瑟指出的苏颂的第三项世界第一。

李约瑟博士为管成学教授的《苏颂与〈本草图经〉研究》一书题词时，做了如下评论：“作为大诗人苏东坡诗友的苏颂，还是一位才华横溢的药物学家。他在1061年撰写了《本草图经》，这是附有木刻标本说明图的药物史上的杰作之一。在欧洲，把野外可能采集到的动植物加以如此精确的木刻并印刷出来，这是直到15世纪才出现的大事。”这是李约瑟指出的苏颂的第四项世界第一。苏颂的《本草图经》是全面、系统地把药物本草图保留至今的世界上第一本本草著作。

苏颂的第五项世界第一是由王振铎先生指出的。王先生于1959年在中国历史博物馆复制了苏颂研制的假天仪，又于1962年发表论文《我国最早的假天仪》，论述了苏颂居于世界第一的这项科学发明。

苏颂为我们留下了天文仪器和机械传动的全图、分图、零件图共 50 多幅，多为透视图和示意图，绘制机械零件 150 多件，正是由于这些图纸保存至今，王振铎、李约瑟和崔海玉才能分别复制出北京历史博物馆、英国南肯辛顿科博馆、厦门苏颂科技馆的水运仪象台。

这些图纸使我们顺利地掌握了苏颂的天文著作，也给了我们一把释读张衡、张思训同类制作的钥匙。它是世界上保存至今最早、最完整的机械图纸，这是苏颂的第六项世界第一。

苏颂在《新仪象法要》中为我们留下的星图有《浑象紫微垣星图》《浑象东北方中外官星图》《浑象西南方中外官星图》《浑象北极星图》《浑象南极星图》《四时昏晓加临中星图》等 14 幅。这 14 幅图中，较有价值的是前五幅。《浑象南极星图》和《浑象北极星图》都以天球的赤道为最外界的大圆，一幅南天，一幅北天。为了绘制得更精确，苏颂采取了圆横结合的画法。横图分成两段：东北方中外官星图是从秋分到春分，西南方中外官星图是从春分到秋分。把球面上的星辰绘制到平面上时，苏颂发现了失真问题，他采用了把天球循赤道一分为二，画两个分别以北极和南极为中心的圆图的方法，减少了失真，这是星图绘制中的一项新成就。这是苏颂的第七项世界第一。这后两项是管成学和杨荣垓两位教授在《苏颂与〈新仪象法要〉研究》一书中详细论述的。

二、苏颂的科学精神和道德风范

苏颂所取得的伟大科学成就与他在科学上勇于创新、品德上无私奉献是分不开的。宋宝元元年（1038 年），苏颂参加省试，试题是《斗为天之喉舌赋》。主考官盛度对苏颂的天文学识十分称赏，将其试卷列为上等，但因复核试卷的考官查出苏颂的“闻”字的四声用错，而未予录取。事后，盛度对苏颂的父亲苏绅说：“贤郎已高中，而点检试卷者谓以声闻（去声）为闻（平声），为不合格，遂黜。”

在失败后奋起，也体现了苏颂一生好学有为的特点。

字学即文字训诂的学问，一次闻字四声用错，使苏颂成为宋代有名的声韵训诂学家。《魏公谭训》卷三记载：“元丰五年，廷试进士有暨陶者，诸公唱名呼曰‘洎’。久之不应。上顾祖父，曰：‘恐当呼讫，吴有暨艳造营府之论，恐其后。’上命以讫呼，果出应，问陶乡里，乃崇安人。上顾左右曰：‘果吴人也。’褒谕再三，又问曰：‘字书中训何意?’公曰：‘字书中不出何意，只云人姓氏，当从旦。今旦字缺下一画者，盖俗受避唐睿宗名耳。’”

宋神宗临朝试进士，唱名暨陶无人出应，群臣不知何故。神宗问苏颂，苏颂说四声读错了。按苏颂说的四声唱名，果然出应。苏颂还告诉神宗和群臣，暨姓的祖先是吴地人，曾撰写过营造宫殿的著作。问暨陶的家乡，果然是吴地人。神宗和群臣对苏颂的声韵训诂之学都十分折服。

宋仁宗康定元年（1040 年），苏绅任中书舍人，适逢乾元节，可以荫子一人为官。两年前苏颂因一字之差而落榜，苏绅便想推荐苏颂，不料苏颂不肯，而且还说服两个弟弟也要凭自已的真才实学通过科举考试来任官。最初，苏绅十分生气，愤怒地斥责苏颂：“尔既轻朝命，又教二弟，何也?”但后来还是表扬了苏颂严于律己的精神。《苏颂墓志铭》《魏公谭训》和苏颂《家训诗》中都写了此事。

苏颂堪为后世师表的道德风范是从他坚定地追求真理而得来的。欧阳修是他父亲的政敌，苏颂却能辨别是非，站在真理的一边。苏绅锐意进取，在奏书中曾中伤同僚王德用，其疏为：“宅枕乾冈，貌类艺祖。”此事被写入《宋史·苏绅传》：“绅与梁适同在两禁，人以为险诐。故语曰：‘草头木脚，陷人倒卓。’”欧阳修当时写了《论苏绅奸邪不宜侍从札子》说：“绅之奸邪，天下共恶，视正人端士如仇雠，唯与小人气类相合。”

苏颂不因欧阳修是父亲的政敌而加以仇视。欧阳修任南京留守，苏颂为推官，他兢兢业业，恪尽职守。欧阳修表扬他说：“子容处事精审，一经阅览，修不复省矣。”苏颂终生都对欧阳修怀有钦敬之情，他写给欧阳修的悼亡诗是最好的例证：“早向春闱遇品题，继从留幕被恩知。何期瀫水缄书日，正是椒陵梦奠时。感旧绪言犹在耳，怆怀双泪漫交颐。愿将姓字题延道，共立门生故吏碑。”

苏颂的无私奉献，还表现在为了民众的利益，为了坚持法制，不惜与皇帝对抗。宋仁宗死后，朝廷要为其修建陵墓。英宗与有关机构“以不时难得之物厉诸郡”，苏颂上书劝阻：“遗诏务从简约，岂有土不产而强赋乎?”他在自己管辖的颍州，“度土产有无，高估缓期，官自为市，民不知扰，而课最他郡，颍人德之”。皇帝为死去的先帝修墓，征收物产过多过急，侵扰百姓，他也敢站出来说话，实非易事啊！

宋熙宁三年（1070 年），神宗与王安石想任命王安石的学生李定为“监察御史里行”，因为违背宋代的任官法，当时任中书舍人的苏颂竟拒绝按皇帝的旨意起草任命的诏书，引发了震动朝野、风闻天下的“熙宁三舍人”事件。

按宋代的任官法，升任“监察御史里行”须有一定的官资。即从中行员外郎至太常博士的官阶中选任，而且要求有基层的工作经历，即实历通判两年以上者。

李定既无中行员外郎至太常博士的官资，又无基层两年通判的工作经历，仅是边远州郡的秀州军事判官，只因是王安石的学生，又投其所好，称“青苗法”极其便民，王安石与神宗就违背法律，破格提拔。

皇帝拟旨的诏书送舍人院时，正好是苏颂、李大临、宋敏求三人轮流值班，三人都拒不拟旨，史称“熙宁三舍人”事件，三人中“甘冒斧钺之诛”的核心人物是苏颂。因为神宗认为苏颂向来忠君爱民，就想命令他带头拟旨，没想到软硬兼施，苏颂就是不肯命笔。

四月二十八日，神宗亲自召见苏颂，商量说：“卿所谓李定事虽善，然熙宁二年诏书，奏举台官不拘官职高下令兼权，则定之除命正合诏意，不为越法。宜以举官条赴院商量，速为草制。”苏颂依然不肯起草诏书，神宗威胁说：“久格诏命，恐将得罪，卿宜思之。”

苏颂经过慎重考虑，再次给神宗上奏：“臣等所以喋喋有言，不避斧钺之诛者，非它也。但为爱惜朝廷法制，而遵守有司之职业耳。”

五月二十四日，神宗将苏颂撤职查办，御批为：“知制诰李大临、苏颂累格诏命不下，乃妄引诏中丞荐举条，绝无义理，而颂于中书面乞明降特旨，方敢命辞，朝廷行下，反又封还，轻侮诏命，翻复若此，国法岂容！”

苏颂因忠于职守，捍卫法制，人望益重，天下高其节，被誉为“三舍人之冠”。

苏颂无私奉献的道德风范，老而弥坚。元祐四年（1089 年），年已古稀的苏颂，在研制水运仪象台时，又经受一次政治诬告，但他仍然毫不动摇地坚持真理。这说明他无私的品德是终生不渝的。

宋元祐三年（1088 年），苏颂接受领导研制水运仪象台的任务，他对太史局和翰林天文院的原工作人员进行了考核，挑选出夏官正周日严等一批精通业务的人员，进行了新的优化组合。一部分人在这次新的组合中被淘汰，太史局直长赵齐良便是其中一员。

苏颂领导水运仪象台的研制工作，元祐元年（1086 年）十一月，接受诏命，定夺新旧浑仪。元祐二年（1087 年）八月十六日置局差官，设立浑天仪象所。元祐三年（1088 年）五月完成图纸和小木样制造，十二月完成大木样制造。从设计图纸到水运试验，从木模制造到观测天体，苏颂精心审核，反复试验，可谓慎之又慎，没有出现任何差错。元祐四年（1089 年）三月诏以铜造，元祐七年（1092 年）六月用铜两万斤的水运仪象台造成。绍圣元年（1094 年）十月，水运仪象台试用两年之后，哲宗下诏检验新旧浑仪的优劣。参加校验的有刻漏所的至道仪、天文局的皇祐仪、太史局天文院的熙宁仪，以及苏颂的水运仪。在礼部和秘书省官员的主持下，共同测验，结果还是水运仪最精密，受到皇帝和百官的一致称赞。

由于在科学研究上找不出毛病，赵齐良就寻找政治借口，攻击苏颂和水运仪象台。他上书皇帝说："宋以火德王，名'水运'，非吉兆。"其意是说，宋王朝以火德得天下，水能克火，是非常不吉利的，将科学问题上升为政治问题。

在封建专制和崇尚迷信的时代，赵齐良政治上的诬告，足以使苏颂被杀头或丢官。苏颂深知"水运"犯了皇家之大忌，上书请皇帝赐名，皇帝赐名"元祐浑天仪象"。但是，苏颂把水运仪象台图纸加以整理，编写为《新仪象法要》一书时，还是本着实事求是、坚持真理的精神，将其命名为"水运仪象台"。

900 多年前，苏颂的科学创新精神和道德风范使他在科学技术领域获得了举世瞩目的成就。在 21 世纪春意盎然的祖国大地上，苏颂致力于创新和坚持真理的科学精神与道德风范，依然应该成为我们每个科学工作者前进的动力。

三、苏颂出生于泉州府同安县，定居于润州京口

关于苏颂的里籍，历史上有不同记载，当代学者也有三种意见。这里，我们对历史上的不同记载加以考辨，对当代学者的意见给予评析，并发表我们的观点。

（一）当代学者对苏颂里籍的三种意见

关于苏颂的里籍，当代有学者对宋代的三种记载未加详细辨析，就著书撰文，造成有关苏颂里籍的说法不一，主要有以下三种。

第一，“同安说”。《中国历史大辞典 · 宋史分册》（邓广铭主编，上海辞书出版社，1983 年）说：“苏颂（1020—1101），宋泉州同安（今属福建）人。”《中国宋代科学家苏颂》（管成学主编，吉林文史出版社，1986 年）说：“苏颂，字子容。宋代福建同安人。”福建省中医研究所医史理论研究室的文章《苏颂及其图经本草》也说：“苏颂，字子容，泉州同安人。”（《福建中医杂志》1957 年 2 卷 2 期）

第二，“南安说”。《中国大百科全书 · 天文卷》（张钰哲主编，中国大百科全书出版社，1980 年）说：“苏颂，中国宋代天文学家。字子容，福建泉州南安人。”《中国古代科技名人传 · 苏颂与新仪象法要》（张润生等著，中国青年出版社，1981 年）说：“苏颂，字子容，泉州南安（今福建省泉州一带）人。”《福建科学家小传》（陈龙等著，福建教育出版社，1985 年）说：“苏颂，字子容，泉州南安人。”

第三，“丹阳说”。《江苏古代科学家》（苏伯春编著，江苏科学技术出版社，1983 年）将苏颂列为江苏丹阳人。苏颂在自写里籍时，既不写同安，也不写南安，却题为丹阳。如《题维摩诘像》之后署名“丹阳苏子容题”。还如《题右军帖》之后题名“丹阳苏颂题”。又如《题胡考甫书华严经》编末云“元祐七年二月初七日，丹阳苏颂谨志”。

苏颂的里籍到底是同安还是南安？他自己为什么写为丹阳呢？对这样一个中外瞩目的有世界性贡献的科学家，我们应该对他的里籍考证清楚，取得统一意见。

（二）当代学者分歧之依据

“南安说”的主要依据是《宋史 · 苏颂传》：“苏颂，字子容，泉州南安人。”另外《四库全书总目》在《新仪象法要》一书中写道：“宋苏颂撰。颂，字子容，南安人也。”《丹徒县志 · 苏颂传》沿袭这种说法，写为：“苏颂，字子容，泉州南安人。”由于自宋至清有这样一些著作主张苏颂是南安人，就难怪现代人的著述中有“南安说”了。

“同安说”的主要依据是苏颂的好友曾肇所写的《赠司空苏公墓志铭》：“又四世孙益随王潮入闽，生光诲，仕闽为漳州刺史，居泉州同安，遂为同安人。”清代的《泉州府志》《同安县志》也都将苏颂写为同安人。

丹阳说主要是依据苏颂的题跋。

（三）各说依据之辨析

根据我们所见到的史料，苏颂的里籍应定为同安。《赠司空苏公墓志铭》中的“四世孙益”就是苏颂入闽的始祖苏益，苏益死后葬于同安。清代版《同安县志·陵墓》卷载：“唐武安侯苏益墓在苏坑，称苏公墓。”苏益墓位于蔗下乡的锄山，墓碑至今保存完好。

同安县老城东约一里的九跃山岭头崎顶部，有一座接官亭。亭下有一块清代知县立的石碑，上写“宋熙宁三舍人丞相正简苏公故里”，宣告这里是苏颂的故乡。

清《同安县志·苏光诲传》曰：“苏光诲，父益。乾符中，隰州刺史。自光州固始随王潮入闽，光诲与留从效诛叛将黄绍颇，从效表为漳州刺史。陈洪进惮之，计召至同安，为大第，留不遣。密使人之漳州，夺其任，遂为同安人。”苏光诲乃苏颂之高祖，引文中的“计召至同安，为大第”的“大第”，即苏颂故居——芦山堂。

《同安县志·名胜宅第卷》说：“宋丞相苏颂宅在县西北葫芦山下。”《安溪苏氏族谱》也说：“光诲公所建故宅，坐丑向未兼癸丁，其地在同安县城西北隅。”《同安苏氏族谱》说：“入闽之祖益，始于亶，传光诲，始家于同安县治西北隅葫芦山下，其故宅再传佑图而仲昌，而大魏绅公，绅子太师颂实生于此。”苏万灵在《苏魏公文集》乙丑重刊本的“缘起”中说：“魏公生于同安，而其文集乃藏于武林文澜阁。”现苏颂故居芦山堂已修缮一新，它的位置处于葫芦山下，坐向也正符合“坐丑向未兼癸丁”。它屡毁屡建，一直到“文革”前，后殿还保存有一尊苏颂塑像。

宋代朱熹的记载可以证明地方志书与苏氏族谱记载的可靠性。朱熹在《奉安苏丞相祠告先圣文》中说：“故相苏颂，同安人也。”他又在《苏丞相祠记》中写道：“熹少从先生长者游，闻其道故相苏公之为人……属来为吏同安，同安公故里也。”朱熹《代同安县学职事乞立苏丞相祠堂状》中也记载：“右某等伏睹故观文殿大学士、太子太保致仕、赠司空、赵郡苏公……自其曾高，世居此县。”建立芦山堂的苏光诲，即苏颂之高祖。朱熹与苏颂同为宋代人，他写这些话的时候，任同安县主簿，因此他的话是可信的。

最有力的证明是苏颂自己关于家世里籍的记载。他在为其叔父苏绎所写的墓志中，对苏氏里籍变化交代甚清：“自唐许文正公瓌至叔父，凡三迁籍，今为安州景陵人，许公之曾孙曰奕，元和中，终光州刺史，子孙因家于固始。光州之四世孙赠隰州刺史，讳益，自固始从王潮入闽，又为泉州同安人。实生我高祖屯卫府君讳光诲，……生祭酒府君讳佑图，……生复州府君讳仲昌。”仲昌即苏绅父亲，苏颂祖父。苏颂也认为自己的里籍应为同安。

那么他为什么又在许多题跋中写为“丹阳苏颂”呢？这一点他自己也做过说明：他在《家训诗》中说：“星行赴帏堂，雨泣护归榇。先畴闽岭遥，寓舍京口近。葬营带郭田，地得兼山艮。”诗的自注说：“予登科初，补宿州观察推官，值先祖太尉薨背，先公持服寓金陵。朝廷特就迁予知江宁县，才满秩，先公在河阳下世。予星行护葬南归治命，以泉山乡里道远，不可归。令于升、常间卜葬谋居。既过京口，会故人钱起居子高作守，治馆相留。时有道人自真善山水学，从予行常、润数州，择得今青阳坟地……为先公坟。术者皆言善地，遂安葬。自此谋居郡中，占丹阳为乡里。”从引文可知，他是在父亲葬于丹阳后，移居丹阳，才自称“丹阳苏颂”的，我们不能据此认为他的里籍是丹阳。

《宋史·苏颂传》为什么将苏颂写为南安人呢？考察同安与南安疆域沿革的历史，有助于查明其由来。

《古今图书集成·职方典·泉州汇考》：“梁天监中，析晋平郡置南安郡、南安郡地兼兴、泉、漳，其始即今南安县也。”“贞元十九年（803年）析南安县之西南四乡置大同场，为今同安之地。”又说：“同安县本汉侯官县地，晋析置东安县，属晋安郡。隋为南安县地。唐析南安四乡置大同地，五代南唐复为同安县，属泉州。宋、元、明仍旧。”从引文可知，梁、隋时同安乃是南安的一部分，同安县的土地是唐贞元十九年从南安县分出的四个乡。

《同安县志·疆域沿革》载：“晋太康三年置同安县，寻改晋安郡。”关于南北朝时期的同安，有：“宋，晋平郡地；齐，晋安县地；梁，南安县地；陈，南安县地；隋，南安县地。”

“唐贞元十九年，析南安西南四乡为大同场，即今同安县地。五代南唐大成四年，王延钧僭称帝，升大同场为同安县。同安之建始此。”宋、元、明、清沿称至今。

《同安县志》与《古今图书集成》的记载是相符的，所以人们混称同安和南安是难免的。由于习惯的作用，这种混称一直延续到《宋史》成书。但从宋代以后，同安与南安已经是疆域分明的两个县了，《宋史·苏颂传》把苏颂写为南安人是不科学的，应该予以纠正。

四、苏颂的家世源远流长

苏氏源出黄帝（即轩辕氏），黄帝子孙樊，为昆吾伯，昆吾之子封于苏，始有苏氏。

苏氏所居的苏城，在今河南临漳县，这是苏氏最早的发祥地。

周武王时，苏氏出了一个著名人物苏忿生，他职为司寇，能平刑以教百姓，受到周公的称赞，即著名文献《尚书》中所称的苏公。苏姓人物从此见诸文献。

苏忿生之后又出了一个苏公，即《诗经》中《彼何人斯》的作者，他身为卿士，敢于讽刺暴公。

后来苏氏迁至洛阳，至战国时出现了苏玴、苏屹、苏珊。苏玴生苏秦、苏厉，苏屹生苏代。苏秦、苏厉、苏代都是战国时期的著名人物。苏秦以合纵之说，说动燕、赵、韩、魏、齐、楚等六国，因受六国拜相，形成与秦对抗的巨大力量，使秦国在15年内不敢窥伺六国。苏秦发奋读书、悬梁刺股的故事，脍炙人口，传诵千古。苏秦为六国丞相，其后代有为赵上卿、燕国师、齐大夫者，显贵一时，声名赫赫。以苏秦为首的家族，成就了苏氏家族史上第一个兴盛时期。

进入汉武帝时期，苏秦的后裔苏建，杜陵人，以校尉从大将军卫青攻击匈奴，因功封平陵侯。苏建居于长安，而葬于武功。其后代遂家其所封，是为武功人。从此以后，苏氏子孙都尊崇武功，以名其籍，所有苏氏子孙，都称出自武功，称平陵侯苏建为始祖。

苏颂写给苏轼的诗曰："尝论平陵系，吾宗代有人。"苏颂的芦山系和苏轼的眉山系都推崇武功派的苏建为先祖。所以，武功成为苏氏的总派系。

苏建生三子，长子苏嘉为奉车都尉，季子苏贤为骑都尉，而中子苏武最为知名。苏武，字子卿，天汉元年（前100年），以中郎将出使匈奴。匈奴胁降苏武，苏武不屈，留于匈奴19年，于北海无人处持节牧羊。昭帝即位，苏武得归汉，拜典属国，秩中二千石，赐钱二百万，公田二顷，宅一区。苏武卒于神爵二年（前60年），年八十余。宣帝时赐爵关内侯，图像于麒麟阁，得到汉皇朝的最高荣誉。

汉代武功派成就了苏氏家族史上第二个兴盛时期。

进入唐朝，苏氏家族史中出现了众多著名人物，活跃在当时的政治舞台。

苏瓌，字昌容，苏威之曾孙。擢进士第，历朗州、歙州刺史，转扬州大都督府长史。神龙初，为尚书右丞，封怀县男。再迁户部尚书，拜侍中。中宗复政，累拜尚书右仆射、同中书门下（副宰相），进封许国公。睿宗即位，进左仆射（正宰相），为太子少傅。卒赠司空，谥文贞。

苏颋，字廷硕，苏瓌之子，幼年敏悟，一览千言。第进士，举贤良方正异等，擢吏部侍郎。再迁监察御史，又迁给事中、修文馆学士，拜中书舍人。父子同在禁苑，朝廷荣之。袭封许国公，进同紫微黄门平章事（副宰相）。被当时宰相宋璟誉为“尽公不顾私”。与张悦以文章显，时号燕许大手笔。卒赠右丞相，谥文宪。

苏味道，赵州栾城人。9岁能属词，与里人李峤俱以文章显，时号“苏李”。举进士第，累调咸阳尉，吏部侍郎。唐延载中，以凤阁舍人检校侍郎，唐圣历初（698—699年），同凤阁鸾台平章事（宰相）。张易之败，坐党附，贬眉州刺史，复还益州长史，未就道卒。

以苏世长、苏瓌、苏颋、苏味道为首的家族，成就了苏氏家族史上第三个兴盛时期。

五、宋代苏氏最显赫的三派

（一）铜山派：唐代苏瓌之子苏颋的八世孙苏传，素为荆州刺史，避广明之乱徙蜀，居盐泉。传素子苏振为铜山县令，遂为蜀派，又称铜山派。即状元宰相苏易简的铜山派。

（二）芦山派：唐代苏瓌三子苏诜六世孙苏益，赠隰州刺史，随王潮入闽。生苏光诲，拜屯卫大将军，世为泉州同安人，遂为闽派。闽派即科学家、宰相苏颂为代表的芦山派。

（三）眉山派：唐凤阁鸾台平章事苏味道，贬刺眉州，留一子居眉，遂为眉山派。眉山派后即以文坛巨星苏轼为代表。

蜀派苏振之孙苏协，举蜀进士，归宋累任州县官，还朝居开封。长子苏易简，字太简，太平兴国五年（980年）举进士，宋太宗临轩复试，苏易简所试三千余言立就，为天下第一（状元）。太平兴国八年（984年），以右拾遗知制诰。淳化二年（991年）迁中书舍人，充翰林承旨（翰林院长官）。太宗尝以轻绡飞白大书“玉堂之署”四字，令易简榜于翰林院厅额。俄掌吏部选，迁给事中、参知政事（副宰相）。

苏易简少年时就聪明好学，风度奇秀，才思敏捷。他由知制诰擢为翰林学士承旨，年未满三十。他在翰林任职八年，受到宋太宗皇帝极少有的眷遇。

宋太宗钦定苏易简为状元，淳化二年（991 年）迁中书舍人（为皇帝起草诏书），充翰林承旨（为皇帝起草重大的诏诰）。太宗写诗给苏易简曰："君臣千载遇。"易简答曰："忠孝一生心。"易简生性好酒，太宗多次劝诫，并草书《诫酒》《劝酒》两首诗，令易简于母亲面前诵读，但收效甚微。苏易简终因饮酒过度，于至道二年（996 年）十二月辞世。

苏易简年轻有为，年未四十即升至参知政事（副相），实不多见。他为宋代苏氏家族中取得显要政治地位的第一人。

闽派同安的芦山堂苏氏，以苏益为一世，苏光谊、光谓、光诲为二世，苏佑图为三世。苏佑图娶张氏，生苏仲昌、苏仲华、苏仲周，是为四世。苏仲昌娶刘氏、翁氏，生苏纮、苏绅、苏维、苏经、苏绎、苏缃、苏綖；苏仲华娶黄氏，生苏缄、苏结，是为五世。苏绅生苏衮、苏颂、苏棁，是为六世。在这些苏氏人物中，以苏绅、苏缄、苏颂最为著名，管成学教授称其为"芦山堂三杰"。

苏绅（999—1046 年），字仪甫，初名庆民。宋真宗天禧三年（1019 年）进士，历宜州、安州、复州三州推官。又在宋仁宗景祐元年（1034 年）举贤良方正科，提升为祠部员外郎、通判洪州（今江西南昌）。后调到京城，进直史馆，为开封府推官、三司盐铁判官。又进史馆修撰，知制诰，为翰林院学士，再迁尚书礼部郎中。他在政治上是有抱负的，但未实现。他官至翰林学士，成为皇帝的侍从官，成为宋代苏氏家族中的一位显赫人物。苏绅 48 岁时英年早逝，不然亦可能任相。他重视教育，培养了民族英雄苏缄和科学泰斗苏颂。

苏缄（1016—1076 年），字宣甫，宋仁宗宝元元年（1038 年）举进士，调广州南海主簿，累迁秘书丞，知英州。侬智高发兵围困广州，苏缄与之作战，摧伤甚众。当时参与作战的诸将多打败仗，唯独苏缄有功，受到仁宗的称赞，换官为供备库副使、广东督监。后坐贬谪为潭州督监。宋神宗熙宁初年（1068 年）进升如京使、广东钤辖。熙宁八年（1076 年），南蛮入我边境，陷钦州、廉州，苏缄当时知邕州（今广西南宁），四寨被破，邕州受围。苏缄日夜慰劳士兵，用弓矢射贼。城陷之时，苏缄仍带领着伤兵骑马奔驰，奋勇作战，然终力量不敌，他说：“吾义不死于贼手！”马上回到州府，将家属36人全部杀死，埋葬于坑穴中，然后纵火自焚。宋神宗听到苏缄的死讯，悲悼不食，赠奉国军节度使，赐谥忠勇。《宋史》把苏缄列入《忠义传》，这是同安苏氏的莫大光荣，也是中华民族的骄傲。

2016年，时任美国总统奥巴马访问越南，在讲话中重提苏缄领导的邕州保卫战。奥巴马认为邕州之战是中国对越南的侵略。为了恢复历史的真实情况，中共广西省委副书记潘琦和广西省政协副主席苏道俨两次邀请管成学教授赴广西南宁，筹备苏缄千年华诞学术研讨会，出版《苏缄史料汇编与评析》一书。广西省和南宁市政府投资人民币三亿多元，重修了供奉苏缄的城隍庙。

眉山派苏氏是唐代凤阁鸾台平章事苏味道的后代。武则天临死之年（705年）传位于太子李显，是为中宗。苏味道被贬眉山，眉山苏氏从苏洵这一辈开始有了地位和名声。

苏洵有两个哥哥，苏澹和苏涣。苏澹只中过举人，苏涣中举后当过主簿和通判，最后的官职是提点利州路刑狱。从苏涣开始，标志着眉山苏氏开始做官。

苏洵两次应举未中，又应茂才异等科也未中，一直是个布衣。后来苏洵的文章为益州太守张安道所赏识，认为他博物洽闻，兼有左丘明、司马迁、贾谊的才能。张安道还特别赏识苏洵的两个儿子——苏轼和苏辙，大力向韩琦、富弼、文彦博、欧阳修等人推荐。苏氏父子得到韩琦、富弼、文彦博、欧阳修等人的赏识。

宋仁宗嘉祐二年（1075年），欧阳修主持贡举，苏轼、苏辙同时中举。当时苏洵虽为布衣，但以文章名动天下，加上两个儿子中举，造成“苏氏文章擅天下”的局面。当时苏洵、苏轼、苏辙父子三人被并称为“三苏”。

由于欧阳修等人的荐举，苏洵当上了校书郎，并授文安县主簿，同姚辟一起参加修纂《太常因革礼》。宋英宗治平三年（1066年），苏洵病逝于京师。

作为“唐宋八大家”之一的苏洵，主要成就是在散文方面，写有《几策》《权书》《六国论》等论文。苏洵是宋代撰写苏氏族谱的第一人，撰有《谱例》《苏氏族谱》《族谱后录上篇》《族谱后录下篇》《大宗谱法》《苏氏族谱亭记》等。苏洵的《苏氏族谱》起了开创性的作用，是小宗族谱理论的创始人，贡献至大。

苏轼，字子瞻，号东坡。他中举后，初为签书凤祥府判官。在王安石变法过程中，因反对变法，出为杭州通判，移知密州，后为徐州太守。在湖州到任不久，李定、舒亶炮制了“乌台诗案”，苏轼被控以歌诗讥讽时事。经审判后，责授检校水部员外郎充黄州团练副使本州安置，不得签书公事。

宋神宗病逝后，宣仁太后高氏操政，启用吕公著、司马光，苏轼、苏辙也被召回中央，苏轼担任翰林学士，后来又担任吏部尚书、翰林学士承旨。但在政治上发生了洛党、蜀党、朔党的派系斗争。苏轼受到牵涉，离开中央，出守杭州，又出知颍州、扬州、定州。宋哲宗亲政后起用章惇为相，大肆迫害元祐党人，苏轼被流放到惠州，最后流放到海南岛。宋徽宗即位，苏轼获赦回到常州后，即于建中靖国元年（1101 年）七月病逝，时年 66 岁。

苏轼是我国文学史上杰出的文学家。他是自屈原、司马迁、李白、杜甫以来最有才能、最有创造精神的文学家之一。苏轼这样全面的天才在我国文学史乃至世界文学史上都是罕有的，他是我国 11 世纪的一位文化巨匠。2000 年法国《世界报》评选千年英雄，即在全世界各个领域推选 1001 年至 2000 年有杰出贡献的人物，苏轼是中国被选中的 12 位英雄之一。

苏辙，字子由，号颍滨。他基本上与苏轼同命运，宋神宗元丰时期，他受哥哥苏轼的牵累，也遭到黜逐。宋哲宗元祐时期，由高太皇太后掌政，苏辙的官职逐步上升。宋元祐五年（1090 年）任御史中丞，次年除尚书右丞，成为执政者之一。宋哲宗亲政后，他同样受到贬谪流放。苏辙的主要成就也是在散文方面，为“唐宋八大家”之一。他给后人留有家训《栾城遗言》。

我国“唐宋八大家”，即是韩愈、柳宗元、欧阳修、王安石、曾巩、苏洵、苏轼、苏辙。在这八大家中，苏氏父子就占了三大家，堪称奇迹。由此可以看到“三苏”父子在古文运动中所做出的贡献，“三苏”在我国文学史上永远大放光彩。

朱德元帅在参观眉山三苏祠时题诗：“一门三父子，都是大文豪。诗赋传千古，峨眉共比高。”

芦山派的苏颂与眉山派的苏轼关系非常密切，彼此影响非常深远，所以叙述较详。管成学教授曾以“生死与共，相濡以沫”为题写下《苏颂与苏轼交谊考》，载于《清华大学学报》2002 年第 2 期，2006 年 3 月加拿大《文化中国》全文转载。

六、以苏绅为始祖、苏颂为始迁祖的镇江京口派世系

宋仁宗庆历六年（1046 年）一月，正当盛年的苏绅，以吏部郎中改侍读学士、集贤殿修撰、知河阳。苏绅是因为欧阳修等上书，参奏苏绅荐马端为监察御史，所荐不实，而从翰林学士贬为河阳府外任。

欧阳修的奏书被记入《续资治通鉴长编》庆历三年七月戊辰日："端性险巧，往年尝发其母阴事，母坐杖脊。端为人子，不能以礼防闲，陷其母于过恶，又不能容隐，使其母被刑，理合终身不齿官联，岂可更为天子法官？臣不知朝廷何故如此用人，纵使天下全无好人，亦当虚此一位，不可使端居之，况刚明方正之士不少。臣求其故，盖是从初不合令苏绅举人。绅之奸邪，天下共恶，视端人正士如仇雠，唯与小人气类相合，宜其所举如此也。端之丑恶，人孰不知！而绅敢欺罔朝廷者，独谓陛下不知尔。此一事尚敢欺惑人主，其余馋毁忠良，以是为非，又安可信！伏乞寝端成命，黜绅外任，不可更令为人主侍从。"

苏绅因此参奏被贬外任。马端也以太常博士、通判延州贬知丹州。此事对苏绅打击甚大，未赴外任而染疾，又为医者用药所误，病逝于河阳。

苏颂遵从父亲苏绅的遗嘱，没有葬父于故乡闽南，而是在升州（南京）、常州之间卜葬谋居。苏颂的《家训诗》曰：

星行赴帏堂，雨泣护归榇。
先畴闽岭遥，寓舍京口近。
葬营带郭田，地得兼山艮。

苏颂又自注曰："先公在河阳下世，予星行护丧南归。治命以泉山乡里道远，不可归。令于升、常间卜葬谋居。既过京口，会故人钱起居子高作守，治馆相留。时有道人自真善山水学，从予行常、润数州，择得今青阳坟地，起乳山艮来，南走京岘巽冈西北枝艮落，为先公坟。术者皆言善地，遂安葬。"自此谋居郡中，占丹阳为乡里。

这就是苏颂葬父丹阳郡京岘山的经过，从此有了闽派芦山堂京口分支。

附苏氏世系表如下（图 1-1、图 1-2、图 1-3、图 1-4、图 1-5、图 1-6）：①

---

① 颜中其主编：《新编苏氏大族谱》，东北师范大学出版社，1994 年。

苏氏世系表

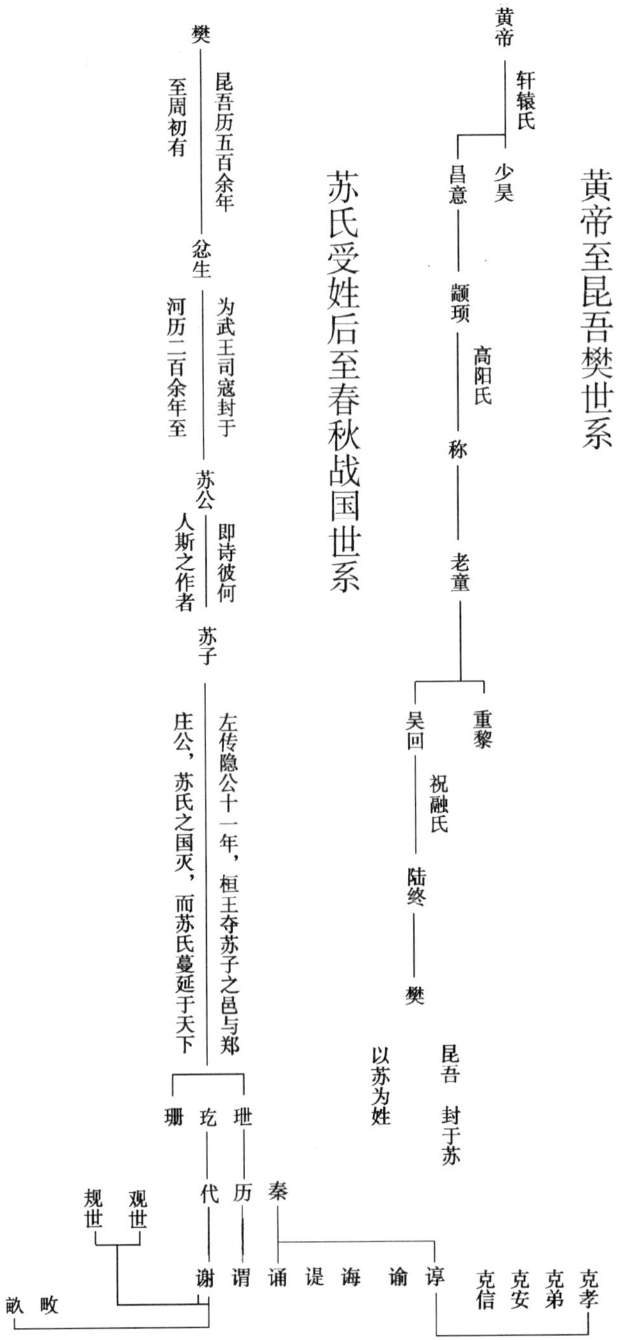

图 1-1 黄帝至昆吾樊世系与苏氏受姓后至春秋战国世系

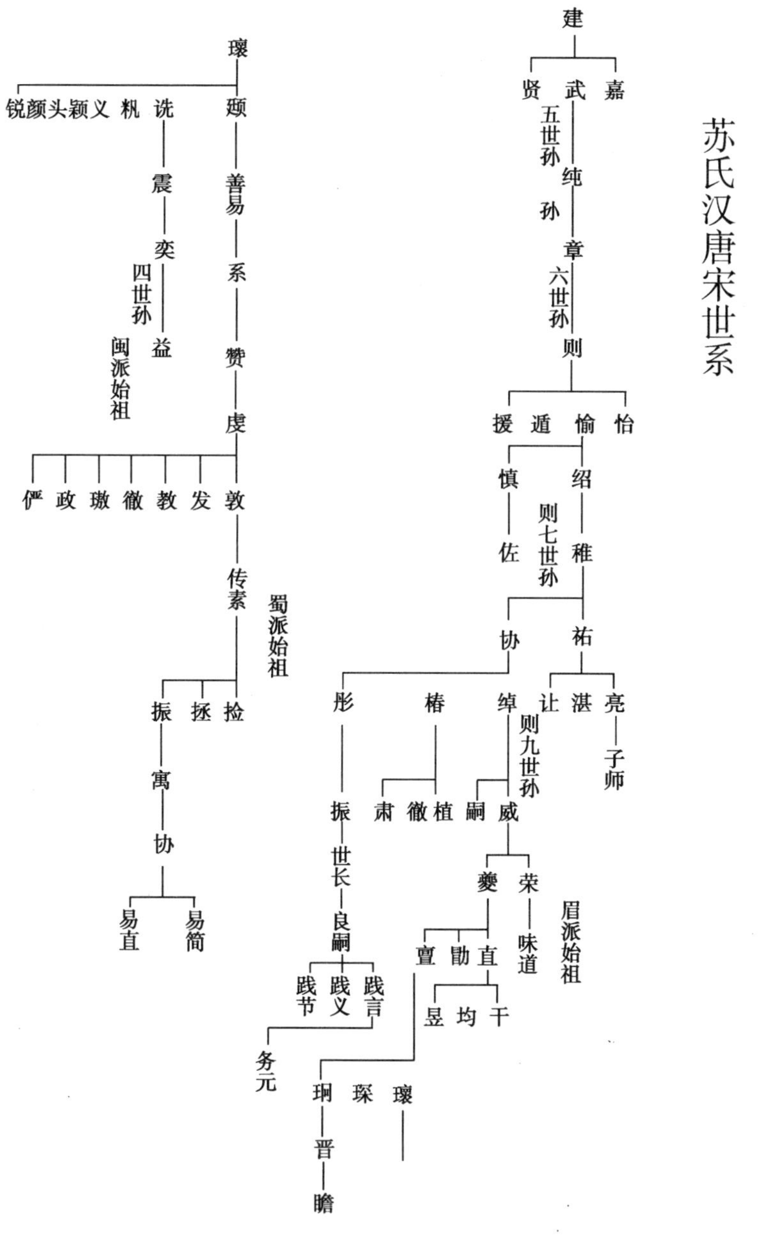
苏氏汉唐宋世系
建
贤 武 嘉
五世孙
纯
孙
章
六世孙
则
援 通 愉 怡
慎 绍
佐 则七世孙 稚
协 祐
彤 椿 绰 让 湛 亮
则九世孙
子师
振 肃 徹 植 嗣 威
世长
良嗣
夔 荣
眉派始祖
亶 勖 直 味道
昱 均 干
践节 践义 践言
务元
琱 琛 瓌
晋
瞻
瓌
锐 颜 头 颖 义 耜 诜 颋
震 善易
奕 系
四世孙
益
闽派始祖
赞
虔
俨 政 璬 徹 教 发 敦
传素
蜀派始祖
振 拯 捡
寓
协
易直 易简

图 1-2　苏氏汉唐宋世系

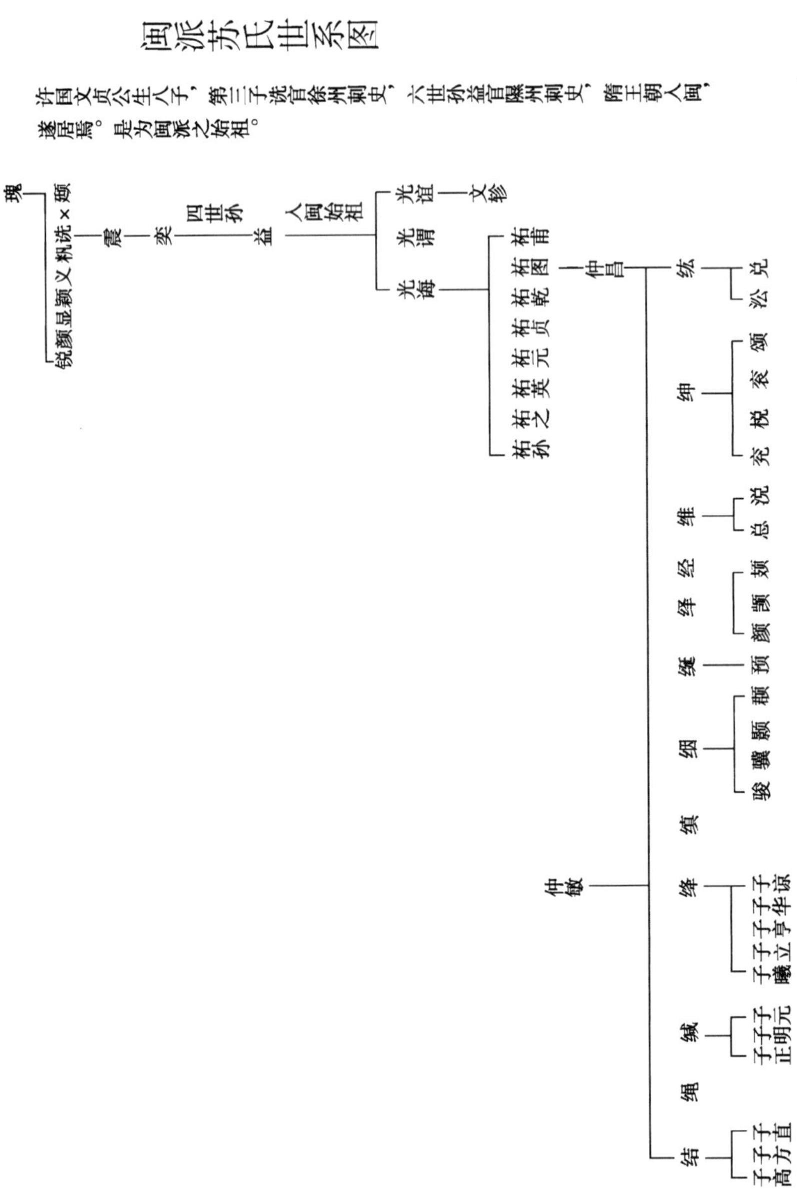
闽派苏氏世系图
许国文贞公生八子，第三子诜官徐州刺史，六世孙益官隰州刺史，隋王朝入闽，遂居焉。是为闽派之始祖。
瑰
锐 颜 显 颖 义 籸 诜 × 颋
震
奕
四世孙
益
入闽始祖
光谊
文轸
光谓
光海
祐甫 祐图 祐乾 祐贞 祐元 祐英 祐之 祐孙
仲昌
仲敏
纮 绅 维 经 绎 绠 细 缜 绛 缄 绳 结
兑 讼
颂 衮 棁 兖
涚 总
颏 颤 颜
预
颟 颢 骥 骏
子谅 子华 子亨 子立 子曦
子元 子明 子正
子直 子方 子高

图1-3　闽派苏氏世系图

京口苏氏世系图

元祐丞相苏颂，以太子少师致仕，卒葬润州京口，子孙一支在焉。

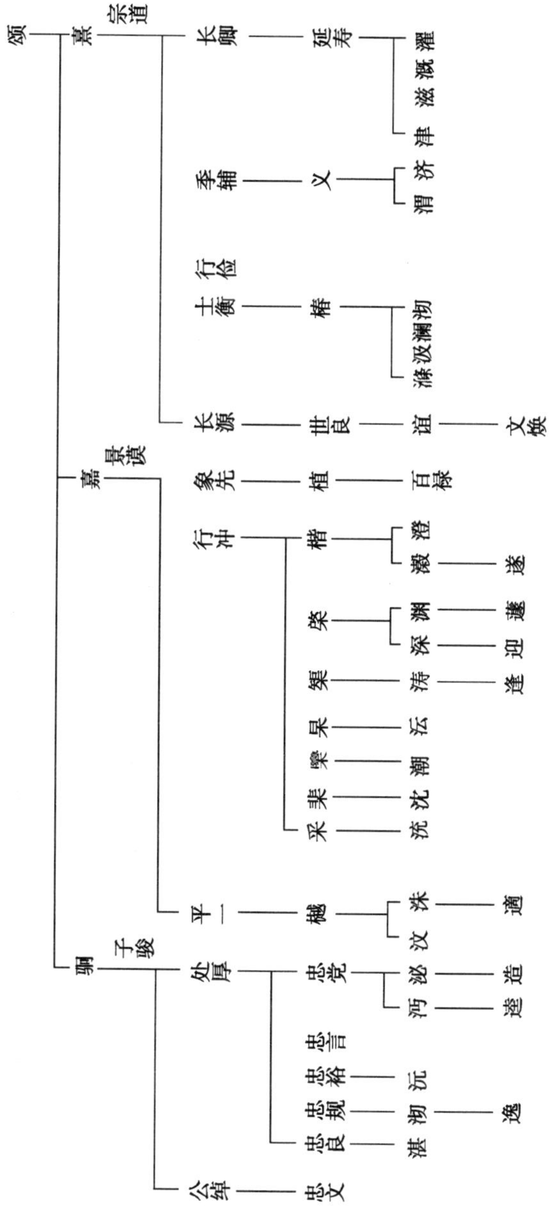

图1-4 京口苏氏世系图(1)

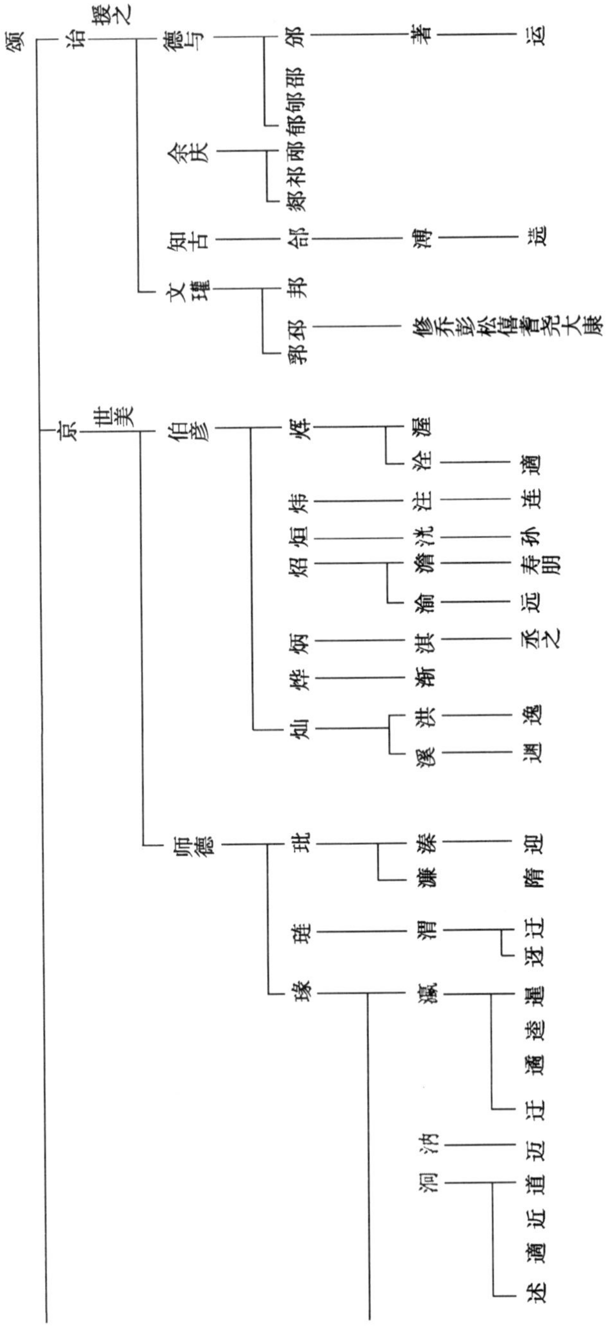

图1-5 京口苏氏世系图(2)

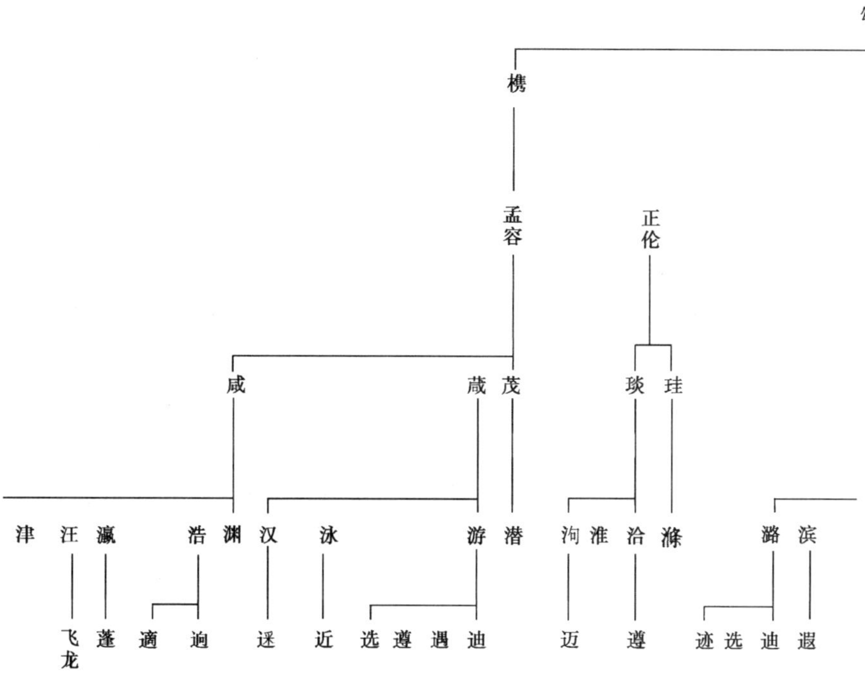

图 1-6 京口苏氏世系图（3）

第二节 苏颂父系和母系对苏颂的教育和培养

一、苏颂父亲苏绅创办的三所私塾

苏颂能成为宰相和科学家，与他家族源远流长的文化底蕴和遗传的科学基因有很重要的关系，而更重要的原因是他父亲和母亲的精心培养和教育。苏颂父亲苏绅对芦山堂子弟们的教育是应该深入挖掘和认真研究的，他不仅是苏氏家族的宝贵遗产，也是中华民族珍贵的精神财富。

管成学教授曾多次说过：“芦山堂文化是一座金矿，越往深层挖掘，越被它金光闪闪的宝藏所吸引。”

芦山堂的教育思想和实践尤为珍贵，特别是苏绅对苏颂的科技教育，非常独特，我们应该深入研究和总结。

苏绅是苏颂的父亲、苏缄的堂兄。苏颂和苏缄之所以能够分别成长为举世闻名的科学家和满门忠烈的民族英雄，这与当时苏家大家长苏绅的精心培育密不可分。而苏绅培育后辈的场所就是他先后三次创办的苏家私塾。正是在这些私塾里，苏缄和苏颂在学问上得到苏绅的严格教育，在人格上与师长和同学们切磋磨砺，最终都成长为一代英杰。

苏绅（999—1046），芦山堂五世祖，是同安家族承上启下的桥梁。苏绅承接了家族先辈苏益、苏光诲、苏佑图、苏仲昌、苏仲华、苏仲周之勇武精神和文德教化，尤其注重对子弟的培养和教育，开创了芦山堂家族办学的先河。纵览苏绅一生，其先后在无锡、洪州、京师南岗私宅三次创办私塾，聘请乡贤万君特和一代名流黄鳖隅为塾师，礼聘郡进士华直温、闵从先和儒学名士李觏等做苏缄、苏颂等子弟的陪读。有学富五车的名师的讲解和指导，有一批蜚声学界的才俊之士做陪读，进行研讨和切磋，苏绅开办的私塾培育出了苏缄、苏结、苏颂等多位进士和苏绎那样博学多识的学术大师。

（一）无锡初办私塾

仁宗明道元年（1032 年），苏绅出任无锡县宰，举家搬迁至无锡。此时苏颂 13 岁，苏缄 17 岁，正值学问积累的关键时期。苏绅于是在县衙之西圃开学舍，设立家族私塾，成为苏家创办私学的开端。除了苏缄、苏颂、苏绎、苏结等家族子弟外，苏绅还聘请当时的社会才俊华直温、华直清、闵从先等人入学陪读，以期在学问上相互切磋、取长补短、共同进步。

关于此事的回忆，苏颂在《家训诗》、苏象先在《魏公谭训》中均有记载。

苏颂《家训诗》曰：

十三从师友，群彦得亲近。
箕裘袭素风，兰芷渐腴润。

苏颂自注曰："先公宰无锡日，即县厅西圃开学舍，延诸生。郡进士华直温、新安闵从先辈数人同结课。予时十三岁，与从叔宣甫、山甫同砚席，预课试。"

苏象先《魏公谭训》卷六记载："曾祖（苏绅）宰无锡，圭田八百顷储于外。宾客馈送、周急、恤族、宴集之费尽之，客至如归焉。"苏绅与苏颂不同，他购买了大量田产，圭田就有八百顷之多。没有经济基础怎么办学校呢？

《魏公谭训》卷一〇记载："祖父尝言，幼时华直温相率至其家。每日将晚，群婢取灯盏数十，渍以水，取易涸者去之，恐其耗油也。治家有理，盖事事可法如此。"虽然有八百顷田产，也还是要勤俭持家，连灯油也是要省的。

无锡私塾开启了苏绅创办家族私塾的历史，从此私学教育的兴办一直伴随其一生。

（二）洪州继续创办私塾

宋仁宗景祐元年（1034 年）六月，苏绅擢尚书祠部员外郎、通判洪州（今江西南昌）。"通判"，即洪州副长官，相当于今之副市长。

苏绅继任洪州后，立即在当地开办了新的私塾，以使家学教育不致中断。苏绅在洪州请万君特为私塾老师，讲授《诗经》《尚书》《周礼》《易经》《春秋》《孝经》和诸子百家之书，并延请更多的儒士为苏缄、苏颂、苏绎等陪读，如刘敞、刘攽、李觏、蔡元导、蔡元翰。在切磋讲论中，他们提高学识，比试文章、诗赋。苏颂曾在《家训诗》中记载当时在洪州私塾学习的情景：

占毕自忘劳，攻坚常切问。
六经日沉酣，百氏恣蹂躏。
《礼》《乐》原夏商，《春秋》道尧舜。
论《诗》识温柔，讲《易》知谦巽。

从诗中可知，苏缄、苏颂等对儒家经典熟读背诵，研讨切磋，已经烂熟于心，并以《春秋》提倡的尧舜之道、忠君爱国相砥砺，又受到《尚书》中的治国理论和史书中的苏建抗击匈奴保卫家园，苏武茹毛饮血、持节不屈的民族大义的教育。

（三）在汴京开办第三所苏家私塾

宋仁宗景祐四年（1037 年），苏绅调京师（今开封市），进直史馆，为开封府推官、三司盐铁判官，苏家的塾学移到京师西岗之家宅。除无锡、洪州之陪读外，又增加了黄聱隅、王深父子直、吕缙叔、曾公孚先生等师生。苏家的私塾不仅教授读书应考，还研究学问，校点古籍，讨论国事，磨砺品格。

苏颂在《黄子寺謦隅先生祠堂记》中记载："建安黄晞，字景徽，景祐中，年四十，始随乡荐，赴礼部试。不举，居京师。丞相武宁章公（得象）以其乡人，召置门下。权利所处，非所乐也。时我先人方在台省，早闻其风，下榻以招之，先生欣然相就。既一授馆，凡历五期。每日与之游，切劘论难，愈久不穷。后十余年，某复仕朝廷，先生犹居陋晏如也。"

仁宗宝元元年（1038 年），是天下大比之年，各地考生都来京师参加进士考试。这一年，苏缄 23 岁，苏颂 19 岁，他们同时参加了进士考试。主持大考的官员是盛度，有一个科技考题是《斗为天之喉舌赋》。由于苏绅平时就给苏缄、苏颂出过天文历法类考题《夏正建寅赋》，所以他们都答得很好。苏缄顺利通过了考试，及进士第，结束了寒窗苦读，开始了仕宦生涯。

苏颂虽然试卷也答得很好，但是，由于"闻"字的四声用错没有被录取。苏颂在《家训诗》中记载：

少年事矜豪，属辞少准绳。
程文竟乖疏，贡籍果遗摈。
内负未蹉跎，不能忘起奋。

苏颂自注文说："予十八预府荐，……明年春省试，以犯声病格不收。时主文盛文肃公（即盛度）谓先公曰：'试文当在高等，以点检官指摘诗中押声闻字退落，诚可惜也。'"

苏象先在《魏公谭训》卷三中也对此事做了记载：

祖父年十九，省试《斗为天之喉舌赋》，文肃公主文，见曾祖曰："贤郎已高中，而点检试卷者以'声闻'（去声）为'闻'（平声）为不合格，遂黜。祖父自是始切意字学，发明为多。"

苏颂从此致力于声训之学，好学有为，成为宋代有名的训诂学大师。

（四）苏绅的私塾里有一批青年才俊陪读

苏颂在《次韵致资政华殿丞怀旧见寄》诗中自注曰："天圣中，先人宰无锡，吾生十二年矣。"又曰："初为举业，与宣卿接陪砚席，不以年辈辽隔，议论无间，蒙益尤多。"他又在给华直温写的墓志铭《殿中丞华君直温（宣卿）墓志铭》中说："天圣末，我先君宰无锡，君与其从弟直清，同以文章为贽，先君一见大加赏异，留君门下，使汝从其游，因得接砚席，习文史。君性至勤刻，所阅书传皆手自抄撮，日以三千言为准。虽甚寒暑，或课私燕私，则继之以夜，未尝废其程。予时羁丱，趋进士科举，为君牵勉，早暮不得息，日至抄诵数书，作词赋歌诗杂文，如是者几二年，因得通经术，知古今，繄率厉切磨之效也。”这是陪读华直温对苏颂所起的激励和督促作用。

苏绅任无锡县宰，在县衙之西圃开学舍，除苏缄、苏颂、苏绎、苏结等子弟外，还请华直温、华直清、闵从先等人陪读，这一年是仁宗明道元年（1032 年）。苏颂的《家训诗》、苏象先的《魏公谭训》都有记载。苏颂《家训诗》曰：

十三从诗友，群彦得亲近。
其裘衮素风，兰芷渐腴润。

以上论述，说明苏绅对苏缄、苏颂、苏绎等子弟的教育是千方百计地创造优越的条件，为了子孙后代的教育不惜花费巨资。苏颂与苏缄自幼在一起学习，并同一批比他们年龄大、学识高的进士和名人互相学习、讨论诗赋，彼此耳濡目染。也因此，苏缄对苏颂的影响非常之大。

（五）苏绅的私塾里有一批名师执教

苏绅在洪州请万君特为私塾老师，讲授《诗经》《尚书》《周礼》《易经》《春秋》《孝经》和诸子百家之书。请更多的儒士名流为苏缄、苏颂、苏绎等陪读，在切磋讲论中，陶冶情操；在诗文比试中，丰富学识，提高应考能力。

苏绅为苏缄和苏颂请的陪读有刘敞、刘攽、李觏、蔡元导、蔡元翰等。其中有三人成为宋代有政治作为和文史成就的名人，做出了历史性的贡献。他们对苏缄、苏颂的激励也是不言而喻的。

苏颂在《元祐癸酉九月，蒙恩补郡维扬，十一月到治，莅事之始，首阅题名，前后帅守，莫非一时豪杰，固所钦慕矣。然与其间九公颇有寅缘，感旧思贤，嗟叹不足，因作长韵，题于斋壁，以寄所怀耳》中自注曰：“予与侍读公（刘攽）少同砚席，每爱其论经义，谈历代，高才博识，谓当辅相承平。中年而殒，士友痛惜。今云山阁有留题诗，时会堂唱和诗，并刻于石。”

苏象先在《魏公谭训》卷三中记载了刘攽对苏缄、苏颂学习的促进作用：“祖父幼时，与刘原父兄弟聚学，刘父立之，与曾祖同为府推官。而原父颇熟《庄子》，祖父初未之读也。每以三鼓众散后阅之，十余日已能通达辨析矣。”

刘敞，字原父，庆历进士，廷试第一名。因考官王尧臣为其内兄，避亲嫌自列第二。官通判蔡州、直集贤院，判尚书考功，改知扬州，任永兴军知军，擢翰林侍读学士。任英宗集贤侍读时，讲解《史记》中尧舜之美德，爱护百姓，孝顺父母，友爱兄弟，就可以以德光照天地。英宗起身动容；太后听说了，也十分高兴。刘敞因勤于政务，积劳成疾，熙宁元年（1068 年）病逝于集贤院学士、判南京御史台任上，享年 50 岁。

苏绒、苏颂的另一位陪读刘攽，是著名史学家和诗人。

刘攽，字贡父，号公非，临江新喻（今江西新余）人。他是北宋的历史名人，像欧阳修、王安石、杨万里一样，成为宋代江西物华天宝、人杰地灵的有力见证。

庆历六年（1046 年），刘攽和刘敞同科中举，为贾黯榜进士。刘攽是著名的史学家，他应司马光之邀，参加编修《资治通鉴》，负责编撰两汉刘氏先祖创业的史绩。他博览群书，学识精深，尤擅汉史。对史学创作，他坚持“实录事迹，不稍损益”的原则。

他学问博洽，词章奥雅，是一位造诣很深的诗人。他的诗歌形式多样，内容丰富，关心民瘼，对人民的苦难充满同情，对酷吏弊政多所谴责。他的诗得到苏轼、曾巩、张耒等的一致赞誉。

刘敞、刘攽成为廉吏和史学家之后，一直与苏绒、苏颂有往来，他们的清廉政绩和耿直品格对苏绒、苏颂产生了很大影响。

苏绒、苏颂的第三位陪读是李觏。苏颂在《家训诗》中自注曰：“时南城李觏泰伯贽文谒先公，亦留馆斋中，得以切磋，蒙益多矣。”李觏在《宋史》有传，见卷四三二“儒林二”。李觏，字泰伯，建昌军南城（今属江西）人。由于科举不中，以教授乡里谋生，从学者常达百人。皇祐初，范仲淹荐其为太学助教，上《名堂定制图序》。嘉祐中，召为海门主簿、太学说书，卒于任内，年 51 岁，著《周礼致太平论》《平土书》《礼论》等。学生邓润甫在熙宁中，上其《退居类稿》《皇祐续稿》，皇帝下诏官其子为郊社斋郎。

苏绒、苏颂的另外两位陪读蔡元导、蔡元翰兄弟，都是进士。蔡元导有过目成诵之才，嘉祐二年（1057 年）进士，任南剑州推官。景祐四年（1037 年）元翰试茂才异等科中选，因触犯有司，被黜。苏绅、宋祁、郑戬等为其不平，写诗慰勉。

景祐四年（1037 年），苏绅调京师，进直史馆，为开封府推官、三司盐铁判官。苏家的塾学移到京师西岗之家宅。除无锡、洪州之师长和陪读外，又增加了黄聱隅、王深父子直、吕缙叔、曾公孚先生等师生。苏家的私塾不仅为了读书应考，还研究学问，校点古籍，讨论国事，砥砺品格。

苏象先《魏公谭训》卷六记载：

> 黄聱隅游京师，章得象为相，以乡里召门下。黄一日邂逅见祖父，如旧识。久之，语曰："某居乡人之馆，其间杂以驵侩，令人郁郁。"祖父曰："能移就敝庐乎？"黄大喜。白曾祖，曾祖曰："汝辈夺时相客，岂不得防祸耶？"祖父曰："此自其志也"。

黄聱隅遂来谒曾祖，大爱重之。遂迁居讲学，颇恨相见之晚。

《魏公谭训》卷三又记载：

> 祖父言，幼时在无锡，与华直温、闵从先，宣甫、山甫二叔相处。在洪州，则李泰伯，万君特先生、二蔡贤良。及居京师，又得黄聱隅、王深父子直、刘原父、贡父、吕缙叔、曾公孚先生，相与切磋琢磨，日有所资，至于学成，乃知取友之益，不可忽也。

苏绅的远见卓识和良苦用心体现在他的办学之中，他请了一批良师执教，又请一批栋梁之材陪读，从而造就了名垂青史的民族英雄苏缄和享誉中外的科学泰斗苏颂。

二、苏绅传承家学弘扬忠孝的教育

苏绅不仅利用自己创办的私塾聘请名师执教和寻找青年才俊陪读，把苏缄、苏绎、苏颂等后辈培养成为一专多能的人才，而且饱读诗书的苏绅还亲自教育苏家子弟，传承家学，培养他们忠孝为本的思想。

（一）以身作则弘扬家族的忠孝传统

芦山堂乃世家大族，是宋代闽南的望族。苏绅考中进士并任官后，把这个家族推向了鼎盛时期。宋天禧三年（1019 年），苏绅中进士。第二年，出任宜州推官。宋天圣元年（1023 年），苏绅改任安州军事推官。此时苏缄 8 岁，跟随苏绅开始读书。天圣二年（1024 年），苏颂 5 岁，苏缄 9 岁，苏绅为两人口授《孝经》，命两人背诵古人和宋代的诗赋。苏颂在他的《家训诗》自注中说："我生五岁，先公口授《孝经》，古今诗赋皆成诵。"这是苏缄、苏颂接受忠孝教育和传统文化的开端。

天圣五年（1027 年），苏绅因母病逝居扬州守丧，仍不忘对苏缄、苏颂进行严格的忠孝教育。苏颂在《家训诗》中说："又令从诸父教学，不数年而诵《五经》，习《尔雅》，知声律。"其诗曰：

我昔就学初，髫童齿未龀。
严亲念痴狂，小艺诱愚钝。
始时授章句，次第教篇韵。

"诸父"是苏颂对苏缄、苏结、苏绎等几位叔父的称呼，其时与苏颂一起学习，相互切磋。

苏绅早在朱熹之前就注意到和谐对家族和人伦的至关重要性，于是他手写《中庸》，命苏缄、苏绎、苏颂熟读之。苏颂在《家训诗》中说：

复熟《中庸》篇，推名善恶混。
楹书迨今存，手泽亦未泯。
赖此渐摩益，稍知圣贤蕴。

诗的自注文曰："先公举贤良，暇日试笔，手写《中庸》一篇，付予令熟读，诵之。可以见性命之理，其书至今秘藏箧笥。"

为了传承家学，弘扬忠孝礼义，苏绅在苏缄、苏绎、苏颂很小时便向他们讲述从入闽始祖苏益、苏光诲以来忠孝传家的历史。苏缄、苏颂又讲给苏嘉、苏京、苏携等子孙，并由苏象先记入《魏公谭训》。（苏绅辞世由仁宗赠太师魏国公；苏颂病逝，由哲宗赠司空魏国公；苏绅又称大魏绅公。）这部家训是芦山堂的传家宝。

（二）讲述历代皇帝的恩德，教育子孙忠君爱国

为了培养后辈们忠君爱国的思想，苏绅在他办的私塾里，向弟子们重点讲述宋朝各代皇帝的伟大品德和对苏家的恩德，以培养他们的爱国情操。如《魏公谭训》卷一载：

仁宗皇帝恭俭节用，常服练素，不御珍奇。临天下四十年，未尝妄用一钱。尝云：平生无所好，惟修唐书及制雅乐。官吏禀稍增秩，赐金纸札；雌黄金石，丝竹之费，不过数十万缗，为异时一日宴乐之费耳。

国家所以太平百三十余年而内外无患者，只由家法好。谓宗室戚里不预干政，后妃王姬无私谒，公族无骄陵，世禄之家守礼法。至神宗皇帝诏驸马都尉不升行，尤足以风天下矣。

高祖太师（知复州），初应贤良方正，进卷者百余人，为天下第二。被召，会罢六科。尝邀乘舆，上书言丁谓专权暴横，宜正典刑。真宗召入，赐食学士院，给笔札使尽言之。俄亦报闻。

苏绅所讲述的真宗、仁宗、神宗等历朝皇帝对苏家的恩德，在苏缄、苏绎、苏结、苏颂等幼小的心灵中留下了深深的烙印，对苏家子弟忠君爱国品德的形成起了巨大的作用。

（三）讲述苏家的孝悌传统

苏绅深深地懂得“在家为孝子，出征是忠臣”的道理。他们的家教是忠孝并重的。苏绅为苏缄和苏颂讲述的孝道之学，在《魏公谭训》中也随处可见，其卷二记载：

六代祖讳光诲，五代末为漳州刺史，性至孝。母夫人年逾八十，旨甘皆亲调。每旦朝节序，召州之官吏士子若祖母，与太夫人年相若者，具酒馔，与太夫人宴游终日，以娱亲心。太夫人有疾，衣不解带，药必亲尝。焚香祷祠，寝食皆废。邻郡闻风向慕。

及留从效纳款中朝，檄喻漳州豪杰率数千人拥太守拒之，六代祖初未知适从，既而从效遣将来援，具言司徒忠孝，今将委质上都，必识顺逆之理。六代祖开门纳从效之众，从效复以计召六代祖，举族居之晋江，及盗起游扬，遂推六代祖为盟主。六代祖喻之云：“尔若识逆顺之理，则吾从汝；不然，杀我亦不从也。”众欣然。既而举旗自拔归朝。太祖诏授屯卫将军，监在京仓，官其十子。

独五代祖以平生孝养于母夫人，夫人留漳州，遂复南归，授江南祭酒之命，方漳人拒命之时，有籍其姓名投于刺史者，五代祖实掌之，及纳从效之众，五代祖悉焚其籍，六代祖闻之曰：“汝之后必有显，不止活千人矣。”及高祖之生，六代祖甚爱之曰：“吾有此孙，入地无恨矣。”

高祖至孝，母代国夫人张氏乃泉南之甲族。家富于财，归吾宗时衣帐奴十人、婢十人、书十橱，他物称是。张夫人既老，喜为乡谈，高祖诫子孙奴婢皆效闽音，读韩诗“李杜文章在，光芒万丈长”，祖父每学其謦欬思慕焉。有一婢号宜子，张夫人每使从祖父嬉戏，为乡谈笑乐。

言传身教，将自己作为子弟学习的榜样和楷模，这是苏绅利用私塾教育后辈、传承家学的重要途径。他将自己平生所学倾囊相授，并将家族文化在兄弟和子侄们身上传承弘扬，培养他们忠君爱国、忠孝节义的品格。苏绅的言传身教，使芦山堂培育出一大批效命疆场的忠勇之士和忠孝两全的廉吏。

三、叔父苏缄对苏颂的教育和影响

如果说苏颂以他的科学发明福泽中国和世界，那么，苏缄则以他忠勇爱国的事迹和勇于献身的精神影响着中国和世界。苏缄忠勇爱国的事迹和勇于献身的精神也教育和影响了苏颂。

苏缄离开人间已有940多年，但人们一直在纪念他。宋神宗御谥“忠勇”，赠“奉国军节度使”。命其长子子元由桂州司户参军升为西头供奉官、阁门祇侯，改授殿中丞、通判邕州，赐甲第五、良田十顷。(图1-7)

图1-7　参观邕州知州苏缄殉难遗址留影
右起：苏家桃、管成学、苏清富、苏裕全

元祐年间，哲宗又追谥匾额“怀忠”。在广西南宁修建了城隍庙祭拜他，历史文献记载，在泉州也有祭拜苏缄的庙宇。至 20 世纪 90 年代，南宁的繁华街区仍留有苏缄殉难的遗址，南宁苏氏宗亲仍设立专门的房屋，祭拜他的塑像。

2016 年，美国总统奥巴马在访问越南时的讲话中，还提到苏缄领导的中越邕州之战。可见苏缄对中国和世界影响之大。

2017 年 7 月 19 日，南宁市政府、市政协召开座谈会，广西省政协副主席苏道俨，南宁市副市长、市政协副主席魏凤君，市新闻广电等部门的有关领导参加会议，上海苏氏宗亲会会长、中国园林设计专家苏寿梁、北海苏氏联谊会会长苏秀成、苏颂学术研究会常务副会长管成学教授等受邀光临指导并提出意见。南宁市政府重建苏缄城隍庙，已付出拆迁费人民币两亿多元，总费用预计要超过三亿元。可见苏缄的英雄事迹影响之深远。

（一）苏缄与苏颂自幼一起学习

如前所述，苏颂 5 岁就与叔父苏缄一起背诵《诗经》《尚书》《春秋》等经典著作；苏绅手写《中庸》，让苏颂、苏缄一起朗读和背诵，陶冶情操；苏绅让苏颂和苏缄一起练习作文《夏正建寅赋》，表扬苏颂对夏、商、周三代天文历法典故的精熟。

苏颂和苏缄一起参加宝元元年（1038 年）的进士考试，苏缄被录取，苏颂因“闻”字的四声用错而落榜。苏缄鼓励苏颂继续努力，苏颂不负所望，刻苦努力，成为声韵之学的大师，并于第二次进士考试中获得别试（因为其父苏绅是主考官之一，必须参加另外出题的考试）第一。

（二）苏缄的官宦生涯对苏颂的影响

1．苏缄 23 岁考取进士

宋宝元元年（1038 年），春闱大比，苏缄金榜题名，考中进士。芦山堂张灯结彩，迎来了一个喜庆的不眠之夜。

23 岁的苏缄，身材魁伟，英姿勃勃，一身勇武之气。19 岁的苏颂谈吐文雅，彬彬有礼，是一个满腹经纶的儒生。已在京师任直史馆、开封府推官的苏绅也回乡祭祖，参拜天地，告慰祖宗，他培养的弟弟苏缄考中了进士。

苏绅看着自己培养的弟弟考取进士，19 岁的儿子本来也已经录取，只是因为“闻”字的四声用错而落第。他一面表扬苏缄一举成功，开始了仕宦生涯；一面劝勉苏颂不要气馁，努力钻研声韵之学，弥补自己学识的不足之处。苏缄第一次参加科举考试就考中进士，对苏颂起了极大的激励作用。

宝元二年（1039 年），苏缄被任命为广州南海县主簿，他乘舟南下，很快到达南海县衙。县长命他主要管理文件、簿籍。由于南海地处海滨，州领蕃舶甚多，主簿亦须分管海运商务。

2．苏缄庆历元年任阳武县尉

苏缄在南海任主簿满三年，政绩优良，大节无亏。庆历元年（1041 年），转任阳武县尉。苏缄由南海管理簿籍、商舶之官调任河南阳武县尉。阳武滨临黄河，山林稠密，又是宋辽争夺之地，兵匪交织，盗贼出没。主管法纪、维护治安的县尉，任务繁重，积案甚多。

苏缄到任不久，县令就召集官吏，商讨捕获隐于山林的李姓巨盗。李姓贼首有时啸聚山林，有时隐于民间，前任县尉已经率领捕曹多次拘捕，均未成功。

苏缄派人秘密查访，得知李匪从山上潜入民间。正当李匪准备抢劫时，苏缄突然包围其所居村落，一户一户地搜查，迫使李匪出逃，趁机抓捕。李匪聚众抵抗，不肯出降。苏缄一定要生擒李匪，就点燃李匪旁边的房屋，迫使李匪逃出，苏缄率兵追赶，驰马擒贼，斩首于路，送头颅于知府。

知府贾昌朝，召集州县官吏和府城百姓，宣布李匪已被斩首，四民可以各安其业。他对苏缄这位任主簿的文官，能够纵马驰骋，持枪上阵，斩获匪首，感到非常惊奇。在州县官吏和安民集会上，知府贾昌朝表彰苏缄道："苏县尉一介儒生，能够挥戈上阵，纵马擒贼，实出本府之意外，其舍生忘死的勇武精神，应该成为诸君之榜样！"

3．苏缄皇祐三年知英州之战绩

由于任阳武县尉时捕捉盗匪是苏缄的主要职责，他经常率领吏卒挥戈舞刀，擒拿盗贼。三年任满，他已从文弱书生变成了勇武的将领，多次亲冒矢石，攻城拔寨，生擒匪首。他深得仁宗的信赖，累次迁升，皇祐三年（1051 年）擢秘书丞、知英州。

苏缄把荣任英州知州的喜讯通告苏颂，并写诗和赠送苏颂广东的茶叶、棕刷。苏颂以韵奉答《宣甫叔以栟榈茶刷见惠继之以诗依韵奉和》：

装橐分余具，茶筒使拂尘。
制时工匪易，得处赏尤频。
常与轮槽并，宜为焙匣珍。
斋中延客语，供办未应贫。

苏缄收到了苏颂的和诗非常高兴。他马上打点行装，启程赴任。苏缄从黄河之滨的阳武县到五岭之南的英德县，可谓万里之遥。他水陆兼程，走了一月有余，到达县衙时，早有县丞、县尉、主簿等官吏和绅民在迎接。苏缄照例发表就职演讲，廊柱题词。官吏绅民设宴庆贺，奏乐舞狮，锣鼓喧天，满街披红挂彩，喜气洋洋。

英州是广州府的下辖州县，广州府经常遭到侬智高的侵扰。苏缄到任不久，侬智高就率大军围攻广州府城。

苏缄召集英州属吏和军队，义正词严地说："广州乃是英州的都府，而且与英州十分接近。现在广州府危在旦夕，如果我们不去救援，理义何在?"

侬智高看到苏缄率兵援救广州，乘乱而起的盗匪也被苏缄招抚归业，且广州府城坚固难攻，便想撤军逃归。苏缄侦察敌情，发现侬智高有归逃之意，就分兵扼其归路，并在江中布置木槎四十余里，使侬智高的水军无法撤退。侬智高就绕水道数十里渡江逃跑，由连州、贺州向西逃窜。苏缄迎战步兵，追杀水军，俘获甚多，尽得侬智高所掠物资。

4．苏缄被贬房州司马后的奋起

皇祐五年（1053 年）三月，苏缄被贬房州司马。原因是他随大将陈曙守昆仑关，溃不成军。主帅陈曙被斩首，苏缄也被贬官。

苏颂得知叔父苏缄被贬，写信劝叔父宽心。战场瞬息万变，没有常胜将军。苏缄被贬后，路经京师（今开封），苏颂在京师任馆阁校勘。两人多年不见，苏颂在竹林设酒，宴请苏缄，为叔父洗尘，又写诗《次韵和宣甫叔父迁谪过都见寄》勉慰叔父不要气馁，再立奇功。

解组从戎五筦城，壮谋期欲荡蛮腥。
数奇不意同飞将，肺腑何因学卫青。
报国有心犹慷慨，谪官无闷但沉冥。
竹林此日重相过，高论时欣侧耳听。

苏缄被贬房州司马以后，在房州过了六年较为清闲的生活。他在房州没有紧急的事务。政务忙时，知州会分配他一些临时性事务；政务清闲时，他则闭门思过，等待朝廷新的任命。这种赋闲的生活，对磨炼苏缄的急躁性情很有帮助。

苏缄任房州司马期间，又找任职馆阁的苏颂，两人一起到丹阳（今属镇江）苏绅的坟上去祭拜，表达他们不忘苏绅的培养和教育之恩，一定要发扬“威武不能屈”的忠君爱国精神。苏缄写下了那首流传千古的《苏绅坟祭诗》：

五里平郊烟霭村，泪流坟土泣英魂。
近年忠义心如铁，不负平生教育恩。

这是民族英雄苏缄留给我们的遗嘱，我们要用金色的大字，把它刻在苏缄的纪念碑上，永远继承和发扬他忠贞爱国、英勇献身的精神！

5．苏缄领导的功贯古今的邕州保卫战

宋神宗熙宁四年（1071 年），苏缄被任命为邕州知州。

神宗下诏，以刘彝为广西经略使代替沈起，欲招抚交趾（越南古称）人。刘彝到任之后，仍然采取谋攻的战略，欲以出奇立功。他开始派遣官吏入溪峒，召集士丁为保伍，教以战阵，使岁时演习；继而又指使盐运之舟师集于海滨，教以水战；此外还禁止与交趾的一切边疆贸易。这三件事引起交趾人的惶恐。

苏缄得知刘彝采取谋攻的三项措施，立即写信给刘彝，劝他终止谋攻的三项措施，不要给交趾人入侵的借口。刘彝不仅不听劝告，反而修书弹劾苏缄，说其意见是灭朝廷的威严，责令苏缄不许再擅自上言边事。

果然不出苏缄所料，十一月初交趾大举进攻，号称八万之众。中旬抵海岸，仅十日即攻陷钦、廉二州，又攻破邕州所属的太平、永平、迁陆、古万四寨。苏缄得到战报，立即备战，检阅都兵，仅有老弱 2800 人。他召集官吏与郡中才俊之士，授以御敌之略。

州民惶恐不安，纷纷外逃。苏缄为了安定军民之心，倾官币与私财购买军械，并召集民众说：“我们兵器精良，粮草充足，为什么要逃跑怯战呢？敌人已经兵临城下，唯有坚壁固守，以待救援，才可制胜。若举足外逃，必然军心动摇，大势去矣。汝辈幸听吾言，将得重赏，如有不听而外逃者，则连同妻儿一并斩首。”

苏缄得知军中官吏翟积阴欲外逃，令人埋伏城门之外，待其出逃时擒获，斩首以徇，又出钱招募敢死队员，得数百人；招募邕江的舟船用于战争。邕江水战杀敌两百余人，杀死大象十几头。

敌人围城之后，苏缄日夜巡城，慰劳士卒，安抚百姓，并以神臂弓射杀城外的敌人和大象，发火箭焚毁敌人的云梯和其他攻城器械，激战中杀敌15000多人。

苏缄的长子子元，为桂林司户参军，因公事携妻儿来邕州省亲，欲还时遇交趾人围城。子元想带妻儿出城，苏缄恐动摇军民之心，只令子元一人回桂林，留其妻儿于邕州。

熙宁九年（1076年）正月，广南西路都监张守节与交趾大战于昆仑关，溃不成军。苏缄于事前遣使到桂林求救兵。刘彝遣张守节救援，守节见贼众十倍于己，畏敌不进，绕行贵州路，驻兵康和驿，以观胜负。苏缄又派使者持腊信告急于提点刑狱宋球，宋球得信后惊泣，又督促守节进兵。守节仍不肯进攻，移屯火夹岭，回保昆仑关，遇敌而战，全军覆没。

是年正月二十三日，诏命苏缄兼任广南西路经制贼盗溪峒公事。温泉同经制，种谔添差广南西路钤辖。种谔因身任主帅畏葸不前而改知岷州。苏缄既被擢为广南西路经制使，又兼邕州知州，他守土有责，视死如归，担起了死守邕州之重任。

李焘《续资治通鉴长编》对邕州守城之战记载最详，抄录如下：

> 是日（二十三日），交贼陷邕州，苏缄死之。张守节败。生获于贼者数百人。贼知北军善攻城，啖以厚利，使为云梯，既成，为缄所焚于穴中。贼计穷，稍欲引去，而知外援不至。会有能土攻者，教贼囊土数万，向城山积，顷刻高数丈，贼众登土囊以入，城遂陷。缄犹领伤卒驰骑苦战，力不敌，缄曰："吾义不死贼手。"乃还州廨，闔门，命其家三十六人皆先死，藏尸于坎，纵火自焚。贼至，求缄及其家遗骸，皆不能得。杀吏卒、土丁、居民五万余人，以百首为壹积，凡五百八十余积。并钦、廉州所杀，无虑十万余人，并毁其城以填江。邕州被围凡四十二日，缄率将士固守，粮储既竭，又岁旱，井泉皆涸，人饥渴，汲沤麻枰水以饮，多病下痢，死者相枕，而人无叛者。……缄既死，交贼复谋寇桂州，前锋行数舍，或见大兵自北南行，呼曰："苏皇城领兵来报交趾之怨。"贼师尽惧，遂引归。其后邕人为缄立祠，岁时祷之。

苏缄为国捐躯的献身精神和保家卫国的英勇战绩被苏颂写入《魏公谭训》，教育自已和后代子孙。

（三）苏缄爱国精神与英勇战绩的深远影响

1. 苏缄爱国精神和英勇战绩对苏氏子孙的影响

历经元、明、清三代的战争和风雨，南宁的城隍庙仍然保留着一段苏缄当年留下战绩的残墙。1920 年，民国政府在墙下立碑刻字为“宋苏忠勇公成仁处”。2002 年，南宁市政府在上面写下“邕州知州苏缄殉难遗址”。广西南宁的苏缄子孙苏家桃在原城隍庙附近租了一间面积约 12 平方米的小屋，供奉着苏缄塑像，有专人守护，一年四季香火不断。

2013 年 1 月，中国苏颂学术研究会会长、长春中药大学校长王之虹教授，常务副会长、吉林大学管成学教授，副会长、东北师范大学副校长苏忠民教授，联名给广西壮族自治区南宁市政府写信，建议召开苏缄千年华诞国际学术研讨会。（图 1-8）

图 1-8　中共广西壮族自治区党委原副书记、桂学研究会会长潘琦与管成学教授、苏显学校长、苏受吉会长等商量合作出版“苏缄学术丛书”事宜时留影

2014 年 7 月 25 日，现居台湾地区的苏缄子孙组团到南宁祭拜苏缄，由苏克福、苏信吉率领的台湾地区 13 个县、市的苏氏宗亲会代表无法同时进入那间 12 平方米的小屋，他们就去找周红波市长，要求修复苏缄城隍庙。广西壮族自治区政协副主席苏道俨、南宁市市长周红波接见了台湾地区 13 个县、市的苏氏代表，海峡两岸开始磋商修复苏缄城隍庙。其后，世苏总会理事长苏用发和苏克福、苏信吉等又多次去南宁与市政府协商复建苏缄城隍庙。（图 1-9）

图 1-9 世苏总会常务副会长苏克福代表台湾地区 13 个苏氏宗亲会访问南宁市市政府
右起：苏文和、苏道俨、苏克福、周红波（时任南宁市市长）、苏信吉、苏裕全

2．美国总统奥巴马访问越南时讲话中有关邕州保卫战的摘要

2016 年，奥巴马访问越南讲话中，重提苏缄领导的邕州之战。他说："越南人民一直耕种着这些土地……虽然如此，在过去的多个世纪里，你们的命运在太多的时间里由其他人主宰。你们所热爱的国土并不是属于你们所有。但是，李朝大将军李常杰捕捉到像竹子一样的越南人民的不屈精神。"奥巴马还引用李常杰的诗："南国山河南帝居，截然定分在天书。如果逆虏来侵犯，汝等行看取败虚。"

这首诗写于越南李朝仁宗李乾德太宁五年（1076 年）。其时正是邕州之战不久，李朝大将军李常杰在如月江、富良江一带与宋军交战，为鼓舞士气而写此诗。李常杰的战绩被写入《大越史记全书》。奥巴马发表讲话时正当南海争端发生，他的用心是不言自明的。940 多年过去了，奥巴马重提邕州之战，说明苏缄领导的邕州保卫战影响之深远。

3．南宁市政府花费巨资复建苏缄城隍庙

目前，南宁市金狮巷的苏缄城隍庙重建工作已经完成大部分工程，有钟鼓楼、仪门、城隍殿、寝殿、配殿、献殿、牌殿、廊庑、影壁、戏台和后殿，为岭南传统木石框架，画栋雕梁，金碧辉煌，拆迁和重建花费人民币 3 亿多元，目前尚未最终完工。

苏缄城隍庙是弘扬传统文化、进行爱国主义教育的基地；也是陈设反映苏缄反对外来侵略，保家卫国坚持民族气节和英雄业绩的苏缄展览馆；还是发掘苏氏文化，讲述苏氏家族爱国孝亲的学术殿堂。

四、苏颂母系对苏颂的教育和影响

苏颂的外公陈从易和母亲陈夫人对他的教育和影响同样至关重要。苏颂自幼生活在母亲的身边。陈夫人丰富的文史知识，令苏颂耳濡目染，增加了他苦读诗书的兴趣。苏颂以母亲精深的文化知识和秀美的文字而自豪，可谓母以子贵，子以母荣，对此史书中留有记载。

（一）来集之《樵书》“三到堂”史料考述

明末清初浙江萧山人来集之在其所著《樵书》（又称《倘湖樵书》）中，为我们保存了宋代宰相、著名科学家苏颂之母——魏国夫人陈氏杭州官衙的廊柱题词：

> 宋晋江魏国夫人陈氏，龙图从易女，内翰苏绅妻，丞相苏颂之母。三公皆出为杭州守。夫人题郡舍柱云：“吾少从父至此邦，次与夫偕来，今同吾儿，凡三到，尽阅江山之胜。”

这条珍贵的史料有三奇：晋江魏国夫人陈氏的父亲、丈夫和儿子先后都任过杭州郡守（据管成学教授考证苏绅未任杭州郡守，见《苏颂之母杭州官衙廊柱题词考释》，《温州大学学报》2003 年第 1 期）可谓一奇；她的三位亲人（父亲、丈夫、儿子）都获得了国史为之立传的殊荣，可谓二奇；她的儿子苏颂是一位享誉中外、独得七项世界第一的科学家，可谓三奇。那么，对这则史料进行考释就很有意义了。

“晋江魏国夫人陈氏，龙图从易女”，是说苏颂的母亲是龙图阁直学士陈从易的女儿。《宋史·陈从易传》记载：命使契丹，以年老，辞不行；又辞职请补郡，进龙图阁直学士，知杭州。可知他以龙图阁直学士之职出知杭州。

“魏国夫人”的封号，来自苏颂的赠谥。苏颂的墓志铭记载了封号的由来：“是生公考讳绅，以贤良方正起家，被遇仁宗，入翰林为学士，议论文采，震耀一时，有传国史，赠太师、魏国公。……公（苏颂）曾祖妣张氏，祖妣刘氏、翁氏，妣陈氏，封代、随、徐、魏四国，皆太夫人。”

苏颂在“追省平生因成感事述怀诗”中，记述了外公陈从易出知杭州的时间。他在“十龄独侍行，千里赴朝觐”之下，有一段注文说：“天圣中，先公服楚国太夫人丧，外除自维扬赴调，适值外祖龙图陈公出守余杭，以先妣魏国太夫人久别，欲邀同行。时予十岁，独侍先公入都。”注文说“时予十岁”，苏颂生于真宗天禧四年（1020 年），可知陈从易出知杭州应为仁宗天圣八年（1030 年）。陈从易在杭州只任职一年零四个月，便病逝于官府。

（二）苏轼写诗赞扬苏颂母亲陈夫人和外公陈从易对苏颂的教育

宋神宗元丰七年（1084 年），苏颂任光禄大夫、吏部侍郎。是年六月，其母陈夫人病逝。神宗遣中贵人唁劳，除规定之丧葬费用外，另赐白金千两，敕州县应接其丧事，诏有司假官舍以居。神宗宠爱尤异，恩赐丰厚。

苏颂居京口（今江苏镇江市）丁忧。

九月，苏轼自黄州（今湖北黄冈）移汝州（今河南临汝）途中，自仪真（今江苏仪征）渡江至京口，吊陈夫人之丧，作《陈夫人挽词》：

苏陈甥舅真冰玉，正始风流起颓俗。
夫人高节称其家，凛凛寒松映修竹。
鸡鸣为善日日新，八十三年如一晨。
岂唯家室宜母寿，实与朝廷生异人。
忘躯殉国乃吾子，三仕何曾知愠喜。
不须拥笏强垂鱼，我视去来皆梦尔。
诵诗相挽真区区，墓碑千字多遗余。
他年太史取家传，知有班昭续《汉书》。

“苏陈甥舅真冰玉，正始风流起颓俗”两句是赞扬苏颂和外公陈从易的品格冰清玉洁。“正始风流起颓俗”是引用《后汉书·羊续传》的典故。羊续在东汉灵帝时任官，他出任南阳太守时，当地民俗崇尚奢华，官吏和有钱人多向太守行贿。“续深疾之，常蔽衣薄食，车马羸政。府丞常献其生鱼，续受而悬于庭，丞后进之，续乃出前所悬者以杜其意。”

中平六年（189 年），汉灵帝欲擢羊续为太尉，东汉风俗极坏，任三公者要向东园交纳礼金，并派宦官监督。羊续不肯交纳礼金，也不愿向宦官行贿，就没能晋升太尉。

苏轼诗的前两句是说苏颂和外公陈从易都是清正廉明像羊续一样可以移风易俗的好官。

“夫人高节称其家，凛凛寒松映修竹”是说陈夫人的高尚品格，对苏颂和家人的身教，就像不畏严寒的青松，在冰雪中也能坚持修竹的志节。

“鸡鸣为善日日新，八十三年如一晨”是说陈夫人勤俭持家，鸡鸣而起，率先垂范，八十三年如一日。正是母亲以身作则造就了苏颂冰清玉洁的品格。

“他年太史取家传，知有班昭续《汉书》”是说陈夫人不仅品格高贵，而且史学知识宏富，诗文著述灿然，是像班昭那样的巾帼才俊，是苏绅和陈夫人共同造就了苏颂这位“行完学富”的伟人。

（三）外公陈从易对苏颂的教育和影响

陈从易字简夫，泉州晋江人。由进士及第而任官，初为岚州团练推官，后调彭州军事推官。因作战勇敢，视死如归，而受到安抚使王钦若的褒奖。真宗召为秘书省著作佐郎、大理寺详断官。不久，擢太常博士、出知邵武军，任地方行政长官。其后，又以刑部员外郎知虔州，迁湖南转运使，升太常少卿知广州，颇有政声。

陈从易是一位文武兼备的干才。宋真宗下诏编修当时最大的历史百科全书《册府元龟》，王钦若任主编，他参与修撰。真宗宴请近臣于崇和殿，召其赴宴，因赋诗称旨，迁侍御史，直史馆。他在文史方面因文风纯朴、不尚雕华而被史书称道。《宋史·陈从易传》记载：“景德后，文士以雕靡相尚，一时学者向之，而从易独守不变。与杨大雅相厚善，皆好古笃行，时朝廷矫文章之弊，故并进二人，以风天下。”

关于他的品格，史书评论说：“为人激直少容，喜别白是非，多面折人，或尤其过，从易终不变。”由于“激直少容，喜别白是非”，他得罪了宰相寇准，曾遭打击报复。王钦若对他有知遇之恩，被贬居南京（今河南商丘），又是权奸丁谓的政敌。丁谓当时任宰相，权倾朝野，一般官吏都避而远之。他出任湖南转运使，特地请示丁谓，明言“以王公在宋（因宋太祖曾任宋州节度使，所以又称南京为宋州），故就省之尔”。寇准被贬道州，因寇准压制过陈从易，丁谓告诉陈从易说：“庐陵之事，可以释憾矣。”陈从易却回答：“当以故相事之尔。”史家称赞说：“若从易拒释憾之言，大雅辞袭衣之遗，卒使权奸愧歉，抑又可尚哉!”《魏公谭训》卷五记载，陈从易知虔州说：“陈龙图世称循吏，知虔州，遭岁荒，有劫禾者千余人，龙图平反奏谳，悉从末减。岁大稔，流民归业。公有诗曰：‘春来活得千人命，秋后还收数倍禾。莫道使君无善政，从教吹作竹枝歌。’乃州人美公之词。”

《魏公谭训》记载陈从易知广州：“陈龙图知广州，赠祖父诗曰：‘妇翁清白传儿女，莫把珠玑缀绮罗。人谓公必不以珠玉为赠也。’陈公既以任子恩奏其侄，仍赠以诗曰：

门前桃李已成荫，更有荆枝与竹林。
比并势豪虽不足，遭逢恩泽亦难任。
江山在望皆吾土，晨夕供甘有俸金。
十载相从应学得，怕人知事莫萌心。

人谓公之操行断章见之。”

《魏公谭训》卷一有一段宋神宗与苏颂的对话，也谈及陈从易知广州的政绩：“祖父知沧州，陛辞……因语及母留京师，未能偕行。上曰：‘卿母谁氏?’具以对。上曰：‘是仁宗天圣间侍从耶?’祖父曰：‘臣外祖天圣间以直昭文馆知广州。罢还，不市南物，挈俸余见缗过岭。仁宗闻之，即日擢知制诰。’上曰：‘清节过于马援矣。宜其有贤女也。’”

从上述三则引文可知，陈从易是一位勤政爱民、体恤百姓的父母官。他廉洁奉公，勤俭持家，并以此教育子侄与亲友。

陈从易的勤政爱民、清廉节俭也深深地教育和影响了苏颂。

第二章

勤奋为民　无私奉献

第一节
苏颂任地方官的经历和业绩

苏颂一生好学有为，前面第一、二节，我们叙述了他的勤奋好学。他的有为是从任地方官开始的。他一生多次任地方官吏，我们分四个阶段论述。

地方官上承皇帝、宰辅的诏令，下临黎民百姓的生计，要成为一个忠君爱民的廉吏并非易事，在任期间如能改革创新，发展经济，造福一方，就更加难能可贵。我们看看苏颂是一个什么样的地方官吧。

庆历二年（1042 年），苏颂中进士，被任命为宿州观察推官。第二年任江宁知县，三年任满，正赶上苏绅病逝，苏颂就去护葬。他葬父京口，买地丹阳，从此移居丹阳。皇祐五年（1054 年）改任馆阁校勘，调入汴京。这是他第一次任地方官。

嘉祐六年（1061 年），苏颂出知颍州，第二次做地方官。嘉祐八年（1063 年）召为开封府界提点诸县镇公事。治平二年（1065 年）迁三司度支判官，离开地方。

熙宁四年（1071 年），苏颂任婺州知州，第三次任地方官，后又知亳州、应天、杭州。元丰二年（1079 年）改知濠州，元丰三年知沧州，元丰四年召回吏部任职。第四次任地方官。元祐八年（1093 年）因杨畏等弹劾，辞去相职，出知扬州，第五次任地方官。

一、兴修水利，造福民众

（一）在颍州、开封、沧州的水利工程

嘉祐六年（1061 年），苏颂任颍州知州，他利用农闲，修缮西湖，美

化环境。他对颍州西湖的美景十分欣赏，常邀请出资的绅商和过往的同僚师友，游览西湖，写诗作赋。苏颂留给我们的诗，记述了他对颍州西湖的治理，也是他造福一方的史证。

苏颂整修西湖，全部完工之后，与梁签判登上四望亭，看到民众安居乐业，一派丰收景象，写了《四望亭》：

高亭春望思无穷，千里人烟指顾中。
比屋如云浓被野，颐颐醇俗乐时丰。

春天来了，他看到颍州西湖桃红柳绿游人众多，抑制不住内心的激动，写下了《撷芳亭》：

春来何处最花繁？湖水西头百亩园。
无限游人折红蕊，可怜桃李自无言。

他为颍州西湖美化环境，改善民生而喜悦，修建“涵春圃”，并吟诗抒怀，写成《涵春圃》：

桃李阴阴一水涯，因人封殖更繁华。
湖光凝碧花飘锦，春物唯应此地嘉。

嘉祐八年（1063 年），苏颂提点开封府界县镇公事时，他建请浚自盟、白沟、圭、刀四河，以疏畿内积水，兴修水利，保田防灾。

元丰四年（1081 年），苏颂知沧州时，黄河泛滥。他又在《奏乞开修破藏口复三堂分杀黄河水》中说：“臣伏见河决小吴，由澶、魏、恩、冀、瀛、沧诸州，乾宁军境内，北流至界河，东折入于海……而界河河道亦不甚宽阔，既受众水，必须壅遏难行。今见沧州界御河增减不常，时或逆行，乃下流不快之验明矣。即目下未甚湍猛，而乾宁军已告急。”他不仅指出了只修堤防不注意疏通海口的危险性，而且经过认真调查研究，提出了解决办法：“臣窃见沧州东北有三堂泊，纵广百余里，下连海道，地名黑龙港……其西与御河破藏口及范桥镇相去不过三五十里，可以分引河流，东注泊内。既满溢则由黑龙港以入海，其势甚易。”

如果没有深切的爱民之情，没有不畏劳苦、深入灾区的精神，就既发现不了险情，也提不出如此良好的解决办法。在沟河、支家河等工程的修浚中，苏颂也亲与其事，筹措谋划，登堤指挥。

（二）在杭州修筑海塘，研究潮汐

据《宋史·河渠志六》记载，熙宁七年，任中书检正的沈括上书请求兴修两浙水利。他受诏相度两浙水利，修筑和疏浚了浙西、浙东堤防河道，修补了海塘。熙宁十年（1077 年）春，苏杭的旱灾、大疫已过，流民归业。秋收后，苏颂再次兴修水利，疏通河道，组织民众修补海塘，防止大潮侵吞庄稼和咸潮泛滥盐化良田。苏颂完成了沈括没有完成的两浙水利工程。

深秋的钱塘观潮是杭州府的一大盛事。苏颂一面告诫官吏事先做好民众的安全工作，防止发生拥挤落水等事故；一面亲自勘查海塘，观测海潮，研究潮汐发生的原因。在与民众共同观看钱塘大潮之后，他写了《观潮三首》《续观潮》等诗。其一曰：

海门双峙隔沧溟，潮汐翻波势若倾。
万叠银山横一线，千挝鼍鼓震重城。
来无源委逢秋盛，信有盈亏应月生。
古今循环曾不涸，谈天闳辩岂能名？

他在诗中阐述了潮汐的成因，明确指出潮汐的规律是秋天的潮水最大，潮汐发生的原因是“盈亏应月生”。这与现代的科学解释，潮汐因月球引力而生是一致的，这也是他在杭州任职期间留给我们的一项科技贡献。

与苏颂同时代的科学家沈括只是批判了卢肇“日出没激水成潮”的谬说，在阐述潮汐成因时，并没有达到苏颂这样接近科学解释的程度。沈括早苏颂两年来浙江兴修水利，他也仔细观测海潮，研究潮汐的成因。他在《补笔谈》中说：“予常考其行节，每至月正临子午则潮生，候之万万无差。此以海上候之，得潮生之时。去海远，即须据地理增添时刻。”沈括只是记载了潮生的准确时刻，并没有探明潮汐发生的原因。

17 世纪时，世界瞩目的科学家伽利略还在反对月球影响潮汐的理论，相比之下，苏颂是何等超群出众啊！

综上可知，苏颂不仅是一位政治家、科学家，而且是一位好长官、才华横溢的大诗人。他用科学手段造福于杭州人民的政绩，他吟咏潮汐成因和规律的诗篇，是中国古代科技史上值得骄傲的篇章。

（三）首创杭州自来水，改造和美化城市环境

苏颂在杭州任内的最重要的政绩是首创自来水。该政绩收于《苏魏公文集》卷三的《石缝泉》，诗中记载了他在杭州首创自来水的经过。

杭州市近郊有一座凤凰山，山上有一个石缝泉，其水清澈甘甜。苏颂以前的知州也曾想引入城中，但都没有成功。苏颂诗的题目曰："前此数欲疏引入州治，久不克就。予至则命工人，寻旧迹，相地架竹，旬月而水悬厅事。又析一支以给中堂，一支以给西阁，其下流，则釃出外庑，往来取汲，人以为利。"

苏颂用诗记载了亲自勘察和组织施工的经过：

我昨寻胜游，偶见为心恻。
料工度山原，举步过门戟。
水道兹可行，面势正相值。
剪裁竹千竿，接联笕万尺。
派别起中阿，架空逾下稷。
不及浃旬间，已到堂皇侧。
吐溜始涓涓，循除俄㶁㶁。

首先使用自来水的是官衙：

公堂及燕寝，股引各疏脉。

其次是官绅之家也用了自来水：

何期南涧流，近在使君宅。
日用助烹爨，岁储供醴醳。

苏颂也没有忘记广大民众，让百姓也用上了自来水：

一支出横廊，通衢见匆幂。
众器竞挹斟，万口得盥涤。
无愧抱瓮人，幸宽挈壶役。

苏颂对杭州的水利设施与后辈们的努力寄予殷切的希望，他希望以水利造福民众，美化环境：

兹泉虽未大，其用已为益。
犹有膏润资，更期釃导力。
来哲倘不遗，庶几成远绩。

苏颂、苏轼都曾注意到治理污染，美化城市，造福人民。苏颂把凤凰山的泉溪水引入城中除供饮用外，已用水改造和美化环境。他在《石缝泉》诗中说：

环流随启处，玉音闻几席？
尘土汩以消，形容清可觌。
谁知簿领中，有此山林适。
若非仕江乡，何由见奇迹。
智者必乐水，君子以观德。
岂徒狎而玩，宁嗟渫不食。
良嘉上善功，所至为利泽。

现在，世界各地的大城市，水荒日益严重，我们重温苏颂900年前造福于杭州人民的业绩，对他更加敬仰和怀念！

苏颂能够把凤凰山的泉溪引入杭州，既做自来水供民众饮用，又用来美化环境改造市政建设。关键是他不仅是一个廉明公正、忠君爱民的好官，而且是一位深谙科学技术的专家，如此才能用所掌握的科学技术造福杭州人民。

他的前几任知州都想把凤凰山的泉溪引入城中，都没有成功，为什么苏颂就成功了呢？

苏颂生活的宋代中期是中国古代科学技术最发达的时期，渴乌已被发明，燕肃已经把渴乌用于了莲花漏，苏颂曾把莲花漏改进和创新用于水运仪象台，这次又把渴乌的技术用于凤凰山引水。

苏颂就地取材，用竹筒做水管，把许多粗大的竹管连接密封，使它不漏水、不漏气，竹筒一端插入水中，另一端爬过山梁后，用柴草燃火，使竹筒中氧气燃烧，气压就低于插入水中的一端，泉溪之水就爬过山梁，流入城中。远在900多年前的宋代，地方长官苏颂就用科技造福民众，当代想造福民众的各级领导也应好好学习科学技术。

二、恪尽职守，政绩创新

一个政府官员只有恪尽职守，政绩创新，才能称得上是好官，这一点古今同理。

苏颂在江宁任县令期间，有以下三件恪尽职守的事迹。

第一，他制止豪民的偷漏赋税，增加国家的财政收入。

苏颂到江宁就任之后，立即到民间私访，他查访的重点对象是豪门大户的土地财产和贫民的病债之家，同时对豪门地产也做了详细的记录。

《宋史·苏颂传》记载了苏颂在江宁惩治隐产隐丁、偷漏赋税的政绩：

> 时建业承李氏后，税赋图籍，一皆无艺，每发敛，高下出吏手。颂因治讯他事，互问民邻里丁产，识其详。及定户籍，民或自占不悉，颂警之曰："汝有某丁某产，何不言?"民骇惧，皆不敢隐。遂划剔夙蠹，成赋一邑，简而易行，诸令视以为法，至领其民拜庭下以谢。凡民有忿争，颂喻以乡邻宜相亲善，若以小忿而失欢心，一旦缓急，将何赖焉。民往往谢去，或半途思其言而止。时监司王鼎、王绰、杨纮于部吏少许可，及观颂施设，则曰："非吾所及也。"

第二，他迅速处理司法积案，采取便民措施。

《魏公谭训》卷五记载了苏颂的司法便民治绩。

江宁是六朝古都，商业发达，人口众多，民俗嚣讼，号为难治。苏颂到任之前，先走访了他任过司法判官的曾祖伯和姑父杨殿臣，两位长辈都有大都市的法制经验。两位长者都告诉他，要抑强扶弱，兴滞举敝；民之豪纵者不可恕，柔谨者必深护之，僧道、牙侩、胥吏有罪，皆不可宽赦。最初，苏颂认为两位长者的意见是正确的，但是遇到具体案件，苏颂感到不能一概而论，还是要对案情做具体分析和判断。

豪民在案件中有理，不可强抑之；细民犯罪，也不可护佑之。他还是深入调查研究，逐件取证，多方核实，具体案件具体分析，最后做出判决。苏颂到任之后，案件多时，日至千纸，积一月状纸已达数万。苏颂先对案件进行分类，争田者为甲类，争财者为乙类，告盗者为丙类……他召集诉讼人来县衙集会，说明案件的处理方法和意见。告诉民众不要在江宁县城住店和滞留，可回乡等候，以免花费过多。县衙会通知耆保召见，或由胥吏传讯。

苏颂首先处置了搜刮民财、借词挠法的奸猾老吏，杖其数十，榜告民众，使强词夺理之诉讼者，都改邪归正。重点积案，苏颂亲自召见，详析其理，多使其满意而归。十数日，积案处置完毕。士、农、工、商四民大悦。

金陵知府杨告是经验丰富的地方长官，他召集各州县官员，表扬苏颂说："各位应学习江宁的司法政绩，如各州县皆如江宁垂拱而治，我们可以每旬宴集也。"

第三，苏颂处理具体案件的辨析方法留在了《江宁县令题名记》中。苏颂审理的争田案件，因岁月太久，是前三任时的积案，诉讼双方都拿不出确凿的证据。问其田产契约，曰："丢失了。"又问发给契约的时间，曰："忘记了。"所能记得的只是当时县令的名字和受田者祖父的名字。苏颂查到县令任职的年份，再查该县令任职发放田契的档案，果然找到了田契者祖父的名字和田契的亩数，使侵冒者受到了惩罚。

苏颂在江宁任职三年时，父亲苏绅在河阳病逝。庆历六年（1046 年）至庆历八年（1048 年），他居丹阳为父服丧。皇祐元年（1049 年）冬，苏颂服丧期满，任南京（今河南商丘）留守推官。欧阳修是苏颂考进士时的恩师，又是南京的留守，即长官。他对苏颂非常信任，府事多数交给苏颂处理。苏颂的才干得以充分发挥，积累了更多治理州县的经验。

《宋史·苏颂传》曰："调南京留守推官，留守欧阳修委以政，曰：'子容处事精审，一经阅览，则修不复省矣。'"欧阳修的话，证明苏颂确是一位恪尽职守的好官。恪尽职守又不越权，这是苏颂的另一大优点。

欧阳修委以全部政事，苏颂只是推官，本职之外的事，并不过问，遵守政府的各项法规。《魏公谭训》卷五记载：

> 祖父（苏颂）为南京推官，欧阳文忠公留守，府事悉以见委，祖父每辞避之，公不以为然，告杜祁公（退休宰相杜衍）曰："苏推不肯任府事，似同形迹。"祁公曰："不然，苏识致高远，为幕官，上有倅签，若专府事，将有议者尔。"文忠公益叹重。

从皇祐元年（1049 年）至皇祐四年（1052 年），苏颂任满南京留守推官之职，经翰林学士赵概和御史中丞孙抃推荐，到汴京待试馆阁之职，结束了他在地方为官的生涯。

苏颂在颍州任满三年，被擢升为提点开封府界诸县镇公事，主管汴京近郊的卫戍、政法、水利诸事。苏颂虽然任职只有一年多时间，却为国家和民众做了三件政绩创新的大事。

苏颂任地方官期间有一个好习惯：他每到一地，都先做调查研究，了解环境、吏治和民俗。他对汴京各县镇走访之后，给皇上写了三份奏书。

第一份奏书是《奏乞京畿诸县分屯禁军》：

臣伏以周制，六军盖出六乡之众，在王畿四郊之地。唐设十二卫军，亦散布辅畿郡县。又以关内诸府分隶之，皆所以临制四方，为上国藩卫也。国朝禁兵多在京城。又畿内东南诸县，虽于粮运供馈为便，而西北两面武备或阙。况中牟、长垣两县，直都门要冲之路，二邮驿置皆由此出，而旧不屯兵。至于城守防转，居常乏人。臣以谓各可创置三五指挥。又东明、考城两县界，与东京州县相接，素名聚寇之所。虽有军营，其数甚少。臣亦以谓各可添置十数指挥。欲乞朝廷委所司相度于京畿兵多处，以新近招拣补填未足军，分移屯逐县。其未足人数，候到彼处逐旋招填。应管房所须土木材用，即先委本县预行计置。俟壁垒已具，然后移军往彼。其衣粮钱帛，除东明一县自可于广济河转漕供给外，中牟等三县即乞将邻州接县夏秋税赋自近及远以次支移，就彼送纳，充赡取足。或谓诸县近经灾伤，未宜遽起役事。即乞先且标置营地，逐一指挥旋行修盖，不三二年亦可办集。如此，则不惟畿县有备，亦所以增上都四面之形势也。

果如苏颂所预言，他上书的第二年发生了饥民乘驻防之虚，进犯长垣县并杀死官吏的暴乱。苏颂的调查研究和先见之明是他政绩创新的基础。

苏颂的第二份奏书是《奏请考校知县县令盗贼为殿最》。他上书前，对各州县治安的考核标准是责任在于巡检和县尉。苏颂上书主张应该考核知县和县令（管辖万户以上的大县称县令），决定优劣与升黜。苏颂认为巡检和县尉只能捕捉贼盗，不能使民众不为贼盗。而教化民众，致力耕桑，人给家足，自然不为贼盗。这是地方长官的职责。苏颂的奏书抓住了治安的根本，即司法刑狱地方长官负责制。

苏颂的第三份奏书是《奏乞专差官开修府界至京沟河状》。他建议对汴京附近的自盟、圭河、白沟河、刀河诸水，进行整体规划，疏通治理。对于用工用料、粮食供给、物资运输，苏颂都有具体建议。苏颂任地方官时，总是抓大事，为民造福。其后，苏颂又把汴京附近各河的治理与黄河水患，合为一体，使汴京四周澶、魏、冀、瀛、沧各州的水患得到治理，他的政绩创新得到了神宗的多次表彰。

三、公正廉明，无私奉献

一个好的地方官员不仅要恪尽职守、政绩创新，还要能够公正廉明、为民奉献。一个公正廉明、为民奉献的地方官，是一定会为民众的利益勇于承担的。当民众的利益和皇权、朝廷的意志发生冲突时，当为民众的疾苦进行申诉可能会丢官甚至被杀头时，是否还敢挺身而出，这才是对一个地方官的真正考验。苏颂就是一位经得住考验的好官！

嘉祐八年（1063 年）三月，仁宗驾崩。英宗登基，发布诏书，修建仁宗陵墓。朝廷征收物资过急过苛，官吏又从中牟利、勒索钱财、中饱私囊。苏颂上书皇帝，请求遵从仁宗遗嘱："山陵务从俭约。"

曾肇的《苏颂墓志铭》记载了此事。

> 仁宗山陵，调发仓卒。公为度土产有无，高估缓期，官自为市，民不知扰，而课最他郡，颍人德之。

邹浩的《苏颂行状》也记载了此事。

> 仁宗山陵，有司不知故事，调发危急，吏挟事势，多以不时难得之物赋诸郡，旁郡皆取于民，至胁以军法。公谕吏曰："遗诏山陵务从俭约，岂有土不产，可强赋以害民乎？"至纤至悉，躬自区处。民既便之，而事以集。

地方长官在皇帝驾崩，太后和新君万分悲痛之时，为了皇陵征物扰民，敢于挺身而出，为民请命，那是要冒被罢官、杀头的危险的。苏颂无私无畏的精神值得后人学习和弘扬。

熙宁九年（1076 年），苏颂到了杭州，亲自发放救济粮米，"补败救荒，恩意户至"。将皇帝的恤民之情送到每家每户，没有辜负神宗的厚望。苏颂在杭州救荒的同时，还平反冤狱。有一次，他出巡时，竟有百余人拦路喊冤。他们说："我们因转运司责逋市易缗钱，夜囚昼系，虽死无以偿。"苏颂曰："吾释汝，使汝营生，奉衣食之余，悉以偿官，期以岁月而足，可乎？"这些人被释放之后，怀着感激之情，营业还钱。这样既增加了政府的财政收入，又使一批不该囚系的人获得了自由。没有公正廉明、为民奉献的精神，是不敢释放被监禁的囚徒的。一旦囚徒逃跑或不能按时还清政府的债务，那都是要承担罪责的。

在淮南转运使任内，饥荒造成当地哀鸿遍野的惨景。苏颂立即上书，为百姓请求救济："臣窃闻近日甚有近北灾伤人民流移往邻路州逐熟……今并淮诸郡，虽稍登稔，若食口既多，必致物价腾踊。万一将来秋成失望，漂泊之民，未有归业之期。坐食贵谷，便见所失。彼时须烦县官赈救，为惠差池，则其敝益甚矣。臣以为存恤之法，莫若先平物价，若物货之平，则莫若为粜给使之常食贱价之物。则不觉转移流徙之为患也。”他不仅想到荒年中对灾民的赈济，而且想到赈救后物价如何保持平稳，流民如何归业安居。真可谓爱民如子，父母之心啊！

各地争修寺院，皇帝也滥赐匾额，极大地加重了百姓的经济负担。此时，苏颂又挺身而出，为百姓请命：“窃见天下寺院宫观计38900余所，近日又赐30间以上无名寺院以‘寿圣’为额者2300余所，其间勘会未到及不满30间者，仍不在其数……建一寺院便须增置庄田，营造舍宇，崇饰殿堂及修设斋供，僧徒从而化缘乡村，不能无困扰之患……而看守僧徒……莫非安处广居，坐食良民之供馈。天下之人共知其敝，而不能去，窃谓民之财力土田有限，而僧徒资费无涯。以有限之物而供无涯之求，若不禁止，窃恐更三五十年，民被其患转不细也……臣欲乞朝廷明立条约，今后不许特创寺院宫观。”对违法而建的寺院，“并令州县检括指挥一切毁拆，许诸色人收买请射，永为己业”。这是他为了民众利益又一次上书反对皇帝滥赐庙观。

苏颂任淮南转运使时，盐价上涨，又赶上吴越大饥，他又站出来为百姓请减盐价。

苏颂关心民瘼，体恤百姓，深为皇帝所知。熙宁九年（1076年）正月，苏杭地区再次闹灾，选任地方长官。神宗说：“苏颂仁厚必能拊安吴人。”

苏颂的爱民精神是始终不渝的，他在《亳州谢上表》中说：“勤访生民之利病，使知睿主之仁恩。冀桑榆之可收，誓坚晚节；倘尘露之有补，岂吝微躯！”

苏颂的爱民之情，在他留下的诗中也有生动的反映：

滂沱连月雨，愁叹斯民病。
已紊四时和，更伤群物性。
园花半零落，犹逞晨妆靓。
垄麦将萎摧，况值风威劲。
我愿天地心，慎举阴阳柄。
十雨应太平，时丰顺睿圣。

庶令疵沴消，永保寒暑正。
无复三月中，惨惨行冬令。

他为雨涝成灾而愁苦。

长人惜熯灾，坐合苦忧惙。
遣吏造灵宇，精心敢萧焫。
冥感不逾旬，彤云寖融结。
甸畿千里间，滋液遍农畷。
兆为丰年祥，仓箱行可阅。
……
嘉此岁事和，乐哉民共悦。

他为久旱得雨而喜悦。

江鲂鲙玉飧盘贵，霜橘堆金燕豆丰。
心厌纷华欣吏职，当时朝议宠民功。

面对玉盘佳肴，他想到的是百姓的功劳。

直向岁寒期茂悦，肯同时俗论甘辛。
优游且做江南令，惠爱于民此最亲。

他受命任地方长官，把“惠爱于民”作为最高使命。

四、元丰元年擢开封府尹，元祐八年知扬州

擢开封府尹和扬州知州是苏颂第四次和第五次任地方官。

宋神宗对苏颂的品德和才干非常赏识，他登极前就听说苏颂博学多识，已有爱慕之心。治平四年（1067 年），英宗寿圣节任命苏颂为接送伴契丹使，行之恩州，驿站夜火，谣传辽人叛乱，兵火交加，苏颂镇定处置，化险为夷。神宗登极之后就想重用苏颂，登极当年就提拔苏颂为知制诰，把苏颂调到身边起草诏诰。熙宁十年（1077 年），又传来苏颂使辽中的喜讯。辽人问难，苏颂机敏答辩，辽人惊叹折服。促使神宗下定决心，于元丰元年（1078 年）正月，任命苏颂为开封府尹，掌握京都的军政大权。

（一）李定对苏颂的怀恨和诬告

苏颂就任半年后，京都的治安有了明显的好转，四民安居乐业，没有

重大案件发生。神宗对宰相吴充说，对苏颂的选任是十分正确的。

上曰："苏颂到任，听决精敏，事无积滞，都邑称治。"

正当苏颂深受神宗信任，仕途节节上升、如日中天之时，发生了李定、舒亶、贾种民等人策划的诬告案。李定对苏颂坚持法制，不肯起草他任职御史诏书一事怀恨在心，他终于在老师王安石庇护下，担任御史台长官。于是就联合舒亶、贾种民，炮制了孙纯和陈世儒两案中苏颂的失职之罪。

（二）元丰三年苏颂知沧州及与神宗的君臣之情

元丰三年（1080 年）五月，神宗与宰相吴充商量再次启用苏颂。正好河阳知州空缺，吴充与神宗决定派苏颂知河阳。任命之事，又遭到舒亶（此时转任知制诰）等人的反对，他们认为苏颂撤职还不满一年，不能马上启用。

苏颂自己也上书请辞，不肯赴任。因为他父亲苏绅死于河阳任上，他再任河阳，有无尽的哀思与诸多不便。

神宗对舒亶、李定制造的冤狱，已经看得十分清楚。对乌台诗案和陈世儒案中李定、舒亶唆使贾种民私改口供，已十分不满。所以驳回了舒亶的奏书，后来因舒亶受厨钱违法，自盗为臧，坐罪废斥。

当年十二月，苏颂改知沧州。赴任前，神宗特旨召见，深情地对苏颂说："朕知卿久矣，每欲用卿，则为事夺，岂非命也。如卿直道，久而自明。"

苏颂叩头谢恩，并请求说："臣母年高畏寒，可否等春暖以后再起程赴任？"

神宗问："卿母谁氏？"

苏颂答："故龙图阁直学士陈从易女。"

神宗说："是仁宗天圣年间任侍御史陈从易吗？"

苏颂答："臣外祖父天圣年间任侍御史直史馆，以昭文馆学士知广州。任满还京，不带一件南方特产，只带衣服、书籍回京。仁宗得知，立即擢知制诰。"

神宗赞叹说："清廉高洁过于马援矣。"

君臣二人的对话，说明"李定事件"和"陈世儒冤案"并没有造成他们之间的隔阂。

最后神宗告诉苏颂，他还记得宰相文彦博请立家庙，事下太常礼院讨论，苏颂的奏书说得中肯而详尽。并让苏颂方便时送两份关于礼法的论著来，以便御览。

苏颂遵旨送了《立家庙议》和《议承重法》。

元丰四年（1081 年）正月二十六日，苏颂到达沧州。他立即给神宗写了《沧州谢上表》，充满深情地对神宗说："谓臣之数奇多难，特轸渊衷：勉臣以直道自明，屡形天语。重念悔尤之久积，亲承训敕之叮咛。岂止鞭策于疲驽，欲图后效；因将灰粉于肌骨，庸副上知。遂奔走以之官，期夙宵而尽瘁……谨当督责掾僚，讲修农战。旁宣主泽，冀编齐皆一于中和；外振国威，使夷落咸知于畏爱。倘赖仁天之覆护，少收治课之毫分。仰答生成，深坚亮节。臣无任。"

苏颂在沧州只工作了五个月，神宗又把他调回了汴京，委以重任。

（三）元祐八年苏颂知扬州及与哲宗的师生之谊

元祐七年（1092 年）九月，高太皇太后驾崩，18 岁的哲宗赵煦开始亲政。他批准了苏颂离开汴京的请求，命苏颂出知扬州。因苏颂为母守孝期间即居住扬州，扬州距苏颂父亲的坟地丹阳又近，正是苏颂之所愿。

苏象先在《魏公谭训》卷一〇中记载：

> 元祐八年，祖父罢相，以集禧（观）使居京师，更历之时，出守广陵（今扬州），遂援前比，亦乞以时过家上冢，得请。故祖父谢上表云："淮海奥区，名在九州之列；松楸故国，地才一水之遥。缘近岁守臣之文，有过家上冢之例。"

苏颂离开汴京时，哲宗"尤加眷礼，问为政大略与人才能否？奏对移时，至却御膳，且有召用意"。

元祐八年（1093 年）十一月，苏颂到扬州任知州。到扬州之后，他又三次上表，请求退休。哲宗不仅没有批准他退休，而且又任命他为西京留守，即知河南府。恰在此时，魏国夫人辛氏病逝，苏颂未赴河南，办完辛夫人的丧事，又回扬州任职。

绍圣二年（1095 年），76 岁的苏颂又连上三次《乞致仕》的奏书，请求完全退休。他言辞恳切地说：

> 臣闻蒲柳经秋，已有凋零之患；禽鱼向暮，必有栖宿之安。物固当然，人亦宜尔。矧礼年之云至，加病苶之交攻。屡上封章，丐归田里。愚忠未尽，敢殚万一之辞；圣度并包，罔避再三之渎……出见吏民，愧樕樕之既朽；自怜躯命，类稿蒂之甚危。每思止足之言，深蹈

满盈之戒。虽兹勉强，益惧颠隮……许守本官致仕，臣无任。

他在第三次《乞求致仕表》中说：

> 重念臣今年七十六岁，仕宦五十四年，历仕四朝，遭逢五圣，积日累久，遂致公台，复忝通班，出守藩郡。冒荣尸禄，又已逾年。陛下宠待久臣，天覆地载，不忍遽见弃遗，恩礼稠重，可谓至矣。臣愚叨窃，可谓极矣。所恨疲顿，不堪驱策。若更因循，自取殆辱。非唯上负眷宠，晓夕靡宁；将恐遂至膏肓，漏刻难保。是敢罄殚危迫之悫，仰冒高明之听。倘上蒙矜恻，赐以余龄。虽退处草茅，敢忘报效。伏望特降圣旨，检会臣前后奏章，许守本官致仕。

哲宗皇帝终于被苏颂的真诚所感动，允许他彻底退休，随意居住。但仍给苏颂一个中太一宫使的荣衔，以便其享受俸禄和觐见皇帝。

哲宗十岁继位，高太皇太后临朝执政。苏颂于元祐二年（1087 年）任吏部尚书兼侍读，开始给年幼的哲宗讲解汉、唐史书、前代政治。每次奏事，先上告高太皇太后，再奏请哲宗。从来不因皇帝年幼而有所忽略。苏颂对经史的诵读和讲解，从来都是把史实讲给哲宗，不加自己的诱导，让皇帝自己去思考，并做出评判。

苏颂是绍圣二年（1095 年）退居润州的，这时北宋政权出现了一次大的波动。绍圣改元，哲宗向天下明确昭示，要继承神宗的遗志。他对于高太皇太后打击改革派官员，废除所有新法十分不满，对高太皇太后所用的元祐重臣开始调动。这时哲宗开始重用追随神宗和王安石积极参与变法曾任副相（参知政事）的章惇。哲宗亲政前，章惇受高太皇太后和守旧派的打击，一直外任知州。哲宗擢章惇与吕大防、范纯仁共同执政，入阁任宰相。

神宗病危时，朝臣中有主张立神宗二弟赵颢或四弟赵頵登极。当时章惇为副相之首，他与宰相王珪力主立神宗长子赵煦（哲宗）为帝，由章惇写在纸上，再由王珪拿给已不能说话的神宗看，神宗点头赞同；又请神宗母亲高太后垂帘听政，神宗也点头赞同。哲宗才得以继承大统。

高太皇太后执政期间，曾派 20 个年长的宫嫔轮流监视哲宗，元祐旧臣又因哲宗年幼而无视他的存在。哲宗对元祐守旧派的宰执们早已十分不满。他亲政后的第二年，就罢免了吕大防和范纯仁，由章惇一人执政，这种情况一直延续到哲宗病逝。

绍圣四年（1097 年）二月，哲宗与章惇开始贬斥元祐守旧派的宰执。吕大防、刘挚、范纯仁等 30 余人被贬官或夺恩，流放外地安置。已故的司马光自右仆射追贬青海军副使；已故的吕公著自司空平章军国事追贬建武军节度副使；前宰相吕大防责授舒州团练副使，循州安置；前宰相刘挚责授鼎州团练副使，新州安置；前宰相范纯仁责授武安军节度副使，永州安置；前太师致仕文彦博降授太子少保致仕；已故的右仆射王珪追贬万安军司户；苏辙自前门下侍郎责授化州别驾，雷州安置；苏轼自翰林学士承旨贬居儋州；梁焘自前资政殿学士责授雷州别驾，代州安置；等等。

苏颂也是高太皇太后重用过的元祐老臣，也任过宰执，在元祐重臣纷纷被贬职、外流安置时，苏颂不仅没有被贬职流放，反而于绍圣四年（1097 年）拜太子少师致仕。

元符元年（1098 年），苏颂两次被御史弹劾都受到了哲宗的保护。

第一次是御史周秩的弹劾。《宋史・苏颂传》载："及贬元祐故臣，御史周秩劾颂。哲宗曰：'颂知君臣之义，无轻议此老。'"

第二次是御史张商英的弹劾。《魏公谭训》卷一载："祖父执政时，诸公奏对，唯白宣仁（太后）；哲宗有言，或无对者。祖父奏事宣仁，必再禀哲宗；有宣谕必告诸公，以听圣语，哲宗盖默识之。罢相后，哲宗亲政，张商英为御史，尝论列元祐执政，至祖父，上曰：'苏某知君臣之礼，与他人不同。'"

对于神宗和哲宗对苏颂的信任和保护，对于苏颂在宋代的党争中，不树党援，不谋私利，朱熹在宋代同安的苏公祠写了一副对联：

存小心与宋千古；
识大义唯公一人。

元符三年（1100 年）正月，哲宗病逝。

哲宗病逝后，皇太后向氏立神宗第十一子端王赵佶为皇嗣，是为徽宗。徽宗 19 岁继位，由向太后处分军国之事。任命韩忠彦为宰相。

徽宗的登基大典，赏赐群臣。苏颂进太子太保，增邑四百户，实食封一百户。并赐宽衣五件，银二十五两，金腰带一条，银器二百两，绢二百匹。

神宗和哲宗对苏颂的赏识和信任，说明苏颂确实是一位"行完学富"、忠君爱民的廉吏。他从推官、知县做到尚书、宰相，得到五位皇帝的信任，满朝文武的赞扬，各地百姓的拥戴。

第二节
苏颂任中央政府职官的简历与政绩

一、任职馆阁的经历与成就

仁宗皇祐五年（1053年）八月，苏颂经翰林学士赵概和御史中丞孙抃联合推荐，到汴京应试馆阁职务。

苏颂与冯京的考题是《兴王赏谏臣赋》和《吹郊迎寒诗》，考官是胡武平。胡考官的评价是："近岁唯冯当世与苏颂三上，赋对尽兴王赏谏臣事，皆切中；如《吹郊迎寒诗》尽该一部《周礼》矣。"两人都被录取。

仁宗至和二年（1055年）正月，36岁的苏颂有了新的任命，全称为大理寺丞、馆阁校勘、同知太常礼院。宋代的职官比唐代更复杂。大理寺丞是官称，表示官吏级别，是八品官；馆阁校勘是职别，按此职别领俸禄；同知太常礼院是差遣，皇帝指派的任务，即官员的实际权力，所管具体事务。同知太常礼院是太常寺所属礼院的副长官，主管议定礼仪。

苏颂在任内完成了《司空侍中临淄公晏殊谥元献议》和《赠右仆射高若纳谥文庄议》，宰相文彦博请建家庙，皇帝下诏太常礼院，苏颂又写了《立家庙议》，受到仁宗皇帝与群臣的一致称赞。

嘉祐二年（1057年），苏颂改官集贤校理，校定集贤院书籍；嘉祐五年（1060年），为太常博士、集贤校理、校正医书官。从嘉祐二年（1057年）八月到嘉祐六年（1061年）三月出知颍州前的四年里，苏颂主要做了以下三件大事。

（一）编撰医药古籍

1. 与掌禹锡等补注《神农本草经》

仁宗皇祐五年（1053年），苏颂调京师，任馆阁校勘，开始编校古籍。嘉祐二年（1057年）八月，枢密使韩琦奏请诸道赐钱合药，以救民疾；又请选调知医儒臣与太医校定医药书籍，乃诏在编修院设校正医书局，命苏颂与掌禹锡、林亿、张洞等人，为校正医书官。

苏颂以殿中丞、馆阁校勘、同知太常礼院之职，在校正医书局与医官秦宗古、朱有章等校勘医药古籍。先后校正刊行的医药典籍有《黄帝内经》《伤寒论》《金匮要略方论》《金匮玉函经》《针灸甲乙经》《脉经》《千金要方》《外台秘要》等，这是中国医药典籍的第一次雕版印刷，是当代视为珍宝的宋元木刻祖本。这些书能够流传至今，是苏颂等人整理刊刻的结果。我国当代各中医药大学均以苏颂等整理刻印的这些医药典籍为课本，进行中医药理论教学。

苏颂与掌禹锡、林亿、张洞等共校定医书八部。苏颂撰写了《补注〈神农本草〉总序》《补注〈神农本草〉后序》《校定〈备急千金要方〉序》《校定〈备急千金要方〉后序》《本草图经序》和《本草图经后序》等六篇序文，可见他在医书校定中所起的重要作用。

苏颂在谈到校正这批医药典籍时说："睿孝皇帝至仁恤物，留意医方，以谓驱沴淫，救昏札，保寿命，跻康宁，无先于此道。于是诏命儒臣，是正墜失。臣颂等实被兹选，典领有年。窃谓孙氏之书，精深博赡，谀闻浅见，诚难究悉。乃自广内秘文及民间众本，道藏竺典，字篇杂子，并用搜访，以资参考。得以正其舛互，补其遗佚。文之重复者去之，事之谬戾者易之。期年切至，颇见领略。"从苏颂为孙思邈的《备急千金要方》所写的序文和后序看，在校勘的医书中，《嘉祐补注神农本草》《本草图经》《千金要方》是由苏颂主持的。

嘉祐二年（1057 年），苏颂与掌禹锡、秦宗古等共同校正《神农本草》，此书苏颂所用功力甚多。他在《本草后序》中说："嘉祐二年八月三日，诏旨朝廷颁方书委诸郡收掌，以备军民医疾访闻。""所有《神农本草》《灵枢》《太素》《甲乙经》《素问》之类，及《广济》《千金》《外台秘要》等方，仍差太常少卿、直集贤院掌禹锡，职方员外郎、秘阁校理林亿，殿中丞、秘阁校理张洞，殿中丞、馆阁校勘苏颂共同校正闻奏。""三年十月，臣禹锡、臣亿、臣颂、臣洞入奏，《本草》旧本经注中载述药性功状，甚有疏略不备处，以将诸家本草及诸书史中，应系该说药品功状者，采拾补注，渐有次第。"

在 14 个月的时间里，掌禹锡、苏颂等在《开宝本草》的基础上，做了四种增补：第一，"今之续添，难于详辨，但以类附见。如绿礬次于礬石，山姜花次于豆蔻，扶移次于水杨之类是也"。第二，"今之所增，但涉相类，更不立条。并附本注之末，曰续附。如瓦苔附于垣衣，燕覆附于通草，马藻附于海藻之类是也"。第三，"凡药名本经已见，而功用未备，今有所益者，亦附于本注之末"。第四，"凡药有今世已常用，而书未见，无所辨证者，虑其传闻非审，亦所不载。如葫芦巴、海带之类，当别为图经以详著之”。

经过掌禹锡、苏颂的校勘补注，新编《嘉祐补注神农本草》载“旧药九百八十三种，续添八十二种，附于注者不预焉，新定一十七种，总新旧一千八十二种”，将本草药物的品种与应用向前大大地推进了一步。

2. 主编《本草图经》

苏颂在编撰《嘉祐补注神农本草》的过程中，已经深感此著作没有药图的缺陷。他曾尖锐地指出：“国初两诏近臣，总领上医，兼集诸家之说，则有《开宝重定本草》。言其药之良毒，性之寒温，味之甘苦，可谓备且详矣。然而，五方物产，风气宜异，名类既多，赝伪难别。以虺牀当蘼芜，以荠苨乱人参，古人且犹患之。况今医师所用皆出于市贾，市贾所得盖自山野之人随时采获，无复究其所从来，以此为疗，欲其中病，不亦远乎?”

他又指出，古代的本草是有图的，只是失传了。所以，应该编撰有图的《本草图经》。他说：“昔唐永徽中，删定本草之外，复有图经相辅而行，图以载其形色，经以释其同异。而明皇御制，又有《天宝单方药图》，皆所以叙物真滥，使人易知原诊处方，有所依据。二书失传且久，散落殆尽，虽鸿都秘府亦无其本。”唐《新修本草》之图经和《天宝单方药图》的失传，使苏颂感到必须动员全国的力量，编写一部有图的新本草。所以，他在向皇帝呈交《补注神农本草总序》中建议：“欲下诸路、州、县应系产药去处，并令识别人仔细辨认根、茎、苗、叶、花、实，形色大小并虫、鱼、鸟、兽、玉石等，堪入药用者，逐件画图，并一一开说著花、结实、收采时月及所用功效。其蕃夷所产药，即令询问榷场、市舶、商客，亦依此供析。并取逐味一二两或一二枚，封角，因入京人差赍送当所投纳，经凭昭证，画成本草图，并别撰图经。所冀与今本草并行。使后人用药知所依据。”

皇帝按苏颂之所请，命令全国各州郡的有关官吏和医生、药农，按苏颂的要求，向京师呈送了实物标本和药图，并撰写药物说明。这是苏颂坚持向人民群众学习、向实践学习的一次壮举，也是他在科研工作中能取得重大成就的原因之一。

在苏颂的主持下，于嘉祐六年（1061 年）九月修成《本草图经》20 卷，目录 1 卷，嘉祐七年（1062 年）十二月进呈，并刊刻付梓，这是所谓嘉祐大字本；绍圣三年（1096 年）由国子监再次刊印，也用大字，称绍圣大字本；后因大字本昂贵，改用小字雕版印刷，称为绍圣小字本，但数量甚少，外地节镇各送十部，州郡各送五部。现宋刻《本草图经》已不可见，赖其文图收于南宋刘甲《经史证类大观本草》、金代张存惠《重修政和经史证类备用本草》和明代李时珍《本草纲目》等书，先后由尚志钧和蔡景峰两先生辑佚成书，为《本草图经》的研究提供了方便。

（二）整理《风俗通义》和《淮南子》的学术成就

苏颂在《和陈彦升学士九日校书怀旧之作》中写道："京国重阳册府家，正披坟史猎菁华。……自怜高阁穷年业，青简刊雠未有涯。"

这段时间正是北宋政府大规模整理古代文献的时期。嘉祐四年（1059年），右正言吴及请求"选馆职三两人，分馆阁人吏编写书籍"。

朝廷接受了吴及的请求，于当年二月下诏："以馆阁校理蔡抗、陈襄，集贤校理苏颂、馆阁校勘陈绛，分史馆、昭文馆、集贤院、秘阁书而编定之。"从引文看，苏颂分管的是集贤院的书籍整理工作。由于工作量很大，人手不够，又增加了四人，负责领导校书工作的计八人，下属书吏百余人。

苏颂这段时间的工作，史料没有具体记载，只留下了两篇校书的序言，为我们提供了一些线索，即收于《苏魏公文集》的《校风俗通义题序》和《校淮南子题序》。

1．整理《风俗通义》的学术成就

从《校风俗通义题序》可知，苏颂做了如下七项工作：《风俗通义》在《崇文总目》中未著录，苏颂用私藏校以官书，定为十卷本，此其一；据《后汉书》写出作者应劭的生平事迹，此其二；评述《风俗通义》的文献价值，此其三；考证其卷次，此其四；据庚仲容《子抄》和马总《意林》考其内容，得篇名二十，此其五；介绍原著自序，此其六；说明校勘定本的情况，此其七。

上述苏颂题序的七项内容极似《四库全书总目提要》，苏颂在宋代草创的目录提要体例中，也有开榛辟莽之功，我们是不应该忘记的。

苏颂考得的篇名为《心政》《古制》《阴教》《辨惑》《折当》《恕度》《嘉号》《徽称》《情遇》《姓氏》《讳篇》《释忌》《辑事》《服妖》《丧祭》《宫室》《市井》《数纪》《新秦》《岳法》。

汉末应劭的《风俗通义》，宋初尚未佚失。但至苏颂时已散佚过半，篇次也极混乱。他参证阮孝绪的《七录》、庚仲容的《子抄》、马总的《意林》，经校订成为现传世的十卷本，所以，后代学人提及十卷本《风俗通义》，还都推崇苏颂的再造之功。

2．考辨《淮南子》许慎、高诱二序

从《校淮南子题序》中可知，苏颂在崇文旧本和蜀川印本外，搜罗私家印本，计七部，经反复校核，终于解决了许慎、高诱两注混淆的问题。

许慎所著《淮南子》的许慎、高诱两注，直到唐代依然各自传行。至宋初已两注相参，不可考辨。苏颂根据集贤本卷末前贤跋语和《崇文总目》的有关说明，“据文推次，颇见端绪”。他发现了区别两注的依据：“高注篇名皆有‘故曰’，‘因以题篇’之语，其间奇字，并载音读。许于篇下粗论大意，卷内或有假借用字：以‘周’为‘舟’，以‘楯’为‘循’，以‘而’为‘如’，以‘恬’为‘惔’，如此非一。”根据这些依据，苏颂将混杂相参的两注剥离成《高注》十三篇，《许注》十八篇。

苏颂的严谨考辨，受到后代学者的高度评价。现代学者刘家立在《淮南集证》中说：“《淮南》许、高两注之别，前人未有显判。道光间《苏魏公集》出，中有《校淮南子题序》一首，而后知许注、高注。存佚相补，合为一帙。会稽陶氏子缜本其说著《淮南许注异同诂》六卷。夫而后许氏之书昭然若揭，较诸孙氏冯翼，蒋氏曰豫所辑，许说捃摭既广，厘别独精，南阁之义于以不隳焉。”

苏颂的功绩不仅是区分了两注，更主要的是为后代学人指出了门径。两注之混淆，宋代陈振孙已认为“不可晓也”。元代学者未加考辨，明代治《淮南子》者，也未解决。清代庄逵吉进行了一些有益的探索，但未能达到目的。陶方琦因得苏颂之题序，终于解决了延续千年的混淆问题。

以上两篇序文之末，皆有“并以黄纸缮写，藏之馆阁”的字样，由此可知其为苏颂在馆阁校书之一部分。

据《续资治通鉴长编》和《宋会要辑稿》记载：嘉祐六年（1061年），馆阁上所写黄本书 6494 卷，补白本书 1950 卷，是第一批编校成果。苏颂青灯黄卷、孜孜不倦的馆阁校勘生涯也在这一年结束，那 8000 多卷校定的古籍蕴含了他辛勤的劳动。

苏颂整理文史古籍也是他好学有为工作的一部分，创造性的工作一直福泽至今。刘家立等现代研究《淮南子》的专家都得益于苏颂的工作成果。在苏颂序文的启发下，陶子慎完成了六卷《淮南许注异同诂》，比清代学者孙冯翼的《许慎淮南子注辑本》和蒋曰豫的《许叔重淮南子注》捃摭既广，厘别独清。他们的学术成果是在苏颂的启迪下完成的。

二、任集贤院学士、吏部侍郎、刑部尚书的业绩与学术成就

（一）参加编修《两朝国史》

宋神宗是一位勇于进取的皇帝，在政治、经济、军事等方面实施改革的同时，也抓紧文化建设。在完成《仁宗实录》《英宗实录》之后，他于熙宁十年（1077 年）五月，下诏编写《两朝国史》。以宰相吴充总领其事，宋敏求为修史，苏颂以集贤院学士为同修史，王存、王履、林希为编修官，开始了《两朝国史》的撰写工作。

是年七月，吴充等以《两朝国史》纪草进呈，由宋敏求于资政殿进读。神宗听后，给予充分的肯定。纪草是全书的编写提纲，苏颂参加了讨论与编撰工作。《两朝国史》成书于元丰五年（1082 年）六月，纪 5 卷、志 45 卷、列传 70 卷，全书共 120 卷。

苏颂于熙宁十年（1077 年）五月从杭州知州调入京师，任史官。他很愿意在这项工作中发挥自己的专长。他在《谢同修国史表》中说："伏以载籍之司，事言尤重。非宣尼之圣，莫能断唐虞之典谟；有司马之才，然后成周汉之纪传……伏念臣薄祐孤生，谀闻浅识，亦尝学于旧史，收自托于无能……严召赐环，忽被丝纶之宠。俾趋驰于轺传，俄入觐于宸庭。脱沉迷簿领之曹，预笔削《春秋》之事。"

在国史院开局的例赏中，苏颂得到银器 150 件、绢 50 匹、笔 70 管、墨 50、挺 20 饼、纸 13 辅。但是，苏颂在熙宁十年（1077 年）八月，被任命为贺辽主生辰使，十月出都北上，脱离了修史工作。元丰元年（1078 年）正月二十八日，使辽返京。闰正月十七日，又以谏议大夫、集贤院学士、同修国史知开封府，他仍兼修史之职。

元丰二年（1079 年）正月，他出知濠州，彻底脱离史职。但《两朝国史》上奏之日，仍又得赐银 50 两、绢 50 匹及对衣金带。这就是他参与《两朝国史》修撰的全过程。

（二）主编《华戎鲁卫信录》

元丰四年（1081 年）八月，苏颂从沧州任上，被调回京师，神宗亲自讯问和布置撰写《华戎鲁卫信录》一书。并在召对时申明，这一重任非卿莫属，表明了皇帝的依重之情。苏颂以吏部侍郎之职主编《华戎鲁卫信录》。

神宗为什么选中苏颂来编撰这部宋辽交往的文献呢？首先，因为苏颂渊博该洽，“于典礼尤为精详”；其次，苏颂一贯主张“弭兵息民”，其对辽友好的思想与神宗两心相通。熙宁十年（1077 年）冬，苏颂使辽归。神宗曾“问其山川人情向背”，苏颂认为，“彼讲和日久，颇窃中国典章礼义以维持其政，上下相安未有离贰之意……外国之叛服不常，不系中国之盛衰也”。再次，苏颂熟悉契丹之国情。苏颂父亲苏绅于康定元年（1040 年）任贺辽国主生辰使，当时苏颂 21 岁，可能对契丹事有所了解；治平四年（1067 年），苏颂为圣寿节接送契丹伴使；熙宁元年（1068 年），充贺契丹太后生辰使，出使辽国。熙宁十年（1077 年），充贺契丹国主生辰使，再次出使辽国。每次出使辽国都历时四个月，分别到达临潢和广平。对契丹的政治、经济、山川、物产、风俗、民情等都有亲身的体察，这是他编好此书的一个重要条件。神宗鉴于以上三点而选中了苏颂，可谓知人善任之主。

神宗召对后，即下诏就枢密院第四厅置局差官，指射密院人吏，开始编撰《华戎鲁卫信录》。苏颂在助手王汝翼、李士京的帮助下，开始了编撰工作。

苏颂采编的文献，有宋人出使的书面报告，如路振的《乘轺录》、宋敏求的《入番录》、窦卞的《熙宁正旦国信录》等；有官府收存的档案，“案籍浩大，几数十架”；有各种书籍，宋太祖以下的历朝实录、国史、会要、《唐书》和《五代史》等；还有记载辽国史料的武圭的《燕北杂录》、田纬的《匈奴须知》、陈昉的《虏廷须知》等。

经过两年的努力，在元丰六年（1083 年）完成全书 229 卷、事目 5 卷、总 200 册。六月五日神宗赐名《华戎鲁卫信录》，九月二十四日正式进呈。

《华戎鲁卫信录》一部进呈神宗，另一部送枢密院。不知是否刊印，但南宋时还有传本，尤袤在《遂初堂书目》中有著录。王应麟《玉海·艺文门》也有记载。宋高宗又于绍兴五年（1135 年），“续编《两朝鲁卫信录》，置局密院”。可见，《华戎鲁卫信录》在当时是一部很有影响的书。北宋汴京陷落，毁于兵燹。

（三）主编《元祐详定敕令式》

宋代法律汇编称为敕令，见于记载的约 40 种，以真宗、仁宗、高宗、孝宗五朝为盛，哲宗朝仅有一种，即《元祐详定敕令式》（简称《元祐编敕》)。《元祐编敕》最初由刑部尚书刘挚提出编撰，意在删改简化《元丰修正敕令式》。元祐元年（1086 年）三月，刘挚领导王觌、杜纮，开始编撰。十一月，刘挚升宰相，改由刑部尚书苏颂主持编撰，傅尧俞也参与领导工作。元祐二年（1087）十二月，完成编撰工作，计 56 卷。与《元丰修正敕令式》2006 卷相比，它是一部十分简明的法典。

苏颂在元祐年间的文献工作，主要是完成了《元祐编敕》。《苏魏公文集》的《进元祐编敕》中，记载了这部法律汇编的体例、内容、卷次和编修情况。

从苏颂的《进元祐编敕》中，我们可知其书的编纂情况大致如下：

在谈到材料来源时，苏颂说："臣等奉承诏旨，翻阅旧章，于是以《元丰敕令式》并元祐二年十二月终以前海行降条贯共六千八百七十六道，兼取嘉祐、熙宁《编敕附令敕》等，讲求本末，详究源流，合二纪之所行，约三书之大要，弥年捃摭，极虑研穷，稍就编藤，粗成纲领。"

其书的删修原则与编撰类例大致如下：第一，随事产目，用旧制也；以义名篇，仿《唐律》也。第二，用熙宁以前编的旧例，分类编载，便于检阅。其间一事之禁而有数条，一条之中或该数事，悉皆类聚，各附本门。第三，文有重复者，削除之，意有阔略者，润色之，务使简而易从。第四，用嘉祐以来的宣敕及四方奏议修改旧的条文。第五，条文未备，则详与删定官共同讨论，具成条目。并以臣等参详新立字样标出。第六，有涉地方州县的条文，难以尽收，只取该括地五路以上者入正文，其余列入附载。第七，专用编敕，多不编收。最重要的酌情兼收。第八，依《刑统》例，于敕令中取余条准此者 64 件，别为一篇。

此书是对《元丰修正敕令式》的修改，并增加新的条令，以适应"元祐更化"的政治需要。全书于元祐二年（1087 年）十二月编成，总计《敕》2440 条计 12 卷，名件多者又分上下，实有 17 卷。《目录》3 卷，《令》1020 条计 25 卷，《式》127 条计 6 卷，《令式目录》2 卷，《申明》1 卷，《余准此例》1 卷，《元丰七年以后赦书德音》1 卷。总共 56 卷，并看详 200 卷，246 册，合为一部。

苏颂主编的《华戎鲁卫信录》和《元祐详定敕令式》两书是珍贵的宋辽交流史料和宋代法律文件汇编，现都已失传。但是，随着对苏颂文化的深入研究和广泛发掘，我们期望有识之士辑佚两书，使其重新面世。管成学主编、福建教育出版社出版的《苏颂全集》就收入了辑佚本《本草图经》和辑佚本《嘉祐补注神农本草》。

三、任国家领导职务的经历与政绩

元祐元年（1087 年）七月，苏颂任刑部尚书，他领导了全国性法制大典《元祐编敕》的编撰工作。十一月，他以吏部尚书、领导研制水运仪象台的工作。元祐二年（1088 年）初，苏颂又以吏部尚书兼侍读，继续领导研制水运仪象台，兼任哲宗的老师。

从元祐二年（1088 年）到元祐四年（1090 年），苏颂身负重任，完成了三件大事。第一是领导吏部的工作，官吏的升黜任免关系到国家的兴亡、皇朝的命脉。高太皇太后信任苏颂，苏颂也一贯老成持重，恪尽职守，吏部的工作完成得十分出色。第二是指导哲宗读书，向哲宗讲授汉、唐的历史大事，培养皇帝的品格与学识。高太皇太后将年幼的哲宗交给苏颂教导，足见信任之深。苏颂与哲宗结下了深厚的师生之谊。第三是领导研制水运仪象台的工作，这是由于苏颂从青少年时代起就表现出了对天文学的非凡才能，这项科学的创举取得了世界性成就。

（一）任吏部尚书兼侍读期间的工作

苏颂任吏部尚书的元祐二年至元祐四年（1088—1090 年），正是哲宗继位之初，高太皇太后掌政，废除新法，起用守旧派老臣。先后选司马光、吕公著、文彦博回朝，出任宰相。在王安石变法中受到打击和迫害的苏轼、苏辙、刘挚等也被重新启用，回朝任宰相或尚书。

苏颂对年幼的哲宗十分尊重，谨守君臣之礼，不因哲宗仅十岁而有轻慢之举。苏颂对高太皇太后感恩戴德，恪尽职守。苏颂与此时的宰相吕公著、文彦博关系极好，对两人一向十分敬重。

由于苏颂与皇帝、太皇太后、宰相之间是这样一种和谐顺畅的关系，在三年吏部尚书任内，苏颂按太皇太后与宰相之意图，任免考核，遵章循法，恪尽职守，使被考核升黜的官吏大多心悦诚服。

《宋史》评论说："颂前后掌四选五年（吏部侍郎二年，吏部尚书三年），每选人改官，吏求垢瑕，故为积滞。颂敕吏曰：'某官给某事，当会某处，仍引合用条格，具委无漏状同上。'自是吏不得逞。每诉者至，必取案牍，使自省阅，诉者服，乃退；其不服，颂必往复诘难，度可行行之。苟有疑则为奏请或建白都堂。故选官多感德，其不得所欲者，亦心服而去。”

苏颂对兼任侍读的职责也十分用心。除按日进读《五经》、汉唐史籍外，也陪哲宗习字，讲述历代先皇之德。他在任侍读期间，提过两次很好的建议。其一是《请诏儒臣讨论唐朝故事上备圣览》：

> 请留意近代典故，遂诏儒臣检讨唐朝故事，日进五条。曾未期岁，省阅殆遍。尝闻德音，宣谕近辅，以为有助听断。臣伏见陛下祗诏先烈，勤劳万机。治理之间，多用仁宗故事。外则迩英讲读经史，内则臣僚进献封事。古今得失之迹，忠贤治安之策。固已溢黈聪而积渊虑矣，而臣愚管之见，犹有所陈者，诚见陛下稽古奉先之心，孳孳不怠，故敢复僭越而尽言也。
>
> 臣闻之荀卿之言曰：“道不过三代，道过三代，谓之荡言，其远而难信也。”本朝去唐，正同三代。其事近而易考，所宜宸扆之留也。臣欲望圣慈特举庆历故事，诏史官学士录新旧唐书中，列帝所行之事，与夫群臣献替之言，每日上奏数事，清燕之间，特赐览观。所冀萤烛末光，增辉日月。臣不胜惓惓之愿。

其二是苏颂提出“人主聪明，不可有所向，有则偏，偏则为患大矣。今守成之际，应之以无心，则无不治”。苏颂认为，侍讲、侍读给皇帝讲读经史，只应讲授经史之原意，不能任意发挥，掺杂己意，把皇帝引向误区。

苏颂向哲宗皇帝讲读最多的是汉唐两朝与匈奴的关系及仁宗、神宗的弭兵息民之政策，援引古今，以动人主之意。

（二）以吏部尚书领导研制水运仪象台

1．组织好科研队伍

苏颂受命研制水运仪象台之后，采取了两项措施：第一是组织一支精干的科研队伍，第二是详细研究前人的经验。元祐元年（1086 年）十一月，苏颂以吏部尚书之职，受诏定夺新旧浑仪。他召集天文历法官员，一面收集天文资料，一面到翰林天文院和太史局两处检验原有的天文仪器。同时，考核天文院和太史局原来的天文工作人员，将有天文技能的人员组成新的机构，裁汰不能完成本职工作的人员。

他开始到其他部门和外地寻访有天文专长的人才。首先，他发现了为水运仪象台研制立下不朽之功的韩公廉：“臣昨访问得吏部守当官韩公廉，通《九章算术》，常以勾股法推考天度。”苏颂认为，中国古代数学中的周髀之术及其“勾股重差，推晷影极游”等方法是“测天之术”，而韩公廉是掌握“测天之术”的人才。所以，他奏请皇帝，调韩公廉协助他研制水运仪象台。

接着，苏颂走出汴京，到外地寻觅科技人才，他又发现郑州原武县主簿充寿州州学教授王沇之，认为这位教授学有专长并将其调入汴京，“充专监造作兼管勾收支官物”。

然后，他又再次考察太史局和翰林天文院的工作人员，选出“夏官正周日严、秋官正于太古、冬官正张仲宣”等，与韩公廉同充制度官。他不仅对那些有一定工作经验的天文工作人员给以任用，而且对那些有志于天文工作的年轻人也加以培养。又选出“局生袁惟几、苗景、张端、节级刘仲景、学生侯永和、于汤臣”等，测验晷影、刻漏。最后，苏颂又调来都作院有监造军械经验和行政领导能力的尹清，“部辖指画工作”，统管全部组织工作。

苏颂组织好了科研队伍，就奏请皇帝设立研制水运仪象台的专门机构——元祐浑天仪象所。元祐三年（1088 年），哲宗皇帝下诏，批准苏颂“置局差官”，成立了元祐浑天仪象所。

在苏颂的科研队伍中，有两位主要助手——韩公廉和王沇之，他们原来都是学非所用的人，由于苏颂慧眼识人，才把他们从吏部和原武县调入浑天仪象所，发挥其科技专长。

2．全面继承前人的科研成果

苏颂认为沈括熙宁年间所制浑仪不能取得准确观测数据的主要原因是“须人手运动，人手有高下，故躔度亦随而转移”。为此他认为，新研制的浑仪应能自动随天体同步旋转，这样才能取得准确的数据。但是，在 900 多年前，要达到这一目标谈何容易啊！

在研制过程中，苏颂可能借鉴的有三个浑天仪象的资料和仪器：一是汉代张衡的浑天仪，二是唐代僧一行和梁令瓒在开元年间研制的铜浑仪，三是宋初张思训的太平浑仪。苏颂在《进仪象状》中感慨地说：“张衡之制，史失其传；开元旧器，唐世已亡；国朝太平兴国初，巴蜀人张思训首创其式，以献太宗皇帝，召工造于禁中，逾年而成，诏置文明殿（今文德殿是也）东鼓楼下，题曰‘太平浑仪’。自思训死，机绳断坏，无复知其法制者。”苏颂唯一可以参考的就是太平浑仪。

水运仪象台的研制继承了历代天文仪器的制造经验，其最初设计方案在苏颂与韩公廉共同研讨前人的制作中诞生："因说与张衡、一行、梁令瓒、张思训法式大纲，问其可以寻究依仿制造否？其人称若据算术，案器象亦可成就。"

张衡的仪器已经不存，根据资料记载，并经过详细研究讨论，苏颂与韩公廉认为张衡的浑天仪是两套："张衡所谓灵台之璇玑者兼浑仪、候仪之法也；置密室中者，浑象也。"古代浑仪是观测天体的仪器，浑象是演示天象的仪器。

唐代一行和尚的开元铜浑仪留下了比汉代张衡更多的资料，苏颂与韩公廉研究这些资料后，做了更具体的描述："造铸铜浑为圆天之象，具列宿及周天度数，注水激轮，令其自转。一日一夜，天转一周，又别置二轮络在天外，缀以日月，令得运行。每天西转一匝，日正东行一度，月行十三度有奇，凡二十九转而日月会，三百六十五转，而日行匝。仍置木柜以为地平，令仪半在地上，又立二木偶人于地平之前，置钟鼓使木人自然撞击，以候辰刻。命之曰：水运浑天俯视图。"从上可知，一行研制的是演示天象报告时辰的浑象。

宋初张思训的浑象，虽机绳断毁，但器件犹存，使苏颂和韩公廉得益最多："张思训浑仪为楼数层，高丈余，中有轮轴关柱，激水以运轮，又有值神摇铃、扣钟、击鼓，每一昼夜，周而复始。又有十二神各值一时，时至则自执牌循环而出报，随刻数以定昼夜之长短。至冬水凝，运行迟涩，则以水银代之。"

任何一位科学家都是在前辈铺好的台阶上向上攀登。而且，是否善于继承前人的成果，是能否取得成功的条件之一。

苏颂在分析自己研制的水运仪象台时说："浑象则列紫宫于北顶，布中外官星、二十八舍、周天度、黄赤道、天河遍于天体，此用王蕃及《隋志》所说也。"这是他完全继承古人的部分。他又说："以五色珠为日月五星贯以丝绳，两末以勾环挂于南北轴。依七曜盈缩迟疾留逆移徙，令常在见行躔次之内，昼夜随天而旋，使人于其旁，验星在之次，与台上测验相应，以不差为准。此用一行、思训所说，而增损之也。"这是在古人的基础上加以改进的部分。他还说："今则兼采诸家之说，备存仪象之器，共置一台中，台有二隔，浑仪置于上，而浑象置于下，枢机轮轴隐于中，钟鼓时刻司辰运于轮上。木阁五层蔽于前，司辰击鼓、摇铃、执牌，出没于阁内。以水激轮，轮转而仪象皆动。此兼用诸家之法也。"这是对各家之长加以综合利用的部分。

3．水运仪象台研制和毁坏的全过程

在充分研究前人资料和实物的基础上，苏颂和韩公廉开始了设计工作，开始了他们的创新。他们写出了《九章勾股测验浑天书》一卷，根据测算与设计，“造到木样机轮一座”。这个木样机轮，也可“激水运轮”，使其自转。于是苏颂奏请皇帝，先创制一座木制水运仪象台，并差官实验，看观测天体是否准确。“如候天有准”，再造铜制的水运仪象台。从设计图纸到水运实验，从木制模型到观测天体，苏颂精心审核，反复试制，可谓慎之又慎。元祐三年（1088 年）五月造成小样，皇帝下令赴都堂呈验。这次小样实验，皇帝与百官都很满意。又开始制造大木样，十二月大木样制造完毕。大木样的演示比小木样更隆重，要事先准备和进行预演：“又奏乞差承受内臣一员赴局，预先指说，准备内中进呈日宣问。”皇帝派来了内侍省的供奉官黄从卿，参与预演，提出问题。这次经过充分准备的演示，又取得了成功。“闰十二月二日具札子取禀安立去处，得旨置于集英殿。”这是水运仪象台研制的第一阶段，即大木样的研制过程。

水运仪象台研制的第二阶段是铸造铜制的水运仪象台。铸造之前，又由翰林学士许将组成了一个新的验核小组，他们的任务是再一次检验水运仪象台大木样测天是否准确。苏颂认为浑天仪象所的研制人员检验自己的产品，容易产生偏私，所以，请皇帝另派人再次检验。“元祐四年三月八日，（许）将与周日严、苗景昼夜校验，与天道合，诏以铜造。”

苏颂又领导了铸造铜制的水运仪象台，经过三年的精心工作，终于造成。用铜约两万斤。“元祐七年四月，诏尚书左丞苏颂撰《浑天仪象铭》。六月，元祐浑天仪象成，诏三省、枢密院官阅之。”水运仪象台的研制成功是朝廷的头等大事，皇帝率三省与枢密院官员来观看，以示庆贺。

绍圣元年（1094 年）十月，水运仪象台试用两年之后，宋哲宗再次下诏，校验新旧浑仪的优劣。参与比较的新旧浑仪有四台：“在测验浑仪刻漏所曰至道仪，在翰林天文局曰皇祐仪，在太史局天文院曰熙宁仪，在合台曰元祐仪。”在礼部、秘书省主持下，集新旧浑仪的局官，共同测验。结果，还是苏颂的水运仪象台最精密。科学是最公平的，它没有辜负苏颂、韩公廉等的苦心孤诣，水运仪象台观测天体的准确性和先进性被一次又一次的科学实践所证明。

任何科学事业都很难一帆风顺，水运仪象台的研制也不例外。在研制过程中，有两次大的波折。第一次是关于水运仪象台的命名。“水运仪象台”这个名字是苏颂自己命名的。有的文章认为是后人所为，这是不正确的。苏颂的《新仪象法要》卷下第一图的说明中明确写道：“右水运仪象台，其制为台，四方而再重，上狭下广，高下相地之宜。”既然苏颂已定名“水运仪象台”，那他为什么又在《进仪象状》中请皇帝命名呢？“若但以一名命之，则不能尽其妙用也。今新制备二器而通三用，当总为之浑天。恭俟圣鉴，以正其名也。”这是别有用心的人以政治压制科学所造成的。

苏颂接受水运仪象台的研制任务后，对太史局和翰林天文院的原工作人员进行了考核，挑选出夏官正周日严等一批精通业务的人，进行了新的优化组合，但是有一部分人在这次新的组合中被淘汰了，太史局直长赵齐良便是其中一个。

苏颂的水运仪象台，在大木样表演、用以实际观测天象和御前答疑等活动中，受到皇帝和三省、枢密院、太史局官员的一致称赞。由于对水运仪象台的科学性找不出毛病，赵齐良就寻找政治借口来攻击苏颂和水运仪象台。他上书皇帝说：“宋以火德王，名‘水运’，非吉兆。”其意是说宋王朝以火德取得天下，现苏颂的仪器命名“水运仪象台”，水能克火，是非常不吉利的。这是政治问题！在封建专制和崇尚迷信的时代，赵齐良从政治上的诬告，足以使苏颂被杀头和丢官。幸亏苏颂的拳拳之忠深为哲宗皇帝所知，才没有被深加追究。苏颂也深知“水运”之名犯了皇家之大忌，才申请皇帝为之赐名，皇帝赐名“元祐浑天仪象”。

从元祐七年（1092 年）六月十六日铜制水运仪象台制成，到靖康元年（1126 年），金兵攻入汴京（今开封），掠走水运仪象台，其在汴京使用和存放了 34 年。

从宋的汴京到金的燕京（今北京）相距一千多里，一路颠簸，其机轴齿轮多有损坏，运至燕京，已不能用。“天轮、赤道牙距、拨轮、悬象、钟鼓、司辰、刻漏、天池、水壶等器，久皆弃毁，惟铜浑仪置之太史局候台。”但是，连一般观测也不能进行，因汴京和燕京地理纬度不同，地势高低不同，从望筒中窥极星，下移四度才能看见。

金明昌六年（1195 年）八月，在一场暴风雨中，候台被雷电击中，浑仪跌落台下，龙柱丢失。金章宗完颜璟又命太史局收集残件，再置于候台之上。金贞祐二年（1214 年），金兵抵挡不住蒙古军的进攻，决定迁都汴京，因浑仪是用铜铸成的，无法拆卸，“若全体以运，则艰于辇载，遂委而去”。这台在宋代经济繁荣中诞生的精妙仪器终于在频频迭起的战火中毁亡了。

（三）任翰林学士承旨、尚书左丞和宰相

哲宗元祐四年（1089年），苏颂70岁，按宋代任官法律，他已到了退休的年龄。

这年正月，他写了请求退休的《乞致仕表》："臣闻七十致仕，大夫之常经，耆艾传家，前古之通训……当血气方刚，则进思尽效；乃股肱既竭，则退免为宜。矧为寝迫于衰残，岂可不知于止足。辄援告老之例，翼遂就闲之私。臣颂中谢。"

他又力陈三代先皇对他的恩典，照理更应该遵章守法，依律退休。他说："仁祖知家世之儒者，擢居铅椠之司。英宗念履历之岁深，授以台省之秩。先皇帝临御之日，赏拔最先，召自漕输，置之禁从。""频更岁月，俄至耄昏。日暮天寒，固有倦飞之叹；钟鸣漏尽，宜无疾走之思。伏望皇帝陛下，御世体仁，如天从欲。曲尽群才之用，不遗一物之诚。悯久仕于朝廷，粗输勤瘁；许上还于章绂，俾遂休闲。完全衰惫之躯，涵泳太平之泽。虽不能力服田亩，为菑畬耕获之勤；犹可以躬率子孙，谨孝悌忠信之行。尚坚晚节，仰答鸿私。迫切之诚，殚竭于是。伏望圣慈，许臣守本官致仕。臣无任。"

1. 任翰林学士承旨，知制诰兼侍读

元祐四年（1089年）五月三十日，哲宗皇帝任命苏颂为翰林学士承旨、知制诰兼侍读。翰林学士承旨是翰林院长官。翰林院始设于唐代。宋承唐制，称翰林学士院，为皇帝草制诏诰律令，是皇帝的参议机构，兼有储才之职能。苏颂又上奏辞谢，皇帝派东头供奉官充待诏董士隆亲至苏宅奉宣圣旨，并赐御制官服一对、腰带一条、镀金银鞍辔马一匹，请苏颂赴翰林院就职。苏颂不敢再辞，领旨赴院，就任翰林学士承旨知制诰兼侍读。

苏颂任翰林学士承旨知制诰兼侍读只有9个月。元祐五年（1090年）二月，他又擢升尚书左丞。这9个月里，他为哲宗皇帝撰写了大量的诏诰、批答、典册、祝文、青词、祭文等，仅收入《苏魏公文集》者就有近百篇。可见苏颂是何等勤恳赤诚，恪尽职守。

因兼侍读之职，他又编撰了《汉唐故事分门增修》一书，呈哲宗皇帝御览。哲宗御批赐名《迩英要览》。苏颂又在所进汉唐故事后，略论得失。哲宗认为有助资治，进读汉唐故事遂成定例。

范祖禹上书称赞苏颂这段时间的工作，曰："臣伏闻翰林学士承旨苏颂近乞致仕，颂博闻强识，白首好学，至于详谏国朝典故，尤非诸臣能及……颂七十有一，精力不减少壮之人。"

2．擢尚书左丞，权枢密院事

元祐五年（1090年）二月初八，苏颂被擢升右光禄大夫、尚书左丞。尚书左丞是尚书省的副长官，是尚书令和左、右仆射的副职。自唐太宗李世民任尚书令而称帝，其后尚书令从不任命，左、右仆射是正长官，左、右丞是副长官。掌佐议大政，奉行皇帝命令。左丞辅佐左仆射，分管吏、户、礼三部之事。

不久，苏颂又被命以右光禄大夫、尚书左丞，权枢密院事。在兼管枢密院事期间，边帅遣种朴入奏："得谍言，阿里骨已死，国人未知所立。蕃官赵纯忠者，信谨可任，愿乘其未定，以劲旅数千，拥纯忠入其国立之。"

枢密院商议此事，欲从其请。苏颂坚决反对，他认为："今越境而入其国，事未可知。使拒而不受，得无损朝廷威重乎？徐观其变，俟其定而抚辑之，未晚也。不久，边奏再至，阿里骨果无恙。"

苏颂任尚书左丞，从元祐五年（1090年）二月至元祐七年（1092年）六月，计两年零四个月，在朝野引起很大的反响。如门下侍郎刘挚写了《苏左丞免新命启》："侧承明诏，登用旧儒，四辅得人，多士交庆。颂官治行高妙，谊蕴粹深。早以继世兼人之能，蔚有先生长者之望。白首一节，清明四朝。士心所居，上简攸在。玉堂典诰，极将明之功；帷幄侍经，多道义之益。肆畴贤誉，来秉成国。顾枉诲音，具行冲尚。愿即承于涣泽，庸仰副于虚怀。"

右正言邹浩上《贺苏左丞启》："伏审光奉明纶，骏跻左辖，伏惟庆慰。恭以颂官，熙朝硕德，名教真儒。纳今古于胸中，揭表仪于天下。风波作险，元自任于虚舟；霜雪凝威，终不移于壮节。"

除朝臣庆贺之外，京城百姓也为之欢欣鼓舞。《苏颂行状》中说："二月迁尚书左丞……闾巷之人，皆闻公名。至是登用，莫不相庆。"

哲宗皇帝看到这一切十分欣慰，对宰相吕大防说："苏颂甚慰人望。"

3．任宰相，总揽全国政权

元祐七年（1092年）六月，73岁的苏颂荣任宰相。以左光禄大夫、守尚书右仆射兼中书侍郎，加上柱国，进封开国公，加食邑七百户，食实封三百户。

“守尚书右仆射兼中书侍郎”是掌管尚书省和中书省政务，统管六部，为宰相之职。副宰相称“参知政事”。“加上柱国”是勋官荣衔，正二品。“开国公”是爵位名，秩正二品。“食邑七百户”是与爵位配享的食封户的租赋，但隋唐以后，并不享有食邑的户数，只有加“食实封三百户”，才是真实享有的封户租赋。

苏颂任宰相的前后十多年间，正是北宋后期，政局动荡、党争激烈的时期。

元丰八年（1085 年）三月，神宗病逝于福宁殿。年仅 10 岁的太子赵煦即位，史称哲宗。英宗皇后高氏以太皇太后垂帘听政。高太皇太后对神宗的变法早有不满之意，她执政后，用司马光、吕公著为相，废除新法。在废除新法贬斥改革派官员，任免新官员中，守旧派官员内部产生分歧。司马光、吕公著、程颐等极力反对新法，急于废新复旧。由于司马光、吕公著的推崇，程颐任崇政殿说书，以师道古训教导哲宗，势力最大，形成了以洛阳人为主的洛党。范纯仁、苏轼、苏辙等反对仓促废除所有新法，主张待考察利弊后，再决定弃取。在学术上，苏轼也对程颐以师道自居，对程颐训导哲宗，有不同看法，常常给以讽诫，逐渐形成了以二苏为主的蜀党。极力推崇苏颂的刘挚，联合梁焘、王岩叟等河北人，组织了朔党。

三党互相攻击，形同水火，至使宰相频频更替，政局一直不稳。洛党的代表人物程颐因反对宰相吕公著，引起高太皇太后不满而被贬；蜀党代表人物苏轼因受到舆论的抨击，而请求外任，得太皇太后批准，离开汴京。

元祐四年（1089 年），范纯仁任右相，因不赞成过分贬斥新党蔡确等，受到朔党的抨击而被罢相。元祐六年（1091 年），朔党领袖刘挚任右相，也因结交变法派章惇、蔡确，受到攻击而于同年被罢相。

苏颂在刘挚被罢相之后，于元祐七年（1092 年）六月任右相。同年九月，高太皇太后病逝，哲宗亲政。哲宗对高太皇太后与司马光、吕公著等一味罢废新法、打击改革派官员，早已心怀不满。亲政不久，就恢复改革派主将章惇、吕惠卿的职官和名位，并改年号为绍圣，明确宣誓继承神宗的改革事业。又一次掀起了贬斥守旧派官员的政治狂涛。

自从王安石变法以来，苏颂一直坚持“处事以公，不树党援”的政治原则。神宗与王安石任命李定为“监察御史里行”，违背宋代的任官法，他坚决抵制。王安石改革冗杂繁复的名不符实的宋代官制，他又全力支持，为之出谋划策。吕惠卿任宰相，红极一时，权倾朝野，他想拉苏颂为同党，散布说苏颂是他的同乡，只要登门拜访，便可立得要职。苏颂对此一笑置之。苏轼是苏颂同宗之侄，亲情笃厚，相知极深，铁窗风雨，患难与共。但他决不介入蜀党之组织。刘挚与苏颂有知遇之恩，多次同署办公，政见多数相同，诗文互答，情深谊挚，又极力推崇苏颂，但苏颂也决不介入朔党。

对于苏颂“处事以公，不树党援”这一优点，神宗与哲宗都看得十分清楚。李定等制造冤案，把苏颂、苏轼同时抓入御史台监狱，想以反对新法和神宗为名，惩治苏颂和苏轼。神宗亲阅审讯记录，为苏颂平反。章惇为相，贬斥元祐老臣，司马光、吕公著被夺谥毁碑，韩维等 30 多人被贬官，朔党被打击。蜀党领袖苏轼先被贬惠州，又贬昌化军（今海南儋州市）。已经放归田里的洛党领袖程颐也被贬涪州（今重庆涪陵）。贬斥各党高潮时，御史周秩弹劾苏颂。哲宗对章惇等重臣说：“苏颂知君臣之义，勿轻议此老！”明确告诉宰相和御史台官员，苏颂是不介入党争的。

党争最终还是影响了苏颂的宰相任职，杨畏与来之邵攻击苏颂“稽留诏命”。诏书命贾易知苏州。苏颂为贾易申辩，完全是出于公心。他与贾易毫无过从，只是觉得一位正直敢言的御史，偶有不当，即遭外贬，遇大赦反下迁，这是不公平的。此事不仅说明他无私，而且说明他忠直，敢于向皇帝与太皇太后提出不同意见。

杨畏、来之邵的攻击完全是出于别有用心的党争，他们就是想把苏颂从右相的位置上赶走，让蜀人苏辙任右相。《孙公谈圃》评论此事时说：“元祐中，苏颂与同列争贾易事，遂以朋党罢相，而苏颂平生未尝识易也。”

“元祐更化”和“绍圣绍述”的党争，使北宋后期的政治处于纷乱动荡之中。君臣的主要精力都用于互相争夺与倾轧，放弃了改革大业，丧失了富国强兵的机遇，逐渐走向衰败。如北宋朝廷重臣都能像苏颂一样不恋权位，不贪爵禄，出于公心，不树党援，也许江山会有另一番景象。

元祐八年（1093 年）三月，由于杨畏、来之邵弹劾苏颂。苏颂认为宰相应该是百官的榜样，一有人弹劾就不宜再任执政。所以，看到杨畏弹劾他的奏章，他就向皇帝请假，归家待罪，不再上朝处理政务。左相吕大防劝苏颂上朝向皇帝说明情况，请皇帝与太后定夺，他坚决不肯。他连续三次上奏书，请求辞去宰相职务。哲宗与太皇太后多次赐书挽留，苏颂就是不肯上朝。事情拖延了 20 多天，朝廷不能无右相执政，哲宗与太皇太后只好批准苏颂的请求。

苏颂是一位不恋权位、急流勇退的好宰相，受到同僚的一致好评。

（四）退居镇江的终老岁月

1. 葬父京口

（1）宋仁宗庆历六年（1046年）冬，苏颂父亲苏绅在河阳感疾，被医者误而卒

《宋史·苏绅传》云："徙河中，未行感疾，为医者药所误，犹力疾筈之，已而卒。"

《长编》载："是岁，卒于河阳。"

《同安县志·苏绅传》载："徙河阳，知河中，未行，卒。"

（2）苏颂护柩南下

时任江宁县令的苏颂护丧南归。苏绅籍在同安，理应归葬祖坟，因路途遥远，遗嘱在升常间卜葬。苏颂之孙苏象先《魏公谭训》卷三载："曾祖（苏绅）庆历中在翰院，丁福国公忧，星奔赴景陵护柩，由湖北涉京畿，历京东西，过淮浙，水陆数千里，方至闽境，数冒险难。故曾祖（苏绅）谓祖父（苏颂）曰：'吾归葬失计，汝辈慎勿效。既不能免仕宦，随处葬我，乃延陵季子之志也。'故曾祖河阳下世，祖父扶护南来谋葬。"

苏颂在《家训诗》中自注云："才满秩，先公在河阳下世，予星行护丧南归。治命以泉山乡里道远，不可归，令于升（升州，今南京）常（今常州）间卜葬谋居。"

苏绅曾做过无锡宰，到过京口，写过《金山诗》，对春秋时代吴国四让王位的季札很是敬佩，季札后隐居丹阳延陵，苏绅志与季子永久相伴。对此遗嘱，孝顺的苏颂自当执行。

（3）在京口，苏颂得到几位好人的帮助

第一位好人是润州知州钱彦远，字子高，其父与苏绅相善，钱知州帮助苏绅找了墓地。

宋时谚云："生在洛阳，死葬朱方。"朱方即今镇江，无亲朋在朱方的外乡人，难以在此安葬。钱彦远主政润州期间，发现了大字之祖《瘗鹤铭》，并建亭保护，苏颂、苏舜钦均写诗赞扬。苏绅葬后不久，与欧阳修一同搞古文运动的苏舜钦和婉约派大诗人柳永也离世了，但均停尸京口多年，不得安葬。直到苏舜钦的哥哥苏舜元担任了京口转运使，才将弟弟安葬于润州坛山；王安石之弟王安礼担任润州知州，柳永得以安葬土山（北固

山）。苏绅能永眠在京口，钱彦远功莫大焉。

苏颂在《家训诗》中自注云：“既过京口，会故人钱起居子高作守，治馆相留。”钱子高即钱彦远，其父钱希白与苏绅均为内相，且是朋友。

第二位好人是地理僧自真，他帮助苏颂为文宗择得青阳坟地。

苏颂《家训诗》：“先畴闽岭遥，寓舍京口近。葬营带郭田，地得兼山艮。”自注云：“时有道人自真善山水学，从予行常润数州，择得今青阳坟地，起乳山艮来，南走京岘，巽冈西北枝艮落，为先公坟。术者皆言善地，遂安葬。”

《魏公谭训》卷三记：“偶过地理僧自真，用治命得吉卜于南徐京岘山之原，术者皆言善地。真谓祖父曰：‘葬父三十年，西南有楼阁，闻鼓角声，运河水入明堂。公家其兴乎！“果然如期陈升之丞相”以镇江节度帅扬，卜第于青阳门，依山建亭榭。州亦修青阳城楼。每过家上冢，郡设鼓角于楼上，又宅前开沟通城外，自此运河水涨则出城外，正与坟相望。祖父回翔侍从之久，后遂得执政，真亦高僧，得山水三昧，奇中甚多。”

苏绅病逝当在庆历六年（1046 年）冬，苏颂闻讣奔丧，护榇南归，当在翌年春。卜葬当在秋冬间。卜葬时，陆佃（农师）以门生有挽章。《魏公谭训》卷三记：“祖父喜王元之诗，以谓平易而淳深，有古风。葬曾祖时，陆农师以门生有挽章曰：‘贰卿头已白，儿慕不胜悲。’祖父曰：‘此效王元之体。元之诗云：侍郎三十八，羞死老冯唐。王语自然，而陆未淳熟也。’”

三是得益于京口乡贤刁约之助，他将自家南面柳南之地赠予苏颂，用以建屋守孝。但是柳南在京口城里闹市区，苏颂囊中羞涩，携全家十多口，无法在此建屋，于是改在偏远的丹阳县云阳地区丁义河旁安家，乡民称苏颂家人所居之地为苏巷村、苏巷里。此地名现今仍使用。

《宋史·苏颂传》载：苏颂葬父“奉祖母及母，养姑姐妹与外族数十人，甘旨融怡，昏嫁以时。妻子衣食常不及，而处之晏如”。

苏颂在《家训诗》中自注云：“自此谋居郡中，占丹阳为乡里。”丹阳隶属润州郡，苏颂称自己是丹阳人，可能与此有关。

2. 苏颂与苏轼相约落户蒜山

（1）苏颂因陈世儒案坐狱

元丰元年（1078 年）夏，苏颂任京兆尹时，发生陈世儒案。陈系仁宗宰相陈执中小妾张氏独子，陈执中去世时，张氏还很年轻，仁宗特意安排其进一座道观为道士。陈世儒中进士当了国子监博士，娶了天章阁（皇家图书馆）待制（皇帝的文学侍从）李中师的女儿为妻。夫妻俩商量，将生母张氏从道观接回家，让她享受天伦之乐。但是这对婆媳相处得很糟糕。就在这时，陈世儒被调往舒州任太湖知县。陈世儒赴任不久，李氏对佣人们说："如果博士戴孝居丧，我当重赏你们。"元丰元年（1078 年）夏，张氏突然死亡，第一个赶到现场的是开封府件作（法医），他的鉴定结论是：张氏生前遭受药物中毒，脑门上钉有铁钉。来自高氏、张氏等女佣的口供是：高氏受主妇李氏的授意，先用毒药准备毒死张氏，不料张氏毒而未死，然后高氏等人又在夜间将铁钉钉进老人的脑门，直至其死亡。李氏为何要杀婆母？李氏不愿意丈夫在外地做官，母丧可以丁忧回京团聚。开始是开封府问案，"开封治狱，法吏谓李不明言使杀姑，法不致死"。京兆尹苏颂亦以刑事案件审理，同意开封法吏意见，杀人凶犯奴婢高氏应处死，李氏没有明确指使杀母，奴婢张氏没有明确助凶杀人，不能判极刑；陈世儒应罢国子博士。但是御史台觉得此为要案、大案，要重判。"宋神宗召苏颂曰：'此人伦大恶，当穷竟。'苏颂对曰：'事在有司，臣固不敢言宽，亦不敢谕之使重，狱久不决。'"

元丰元年（1078 年）秋，有人告发寺僧犯法，事情牵连开封下属祥符县令孙纯，而僧罪较轻，以法量刑，不当入狱。苏颂杖而遣之。有人检举苏颂故纵孙纯，要求重新审判孙纯。孙纯入狱，苏颂也因重罪轻判受责罚。同时监察卿史舒亶又弹劾苏颂与孙纯有联姻之亲，所以庇护孙纯。（苏颂女儿嫁李徽之子，孙纯是李徽的外甥，李徽之家族甚大，孙纯是李徽妹妹之子，苏颂确实不知此情。）苏颂又受到了撤职的处分，降秘书监，出知濠州。

苏颂离开开封后，御使中丞李定让监察御使何正臣监督陈世儒案的审理，将陈世儒一干人犯全部打入死牢，将此案划为政治案件。李定对三舍人阻挠自己官场升迁耿耿于怀，一直想报复三舍人李大临、宋敏求、苏颂，无奈宋敏求刚死，李大临出知汝州，并无大错，遂以苏颂办案不公正，包庇陈世儒为由，将苏颂从濠州知州任上直接逮捕，关押于开封。

（2）苏轼因乌台诗案也被关押开封监狱

元丰二年（1079 年）秋，苏轼从徐州知州调任湖州知州，上任后照例要给皇帝写谢表。苏轼的《湖州谢上表》呈上后，即遭御使台弹劾。监察御使里行正何正臣称：湖州知事苏轼谢表有"谤讪新政，讥讽朝廷，诽谤圣上”之罪。谢表上有：“陛下知其愚不适时，难以追陪新进；察其老不生事，或能牧养小民。”故而上奏。接着御使中丞舒亶揭发：“苏轼反对新法，在他写的诗中到处可见，如‘赢得儿童语音好，一年强半在城中’‘东海若知明主意，应取斥卤变桑田’‘岂是闻韶解忘味，尔来三月食无盐’。”御使中丞李定坚请逮捕审查苏轼。神宗见众御使和大臣们意见基本一致，其时，王安石已下野任江宁知府，神宗极力推行的新法正进入艰难时期，便应台谏官之请，“令御史台选牒朝臣一员乘驿追摄”。御史台则派了太常博士皇甫遵，带着两名台卒，疾驰湖州捉人。

由于御史台官署内遍植柏树，故称柏台。柏树上常有乌鸦飞来飞去，栖息筑巢，又称乌台。所以此案被称为“乌台诗案”。“乌台诗案”由御使中丞李定主管，状元舒亶主审，何正臣充当审判。监察御使里行何正臣称：“未有如（苏）轼为恶不见悛，怙终自若，谤讪讥骂，无所不为。”监察御史里行舒亶称：“（苏）轼怀怨天之心，造讪上之语情理深害，事至暴白。虽万死不足以谢圣时，岂特在不收不宥而已。”御史中丞李定说：“上圣兴作，新进仕者，非（苏）轼之所合。（苏）轼自度终不为朝廷奖用，衔怨怀怒，恣行丑诋；见于文字，众所共知。”

御史台诏狱的任务便是调查清楚两件事：首先，苏轼与驸马王诜“货赂交通”，存在不正当的利益输送，如苏轼给王诜送礼，王诜则动用关系拨给苏轼度牒指标；其次，苏轼“作匿名文字，谤讪朝政及中外臣僚”等。

（3）苏颂、苏轼同关一狱，相约落户蒜山

苏颂、苏轼二人的牢房仅一墙之隔，隔墙相望。苏颂作有《元丰己未三院东阁作》，诗前有小序：“己未九月，予赴鞫御史，闻子瞻先已被系，予昼居三院东阁，而子瞻在知杂南庑，才隔一垣，不得通音息，因作诗四篇，以为异日相遇一噱之资耳。”其诗表现了对苏轼的深厚情谊：“早年相值浙江边，多见新诗到处传。楼上金蛇惊妙句，卷中腰鼓伏长篇。仳离岁月流如水，抑郁情怀积似烟。今日柏台相望处，隔垣音响莫由宣。”“词源远远蜀江流，风韵琅琅舜庙球。拟策进归中御府，文章传过带方州。未归纶阁时称滞，再换铜符政并优。叹惜钟王行草笔，却随诸吏写毛头。”“源流同是子卿孙，公自多才我寡闻。谬见推称丈人行，应缘旧熟秘书君。文章高绝诚难敌，声气相求久益勤。莫为歌诗能数眯，圣朝终要颂华勋。”“近年出处略相同，十载遭回我与公。杭婺邻封迁谪后，湖濠继踵絷维中。诗人嗫嗫常多难，儒者凄凄久讳穷。他日得归江海去，相期来访蒜山东。”

同题《元丰己未三院东阁作》则对苏轼在狱中受折磨的情况有真实的记录："飞语初腾触细文，廷中交构更纷纭。纲条既甚秋荼密，枉直何由束矢分。御史皆称素长者，府徒半识故将军。却怜比户吴兴守，诟辱通宵不忍闻。"

（4）苏颂、苏轼出狱后相期蒜山团聚

关于陈世儒案，审刑院大理寺做出最终判决：陈世儒及其妻李氏及奴婢 19 人判处死刑，另外 7 名奴婢杖脊。苏颂无罪释放，罢郡归班，不久，起知河阳，改知沧州。关于苏轼案，审刑院大理寺与御史台审理有所不同。大理寺很快做出裁决，并得到审刑院支持。

苏轼与驸马在交往过程中存在不正当的利益输送，属于"不应为"，按大宋律法，"诸不应得为而为之者，笞四十；事理重者，杖八十"，苏轼"合杖八十私罪"。又因苏轼刚到御史台时，"虚妄不实供通"，"报上不以实"，加杖一百。苏轼作诗赋讥讽朝政，致有镂板印行，"准律，作匿名文字，谤讪朝政及中外臣僚，徒二年"；又准《刑统》，犯罪案问欲举，减罪二等，今比附，徒一年。又"准律，犯私罪以官当徒者，九品以上，一官当徒一年"（旧时官员可以官阶、馆职抵刑），因此"苏轼合追两官，勒停，原免释放"。对于大理寺的裁决，御史台不服，请求皇帝干预。元丰二年（1079 年）十二月二十九日，圣谕下发，苏轼贬往黄州，特责授检校水部员外郎，充团练副使，但不准擅离该地区，并无权签署公文。

再后修撰两朝正史的曾巩仙逝，神宗让苏颂续修。元丰七年（1084 年），苏颂终于将两朝正史修成，神宗十分满意，除赏银外，又特授光禄大夫、吏部侍郎，加上护军，进封武功郡开国侯，食邑四百户。就在这时，苏颂的母亲魏国夫人仙逝，神宗遣中贵人唁丧，法赙外赐白金千两，敕州县接其丧事。苏颂安葬完母亲，退休后，便将宅从丹阳迁往蒜山东（即时京口化隆坊，今镇江市区酒海街社区朝阳门一带）。苏轼也想购买润州蒜山田建屋，他从黄州归来，从江宁到常州，途经润州，看中了西津渡蒜山上的一片松林，打算在这里建居所。《次韵林子中蒜山亭见寄》有："叩头莫唤无家客，归扫岷峨一亩宫。"在《蒜山松林中可卜居，余欲僦其地，地属金山，故作此诗与金山元长老》一诗中，他表示了要在此定居的意向："问我此生何所归，笑指浮休百年宅。蒜山幸有闲田地，招此无家一房客。"此外，《次韵林子中蒜山亭见寄》中还写道："蒜山小隐虽为客，江水西来亦带岷。"他甚至写诗《酬许郡公借隐居蒜山》给曾任职大理寺知润州的许遵，诗中直吐有意借隐蒜山的心事：“酒泉钟鼓还江左，青壁丹崖借隐居。”可惜最后没有成功。

苏东坡从苏绅的遗言中得到启发，归宿宜在升州、常州之间，即江宁府、润州郡、常州郡地域。江宁有知己王安石，他已向王安石拜托过，想在江宁买田，与老丞相相伴。他也想到润州定居，向苏颂、许遵、林希（子中）、佛印提出想买西津渡蒜山地养老，为此还写了许多诗记其事。但最早在金榜题名时，在皇帝宴请的琼林宴上，苏轼与同桌的同科进士宜兴的蒋之奇、单锡及武进的胡完夫相约，晚年卜居宜兴阳羡，后来，苏轼将外甥女嫁给了单锡。单锡、蒋之奇在阳羡黄墅为苏轼买了田。苏东坡落难黄州时，其妻王闰之和儿子苏迈等均住在阳羡。此次到汝州上任，苏东坡请求回宜兴阳羡，故而有假期到庐山，访江宁，到润州，回阳羡。众人都以为东坡风流蕴藉，乐善好施；但事实上他囊中羞涩，又羞于向人求助，故而江宁、润州买田佳话最终没有实现。

3．为母亲请因胜寺为坟寺

元丰七年（1084 年）六月，苏颂母丧后，复归葬母于京口。神宗遣中贵人唁丧，法赙外赐白金千两，敕州县应接其丧事，于京口居忧。元祐七年（1092 年），拜尚书左丞的苏颂，奏请因胜寺为病故的母亲的功德院。（图 2-1、图 2-2）

图 2-1　广东省苏东坡文化研究会书法家苏侯禄题写的黄庭坚为苏颂母亲撰写的开堂疏

（1）苏颂时代，因胜寺坟寺在府治之南三里

宋《嘉定镇江志》称："因胜报亲院，在府治之南三里。唐大中六年建，曰'妙喜寺'；南唐曰'慈云'。宋朝改因胜，元祐中，苏颂拜尚书左丞，请为功德院，乞以'因胜报亲禅院'为额。壁间有集贤学士黄庭坚《开堂疏》石刻云：'因胜得名旧矣，报亲自天锡之。'又云：'瓶水炉香，终借松楸之润；晓猿夜鹤，将从杖履之游。礼部郎米芾跋。'"

元《至顺镇江志》载："因胜寺，在府治之南三里。唐大中六年建，曰'妙喜'；南唐曰'慈云'。宋元祐中，尚书左丞苏颂请为功德院，遂名因胜报亲院。"

苏颂死后，宋人在因胜寺设立苏颂祠。南宋时又成为阵亡将士纪忠堂。宋《嘉定镇江志》说："故相魏国公苏颂祠，在因胜报亲寺……妙喜寺，旧在金坛县东南四十里。后请废额，建在通吴门里，为都通司功德院。中有纪忠堂，军师毕再遇列阵亡将士职位名祠之。"

（2）因胜寺与显慈寺不是同一座寺

元《至顺镇江志》说："显慈寺，在五州山。宋熙宁中建，丞相陈升之守坟院也。熙宁乙丑，升之再入为元枢时，建此寺，因请赐额。其登眺之所曰日观、曰卧云，当时为山中绝景。建炎间徙山下。寺旧在山之腹，升之手自裁定。建炎兵火，徙之山下，非升之所定旧基也。曾文肃公布客王律曾游，有诗见《京口集》。归附后，田地为子孙所取，寺因废。"

宋《嘉定镇江志》说："显慈院，在五州山。熙宁乙丑，故相陈升之再入为元枢，建守坟院，请于朝，赐今额。曾文肃布与客王律曾游，有诗，并见《京口集》。注云：'日观卧云，山中绝景。建炎兵火，徙之山下，非丞相自定旧基。'故相秀国公陈升之祠，在五州山。"

（3）明朝万历年间，因胜寺移到五州山

《光绪丹徒县志》载："因胜寺在城西二十五里五州山麓……宋丞相陈升之葬其亲于山，建寺曰显慈。建炎间徙山下，后废。先是虎踞门内，唐大中六年建寺曰妙喜。宋元祐中，苏右丞相颂请为功德院，遂名'因胜报亲院'（寺内有黄庭坚开堂疏石刻，米芾跋）。元至正间毁，僧元炫复建；明洪武间又毁；成化间僧戒王秀重建。寻废，万历间有僧治静来山中结茅独居，郡人刘、笪、何、曹四姓为市山创建，因移城中因胜旧额于寺。"

图 2-2　陕西省政协副主席苏明题写的黄庭坚为苏颂母亲撰写的开堂疏

（4）因胜寺改为净因寺

据《光绪丹徒县志》载：明天启元年（1621 年），改因胜寺为净因寺。康熙三十九年（1700 年），康熙南巡赐“五州山因胜寺碑”。乾隆十七年（1752 年），乾隆赐净因寺匾额。

4．苏颂多次申请退休，落籍丹阳

元祐年间，苏颂先后担任刑部尚书、吏部尚书兼侍读，负责研制水运仪象台，直到右相。无论担任什么职务，他对“以母代子”执政的高太皇太后和年幼的哲宗都十分尊重，谨守君臣之礼，不因幼主年仅十几岁而有轻慢之举。高太皇太后和哲宗也认为苏颂有君臣之礼，是个忠臣。苏颂每次请旨，都反复强调，自己已年过花甲，请求退休，让出职位后由年轻的贤者充当，但执政的高太皇太后一直未允。

元祐四年（1089 年）五月三十日，哲宗皇帝任命苏颂为翰林学士承旨、知制诰兼侍读。翰林学士承旨是翰林院长官。翰林院始设于唐代。宋承唐制，称翰林学士院，为皇帝草制诏诰律令，是皇帝的参议机构，兼有储才之职能。苏颂又上奏辞谢，皇帝派东头供奉官充待诏董士隆亲至苏宅奉宣圣旨，并赐御制官服一件、腰带一条、镀金银鞍良马一匹，请苏颂赴翰林院就职。苏颂不敢再辞，领旨赴院，就任翰林学士承旨知制诰兼侍读。

元祐七年（1092 年），73 岁的苏颂拜左光禄大夫、守尚书右仆射兼门下侍郎，掌全国之政权。

苏颂从右相位置退出是因贾易事件。

左司谏贾易是洛党程颐弟子，攻击蜀党苏轼、苏辙和朔党刘挚，高太皇太后欲罢贾外迁。苏颂虽然与苏轼、苏辙认了叔侄宗亲，且关系密切，但他对事不对人。苏颂说："无为贾易，七岁而孤。母彭，以纺绩自给，日与易十钱，使从学。易不忍使一钱，每浃旬，辄复归之。任侍御使时，曾上言：御天下大势可畏者五：一曰上下相蒙，二曰政事苟且，三曰经费不充，四曰人材废阙，五曰刑赏失中。贾易是直臣，不宜外迁。"侍御使杨畏即弹劾苏颂包庇贾易，苏颂再次上书以老病为由请求退休，高太皇太后仍不允。苏颂提出去离润州家近一点的地方，翌年，高太皇太后让他担任观文殿大学士，知扬州。

5. 元祐年间，苏颂全力支持沈括在润州从事《梦溪笔谈》写作；绍圣年间，在京口完成《水仪象法要》首印

(1)《梦溪笔谈》《水仪象法要》写作背景

元祐年间，旧党执政，排斥新党。新党宰相蔡确等被流放岭南、海南，被列为新党15号的沈括在秀州被限制居住，处境艰难，难有作为。苏颂政治中立，不结党派，热心科研，为人厚道，元祐二年（1087年）又担任了主管全国科技的吏部尚书，主持水运仪象台的研制，后提为右相。苏颂父母都葬京口，苏家在京口化隆坊有一块乡贤刁约赠予的宅地，打算退休后在此建宅养老。沈括是杭州人，10岁时父沈原任润州知州，沈括在润州生活过，后来他担任三司使，主管水利，多次经过京口（亦称丹阳、丹扬），知道新党领袖陈升之在京口漕河边建有西园豪宅，陈升之虽病故，但宅仍在。润州是宜居的隐士之城，且民风淳朴，为防旧党清算，又欲在科技上取得成就，沈括深知必须有后台支撑，有好的环境和生活保障。于是沈括便定居在顶头上司苏颂宅及陈升之宅北面仅半里之地的梦溪园。在梦溪园，沈括埋头创作《梦溪笔谈》，苏颂无论在京城还在润州，都全力支持沈括的创作。绍圣二年（1095年），沈括临终前终于完成了科技巨著《梦溪笔谈》，稍后，苏颂亦在京口完成并首印自撰的《新仪象法要》。

(2)《梦溪笔谈》《水仪象法要》在润州完成的依据

镇江市历史文化名城研究会编撰的《镇江历史文化大辞典》介绍沈括："元祐三年（1088年），定居润州（今江苏镇江）筑梦溪园，举平生见闻，撰《梦溪笔谈》。绍圣二年（1095年），在润州逝世。"该书介绍苏颂："元祐八年（1093年），居京口化隆坊，从事《新仪象法要》一书的撰写工作，绍圣三年（1096 年）完成全书。”

（3）苏颂在《梦溪笔谈》编撰过程中的作用

苏颂是当时主管全国科技的领导，沈括《梦溪笔谈》是那个时期科技成果，因此可以说苏颂是沈括的伯乐。

6．以中太一宫使退居镇江

绍圣二年（1095 年），76 岁的苏颂在知扬州任上三次上书还政，哲宗特授中太一宫使，许任便居住，退居镇江，他住在京口“化隆坊”（今镇江市区酒海街社区朝阳门小区），营居处“仅蔽风雨”，但图书甚多。

7．写回忆生平的《家训诗》

（1）回忆中进士和葬父镇江

庆历二年（1402 年），苏颂中进士。他的《家训诗》记录下自己经历的艰苦努力：“笔枯手成胝，眠稀目生晕。常患涉猎疏，肯效揣摩困。再上忝乙科，初筵习磨楯。”

庆历六年（1046 年），苏绅卒于河阳，苏颂在《家训诗》中吟咏了奔丧与安葬之事：“绸缪结官课，奄忽罹忧疹。灵光未及赋，陟岵遽衔亹。星行赴帏堂，雨泣护归榇。先畴闽岭遥，寓舍京口近。葬营带郭田，地得兼山艮。”

（2）晚年京口聚会赋诗忆当年

苏颂诗忆当年睢阳五老宴，揭示与欧阳修不寻常的关系。当年，欧阳修为应天府（睢阳）守，因作“睢阳五老会”，只有杜衍、朱贯、冯平三老参加，而王、毕二公以病不赴，欧阳修与苏颂参加作陪。现润州太守设宴招待致仕的京口三老，是五十年再遇的一大幸事。于是苏颂写了《润守（龚原）修撰见招与左丞王公、大夫俞公东园集会》，诗曰：“曾览祁公五老诗，仍陪三寿燕留司。今逢北固开尊日，正似南郡命席时。喜奉笑言挥尘柄，却惭衰朽倚琼枝。定知此会人间少，五十年才一再期。”

8．审定长孙苏象先编纂的《魏公谭训》

提供《家训诗》及自注，再告其细节，便于长孙苏象先编纂《魏公谭训》。

如仁宗明道元年（1032 年），苏绅任无锡县宰初办私塾，苏颂《家训诗》曰：“十三从师友，群彦得亲近。箕裘袭素风，兰芷渐腴润。”自注曰：“先公宰无锡日，即县厅西圃开学舍，廷诸生。郡进士华直温、新安闵从先辈数人同结课。予时十三岁，与从叔宣甫、山甫同砚席，预课示。”

苏象先《魏公谭训》卷六记载："曾祖宰无锡，圭田八百顷储于外。宾客馈送、周急、恤族、宴集之费尽之，客至如归焉。"卷一〇记载："祖父尝言，幼时华直温相率至其家。每日将晚，群婢取灯盏数十，渍以水，取易涸者去之，恐其耗油也。治家有理，盖事事可法如此。"

9．病逝与遗嘱

（1）苏颂去世的时间

建中靖国元年（1101年）五月二十日（6月18日），苏颂去世，享年82岁。

《宋史·苏颂传》载："建中靖国元年夏至，自草遗表，明日卒，年八十二。"

《苏颂墓志铭》载："薨年八十有二，前兆一日犹接对宾客，临终神色不改。"

（2）遗嘱

《苏颂行状》载："建中靖国元年五月戊寅，日北至，公起居饮膳犹如常，接宾客甚欢。至已而草遗表数百言。逮暮，与诸子语如平时，无一及家事。明日稍就枕即屏左右，却药饵，召常所用医二，亲谢遣之。夜半，犹起就坐。过寅而薨，时二十日也。"

10．苏颂在镇江子孙的生平业绩

曾肇《赠司空苏公墓志铭》载，苏颂有六子：长子朝奉郎苏熹，次子朝奉郎苏嘉，三子朝散郎苏駉，四子承议郎苏诒，五子通判、奉议郎苏京，六子通直郎苏携，三个女儿及女婿李孝鼎（左朝议大夫）、刘瑄（朝散郎）、贾收（襄州录事参军），苏象先等19个孙子，12个孙女。

丹阳县学内名宦祠里奉祀苏颂、苏京、苏携，丹阳三贤堂供奉苏颂、陈东和苏庠三人塑像。

（1）苏京及其子孙

宋《嘉定镇江志》载：苏京，绍圣中，宰丹阳。寿堂，京所立也。

《京口耆旧传》卷四《苏颂传》附有苏京传记资料："京，字世美，以父任为假承务郎。授雄州防御推官，监江宁府税务。王安石闻其所为，叹苏氏之有子。辟忠武军节度判官。阳翟民相击杀，狱已具，而京疑其冤。已而得真杀人者，许人神之。改秩，知丹阳县。建寿堂于厅，事之东，岁时迎侍往来。邑人荣之，至今呼曰相公堂。邑有练湖，蓄水以济漕渠，岁久湮塞。比岁告旱，京因旱募民浚湖。复度地之宜，易置斗门十数，以时潴泄。是岁，民不知饥。继是，湖水有余，公私两便。为察访使孙杰过厅劾去。丁父忧。服除，签书昭庆军节度判官厅公事。武康吏陈昱犯法，令遣吏捕，辄杀之。尉自往复聚恶少以拒。事闻，下监司，合诸县兵，委京督捕。京请不烦兵，自至武康谕其徒曰：‘官所欲得者，昱耳。尔曹无名，速出见我，不然且併死。’皆拜首躍出。昱遂授首。通判沂州，一日览二疏事，喟然感叹，投劾而归。遂不仕。政和七年四月，终于家，葬丹阳长冈。游酢志其墓。”

苏京有二子，长子早逝；次子苏师德，字仁仲。苏师德于崇宁四年（1105 年），因推恩补假承务郎，南渡后任枢密院计议官。因同僚胡铨案被株连去职。秦桧死，复官。通判建康府，提举荆湖南路常平茶盐公事，以右奉直大夫致仕。赐服三品，爵为丹徒县开国男，食邑三百户。淳熙四年（1177 年）卒，年 80 岁，葬会稽县五云乡陶山之原。有诗名，其诗收入南宋版《京口文集》。《南涧甲乙稿》有墓志铭。《嘉定镇江志》《至顺镇江志》中均有传记。

据韩元吉《南涧甲乙稿》卷二〇《苏师德墓志铭》载：苏师德有三个儿子，长子苏玭，通判明州，为承议郎；次子苏琏，早逝；三子苏琢，某官。孙男七人，苏渭，迪功郎，常州晋陵县主簿；苏溱，将仕郎；苏温、苏汭、苏洞、苏濂、苏湜尚幼。

又据陆游《渭南文集》卷三九《苏玭墓志铭》记载：苏玭，字训直。曾通判明州，知泰州，官至朝请大夫。于绍熙三年（1192 年）五月卒，年 64 岁，葬会稽县陶山西坞。子二人，长子苏溱，开禧三年（1207 年）知常山县令，有志节；次子苏濂，将仕郎。孙男女二人。孙男苏随，与其妹皆尚幼。

（2）苏携与苏嘉

《嘉定镇江志》载：“苏携，丹阳丞。会令缺，行令事。陈力二年，如实为令者。丹阳当东南车舟之冲，异时高丽入质，吏并缘掊取，方数百里骚然。携为区处，使者虽至，而民不知。岁饥赈济，携乞米于有司。有司难之。请之再三，必得米。则朝夕临视，唯恐不均。虽邻邑归者，亦受而不辞，全活千万计。”

《续资治通鉴》卷六八有载：“初，苏（颂）子嘉在太学，国子监直讲颜复尝策问王莽、后周变法事，嘉极论其非，擢优等。”为此曾布、王安石大怒，称颜复、苏嘉“非毁时政”，故立太学生三舍法。生员分外舍（700

人），优者200人进内舍，内舍升上舍，员100人。其正、录、学谕，以上舍生为之。选用学官，非执政者喜者不用。苏颂死时，苏嘉任朝奉郎。

（3）苏坚与苏庠

芦山堂苏绅次子苏衮的儿子苏坚，其时以临濮主簿监杭州在城商税，苏轼治理西湖，聘请苏坚为“督开西湖”的总理。在这段时间里，苏轼一共写了十首和赠苏坚的诗词。南宋《施注苏诗》《次韵苏伯固主簿重九》注下曰：“苏坚，博学能诗。公（苏轼）与讲宗盟，自黄徙汝，同游庐山，有《归朝欢》词，以刘梦得比之。公自翰林守杭，道吴兴。伯固以临濮县主簿监杭州在城商税，自杭来会。作《后六客词》，伯固与焉。方经理开西湖，伯固建议，谓当参酌古今而用中策，湖成，其力为多。”由此筑成南北长三十里的长堤以便通行。堤筑成后，又种了木芙蓉、杨柳在堤上，看上去就像图画一样，杭州人称之为“苏公堤”。

苏庠是苏坚的长子，由于家学渊源关系，少时即工于诗，到苏坚督开西湖时，随父居于杭州。一日，苏轼赠送一个端石砚给他，并作铭引：“苏坚之子庠，字养直，妙龄而有异才。赠以端砚，且铭之曰：我友三益，取溪之石。寒松为煤，孤竹为笔。蓬麻效纸，仰泉致滴。斩几信钩，以全吾直。”

元《至顺镇江志》有《苏庠传》：“苏庠，其先泉（州）人，居丹阳，丞相颂之族也。父坚，字伯固，有诗名，通判建昌军。庠尝一就举，中程，以犯讳黜，由是悟得失有分，安贫守道，不复事进取。任子恩弗受，以属其子。寄傲诗酒，游江湖间。绍兴中，累召不起。有旨督促，庠闻命，即扁舟远引，竟莫能致。号‘后湖居士’。虽弃置人间事，而见义勇为，本其天性。其子尝以钱数百缗买邻人之居，以庠出外，未告也，庠归而闻哭声，问之，其子具以告，且言邻姥将迁而哭。庠恻然，亟焚券，以屋归之，不复问所酬。”

南宋《京口耆旧传》卷四载苏庠：“其为诗颖发，语出辄惊人。尝作《清江引》，云：‘属玉双飞水满塘，菰蒲深处浴鸳鸯。白苹满棹归来晚，秋著芦花两岸霜。扁舟系岸依林樾，萧萧两鬓吹华发。万事不理醉复醒，常占烟波弄明月。’苏轼见而奇之，手书此诗，云：‘使载在太白集中，谁复疑其非是者？乃吾家养直所作。’自此，诗益豪雅。”

第三章

科学泰斗　誉满中外

苏颂所取得的科技成就与科技创新是多方面的，如天文仪器方面的发明创造，机械传动方面的继承和创新，星图绘制方面的继承与创新，本草中药的收集与开拓，医方、验方的整理与研究等。在这诸多的科技研究中，应该首推他于元祐三年（1088 年）主持研制成功的水运仪象台。

第一节 世界各地对水运仪象台的研究与复制

一、清华大学原副校长刘仙洲对水运仪象台的首次研究

（一）刘仙洲对水运仪象台机械传动的论述

在国内外以现代科学的观点，对水运仪象台进行研究的第一人是清华大学原副校长刘仙洲教授。他在中华人民共和国成立之初，就开始研读《新仪象法要》，先后阐述了苏颂的水运仪象台在传动机械方面和计时器方面的发明。其后不久，刘仙洲又出版了《中国机械工程发明史》，全面阐述了苏颂在中国古代机械史上的历史地位。

他在 1954 年《机械工程学报》第 2 卷第 1 期上发表了《中国在传动机件方面的发明》一文。

（二）刘仙洲对水运仪象台计时器方面的阐述

刘仙洲在 1954 年的论文之后，又写了《中国在计时器方面的发明》一文，首先在中国科学院自然科学史第一次讨论会上和 1956 年 9 月召开的意大利第八届国际科学史会上宣读，其后又在《清华大学学报》1957 年第 3 卷第 2 期上发表，对苏颂的水运仪象台在计时器方面的发明进行了论述。

（三）刘仙洲研究水运仪象台的开创之功

刘仙洲对水运仪象台的研究有“筚路蓝缕，以启山林”之功。

他的第一篇文章《中国在传动机件方面的发明》，阐述了水运仪象台如何以水力带动天轴，由天轴带动浑仪、浑象、昼夜机轮同时运转。他第一次用现代科学的观点研究水运仪象台，向全中国乃至全世界介绍了水运仪象台在传动机械方面的创造。

他的第二篇文章《中国在计时器方面的发明》，阐述了水运仪象台在机械钟表方面的成就，说明了中国在机械钟表方面的发明先于欧洲和日本，用水力带动的钟表首先诞生于中国。他在文章的“结论”中说：“苏颂（1089 年）的设计就采用齿轮系和凸轮轴，他能把天衡的结构，即能控制原动轮回转速的一部分机构表示清楚，对于我们今天研究我国历代的机械性计时器是有很多帮助的。”

他还把苏颂的水运仪象台与欧洲的水力钟表做了比较：“西洋的计时器也是经过水钟和机械两个阶段。但是，一直到 13 世纪似乎还没有脱离水钟的阶段。到 14 世纪（约 1370 年），著名的 Devick 钟才采用了比较完备的齿轮系。”

刘仙洲教授又把这两篇文章的内容写入《中国机械工程发明史》，他在书中阐述了水运仪象台在中国机械传动发明方面的承前启后作用。

二、中国科学院王振铎对水运仪象台的研究与复制

（一）王振铎是第一位水运仪象台的复制者

王振铎先生在《宋代水运仪象台的复制》一文中有如下论述：

> 1956 年，国家科学规划委员会和中国科学院在科学史会上提出有对苏颂仪象台进行复制研究的必要性。1957 年 1 月，中国科学院和文化部文物局指定我担任这个复原的任务，由 1 月到 5 月，在紧张工作中完成了设计工作。设计中得到故宫博物院的支持，由建筑研究室抽调出同志，在制图上给予了协助。
>
> 1958 年春，在党和同志们的支持鼓励下，由故宫博物院建筑研究室、中央自然博物馆美术加工组采用分别施工的办法，完成了台体和内部机械的制造；中国科学院科学史研究室并为浑象星图做了复原补

充；故宫博物院文物修整组最后又进行了精度加工。到6月1日，这个复原模型经过反复试验，才最后发现了它的运转规律，水轮能转动起来了。这样，世界上最早的天文钟的秘密终于被我们揭开了。

1956年，王振铎先生提出了复制水运仪象台的意见；1957年年初，他主持了水运仪象台的复制工作；1958年6月完成了第一个水运仪象台的复制模型，陈列在北京中国历史博物馆。他自豪地说：“世界上最早的天文钟的秘密终于被我们揭开了。”

（二）王振铎复制水运仪象台的草创之功

王振铎先生设计的图纸对后来复制水运仪象台起到了铺路的作用，他开榛辟莽的草创之功应该记入水运仪象台研究与复制的历史。此处选择典型图纸四张。（图3-1、图3-2、图3-3、图3-4）①

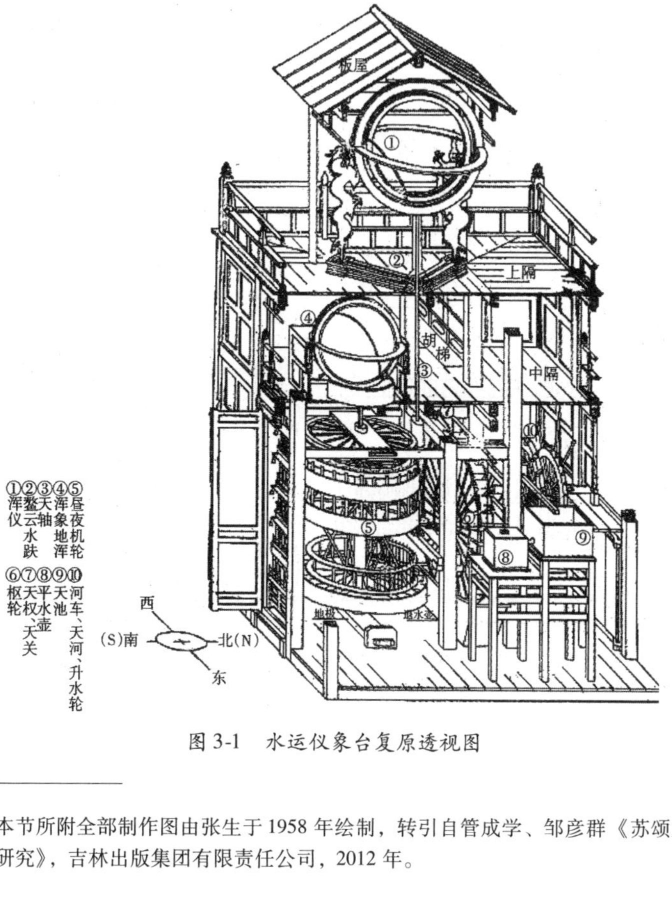

图3-1 水运仪象台复原透视图

① 本节所附全部制作图由张生于1958年绘制，转引自管成学、邹彦群《苏颂水运仪象台复制与研究》，吉林出版集团有限责任公司，2012年。

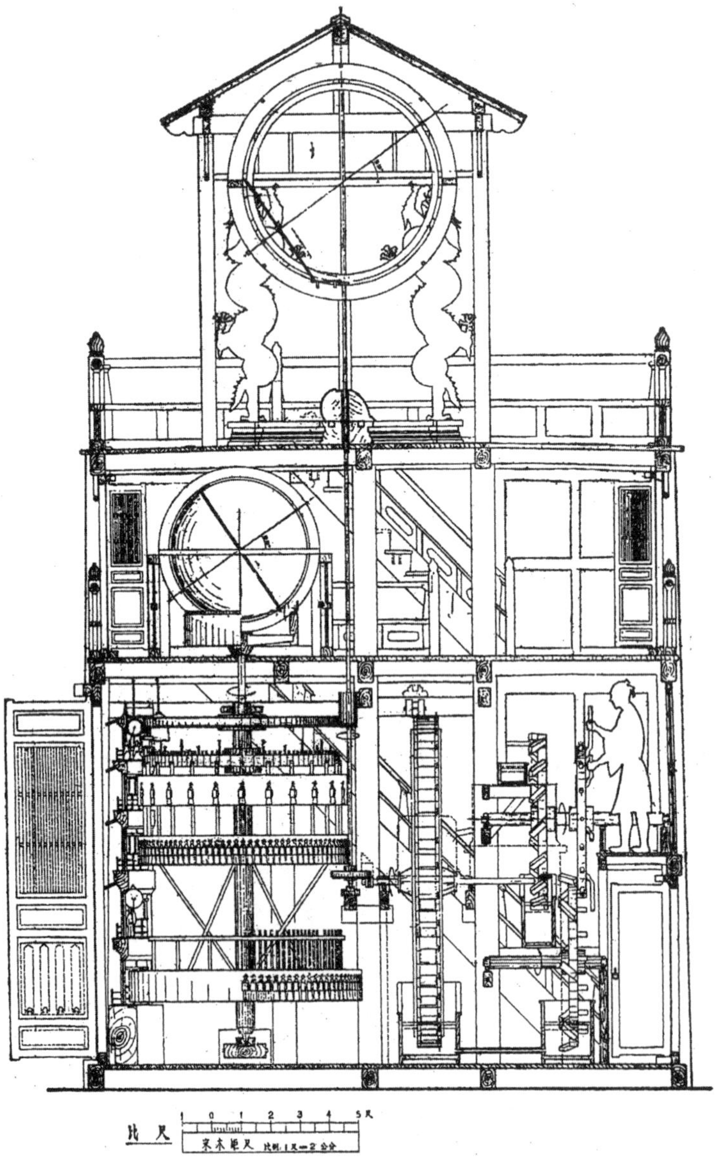

图 3-2　水运仪象台复原图（东立面）

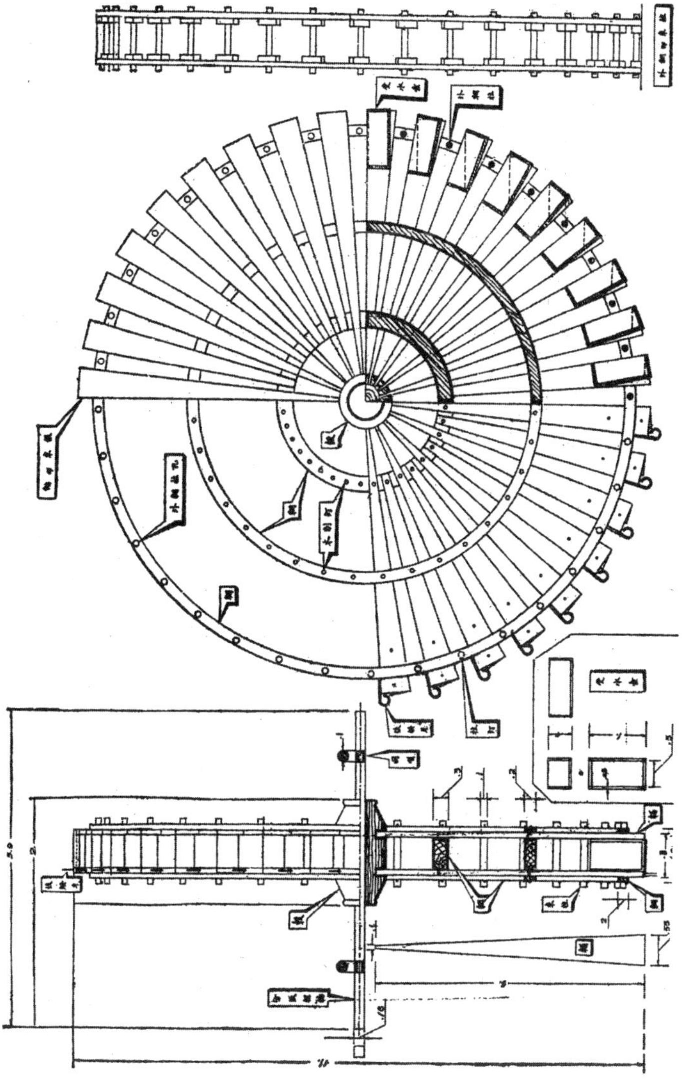

图 3-3　枢轮

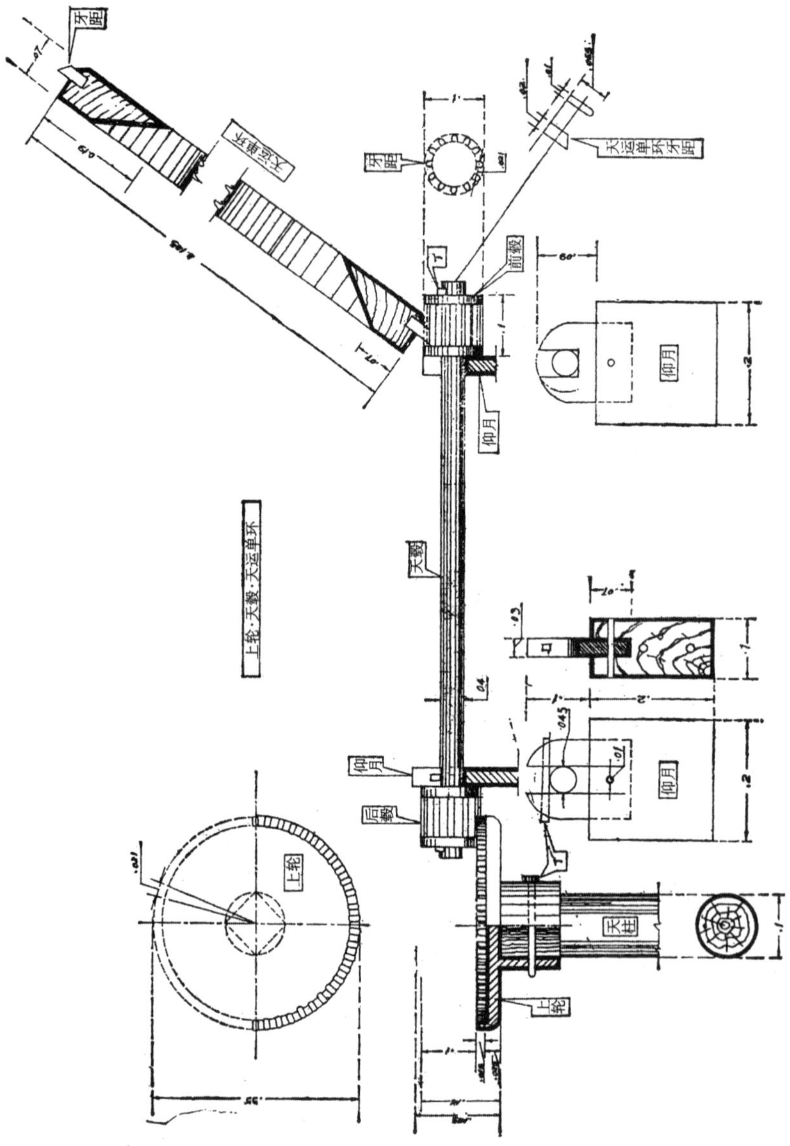

图 3-4　上轮、天毂、天运单环

王振铎先生在完成水运仪象台的复制任务后，对《新仪象法要》做了进一步研究。他发现苏颂还是世界上第一个创造假天仪的人，他又写了《中国最早的假天仪》一文，发表于《文物》杂志1962年2月号，阐述了苏颂在假天仪方面的又一大贡献。

三、剑桥大学李约瑟博士对水运仪象台的研究与复制

英国剑桥大学李约瑟博士是国外研究苏颂和水运仪象台的第一人，他在研究和复制方面都做出了巨大贡献。他的学术论文和多卷本专著《中国科学技术史》在传播苏颂和水运仪象台的科学成就方面做出了卓越的贡献。

（一）李约瑟的第一篇论文——《中国的天文钟》

李约瑟博士对苏颂水运仪象台的研究成果发表于英国《自然》杂志1956年第3期，首译于《科学通报》1956年6月号。李约瑟论文的标题是“中国的天文钟”，执笔人是李约瑟、王铃、普赖斯（Derekj. Price）。①

> 关键性的材料是1090年苏颂写的一本《新仪象法要》，其有关的部分我们已全部译成英文。这本书很详细地描述了一座大型天文钟，这WH钟不是用悬锤发动R，而是用水或水银的戽水水车发动。除用了几串齿轮系使浑仪和浑象转动外，并具有精巧的报时木人。
>
> 钟的擒纵器部分是由下列几种构件组成的，防止在每一个戽斗未满以前下落的桥秤一个、关舌一个和在另一点上停止轮子转动的平行的连杆一个。还有一个防止轮子倒退的装置。它所含的基本原理与其说像轴叶擒纵器，倒不如说更像后来17世纪的锚状擒纵器。守时功能主要是依靠水流控制，而不是依靠擒纵器本身的作用。所以这种类型的作用是恒定液体流的守时仪器和由机械产生摆动的守时仪器之间从前没有被发现的“环节”。
>
> 苏颂的书叙述得如此详细，他提供了11世纪的150多种机械零件，使得我们能详细地绘出时钟的工作图。有关所有文件都已被译成英文，并且附有注释和讨论，希望不久后能由古代钟表学会出版一本专著，发表这项研究结果。

---

① 这本专著于1960年出版，书名为*Heavenly Clockwork*：*The Great AS Tronomical Clocks of Mediavel China*。

1961 年，以中国科学院副院长竺可桢博士为首的中国科学院代表团访问英国皇家学会。10 月 19 日，皇家学会和皇家天文学会在伦敦天文馆（London Planetarium）联合组织欢迎会，李约瑟博士在会上就上述内容做了讲演。

（二）李约瑟在学术讲演中对水运仪象台的阐述

在论述中国星图比希腊和欧洲先进时，李约瑟博士以苏颂为例，并复印了苏颂《新仪象法要》中的星图。

> 苏颂（1020—1101）在其 1094 年出版的书中所画的一幅星图，以麦卡托（Gerardus Mercator，1512—1594）投影法描绘出半个天空，（要记住，这在麦卡托之前 500 年！）中央横线是赤道，竖直的矩形是各不相符的切块。
>
> 苏颂《新仪象法要》星图（1094），画出了 28 宿中的 14 宿，若干中国星官包含其中。中央横线是赤道，上拱的弧线是黄道，右边缘题字是，浑象西南方中外官星图，14 个星座中有 615 个星；宿名从右至左是：奎、娄、胃、昴、毕、觜、参、井、鬼、柳、星、张、翼、轸。各宿不等的赤道距度也可见到。

在阐述机械钟的发明时，李约瑟又一次以苏颂为例，他使用了约翰·克利斯琴森（John Christiansen）绘制的水运仪象台复原图。（如图 3-5）

图 3-5 约翰·克里斯琴森复原图

这一设计或许从图中一看便知。该装置1090年由苏颂及其同事建于宋都开封。装置下面是带有擒纵机械装置的驱动轮。右上方是水箱，第二层是自动旋转的浑象，台顶平台上有钟控的观测用浑仪。现在我们相信，由于齿轮的作用，它有两种运动，即周年的和周日的。它借环状链条和一些斜齿轮而传递的动力不仅自动地转动天文仪器，而且控制着载有报时、报刻木人的多层轮盘。

（三）李约瑟的第二篇论文《中国古代和中世纪的天文学》

1974年，李约瑟发表了另一篇讲演稿，题目是“中国古代和中世纪的天文学”。在讲述中国古代天文钟时，他又一次绘制并论述了苏颂的水运仪象台（图3-6、图3-7、图3-8）①：

图3-6 李约瑟复制水运仪象台全貌图

> 苏颂及其同事于公元1090年建于开封。顶上平台，约高于地面11米，装有观察用机械化浑仪。中层的一室装有机械化浑象，其下，在水力机械钟前，木阁各层的正面，有许多木偶，组成一个报时器。该台和它的机械在苏颂《新仪象法要》中有详细的解释。左：外部图，去掉隔板，使其露出恒水位箱；右：内部结构图，前是轴轮和垂直杆，后是传动轮，其右是恒定水准箱，释放水来带动叶轮，在传动轮上看可隐约见擒纵器，其左是楼梯，顶层是浑仪。
>
> 大型水箱和水车在右，中间传动轮（枢轮），依次是主轴（后成功地被较短的链式传动取代），推动轴轮、浑象、浑仪一起运动。

为了考察李约瑟复制的水运仪象台和完成《苏颂水运仪象台的复制与研究》一书，管成学教授与北京大学资源学院文物系主任李彦君、长春中医药大学魏丽娟教授等，应剑桥大学李约瑟研究所莫弗特馆长之邀，于

① 水运仪象台模型藏于南肯辛顿科学博物馆，此3图均由李约瑟绘制。

2014 年 10 月 18 日至 11 月 2 日访问了剑桥大学李约瑟研究所，考察南肯辛顿科学博物馆复制的水运仪象台，并与李约瑟研究所梅建军所长和莫弗特馆长做了苏颂与水运仪象台的学术交流。(图 3-9)

图 3-7 水运仪象台上水力机械擒纵器的工作模型

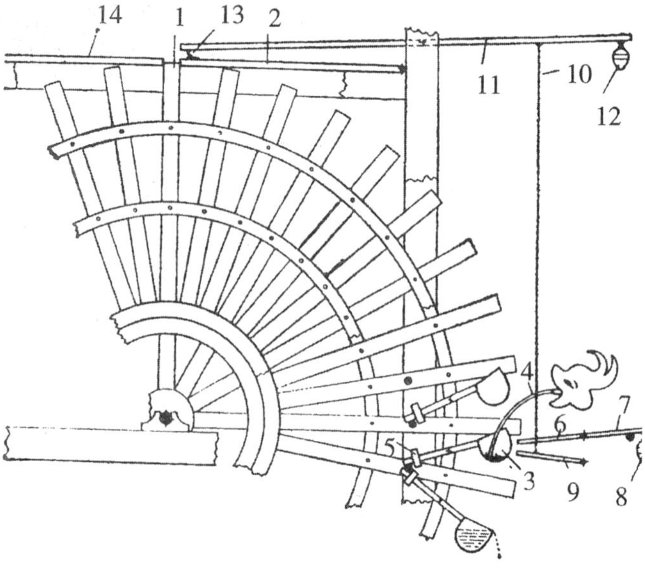

图 3-8 水利机械链式擒纵器功能说明图

图 3-9 左起：李彦君、魏丽娟、梅建军、管成学、莫弗特

（四）李约瑟在给管成学和苏和盛的信中对水运仪象台的结论性表述

1986 年，吉林文史出版社出版了管成学和苏和盛的《中国宋代科学家苏颂》一书，请李约瑟博士题写书名。李约瑟在英文来信中表达了对苏颂水运仪象台进行多年研究后的结论性意见。（图 3-10、图 3-11）

亲爱的管成学、苏和盛先生：

我们高兴地获悉，为了纪念北宋大科学家苏颂（字子容），福建同安人民正在苏颂故居“芦山堂”筹建“苏颂纪念馆”，我相信工作将取得巨大的成就。确实，中国的中古时代是个全盛时期，那时中国出了相当多的伟大的科学先驱者。

你们要编辑《中国宋代科学家苏颂》一书，来信要我为该书题词。我感到很抱歉，我不能给你们题词，因为我汉字书写确实不大好。我总是太忙，无法经常练习书法。虽然我可以将汉字写得字迹清楚，但我还是不能接受，这是因为题词必须用毛笔书写，而我的毛笔字确实写得不好。因此，我希望对苏颂的如下评价，能够满足你们这方面的要求。

苏颂（1020—1101）是中国古代和中世纪最伟大的博物学家和科学家之一。他是一位突出地重视科学规律的学者，虽然他又同时身居高官要职：他做过地方官，做过驻外使节，也做过宰相及太子少师等。

苏颂精通天文学技术和历法科学，他在1088年设计、建造（在韩公廉等人帮助下）了引人瞩目的、水力驱动的、具有起联系作用的擒纵器的机械时钟和时钟塔，即水运仪象台。以后他在《新仪象法要》（1094年）一书中精心地记述了这一装置，包括时钟的传动部分和天体仪器。这种钟也具有表示时辰的装置，包括几个重叠的齿轮，这些装置循环反复地出示牌子，以表示时辰。

从那时以后，中国建造了大量的时钟，而苏颂的时钟是最重要、最令人瞩目的。它的重要性是，使人认识到第一个擒纵器是中国发明的，那恰好是在欧洲人知道它以前六百年。当然，欧洲人以后所改造和发展的擒纵器是十分不同的，但是我们觉得钟表摆轮的心轴等部件，本质上是根据制造擒纵器的设想制成的；也就是说，中国把时间的长河分割成很小的、周期相等部分的原则传入西方，而后西方根据不同的时式，制造各种各样的时钟。就这样，17世纪当基督教传教士将他们的“自鸣钟”带到中国的时候，对中国人来说，那些钟实际上没有什么新内容，仅仅是更简洁、更优美地制造出来的报时机械而已。它们是科学革命的产物——那时欧洲的科学革命才刚刚开始。

中国制造时钟可以追溯到公元1世纪到2世纪，当张衡还从事于他的工作的时候。但是，在张衡和一行之间，我们不知道擒纵器采取什么样的形式，或者是否有个擒纵器。

作为大诗人苏东坡诗友的苏颂，还是一位才华横溢的药物学家，他在1061年撰写了《本草图经》，这是附有木刻标本说明图的药物史上的杰作之一。在欧洲，把野外可能采集到的动物和植物的信息如此精确地木刻并印刷出来，是直到15世纪才出现的事。

回忆往事给了我极大的快乐，那就是跟我的协作者王铃（WANGLING）等人在一起工作的时候，由于他们的协作和帮助，我才有可能在25年前，以专题论文向西方读者介绍苏颂的工作，该论文的题目是“中国中世纪伟大的天文钟”。

最后，我祝愿你们在筹建苏颂纪念馆的工作中取得一个又一个的胜利。我唯一的希望是能够活下来，活到能够亲自参观苏颂纪念馆。

预祝《中国宋代科学家苏颂》早日出版。

衷心祝贺你们，并致以最热烈的问候！

你们最诚挚的朋友李约瑟

SCIENCE AND CIVILISATION IN CHINA PROJECT

THE NEEDHAM RESEARCH INSTITUTE

East Asian History of Science Library, 16 Brooklands Avenue, Cambridge [illegible]

Telephone [illegible] Telex [illegible]

Director: Joseph Needham, FRS, FBA

Associate Director: Lu Gwei-Djen, PhD (Cantab.)

Librarian: Li Chia-Wen (Carmen Lee), Dip. Lib.

Guan Chengxue and Su Hesheng

China, PRC

Dear Guan Chengxue and Su Hesheng,

We are pleased to learn that in memory of Su Song, a great scientist in the Northern Song Dynasty, the people of Tongan, Fujian Province are preparing to build the Su Song Memorial Hall in Lushan Hall, the former residence of Su Song. I believe the work will make great achievements. Indeed, ancient China and Medieval Age were in their heyday, when there were quite a few great scientific pioneers in China.

You want to edit the book *Su Song*, and you sent me a letter asking me to write an inscription for it. I'm sorry that I can't give you an inscription, because my Chinese handwriting is really not very good. I'm always too busy to practice calligraphy frequently. Although I can write Chinese characters clearly, however, my handwriting, especially when writing with a brush, is not good enough to serve as inscriptions.

Therefore, I hope that the following evaluation of Su Song will meet your requirements in this respect.

Su Song (1020-1101) was one of the greatest naturalists and scientists in ancient and Middle Ages of China. He was a prominent scholar who attaches importance to the laws of science, while at the same time, he held high-ranking positions. He worked as a local official, diplomatic envoy, prime minister and Prince Shao Shi, etc.

Su Song was well versed in astronomy and calendar science. In 1088, with the help of Han Gonglian and others, he designed and built an eye-catching, hydraulically driven mechanical escaper clock and the Clockwork Tower, that is, a water transport instrument platform. Later, in his book *Hsin I hasong Fa Yao (1094)*, he carefully described this device, including the transmission part of the clock and celestial instruments. This clock also had devices for indicating the time, including several overlapping gears, which repeatedly showed signs to indicate the time.

Su Song's cooperation with Han Gonglian and other assistants shows that he was a very humble person, and he always learned from others anytime and anywhere. He remembered the motto of ancient Confucius "When three people walk together, one of them must be able to teach me".

There is no doubt that around 725 A.D., the monk Yixing invented the water wheel

图 3-10　李约瑟来信（1）

SCIENCE AND CIVILISATION IN CHINA PROJECT
THE NEEDHAM RESEARCH INSTITUTE
East Asian History of Science Library, 16 Brooklands Avenue, Cambridge CB2 2BB
Telephone 0223-311545/0223-69252　Telex 817672 VRSCOL

and the escaper that played a connecting role, and the second one was the skillful craftsman Liang Lingzan. Since then, China has built a large number of clocks, of which the clock of Su Song is the most important and remarkable. His importance is to make people realize that the first escaper was invented in China, just six hundred years before Europeans knew it. Of course, the escapers that Europeans have transformed and developed in the future are very different, but we think that the spindles and other parts of the clock are essentially made according to the idea of manufacturing escapers. That is to say, China's principle of dividing the long river of time into small parts with equal periods was introduced to the West, and then the West made various clocks according to different time types. In this way, when Christian priests spread their self-ringing clocks to China in the seventeenth century, those clocks actually had nothing new to China, just a more concise and beautiful time-telling machine. They are the products of scientific revolution. At that time, the scientific revolution in Europe had just begun.

The clocks made in China can be traced back to the 8th-2nd century, when Zhang Heng was still engaged in his work. However, between Zhang Heng and Yixing, we don't know what form the escaper takes, or even whether there is an escaper.

As a great poet Su Dongpo's friend, Su Song is also a brilliant pharmacologist. He wrote *Beocao Tujing* in 1061, which is one of the masterpieces in the history of medicine with illustrations of woodcut specimens. In Europe, it was not until the 15th century that animals and plants that might be collected in the wild were carved and printed so accurately.

It gives me great happiness to recall the past, that is, when I worked with my collaborator Wang Ling and others, it was possible for me to introduce Su Song's work to western readers with a monograph 25 years ago, which was entitled *The Great Astronomical Clock in the Middle Ages of China*.

Finally, I wish you one victory after another in the preparation of Su Song Memorial Hall. My only hope is to live long enough to visit the Su Song Memorial Hall in person.

I wish your *Su Song, a scientist in Song Dynasty of China* an early publication.

My heartfelt congratulations to you.

With warmest regards.

Yours most sincerely,

[illegible] pp Joseph Needham.

图 3-11　李约瑟来信（2）

四、厦门集美大学陈延杭和陈晓对水运仪象台的复制

1988 年是苏颂创制水运仪象台 900 周年，厦门市同安县政府委托管成学教授帮助筹备“苏颂创制水运仪象台 900 周年国际学术研讨会”。管成学教授建议请专家复制水运仪象台，负责会议具体工作的科委主任庄添全请集美大学教授陈延杭与陈晓父子承担了复制工作。

（一）陈延杭的第一篇论文

陈延杭教授在 1988 年召开的学术会议上的论文《苏颂水运仪象台复原模型研制》中做了如下说明，根据苏颂科技馆的展览需要，复原模型制作具有以下特点：

第一，复原水运仪象台主机与原设计比例为 1∶8。

第二，主机原设计为：枢轮水斗转动一斗的时间为 25 秒，共 36 个水斗，枢轮每转一圈的时间为：36 ×25 秒 =900 秒 =15 分（即 1 刻钟）；一昼夜（24 小时）枢轮总的转动转数为：24 小时/15 分/转 =1440 分/15 分/转 =96 转。

原设计是从枢轮轴经过 6 个齿到中立机轮轴的 600 个齿的减速传动。这样水斗转一斗，时间 25 秒，而中立机轮轴圆周（即可观察到的报时机构）只转了不到 4°。这是精确计时的要求，保证仪器转动与星空天体运动同步。

根据参观的要求，枢轮轴采用 3 转/分的电机驱动，即从原设计的每转 15 分，提高到每转 20 秒，加快 45 倍，这样参观者即可观察到报时，浑象和天体的运行情况。

第三，枢轮——天衡工作原理运动模型，是水运仪象台的关键部件，单独制作演示，可看清各机构的动作状态，其水源原设计是人力推动两级筒车提水，模型采用水泵代替。

第四，水运仪象台的传动系统精度要求较高，各机械机构还应具有一定的平行度、垂直度和同心度，齿轮啮合间隙要小，以保证正常运动和精度要求，枢轮还要进行静平衡和动平衡的调整。传动系统要求有足够的推力并尽量减少摩擦力，以保证机构的正常运转。

陈延杭和陈晓所制作的水运仪象台模型在厦门市同安区苏颂科技馆展出并演示给观众观看。

（二）陈延杭的第二篇论文

2007 年 3 月 7 日，第六届苏颂国际学术研讨会在厦门同安召开，陈延

杭教授提交了他的第二篇论文《水运仪象台及其复原与调试》，收入了管成学教授和厦门大学周济教授主编的《苏颂研究论文新编》。对于水运仪象台复原研制的概况，陈教授做了如下补充说明：

> 1988 年纪念苏颂首创水运仪象台 900 周年时，在同安科委的组织领导下，我们在同安试验研究并复原制作了一座水运仪象台，参加大会并在会上做了表演。根据同安苏颂科技馆的要求，复原模型比例为 1∶8，材质主要用木质；枢轮水力驱动系统单独另做模型进行原理演示，在会上受到中国科学院自然科学史研究所专家席泽宗的高度评价，并先后在有关科技文献中做了报道。席泽宗、陈美东的《20 世纪中国学者的天文学研究》，管成学的《苏颂水运仪象台成毁考》和《宋辽夏金元科学技术史》做出评价："这是世界第三座复原模型"（第一座是陈列在中国历史博物馆的王振铎复原模型，第二座是英国李约瑟陈列在南肯辛顿科学博物馆的复原模型）。后来，拙著《苏颂水运仪象台复原模型研制》被评为厦门市第三次社会科学优秀成果奖。水运仪象台模型陈列在同安苏颂科技馆，其后我们又做了一台在北京天文馆古观象台陈列；另一台在南京紫金山天文台陈列，扩大了苏颂水运仪象台及其科技成果在海内外的影响。
>
> 通过这些复原研究和模型陈列，我们更进一步认识了苏颂研究发明水运仪象台的科学价值和意义。作为文物之邦的福建同安，海内外誉其为"正简流风，紫阳过化，海滨邹鲁，文教昌明"。"正简流风"正是对苏颂的最大颂扬。

陈延杭教授的复制第一次对枢轮的水斗采用活结，用水使枢轮带动浑仪、浑象和报时机械运转起来。而此前王振铎和李约瑟两位先生的复制是不能用水转动的。这一点是应该写入水运仪象台复制和研究的历史的。陈延杭教授复制的缺点是使用了电机和水泵。

五、吉林大学管成学和中国苏颂学术研究会对水运仪象台系统、全面、深入的研究

（一）苏颂学术研究会成立

1991 年 8 月，苏颂学术研究会成立大会在吉林省长春市长白山宾馆召

开，吉林大学、东北师范大学、长春中医药大学、长春大学、长春师范大学等高等院校的教授参加会议。该研究会名誉会长是资助苏颂学术研究会资金的台湾苏氏宗亲创会理事长苏克福博士，会长是东北师范大学颜中其教授，常务副会长是管成学教授，副会长有清华大学科技史研究所所长汪广仁教授、中科院自然科学史研究所何绍庚教授、中国中医研究院医史文献研究所所长蔡景锋教授等。

（二）管成学、杨荣垓、苏克福《苏颂与〈新仪象法要〉研究》一书的贡献

苏颂学术研究会从成立之日起，就有计划地对苏颂著作和科技成就做系统而全面的研究。1991 年 4 月，管成学、杨荣垓（天体物理学专家）、苏克福撰写了《苏颂与〈新仪象法要〉研究》一书（图 3-12）。1991 年 11 月，杨荣垓、管成学、杨效雷又完成了《新仪象法要校注》一书，两书均由吉林文史出版社出版。

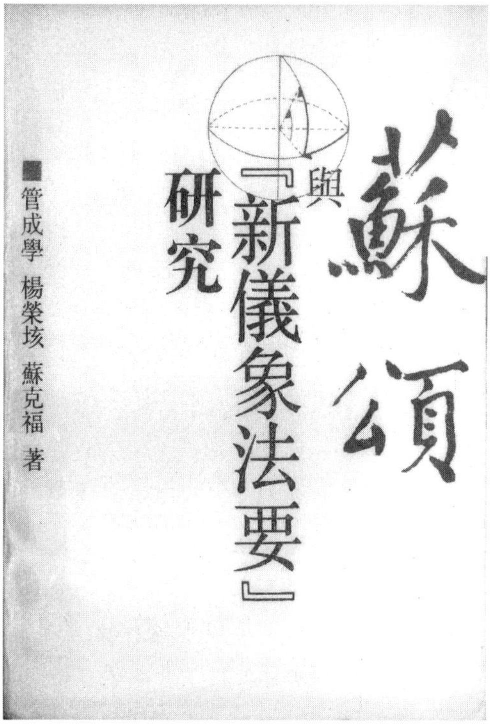

图 3-12 《苏颂与〈新仪象法要〉研究》书影

苏颂学术研究会成立以前的水运仪象台研究，还是专题研究的单兵作战；苏颂学术研究会成立以后，把全国的苏颂学术研究专家组成了一个实力雄厚的团队。管成学、杨荣垓、苏克福的著作，结束了《新仪象法要》没有现代校点本的历史，把尘封的刻板古籍变成了现代人可以读懂的科技专著。

六、台中科技博物馆汉宝德复制的世界上第一座1∶1水运仪象台

《苏颂与〈新仪象法要〉研究》一书完成不久，管成学教授就收到台湾苏克福博士的电话，告知台中科技博物馆复制1∶1水运仪象台的信息。苏博士建议管成学和杨荣垓教授联合陈延杭教授组成一个招标小组，由苏克福在台北市注册一个公司，参加台中科技博物馆水运仪象台复制的招标。管成学立即表示同意，并联系了杨荣垓、陈延杭。苏博士把《苏颂与〈新仪象法要〉研究》一书送给了汉宝德馆长，可惜的是，当时台湾当局还不允许祖国大陆的科技工作者去台湾地区参加招标。

台中科技博物馆的水运仪象台复制设计方案由日本丹青社中标。丹青社将设计方案交给精工舍表株式会社去制作，欲以现代的电子装置来实现报时系统的运转。汉宝德馆长没有同意，改由台中科技博物馆的郭美芳助理研究员和王永信技师等联合制作。郭美芳请台湾成功大学机械系教授陈铁城、台湾“清华大学”科技史教授黄一农参加了复制工作，使水运仪象台的复制工作于1993年8月顺利完成。

台中科技博物馆在他们的参观说明书中如实地做了说明，表明他们的复制、参考、使用了管成学和杨荣垓、苏克福《苏颂与〈新仪象法要〉研究》一书中的数据和图表。

以下是他们说明书中的构造图（图3-13）和说明文字：

> 这座水运仪象台矗立于台中科学厅一楼的中国的科学与技术展示区中，其中“浑象”“浑仪”部分与二楼的“中国人的心灵生活”展示区并立，既是展现中国科技，又是象征中国精神文明之最佳代表。我们的复制工作使用了管成学、杨荣垓、苏克福的《苏颂与〈新仪象法要〉研究》一书，参考了他们的数据和图表。

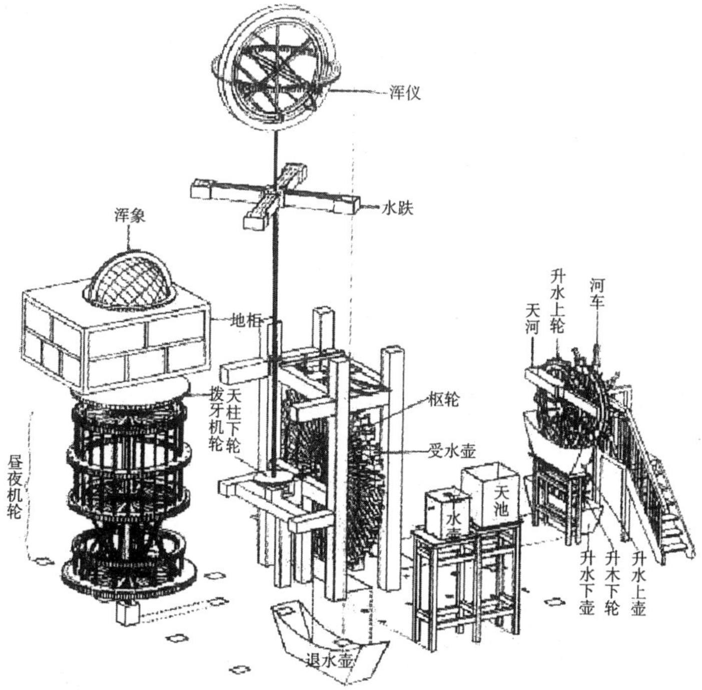

图 3-13 台中科技博物馆复制的水运仪象台构造图

七、日本复制 1∶1 的水运仪象台

1997 年，由日本长野县诹访湖地方政府的教育委员会主任吉泽大淳先生倡议，由精工舍表株式会社、地方和中央财政筹款折合人民币三千万元，在诹访湖时间科学馆复制 1∶1 的水运仪象台。

剪彩之日，中国驻日使馆文化参赞应邀出席，《人民日报》做了报道。中央主管科技的领导人对《人民日报（内参）》做了批示："我们祖先的发明，日本复制得比我们先进，这是一件值得深思的事情。"中国科技馆馆长王渝生教授和清华大学科技史研究所所长汪广仁教授同时把批示发给了中国苏颂研究会常务副会长管成学教授。

（一）管成学教授第一次考察日本的水运仪象台

为了向日本朋友学习水运仪象台的复制技术和经验，管成学教授率团三次考察日本复制的水运仪象台。第一次是 2010 年 5 月，管成学教授与北京大学资源学院文物系主任李彦君教授、故宫博物院瓷器鉴定专家杨静荣先生出访日本，考察了诹访湖时间科学馆的水运仪象台。

2017 年 4 月 24 日，管成学率领国内水运仪象台复制团队成员崔海玉、崔蓓、赵继宾等，专程考察了日本复制的水运仪象台，双方进行了充分的交流。

2019 年 4 月 18 日，管成学率领第五届世苏总会理事长苏清祥，待任世苏总会理事长、天津摩天集团总裁苏建民，福建姓氏源流研究会苏氏会长苏谈成，世界苏姓宗亲总会顾问苏华等 14 人，应日本苏颂研究会会长吉泽大淳先生之邀，第三次考察日本的水运仪象台。

1. 吉泽大淳先生对诹访湖时间科学馆水运仪象台的介绍

2010 年 5 月，在日本诹访湖教育委员会委员长吉泽大淳先生的陪同下，管成学等仔细考察了长野县诹访湖时间科学馆复制的水运仪象台（图 3-14、图 3-15）。该水运仪象台是由吉泽大淳先生提议复制的。他与工作人员结合图片和实物做了如下讲述：

图 3-14　吉泽大淳与管成学研讨日本的水运仪象台报时机构

图 3-15　日本诹访湖时间科学馆复制的水运仪象台

水运仪象台是中国北宋时代，于 1092 年在当时的首都开封建成的用水驱动的大型天文观测钟表塔。高约 12 米，长、宽约 7 米，正面朝南，以一定的速度旋转的水车为动力，由机器上安装的木偶人来报时间，可以用望筒（图 3-16）自动跟踪星体，转动天球仪来表示形体的位置。

图 3-16 浑仪：天体观测用望远仪器

本馆根据当时的解说书《新仪象法要》，用了 4 年的时间，进行解析，然后加上动作、声音和色彩复原而成的。

将浑仪对准星座，通过枢轮的精确转动，准确无误地追踪星座。(图 3-17)

图 3-17 浑象：天球仪

因与浑仪一样和天体同步运动，可确认用浑仪观测星体，若球上未标有此星座，则为新发现。

图 3-18　阁、昼夜机轮

图 3-18 为时间表示装置。

第一层：西南门，每到时正时敲钟；中央门，每走一刻时敲鼓；东南门，每到时初时摇铃。

第二层：一日分十二个时辰，每一时辰的初、正时，分别由二十四个木人来报时。

第三层：一日分一百个时刻（14.4 分钟），每一时刻由木人来报刻。但与正时重叠的时刻不报。

第四层：夜晚是敲钲。

第五层：从日落到日出的夜间时刻用 38 个木人来报更。

图 3-19 为日本水运仪象台复制模型全台机械运转图。

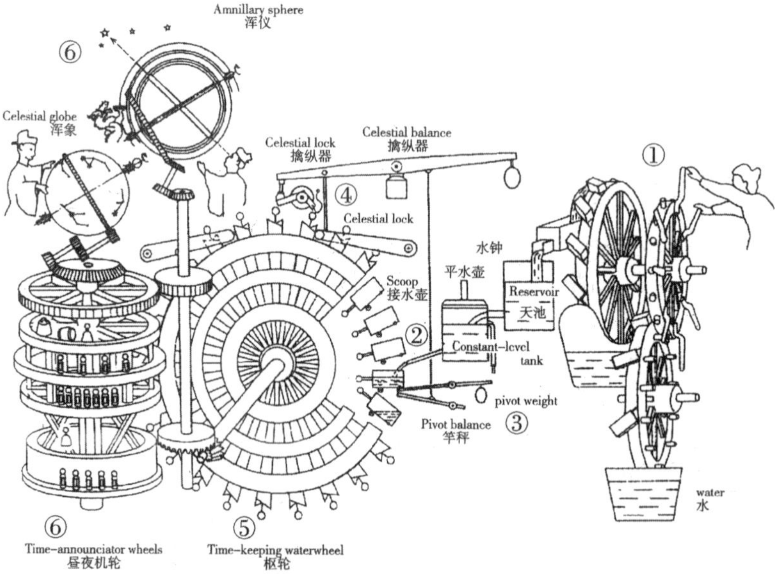

图 3-19　日本水运仪象台全台机械运转图

动作顺序：① 水汲引到天池。④ 接到一定的水量，则开始移动，并分离擒纵器。② 从平水壶向枢轮的接水壶注水。⑤ 擒纵器一脱离，枢轮转动一次。③接水壶的水量用枢衡测量。⑥ 转动的枢轮驱动昼夜机轮、浑象及浑仪。

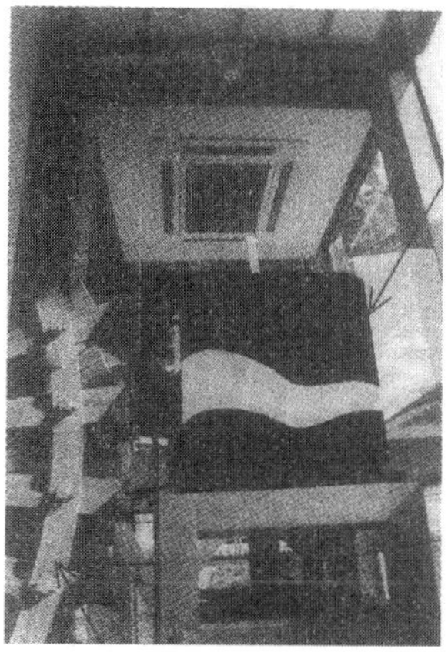

图 3-20　擒纵器

（1）通常是卡住枢轮停止不动，当接水壶移动将其分离时，开始转动。

（2）通过溢流系统在单位时间内提供一定水量。

（3）准确测量接水壶注入的水量，控制24 秒的间隙运动。

（4）被注水的接水壶每 24 秒分离一次擒纵器（图 3-20），脱离擒纵器而转动的枢轮驱动昼夜机轮、浑象及浑仪。每转动一次进一时刻（14. 4 分钟）。（据吉泽大淳先生讲解录音整理）

2．管成学教授与土屋荣夫先生的交流

第二次考察时，管成学教授走访了京都大学人文研究所，把《苏颂评传》《苏颂与〈新仪象法要〉研究》《苏颂水运仪象台复制与研究》等著作送给京都大学人文研究所图书室和山田庆儿教授与土屋荣夫高级工程师。

第三次考察时，土屋荣夫先生把他和山田庆儿教授出版的日本复制水运仪象台的设计说明书——《复原水运仪象台——十一世纪中国的天文观测记时塔》（图 3-21）送给管成学教授。他们以专著的方式，更详尽地阐述了日本复制的水运仪象台。

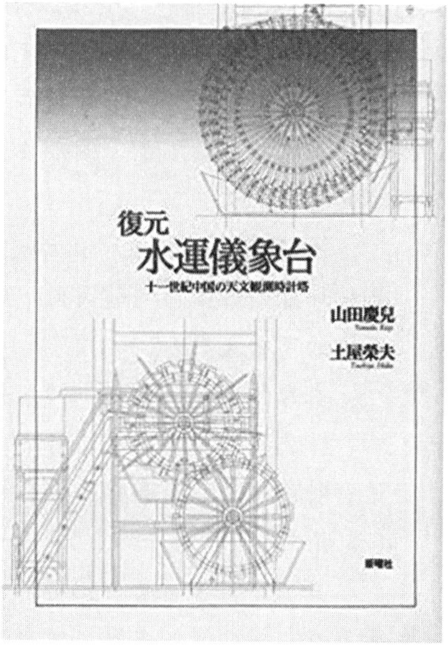

图 3-21　《复元水运仪象台》书影

管成学教授的学生、神户女子学院教师刘幸宇和霍军，将山田庆儿教授和土屋荣夫先生的著作中有关部分译成中文，此处摘要如下：

第一，水运仪象台复制的目标。

水运仪象台的复制，是以“制作与原作品大小完全相同，并且能够经受住每天的运转的作品”

为目的的。不过，制作一个与历史上的原作完全相同，并且能够使它运转的复制品，在今天并非容易。在不破坏原作品本质的范围内，最小限度地引进现代技术，在提高可信性的同时，实现了替代人工的自动运转。

基于此，复制品必须以满足以下条件为前提：

① 忠实地再现所能查阅到的史料中的记述。如不同史料中的相互矛盾之处，或者优先采用了与史料记载有所不同的其他方法时，必须对其理由加以说明。

② 部件的组装不可以仅仅停留于“与原作相像”的水平，一定细致到尽可能使每个零部件都是原作的再现。例如，用宽幅合成板做环形部件，因为当时还达不到使用螺丝的水平，所以复制品的设计中也不使用螺丝。即必须考虑到当时的制作工艺水平进行设计，否则就不可能逼真。又如制作轮子时，需要把（多块）弓形材料连接起来，辐的数量、弓形材料间的连接方法、轮子分割的数量，这些都有着密不可分的关系。

③ 使用的材料也要按照与当时相同的材料进行设计。如果出现某种材料以及制作方法不得不变更的特殊情况，也一定要对原始设计加以说明。变更的部分尽量不要与原始设计的条件相差太大（作为动力部分，包括它的重量、惯性力矩等，与当时使用的材料相比，不要有太大差别）。

④ 在今天，为展示出历史原作的状态效果，所应当考虑的就是在不破坏原作品本质的范围内下功夫（主要是在节省人力及便于维护保养方面下功夫）。

在原作基础上新增加的有关事项：

首先，为了耐风化，特别是水浸泡部分的木材和铁制品部分都要进行特殊处理；提高轴承部位的耐磨性能；强化各个齿轮装置的功能（信赖性及易于维修保养）；安装循环水的水质保持装置等。

其次，运转时省力化对策。在天池（水时钟上部的水箱）内安装带有水位检测器的水泵，使上水自动化（做手动抽水示范的时候可切换为手动）；安装在水时钟出现误差时可以自行调节的自动调时装置；安装修正浑仪、浑象的累积转动误差的调节装置等。

经过以上深入细致的复原设计，最终搞清楚了在以往研究中一直没有弄清的许多问题。

第二，参照的史料。

复原设计参照的史料是《新仪象法要》上、中、下三卷。制作工作主要是参照以守山阁本为中心，以文渊阁本、文澜阁本为参考进行的。为撰写资料所引用的说明，均为山田庆儿、内田文夫翻译的《新仪象法要》日文译本。

《新仪象法要》上卷主要以浑仪为主要内容，中卷以浑象为中心内容。这其中因为手动的东西都是明代以后遗留下来的，所以在复原设计过程中，对由枢轮驱动的各个相关部分进行了重点研究。下卷是对水运仪象台的整体构成和机构部分的说明。因此，下卷是用于复原设计研究的核心部分。

第三，水运仪象台的两个种类。

当你读《新仪象法要》时，就会遇到类似《一本》和《别本》的记述，将这些连贯起来加以推断，就会明白水运仪象台其实有两种：一种是采用天柱（即通向从枢轮轴到最屋顶浑仪的天柱式驱动轴，有195尺长）驱动各个部位（原始型，以下称1型）。另一种是利用天梯（链条）驱动浑仪，由驱动轴直接驱动昼夜机轮和浑象（改造型，以下称2型）。

根据对史料的研究和在复原设计多次反复的过程中，我们最终了解到，即使在没有标明为《一本》或《别本》的文及图中，也能够判断出很多内容均属2型。有些在最初研究1型时留存的疑虑，通过把2型的研讨结果重又应用在1型上时，也都得到了解释。所以这次复原设计，认真区别了两者的关系，分别制作1型和2型两个种类。

内容的研讨和复原设计，最初概观了全体配置和个别部分的关系之后，按照枢轮（水车）、天衡（擒纵器）部、木阁、昼夜机轮（时刻表示）部、浑仪与浑象部、汲水部、台（建筑）部的顺序来推进的。各个部分的详细说明也将按着这个顺序进行。

3．管成学教授与世苏总会考察团访问日本诹访湖水运仪象台

2019年4月18日，中国苏颂研究会应日本苏颂研究会之邀到日本长野县诹访湖时间科学馆参加中日苏颂研究会学术交流会，并再次考察水运仪象台。（图3-22）

中方参加人员有：世界苏姓宗亲总会待任理事长苏建民、厦门市同安区芦山堂理事长苏清祥、福建姓氏源流研究会苏氏理事长苏谈成、世界苏氏宗亲总会顾问苏华、河南省光山县苏氏宗亲会副会长苏冬等 14 人。(图 3-23)

图 3-22　左起：苏煤炭、管成学、土屋荣夫、苏清祥、吉泽大淳、苏华

图 3-23　世界苏氏宗亲总会待任会长、天津摩天集团总裁苏建民，芦山堂理事长苏清祥和管成学考察日本水运仪象台

日方参加人员有：日本苏颂研究会理事长吉泽大淳、日本苏颂研究会秘书长桥本清一，以及日本苏颂研究会顾问神户女子学院刘幸宇、大桥胜彦和秘书吉泽惠都子等 11 人。(图 3-24)

图 3-24　参会人员合影

这次中日双方苏颂研究会交流会期间，日方的地方行政长官青木悟在诹访湖时间科学馆举办了欢迎会。青木悟首先致欢迎词，对中国苏颂研究会和世界苏姓宗亲会代表一行 14 人考察日本水运仪象台表示热烈欢迎，希望各位代表广泛宣传诹访湖时间科学馆的苏颂水运仪象台，并希望有更多的中国朋友和苏氏宗亲来诹访湖参观。

中国苏颂研究会常务副会长管成学教授致答谢词，管成学教授对诹访湖地方政府筹款折合三千万元人民币复制苏颂的水运仪象台表示钦佩和感谢，对日本朋友用苏颂的水运仪象台进行科教兴国教育表示赞赏。管成学把北京大学书画协会理事长、泰国诗琳通公主的书法导师翁图的墨宝——芦山堂大门的对联送给了日方地方政府。

当天下午，中日苏颂研究会交流会在诹访市华乃井酒店举行。双方进一步讨论了苏颂水运仪象台的复制技术问题，日本方面展示了他们根据苏颂水运仪象台的原理最新复制的苏颂钟。福建姓氏源流研究会苏氏会长苏谈成与日方协商，希望买回按祖先原理复制的苏颂钟。日方表示该件是展示品，不能出卖。

双方还就苏颂千年华诞庆典和学术研讨会交换了意见。

八、苏州育龙科教设备有限公司复原的北京、厦门、开封三个水运仪象台

苏州育龙科教设备有限公司董事长崔海玉和总经理崔蓓，多年来一直

致力于苏颂水运仪象台的研究和复制，他们先后复制完成了北京中国科学技术馆的1∶2水运仪象台、厦门苏颂公园和开封历史博物馆两台1∶1的水运仪象台。为了弘扬苏颂的科学精神和爱国情怀，他们的宗旨是：我们一定要采用最先进的技术手段复制祖先的科学发明，只要有复制需求，赔钱也要投标。

苏州育龙科教设备有限公司总结多年的复制实践，由崔海玉、钟耘我撰写了论文《宋代水运仪象台复原制作的实践与认识》，被收入了管成学主编的《苏颂水运仪象台复制与研究》一书。

（一）2008年北京中国科学技术馆1∶2水运仪象台复制成功

1. 枢轮的结构复原设计面临的首要问题

枢轮是水运仪象台的重要部件，它借助于流量稳定的水流，在运动控制机构的控制下产生等时精度很高的回转运动，借以计时、报时；同时这一回转运动又传向浑象和浑仪，驱动它们跟踪天体星空。枢轮的正常运转是水运仪象台实现其功能的基础，因此，在水运仪象台的复原设计中能否将枢轮的结构处理好是头等大事。

枢轮结构问题的关键在于受水壶与辐条的联结方式，历来研究者对此有两种不同的理解，或者说是两种不同的主张：一种认为受水壶是固定联结在一对辐条之间的，受水壶与辐条互相间不会有相对运动（以下简称为固结方案）；另一种则认为受水壶通过一根转轴松插在一对辐条的支承孔内，受水壶松松地“架”在一对辐条之间，它可以在其间作摆动（以下简称摆动方案）。

在国内，按固结方案设计制作的水运仪象台模型至少有两件，它们都是20世纪按1∶5的比例制作的，分别陈列在两个展馆中，但它们都不能用水驱动运转。而按照摆动方案设计制作的枢轮，在运动控制机构的配合下，便能够实现《新仪象法要》中所述的仪象运水法的动作程序，使枢轮回转运行。这类水运仪象台的模型不论是按照多大比例制作的，其共同的特点便是受水壶“架”在一对辐条之间可以摆动；尽管在具体结构上有所差异，有时甚至较大，但都是能够运行的。例如在日本复原的作品中，铁拨牙并非如《新仪象法要》所述安装在受水壶的壶侧，击开关舌是由壶底来完成的。

苏州育龙科教设备有限公司的1∶4、1∶2、1∶1共3种展品便是按照摆动方案设计制作的。设计中着重考虑使枢轮（包括受水壶）及其运动控制机构（格叉、关舌、天条、天衡、天关、左天锁等）具备适合的形状结构，让它们能够依循《新仪象法要》“仪象运水法”一节所述的顺序进行动作，使得枢轮运转。其中1∶1（即按原大）尺寸的便定为厦门同安建造的这一台。

我们的复制实践，有这样的规律：尺寸越大，运行越稳定。例如，上述1∶10、1∶5的模型在运行中就有时会“抛锚”，出现的状况是：当受水壶的拨牙叩击关舌时，常因缺乏足够的叩击力度而停顿下来；而1∶4的模型情况就大为改善；再大尺寸的如1∶2和1∶1的模型，就能长时间地稳定运行。

我们选择摆动方案设计制作枢轮，而不是采用固结方案，细说起来理由有两条：其一，受水壶与辐条固结为一体，这样的枢轮在控制机构中是动不起来的。看看《新仪象法要》文中的一段是怎样说的：“壶虚，即为格叉所格，所以能受水；水实（此处似应为‘壶实’），即格叉不能胜壶，故格叉落，格叉落，即壶侧铁拨子击开天衡关舌，掣动天条；天条动，则天衡起，发动天衡关；左天锁开，即放枢轮一辐过，一辐过，即枢轴动。”很明白，一系列动作中，“壶侧铁拨子击开天衡关舌”是至关重要的；如果受水壶与辐条固结为一体，这一动作就无法实现，接下去天条也不会动，天衡也不会起，左天锁也不会开，左天锁始终挡住枢轮上方的辐条，使枢轮动弹不得。

再来看不采用固结方案的第二条理由：受水壶与辐条固结为一体的枢轮，即使能够运转起来，其结果也是毫无计时精度可言的。道理很简单，格叉犹如一具杆秤，它处于称水计时的首要环节，对于可以相对于辐条作摆动的受水壶，格叉按一定比例称量着正在受水的那壶水的重量，当这重量达到一定数值，便“格叉不能胜壶，故格叉落”，进而启动以后的一系列动作，使枢轮回转。回过头来看，受水壶与辐条固结的枢轮就不这么简单了，对格叉起作用的除了正在受水的那个壶中的水重之外，下方还有好几壶残留的水也要不同程度地对格叉起作用，这些壶中的水有的是经过一次倾侧，有的是经过多次倾侧后残留下来的，让它们也来参与计时，怎能谈得上精度？

2. 齿轮传动系统浑象赤道牙和浑仪天运轮的齿数

《新仪象法要》一书对水运仪象台齿轮传动系统的叙述有一些缺漏，对此我们做了研究并且设计了如下的传动链，如图3-25所示；图中从Z1至Z12的齿数如表3-1所示。

表 3-1　传动齿轮名称编号和齿数

标记	齿轮名称	齿数	备注
Z1	地毂	22	
Z2	下轮	88	冕状轮
Z3	中轮	50	
Z4	拨牙机轮	600	
Z5	天轮	488	冕状轮
Z6	北侧过桥轮	32	
Z7	南侧过桥轮	32	
Z8	赤道牙	487	
Z9	上轮	61	冕状轮
Z10	后毂	30	
Z11	前毂	20	
Z12	天运环	487	

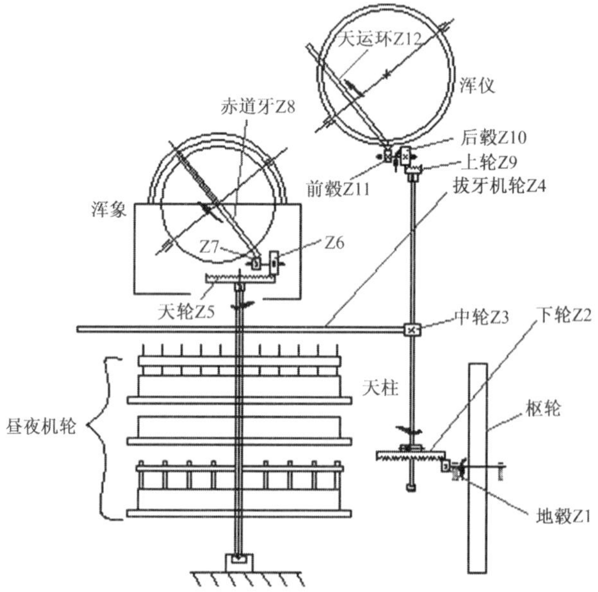

图 3-25　水运仪象台齿轮传动系统

可以看出，枢轮与昼夜机轮之间齿数比为1∶48；枢轮回转48圈，昼夜机轮回转1圈，即枢轮每半小时回转一圈，36个受水壶，每50秒钟过去一个。

重点要说一下昼夜机轮与浑象之间的齿数比和昼夜机轮至浑仪间的齿数比，它并非一般想象的1∶1，即所谓“浑象、浑仪与昼夜机轮同步”。我们认为：昼夜机轮的回转体现的是太阳日，每日一整圈；而浑象、浑仪与恒星天体同步，当昼夜机轮每转一圈，浑象、浑仪应回转一圈再略有超前。一个回归年，报时机构（昼夜机轮）回转了365.25圈，此时浑象、浑仪应回转整数圈，并且应是仅仅大于365.25的整数圈，即366圈。所以，我们通过推算得出如下的齿数比i（符号i代表的是传动中第一个齿轮与第二个齿轮的传动比，一般传动就是齿数比。）i＝366∶365.25，取整数比便是488∶487。

对于浑象：天轮取488齿，赤道牙取487齿，而昼夜机轮至浑仪天运环之间的传动式则为：i＝(600比50)×(61比30)×(20比487)。

对于我们推算出的487齿，读过《新仪象法要》的人可能感到似曾相识，但书中又找不到这个数，原来书中给的数是478。这可能是487的误刻。

3．关于天关

天关，《新仪象法要》中有两幅插图显示出了它，一是“运动仪象制度”一节里的插图；图上没有标明“天关”二字，但这一节的文字里说道“天梁二，安于天柱枢梁上，以挂天关”。再看图，在浑仪楼板下面，一东一西两根梁（天梁）之间“挂”着一个人字形屋面似的零件，还有一个杆件向上与天衡西端连着，这就是天关，它是一个组件——一个屋面形零件，还有一个连杆。图上的连杆过于靠近“屋脊”，应该靠西边“屋檐”近一点。此外，在“天衡”一节的插图上又出现天关，图上标明“天关”二字，但只画出了连杆。

对于天关，国内学者说得不多，然而它却是枢轮运动控制机构中重要的一环。小尺寸复原模型如果省却了天关，让天衡西端籍重力自由落下复位，这还勉强可以。而在大尺寸——1/2或1/1的复原制品中就会遇到：如果天衡西端抬起后仅由它自由落下复位，这一做法是不可靠的。大尺寸的天衡，让它的西端凭借重量自由落下是需要一点时间的，这一过程中左天锁被天衡吊起，往往不能及时落下复位，很容易出现的情况是——枢轮辐条被放过一个之后第二个又紧跟着过去。可靠的做法应是：天衡西端抬起后，机构中有一个环节将天衡西端向下拉回，从而使左天锁及时复位，及时地挡住移过来的辐条。这一点我们先人设计得很好，这个使天衡带着左天锁及时回到原位的构件便是天关。

天关的工作过程见图 3-26、图 3-27。

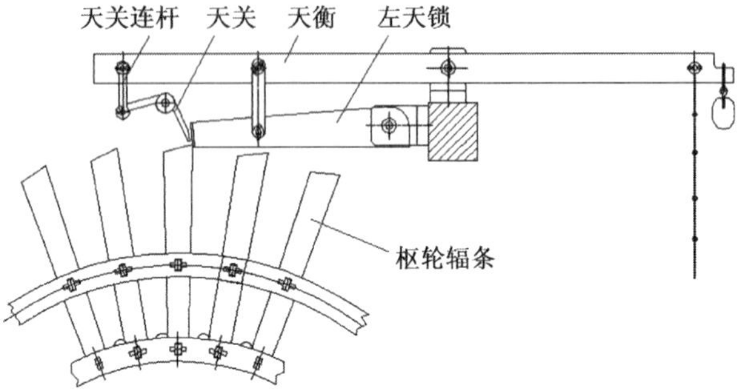

图 3-26　天衡、天关、左天锁通常状态（此时受水壶正在受水）

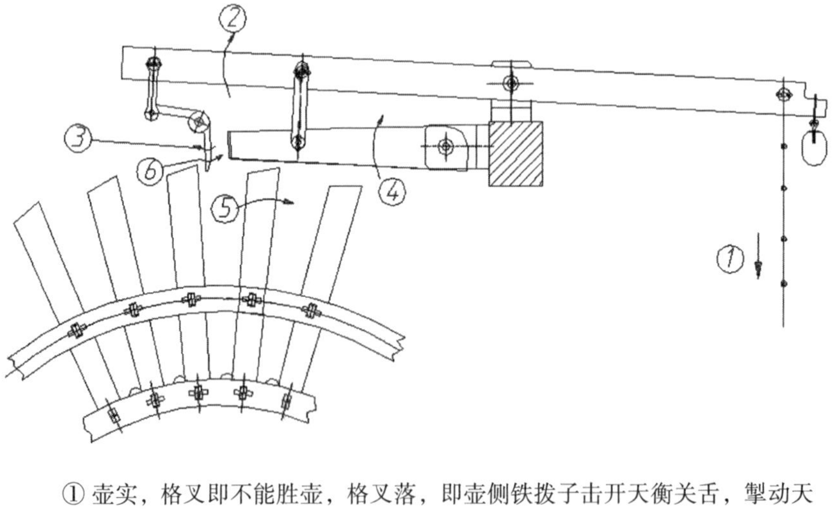

① 壶实，格叉即不能胜壶，格叉落，即壶侧铁拨子击开天衡关舌，掣动天条，天条动……；② 天衡起；③ 发动天衡关；④ 左天锁开；⑤ 即放枢轮一辐过；⑥ 后继辐条拨动天关倒转，拉动天衡复位。

图 3-27　天衡、天关、左天锁动作状态

在枢轮运动控制机构中设置天关，又一次说明 900 多年前我们的先人掌握的机械设计知识已达到相当高的水平，设计思想已相当成熟。天关的介入，使得枢轮及其运动控制机构各环节的动作都在受控之中，这既保证

了枢轮正常运行，又提高了计时精度。

站立于运行中的枢轮面前，抬头望见上方的天关时左时右地摆动着，听到枢轮辐条末端铁件碰触天关的轻微而又清脆的响声，对先人智慧的感佩之情油然而生。

（二）2011 年厦门苏颂公园 1∶1 水运仪象台的复原经验

1. 厦门水运仪象台计时精度保证方法

读《新仪象法要》卷首的《进仪象状》，了解到水运仪象台是一座对于天体时空运行进行观测的仪器，计时是水运仪象台的一项重要功能。为了保证计时准确，水运仪象台具有独到的设计。《新仪象法要》中虽然没有直接提到校时，但可以想象应该会有这样的校时操作：操作至少由二人进行，事先约定利用天空中某颗星进行校时，然后一人在中层等候着浑象上的这颗星到达南中天，另一人在上层灵台用浑仪观察该星在实际星空中的位置；当中层的人看到浑象上该星到达南中天时，就立即向上层报告。此时，上层浑仪处的人如果看到该星也正在南中天，说明水运仪象台走时正常，如果该星已过南中天，则说明走时偏慢了；如果该星尚未到达南中天，便说明走时偏快。如果白天利用太阳校时，操作会更简便。例如：当报时机构指示为“午正”时分，立即利用浑仪观测太阳是否正在南中天，由此判断计时机构走时是否正常，是否偏快或偏慢。当然，也可反过来做，浑仪观测到太阳到达南中天，可判断这时报时机构显示的“午正”是否确在其位，是已经走过，还是尚未到达。

2. 厦门水运仪象台运转精度测量数据

计时，是水运仪象台的重要功能之一。按原大建造的厦门水运仪象台的计时精度如何？我们对 1∶1 的枢轮的运转周期做过测量，测量方法是使用手机的秒表功能，给枢轮的一个辐条贴上标记，以该辐条与左天锁相触的响声为开始计时和停止计时的信号。得出两组测量数据，即枢轮旋转一周 30 分钟，每旋转一周误差在 ±2 秒、±4 秒、±8 秒、±10 秒之间。

如上，我们谨将厦门同安原大尺寸复原建造水运仪象台过程中得到的一些体会心得，供研究者参考。

3. 厦门水运仪象台的复原实践对解决学术界争论的帮助

2007 年，中国科学院自然科学史研究所的学者发表论文提出以下疑问：水运仪象台成功运转过吗？其理由有两点：第一，历史上没有留下水运仪象台运转的具体记录；第二，小的模型和大木样模型水力可以转动，但用铜20吨体重巨大，同时带动浑仪、浑象和报时机械，水力是难以带动的。

2011年，厦门市同安区苏颂公园1∶1水运仪象台建成，并成功地以水力运转，至今向游人开放，演示着浑仪和浑象的同时运转。（图3-28）

图3-28　苏州育龙科教设备有限公司总经理崔蓓（左）与厦门同安苏颂科技馆馆长高水满（右）在水运仪象台前合影

2012年，崔海玉、钟耘我、赵继斌发表论文说："我们的复制实践证明，尺寸越大，运行越稳定。例如：上面所述1∶10和1∶5的复制模型，在运行中就有时会'抛锚'。出现的状况是：当受水壶的拨牙叩击关舌时，常因缺乏足够的叩击力度而停顿下来；而1∶4模型就大为改善，再大尺寸的如1∶2和1∶1的模型就能长时间地稳定地运转。"崔海玉等人用他们的科学实验和复制实践回答了"水运仪象台是否成功运转过"的疑问，为学术界做出了贡献。

2016年，厦门举办苏颂文化节，并邀请了日本水运仪象台复制的倡议者吉泽大淳先生和翻译刘幸宇先生参加。吉泽大淳先生和管成学教授、刘幸宇先生接受了厦门电视台的采访。（图3-29）吉泽大淳受访时非常客观地谈了日本复制的水运仪象台和厦门复制的水运仪象台各自的优缺点，对双方裁长补短，大有裨益。

管成学教授讲述了《四库全书》本《新仪象法要》和《丛书集成初编》本《新仪象法要》星图在传刻中产生的错讹，说明了两种版本的优缺点。不论是日本还是厦门，他们复制的水运仪象台都没有采用《苏颂与〈新仪象法要〉研究》一书中有关苏颂星图的研究成果。

图 3-29 日本吉泽大淳先生（中）、管成学教授（左二）、刘幸宇（翻译）接受厦门电视台采访

（三）2018 年开封历史博物馆复制世界上最先进的 1∶1 水运仪象台

第一，改进优化浑仪局部铸铜为整体仿青铜失蜡法铸造。为了达到效果，每一个部件与环体全部雕模后再开磨具铸造。为了减轻其整体的重量，每个部件和环体都为空心的，这样要反复试验制模，对于制作而言就带来很多烦琐的工序，难度也大大提高。

第二，改进屋面为可自由开启式。对应开封博物馆顶部的古星图，设计巧妙的绳索机械结构可轻松开启关闭屋顶，这样可充分体现李约瑟博士所说的水运仪象台是现今转仪钟的祖先一说。台中、日本、厦门等复制的水运仪象台都没有室内屋顶的模拟星空。(图 3-30)

第三，对于主要的动力枢轮的结构设计的优化调整。每一个部件，如轮辐条、轮辋和受水壶等，均采用金属与木材柔和的工艺进行制作处理，使其具有更加良好的可持续性运转受力，为水运仪象台整体动力系统的稳定性能提供了保障。

图 3-30 管成学教授与苏州育龙科教设备有限公司董事长崔海玉在水运仪象台前合影

第四，对于二楼中的浑象南北半球的工艺优化（整体仿青铜失蜡法铸造工艺）。改进前期厦门球体为铜皮表面贴字和镶嵌铆钉工艺。首先要制作两个符合尺寸要求的金属半球，然后开模铸造成两个树脂复合材料的半球，在此半球的表面上对应浑象南北极古星图，人工依次把每一个星座的名称篆刻出来。再对应星座镶嵌星体（且分星等大小），完成后再次反复开模铸造，直至选择完美的成品，最后合成整个浑象球体。

第五，星图绘制采用管成学和杨荣垓教授《苏颂与〈新仪象法要〉研究》一书的研究成果，即对《四库全书》本和《丛书集成》本星图传刻中错误进行了纠正。详见表 3-2。

表 3-2 两种星图精度比较表

二十八宿宿名	元丰所测距度	横图		圆图			
				北极图		南极图	
		丛书集成本	四库文渊阁本	丛书集成本	四库本	丛书集成本	四库本
角	12°	17mm	15. 1mm	12°	14. 5°	11. 8°	12. 5°
亢	9°	5. 1mm	9. 9mm	8. 2°	9°	9°	8°
氐	16°	15. 9mm	17. 1mm	17°	15°	16°	18. 4°

续表

二十八宿宿名	元丰所测距度	横图		圆图			
				北极图		南极图	
		丛书集成本	四库文渊阁本	丛书集成本	四库本	丛书集成本	四库本
房	6°	5mm	6. 1mm	6. 5°	6. 7°	5. 6°	7. 1°
心	6°	5. 5mm	7mm	5. 5°	6°	8°	5. 5°
尾	19°	17. 5mm	21mm	19°	18. 4°	19°	18°
箕	11°	14. 2mm	11. 5mm	13°	12. 3°	11°	12. 2°
斗	25°	17. 3mm	26mm	24°	24°	22. 3°	25°
牛	7°	7. 3mm	7. 9mm	8°	7°	7°	7°
女	11°	10mm	12. 5mm	11°	11°	11°	11. 5°
虚	$9\frac{1}{3}$°	9mm	$9\frac{1}{3}$mm	3. 5°	19°	10. 1°	10. 4°
危	16°	12. 2mm	16. 8mm	21°	16°	15. 5°	16°
室	17°	15. 4mm	15. 6mm	18. 5°	18°	17°	18. 2°
壁	9°	11. 9mm	10. 3mm	9°	9°	9°	9°
奎	16°	10mm	14. 2mm	14. 6°	16°	14. 5°	14. 5°
娄	12°	12mm	13. 9mm	12°	9°	15°	12°
胃	15°	10mm	14mm	17°	16. 5°	13°	14°
昴	11°	9mm	11mm	8. 4°	11°	12°	11°
毕	17°	19mm	18mm	17°	15. 2°	16°	18°
觜	1°	1mm	1. 9mm	1. 5°	1. 5°	3°	1. 5°
参	10°	7. 9mm	13. 5mm	11. 3°	11. 3°	9°	10°
井	34°	28. 5mm	32mm	29. 6°	32°	31. 5°	33. 3°
鬼	2°	1. 8mm	2mm	3. 5°	2. 6°	3. 5°	4. 3°
柳	14°	15mm	15. 2mm	15°	14°	13. 5°	14. 5°
星	7°	7mm	7. 4mm	4. 3°	6°	10. 5°	7. 4°
张	17°	14mm	18. 2mm	17. 5°	21°	18°	19. 5°
翼	19°	18. 2mm	21. 8mm	16°	17. 4°	17°	19. 6°
轸	17°	11. 1mm	12. 1mm	18. 9°	18°	18°	18°

第二节 水运仪象台科技成就的继承与创新

一、水运仪象台上层浑仪的继承与创新

苏颂的水运仪象台的上层安置了专供观测天象用的浑仪。对于这座浑仪的设计，苏颂等人潜心研究了历史上所有主要浑仪的优缺点，接受了历代天文观测仪器制作的积极成果并在许多方面做出了创造性的发展。

（一）浑仪的继承

古代最简单的浑仪就是几个代表天球诸大圆的圆环和一根望筒（或叫窥管）。其主要部分有子午环和赤道环。赤道环固定不动，它的平面平行于地球赤道面。子午环即赤经环，与赤道环垂直安置，且能绕极轴旋转。两环上面都刻有周天度数，人们从望筒里观察某个天体时，便可借助这些圈上的度数来确定它在星空中的位置。因为它是根据“浑天学说”的宇宙模式而制造的，故称之为“浑天仪”或“浑仪”。

浑仪是我国古代传统的观测天象的仪器，它的历史和中国古代天文学一样悠久，《尚书·舜典》记载：舜在刚接受尧的禅让登上“帝位”时，便“在璇玑玉衡，以齐七政”。意为：舜检查了观测天象的仪器，以便用它去观察日、月、星的运行规律，作为人民稼穑农事的依据。对于这里的“璇玑玉衡”，虽然历来的训释有歧义，但多数学者认为，它是最早的观测天象的仪器。东汉马融云：“浑天仪可旋转，故曰玑；衡，其横箫，所以视星宿也，以璇为玑，以玉为衡，盖贵天象也。”

李约瑟博士也极表赞同，认为它确是一种玉制的观测天象的仪器，并旁征博引商周以来的古礼器来论证：玉质的圭璧，便是它的遗范，它的作用，既可用来定真天极的方位，又可用来定二至圈，还可以为其他赤道星座定向。

以上仅就文献资料而言。考古资料方面虽然没有发现古代浑天仪实物的直接证据，但1973年长沙马王堆三号汉墓出土的《五星占》中所载金星、土星、木星等行星的行度和会合周期的高精度数据经专家研究认为，只有用至少具有子午环、赤道环和四游环窥管的浑仪进行天象观测，才有

可能得到。这种浑仪应该是先秦时期的，而且这种“先秦浑仪”的创制年代，上限为公元前700年，下限为公元前350年，最可能在战国初期。这个推测是很有道理的，因为如《史记·天官书》所说，战国时代“兵革更起，城邑数屠，因以饥馑疾疫焦苦，臣主共忧患，其察机祥候星尤急”。遗憾的是，至今竟未发现一条有关战国浑仪的具体记载。

我国历史上见之于史籍记载的比较有名的浑仪主要有以下几种：

一是张衡的浑天仪。张衡（78—139），字平子，东汉南阳人，《后汉书》本传称他“善机巧，尤致思于天文、阴阳、历算”，汉安帝时任太史令。他不仅从理论上完成了当时最先进的关于宇宙结构和运行的“浑天学说”，而且按照这个学说在落下闳、耿寿昌、贾逵等人所造旧仪基础上，于公元117年创制铜铸浑天仪。这个仪器分作内外几个圆圈，外圈直径为一丈四尺六寸，各层铜圈上分别刻着赤道、黄道、南北极、二十四节气、二十八宿等。外圈置于灵台露台之上。另又设计了一“小浑”，利用漏壶滴水的力量，使其按着时刻自动运转。“小浑”置于灵台密室之内，工作人员从它上面看到的日月星辰运行和露台上实际观测到的天象完全一致。这是我国最早有明确记载的由水力推动的浑仪，开创了我国水运仪象的光辉传统。这一传统发展到后来，便成了世界机械天文钟和转仪钟的祖先。张衡的首创之功是永不磨灭的，所以苏颂在《新仪象法要》卷上“浑仪”章里郑重地写了一笔：“水运之法，始于汉张衡。”

二是十六国时期孔挺的浑仪。苏颂在《新仪象法要》中多次提到的（南朝）“梁代浑仪”，实际上是东晋时期北方前赵刘曜政权的南阳史官丞孔挺在光初六年（323年）制造的。刘裕定咸阳时将它迁移到了南朝，梁时置于华林重云殿，刘宋朝的何承天和萧梁朝的沈约还都以为它是张衡所造，后来发现上面的铸题，乃知是孔挺的制作。在我国古代众多的浑仪中，这是有详细构造记载的最早的一件，记入《隋书·天文志》，其中的这段文字是我国古文献中关于浑仪详细结构的最早记载。

三是唐初李淳风的三重制浑仪。李淳风是唐初大天文历算学家，他在贞观七年（633年）制成的“浑天黄道仪”，《新唐书》《旧唐书》的“天文志”和“本传”都有记载。苏颂说：“李淳风制六合仪、三辰仪、四游仪，凡三重。”所谓六合仪，即孔挺仪的外重，因它拥有的三个环分别代表了上、下四方六个方位，故称六合仪。在六合仪与四游仪之间增加一重三辰仪，这重环组直径八尺，也可绕极轴转动。因为它拥有黄道环（代表太阳的周年视运动轨道）、赤道环（所有恒星的周日视运动轨道皆平行于赤道面）和白道环（代表月亮的视运动轨道），故称三辰仪。三辰仪的增设在我国浑仪制造史上有着重大意义。

首先，我国最早的浑仪都是赤道式的，因为天上所有的恒星每天的东升西落（天文学上叫作天体的周日视运动），都是平行赤道面的，所以采用赤道坐标系来测定恒星的位置是很方便的。但是由于太阳在恒星背景上的周年视运动轨道——黄道和赤道有个23°多的夹角，所以用赤道坐标系来测定太阳的位置就很不方便了。为了便于测量太阳的位置，东汉中期的付安和贾逵改进了浑仪，添加了黄道环，于和帝永元十五年（103 年）制成了名为“太史黄道铜仪”的浑仪。但增加一个黄道环并非易事，因为黄道的方位是随着天球的周日转动而变化的，所以浑仪中的黄道环也必须能绕着极轴转动；而为了测定黄道度数，四游环又必须能对向黄道环上任何一点，所以黄道环就不能附着在四游环上。它只能附着在另一个赤经环上，而那个赤经环又必须仿照四游环那样套在固定环组的极轴孔里。这样，转动这个赤经环，就可使黄道环对向天上的黄道。所以，为了增设一个黄道环，就必须使整个浑仪增加一重环组。由于黄道在天上是太阳周年视运动的轨道，它并不是星空中一条明确可见的带，因此，要把黄道环对向黄道是一件很不容易的事。特别是太阳下山之后，要把黄道环对准黄道，只能通过观测恒星的位置来间接瞄准，所以《后汉书·律历志》上说：“仪，黄道与度转运，难以候，是以少循其事。”也就是说，新设的黄道环的使用效率并不高，事实上，当时人们求天体的黄道度数大都是通过测得天体的赤道度数，在浑象上比量出来的。正因为实际上黄道环的使用比较困难，到东晋时，孔挺制造的浑仪中，便取消了黄道环，实行两重制。直到李淳风造三辰仪，才又重新设立三重环。所以，黄道环在中国浑仪制造史上也是经历了一个“肯定—否定—肯定”的三段式发展历程。李淳风这次把黄道环和赤道环连在一起，在赤道环上刻着28 宿的距度，这样，只要把赤道环和天上28 宿的赤道位置对准（而这一点利用内重的四游仪是不难做到的），黄道环和天球上的黄道也就自然对准了。李淳风的三辰仪解决了汉代“太史黄道铜仪”所遇到的难题，而且使用它还可以直接测读天体的入宿度。

其次，三辰仪中的白道环是前所未有的创造，月亮轨道——白道和黄道有比较大的交角（古代传统数据是 6°，今测应为 5°9’）。在天文测算精度日益提高的情况下，自然要求把白道度数和黄道度数区别开来。所以，李淳风创设了白道环。由于白道环和黄道环的交点是在不断移动的，大约249个交点月之后，黄白交点沿黄道移动一周。李淳风的白道环不是固定的，他在黄道环上打了249对孔，每过一个交点月就把白道环移动一对孔，我国现存南京紫金山天文台的明正统四年（1439年）复制的浑仪，基本上就是李淳风设计的三重环组结构。

四是僧一行、梁令瓒的黄道游仪。唐玄宗开元十一年（723年），僧一行和梁令瓒新制了一架黄道游仪，整体结构与李淳风的无别，也是内外三重结构。但有一处重大改进，即把中间一重三辰仪上的赤道环，每隔一度打一个孔，使黄道环能模仿古人所理解的“岁差”现象，不断沿赤道退行（故名“黄道游仪”）。其白道环也改成“度穿一穴”。另一个不同是把外重六合仪中的赤道环取消，代之以过天顶和正东西放置的天顶单环（卯酉环）。

僧一行与梁令瓒的另一重大创制是开元水运铜仪，虽然在利用水力作动力实现自动化这一点上与张衡的仪器是相同的，但张衡是把演示和观测两种功能结合在一起，而一行则是把演示用的天球仪与报时用的天文钟结合在一起，并未使观测用仪自动运转，故此从略。

五是北宋前期的几次浑仪制造。在中国天文仪器制造史上，北宋的四大浑仪（至道仪、皇祐仪、熙宁仪、元祐仪）是值得一书的。它们不仅规模巨大（每次耗铜20吨）、技术精湛，反映了宋代生产力的发展和科学技术的进步；而且每次制作都有许多改进，反映了宋代科技工作者不囿于成见，敢于突破传统，尊重实际、尊重科学、不断进取的精神。

至道仪是宋太宗至道元年（995年），司天监冬官正韩显符主持制造的一架铜浑仪，其主要特点是取消了李淳风的三辰仪，将黄、赤道安在六合仪上，恢复了孔挺的六合、四游两重结构。后来沈括曾在《梦溪笔谈》中批评此仪“失于简略”。

宋仁宗皇祐三年（1051年），天文院在舒易简主持下，由周琮制成的新浑仪，史称“皇祐新浑仪”，其特点是又恢复了三辰仪。苏颂说皇祐仪“复徙黄赤道附于三辰仪”，字面意思是“又把原来连在六合仪上的黄、赤道环重新附在三辰仪上”，但实际上周琮在恢复李淳风的三重结构时，并未取消原六合仪上的赤道环，而只是在三辰仪上另设了黄道环、赤道环，采用的是双重赤道制，因而沈括批评此仪“太烦琐”。皇祐仪的另一个创新是将测时的百刻分划，由传统的地平环，移到赤道环上，说明宋代天文历法工作者已知道了应以太阳时角作为量度时间的标准。

熙宁仪是沈括主持，皇甫愈等十人参加，在宋神宗熙宁七年（1074年）制造的。在沈括之前，人们为满足各种天文观测的需要，在浑仪上装置的环圈越来越多。环多了，不但给准确安装造成困难，而且环越多遮蔽观测者的视线的机会也越多，结果降低了仪器的使用效率。但环少了，又不能满足多种观测的需要。历史上由两重变三重，又由三重变两重，反复多次，就是这一矛盾的反映。作为科学家的沈括，力图跳出“少—多—少—多”的怪圈，一方面，减少可以减少的圈环；另一方面，改变环的安装位置，这就是沈括熙宁仪的主要特点。具体而言：

第一，取消了已不适用的白道环。因为白道沿黄道后退的速度相当快，但在每天的观测中又不可能使白道环作均匀不断的后退运动，只能到一个交点月终了才能移动一次，所得数据当然不准确；而北宋时期的历算学的进展已经能够使人们从月亮的赤道度数或黄道度数推算出相当精确的白道度数。所以李淳风增设的白道环，现在不仅无益，反而有害了。

第二，将必需的环偏离同心位置安装，使其不致遮挡主要的观测空间，“旧法：黄赤道平设，正当天度，掩蔽人目，不可占察……今当侧置少偏，使天度出北际之外，自不凌蔽”。对地平环的安置，沈括也做了同样改进，“旧法地纮正络天径之半，凡候三辰出入，则地际正为地纮所伏。今当徙纮稍下，使地际与纮之上际相直，候三辰伏见，专以纮际为率，自当默与天合”。其实，不管何种环，只要按原位置平移，是不会影响使用效果的，到了元代，郭守敬就更大胆地将它们远离同心分别安置到便利观察的位置上，终于制成了简仪。因此，我们可以说熙宁仪实乃简仪的先导。

第三，窥管的改进。古代窥管是一根横截面为正方形的空心管子，内中圆孔，两端一般大，但观测者的眼睛并不能保证总是处于下孔的中心，这就会产生相当大的误差，“若人目迫下端之东以窥上端之西，则差几三度”，于是沈括将下孔缩小到上孔的三分之一，人目挪动的余地小，观测精度当然就高。

第四，极轴方位的校准。仪器极轴是否校准涉及整个仪器的精度，古人尝以北极星为校准对象，虽然南朝祖暅早已发现了真北极不动处离极星尚一度有余，但在浑仪安装上并未得到改进。熙宁年间，沈括以他长期观测所得数据——“天中不动处远极星乃三度有余”，求出北极星轨道的中心点，把极轴孔中心调到这个位置上，使浑仪的极轴得到校准。

北宋四大浑仪的最后一个是元祐仪，这是哲宗元祐七年（1092 年）最后落成的由苏颂主持制造的“水运仪象台”，更是举世无双的、为国家和民族赢得世界性荣誉的一大创造。

（二）浑仪的创新

《新仪象法要》卷上集中介绍了水运仪象台上层露台上装置的浑仪，计总图1 幅、分部图3 幅、部件图13 幅，共17 幅。每幅均有详细的说明文字。这是我国现存唯一的一套浑仪制造史上的设计图纸，研究这些图纸和文字，可以发现下列特点：

1. 苏颂元祐仪最主要、最本质的突出特点便是实现了观测自动化

如前所述，在浑仪中间的一重三辰仪的南端，与四象环相接并与枢轴垂直设置了一个传动齿轮叫“天运单环”，天运单环接受主传动轴（天柱）通过天毂的前后毂传递过来的动力，每昼夜自东向西转动一周，于是三辰仪的黄道的位置便能模拟天象昼夜变化，而且还能带动内重四游仪窥管“亦随天运转”。苏颂写道：“六合仪不动，以定天体。三辰仪则随天运环动转，以追天运。若四游仪则有时转动，亦追天运，以横箫窥测，无所不至。”六合仪连在四龙柱和鳌云上，是固定环，所谓“以定天体”是供观测天体时定坐标、查度数之用，如地浑环提供方位和计量出地高度的坐标，天常环提供入宿度，等等。三辰仪被天运环带动运转，它是根据天球的周日视运动的速度设计制造的，所以说“以追天运”。四游仪与三辰仪不相连接，观测天体需要转动时，可随时以手拨动它，所以是“有时转动”，转动它的目的，也是跟踪某个天体，所以说“亦追天运”。但这里的问题没有这么简单，我们再看苏颂在“黄道双环”章节中的说明：“今以望筒于黄道双环中全见日体，若仰窥太阳，随天运转，则太阳适周于双环之内。”这里清楚地表明，望筒也是能够“随天运转”的，证明上述四游仪的“有时转动”也指根据观测的需要，使四游仪与三辰仪同步运转，而这在技术上是很容易办得到的（如加上一个销钉）。这样做就可以不用人力而让望筒较长时间地跟踪某个天体。苏颂在《进仪象状》中指出的“测候须人运动，人手有高下，故躔度亦随而移转”这个传统观测仪器的固有弊端终于被有效地克服了。所以李约瑟说：“苏颂把时钟机械和观测用浑仪结合起来，在原理上已经完全成功。”他还肯定苏颂已经“把它推广到上层观测浑仪上去”，这“和现代望远镜钟机传动的发明已经相近”，“可在短时间内利用这种传动获得高精确度……这样做便能抵消地球的自转，对绘制星图大有帮助”。今天人们普遍承认苏颂的浑仪乃现代“转仪钟”的祖先，而且苏颂比罗伯特·胡克先行了六个世纪，比夫琅和费先行了七个半世纪。对此，苏颂也是很自豪的，他写道：“水运之法，始于汉张衡，成于唐梁令瓒及僧一行，复于本朝张思训，今又变正其制，设天运环，下以动天柱关轮之类，上动浑仪，此出新制也！”

2. 尺寸设计的改进

苏颂的元祐仪完全采用了李淳风的三重环制，外重六合仪是整个仪器的骨架，我们从《新仪象法要》所记其尺寸的大小，可窥见苏颂、韩公廉的设计思想：一要能满足“以定天体”的精度，二要保证必需的机械强度。现仅以“天经双环”为例说明之。“天经双环”是三辰仪中定天体北极距的重要一环，按子午方向垂直于地平安装。其直径：梁令瓒的为5.44尺；韩显符的为6.13尺；汉张衡浑仪，史料给出周长为14.61尺，可知直径也只有4.6尺多；而苏颂此仪为7.77尺，可见苏颂的观测浑仪是有史以来最大的。其优点之一是环大，每一度在环上占的弧便要长一些，测量起来误差就较小，准确度就较高。

据《晋书·天文志》载：“古旧浑象以二分为一度，凡周七尺三寸半分。张衡更制，以四分为一度，凡周一丈四尺六寸一分，（王）蕃以古制局小，星辰稠概，衡器伤大，难可转移，更制浑象，以三分为一度，凡周天一丈九寸五分四分分之三也。”

据《新唐书·天文志》载：梁令瓒黄道游仪的旋枢双环，以古尺四分为度，周长为14.61尺，说明又恢复了张衡的尺寸，到北宋韩显符游规周长为15.6尺，每度之长超过4.3分（以上两个数据均取游规，游规如此，外规必更大了），以上资料说明浑仪尺寸向大的方向演变的趋势很明显，苏颂的天经双环仪给出直径7.77尺，虽不知他取何值，又没有直接给出周长，但周长超过24尺是无疑义的。外重环既然是历史上最大的，最内重四游环当然也随之增大，可知此仪每度之分寸也必然是历史上最大的，其测量星宿位置的准确程度当然也应是历史上最高的，对于这一点，苏颂虽未言明，但我们从其给出的环直径的数据便可以看出。

天经双环“阔五寸，厚八分”，说明其机械强度也是历史上最好的。我们只要将他和历史上有明文记载的各主要浑仪的宽厚数据做一比较，便可清楚地看出：梁令瓒黄道游仪的阳经双环广四寸，厚四分，韩显符铜浑仪的外双规广四寸五分，厚无记载，但其游规广一寸二分，厚四分。到沈括制造熙宁仪时，由于片面追求轻便，结果造成“环器怯薄”，到元祐时便不堪使用了。可见苏颂此仪不仅克服了沈括熙宁仪“环器怯薄”之弊，而且其坚固性还超过了历史上的其他名仪。无怪乎北宋灭亡时，金人用陋劣的运输工具千里跋涉，将其拆迁到燕京（今北京）时，传动齿轮全部被损坏，唯环器却没有损坏和变形，被重新装配于燕京的天文台。甚至在1195年遭雷击“仆落台下”之后，还能“复置台上”，一直到金朝衰落，1214年南迁开封时，还不忍拆毁。

就以第二重的三辰仪双环来说，直径6.48尺，是为了保证能在六合仪内自由地不断运转，而且阔一寸八分，厚也有七分，仅次于阳经双规。制造得如此浑实，是因为它不仅要带动其内的两种环（黄、赤道）的运转（有时还要带动四游仪运转），而且还要承受天运环传递过来的转动力距，必须有足够的机械强度。

《新仪象法要》所记之尺寸是非常精确的，如四游仪环直径六尺，而给出的直距长五尺六寸六分。直距是要安在四游仪内南北极处的，尚差三寸四分，这样不是够不着吗？《新仪象法要》同时给出了四游仪环的阔有一寸七分，二倍之，恰为三寸四分，真可谓不差分毫。又如望筒中空长五尺七寸四分，而四游仪内径仅五尺六寸六分（$6-0.17\times2=5.66$尺），望筒长出八分，怎能在其内转动呢？因为四游仪是双环，要求望筒在双环间沿环面“南北低昂”，望筒两端各余四分，插入夹缝中，才能方便做到这一点。

再如望筒“中空长五尺七寸四分”，“孔径七分半，望其上孔，适周日体”，这就是说，以五尺七寸四分长、内径七分半的圆孔去看太阳，恰好能看到太阳的全体在望筒的上孔中。这种设计是根据我国传统的《周髀算经》测日直径的理论和经验而又有所创新的。《周髀算经》所记勾股法中便有测算太阳大小的算题，“候勾六尺，即取竹空径寸长八尺捕影而视之，空正掩日，而日应空之孔。由是观之，率八十寸而得径一寸”。所以中国传统的望筒总是长八尺，内径一寸，用它测出来的太阳直径有一度半，而实际上太阳的平均视径约为半度，苏颂将望筒尺寸改为5.74：0.75，应是向前跨进了一步。

为了克服沈括所造熙宁仪“水趺低垫，难以行驶”的缺点，苏颂与韩公廉设计的支撑浑仪的四根龙柱各高七尺七寸，再加上水趺之高七寸五分，共高八尺四寸五分，大大超过一般人的身高，极便观测。即使观测天顶区域，由于正中一根立柱（鳌云）高四尺，加上水趺之高，共四尺七寸五分，弯腰观测也足可裕如，五根支柱高度尺寸的改进，完全克服了熙宁仪的弊端，提高了观测的效率。

3. 形制的改进

（1）首创黄道双环。苏颂明确指出："黄道双环，今所创也。"并且简述了中国传统浑仪设黄道的历史沿革："古制，唯有赤道，后汉和帝时知赤道与天度颇有进退，诏贾逵始置双道（注：'双'为'黄'之误），李淳风、一行、梁令瓒、韩显符、周琮、熙宁、元丰各仪又因之，今新仪循用不改，惟显符徙黄道附于六合仪。"我们在前面介绍李淳风的三重环制时已谈过设置黄道在浑仪制造史上的反复过程及原因。但苏颂在此处所说的"后汉和帝时知赤道与天度颇有进退，诏贾逵始置黄道"的话，并不确切。"贾逵始置黄道"是指汉和帝永元十五年（103 年），东汉政府据贾逵建议创制"太史黄道铜仪"一事。但在贾逵之前，付安等已经用黄道仪去观测日月行度，只不过"官无其器"而已。又《贾逵论历》中记有《石氏星经》中一个冬至点的黄道位置（"黄道规牵牛初直二十度，去极二十五度"），据推算，这是公元前 80 年的位置，可知，在中国传统的浑仪中增设黄道环，最晚也在大约公元前 1 世纪。"后汉和帝时，知赤道与天度颇有进退"，亦与史实不符，我们由汉永元四年（92 年）的《贾逵论历》可知，远在西汉武帝太初时、宣帝甘露时、东汉章帝元和时，就不断有人提出赤道与黄道不合的数据，所以"知赤道与天度颇有进退"亦非始自汉和帝（89—105 年在位），而只是说到和帝时才有人这样全面、集中地论述这个问题。

但是，从汉开始，历唐至宋，所有浑仪上的黄道都是单环，苏颂将其改为双环，故有"今所创也"的话。这一创新的主要意义在于，以前用黄道单环来观测太阳，望筒只能以单环的一个侧面（北际）为基准，所以只能见到半个太阳，改用黄道双环，望筒可于双环中间沿环面转动，能看到整个太阳，并能看到太阳恰好在双环间作周天运动。

（2）增设半筒：四游仪窥管（即望筒），从最初简陋的浑仪出世，便是必备之器，苏颂说它"即舜典所谓'玉衡'也，亦谓之横箫，李淳风曰'玉衡'，梁令瓒曰'玉衡望筒'，韩显符曰'窥管'，周琮及元丰所制，并今仪复曰'望筒'"。苏颂不仅继承了历代望筒的制造法式，并在尺寸上做了较大创新，而且在传统望筒之外，新增置一个半筒。他在《新仪象法要》卷上“四游仪”一章中指出了这一点：“又置半筒，以备测天运环相对之星，以窥知天象。”前述望筒之长大于四游仪双环内径八分，如果不是自动化，纯系人力操纵的，那么它本来可以在双环间，沿环面南北低昂，无所不至的，现在因为搞了自动化，在三辰仪南部靠近枢轴，并与枢轴垂直设有输入动力的天运环，天运环一圈处，望筒下端被遮掩，无法观测。所以，每当需要观测与天运环环圈相对的星空时，便使用半筒，人目可在环上观测，这样便弥补了因设天运环而带来的不利，真正做到望筒“无所不至”了。这一点反映了苏颂从实际出发机动灵活的设计思想，及时弥补了由于实现观测用仪自动化而带来的小小弊端，使其更加完善。

4. 结构的继承与创新

（1）重新采取双重赤道制。天常环（代表天球赤道）和天经环（代表天球子午圈）、地浑环（代表地平）一样是早期浑仪早已具有的，前文已说及在周琮、舒易简恢复李淳风的三重结构、增设三辰仪时，仍然保留着原六合仪上的天常环，实行双重赤道制。苏颂此次也采取了这一结构，使天常环“与三辰仪重置，居赤道之表”，而三辰仪中的赤道环“则正与六合仪天常环相对”。苏颂在“天常单环”一章中说“古无此环”，不是说古代没有天常环，而是说这种两重赤道的结构古代没有，在宋代是从周琮的皇祐仪开始的。这内外两重赤道的形制和功能是不同的。六合仪上的赤道环（天常环）与天经、地浑二环死结，是不动的，其上主要刻着十二时辰和昼夜百刻，俗称“百刻环”。其主要作用就是用来测定时刻，相当于现代的时盘。这说明苏颂肯定了皇祐仪的科学成果，巩固了宋人已取得的关于度量时间应以太阳时角为标准的科学认识。而三辰仪中的赤道环，与黄道一起连在三辰仪双环上，由天运环带着运转。它的北、内、外三面都有刻度，“环北面（即上侧）分列二十八舍周天之度，内列二十有四气，六十有四卦，环外列七十有二候”。它的主要功用在于量度日月运行的轨迹、星座的位置和厘定季节。环北面的二十八宿距度，准确地反映了每一宿在周天的位置和它们各自在周天所在的范围，所以便成为此仪观测天体的坐标。因为二十八宿是沿着赤道带和黄道带附近排列的，在赤道环北侧面将它的准确距度刻上以后，当利用四游仪望筒观测某一天体时，便可迅速地从赤道单环上直接读出该天体的入宿度。并且二十八宿的位置与内侧二十四节气相对应，人们一眼便可看出每个节气的中星是何宿，更便于用观测中星的办法来验证历法所定的节气的精确与否。“七十二候”是我国古代以物候为准来反映季节的办法。以五日为一候，一气三候，一月六候，故一年共七十二候。赤道环外侧详列七十二候名称并与内侧二十四节气相对应，说明苏颂此仪对占验节气要求更严密了。

该环内侧与二十四节气并列的还有“六十四卦”，这反映了苏颂那个时代的天人观。六十四卦是由八卦演化而来，八卦是周易中的八种基本图形，它反映了我国古代先民们一元论的宇宙观。正因为八卦是中国古代哲学体系的本体论，所以中国古代天文学便不可避免地要利用它来解释天象，当八卦被利用来占卜定吉凶时，又往往要利用太阳的位置，而太阳的位置便决定了节气的划分，所谓“易与天地准，故能弥纶天地之道”（《易·系辞上》）。因此，古人不仅利用八卦表示方位（如地平环上刻着的二十四个方位中的“四维”，便是用乾、坤、巽、艮四卦表示西北、西南、东南、东北四个方位），还用八卦来表示季节。所以，苏颂此仪的赤道环内侧与二十四个节气一起，还并列有与七十二候对应的卦象。兹将二十四节气、二十八宿、七十二候、六十四卦的对应关系表列于此（表3-3），供读者参考。

表3-3　二十四节气、二十八宿、七十二候、六十四卦对应关系表

春	孟	正月	立春	艮	泰	昏中星昴初度	东风解冻、蛰虫始振、鱼上冰
			雨水		䷚	昏中星毕八度	獭祭鱼、鸿雁来、草木萌动
	仲	二月	惊蛰		大壮	昏中星参九度	桃始华、仓庚鸣、鹰化为鸠
			春分	震	䷛	昏中星井十九度	玄鸟至、雷乃发声、始电
	季	三月	清明		夬	昏中星柳三度	桐始华、田鼠化为鴽、虹始见
			谷雨		[illegible]	昏中星张一度	萍始生、鸣鸠拂其羽、戴胜降于桑
夏	孟	四月	立夏	巽	乾	昏中星翼二度	蝼蝈鸣、蚯蚓出、王瓜生
			小满		[illegible]	昏中星轸二度	苦菜莠、靡草死、麦秋至
	仲	五月	芒种		姤	昏中星角二度	螳螂生、鵙始鸣、反舌无声
			夏至	离	䷫	昏中星亢六度	鹿角解、蜩始鸣、半夏生
	季	六月	小暑		遁	昏中星氐十二度	温风始至、蟋蟀居壁、鹰乃学习
			大暑		䷠	昏中星尾初度	腐草为萤、土润溽暑、大雨时行

续表

秋	孟	七月	立秋	坤	否	昏中星尾十二度	凉风至、白露降、寒蝉鸣
			处暑		䷓	昏中星箕六度	鹰祭鸟、天地始肃、禾乃登
	仲	八月	白露		观	昏中星斗五度	鸿雁来、玄鸟归、群鸟养羞
			秋分	兑	䷖	昏中星斗十六度	雷乃收声、蛰虫培户、水始涸
	季	九月	寒露		剥	昏中星牛初度	鸿雁来宾、雀入大水为蛤、菊有黄华
			霜降		䷖	昏中星女三度	豺乃祭兽、草木黄落、蛰虫咸俯
冬	孟	十月	立冬	乾	坤	昏中星虚三度	水始冰、地始冻、野鸡入水为蜃
			小雪		䷓	昏中星危五度	虹藏不见、天气上腾地气下降、闭寒成冬
	仲	冬月	大雪		复	昏中星室一度	鹖旦不鸣、虎始交、荔挺出
			冬至	坎	䷖	昏中星壁初度	蚯蚓结、麋角解、水泉动
	季	腊月	小寒		临	昏中星奎六度	雁北行、鹊始巢、野鸡始雊
			大寒		䷖	昏中星娄八度（宋皇祐值）	鸡始乳、鸷鸟厉疾、水泽腹坚

像这样详细地记载浑仪各环具体构造的资料，在我国古文献中是空前的。它不仅使我们清楚地了解元祐浑仪，还能使我们据此推知宋以前我国浑仪各环的大概情形。

苏颂的两重赤道，不仅是各有其用，而且他很强调两重环一表一面的相对重合，这可能意味着另一个重大用途。因为从《新仪象法要》的文字看，苏颂此仪的黄道与赤道是死接，而不是活接，没有像梁令瓒那样在赤道环上每隔一度打一个孔，不能反映黄道沿赤道的退行（“岁差”现象）。

（2）增置四象环。“四象环”完全是苏颂新增加的一种环，其大小应与三辰仪双环一样，其连接方式是：“附于三辰仪南北极，末与南天运环、黄赤道东西交相结”，即它有六个连接点，分别为：与三辰仪双环交于南北极，与黄赤道交于黄赤道东西交（二分点），且与天运环交于东西两点。可见，四象环的环面是与极轴重合，按经圈方向安置的，它和三辰仪双环一起恰好将天球分成四个象限。其作用如下：第一，加强三辰仪的机械强度，特别是使黄赤两道的东西交点通过四象环与南北极轴相连，不致因重力作用，年久变形下塌，即所谓“令两交无低垫之患”。第二，由于有四象环，输入动力的天运环便有了四个连接点，两处在三辰仪双环上，两处在四象环上，这样的结构是非常科学的。其优点是：对受力的三辰仪来说，使整个三辰仪受力均匀，避免天长日久，机件变形，同时四点对称，互成力偶，转动省力。对施力的天运环来说，四点对称，受到的反作用力均匀，不致使主传动轴（天柱）在水平方向上，南北东西地晃动；同时两对力偶施力，也提高了传动效率。

（3）求水平的结构。观测仪的质量在很大程度上决定于能否保证仪器安装的水平和北天极轴的校准。为保证整个浑仪的水平，苏颂设计了庞大的“水趺”，作为基座水平的校正器。这种“水趺”基座，早在北魏明元帝拓跋嗣永兴四年（412 年），斛兰（亦作解兰）等人所造的“太史候部铁仪”就有了。它是一个十字底座，仪器的东、西、南、北四根柱子就立在这十字底座的四端，底座上面凿有十字水沟，灌水后，就极便于底座水平安装。当时名叫“十字水平”，后来李淳风的“准基”、梁令瓒的“水平槽”、韩显符的“十字水平”、欧阳发的“水趺”，都是这种结构。苏颂继承了这种结构，并加以创新，水趺长一丈四寸，水沟深一寸四分，这个比例是符合近代流体力学原理的。因为一丈四寸是架起巨大浑仪要求的必要长度。如果没有一寸四分深的水，由于水的表面张力和水与器壁的摩擦阻力等的影响，将难以得到一个精确的水平。苏颂在水趺四个末端设置方一尺二寸的水斗（水趺原阔仅八寸四分），更有其科学道理。一是扩大了作为龙柱底座的底面积，以提高稳度；二是四端的水面扩宽，更便于得到精确的水平。苏颂又在十字水趺的中心（“十字之会”）开了一个二寸见方的空洞，叫“天门”，以便让主传动轴（天柱）从中通过，把动力送上三辰仪。这完全是创新，所有的旧观测仪都没有水力推动，其水趺自然不会开“天门”，所以说“旧无天门，今创为之”。

在六合仪的地浑环环面上，苏颂也凿有一圈水槽，这种构造始创于周琮、舒易简的皇祐仪，因地浑环是代表地平线的，为保证安装质量，苏颂把它继承了下来，并要求做到“通流以为准”；就是说当水在圈沟内还能流动时，说明环没安平，一直调整到圈沟内的水完全不流动并且水面与环面平齐时才算好。

（4）鳌云与龙柱的创新。鳌云是水趺上架设六合仪的正中的一根主柱，下立水趺中心，上接六合仪双环最低处，因柱周饰以云纹，柱下承以鳌座，故名“鳌云”。此制亦创设于北魏永兴铁仪，后来韩显符的至道仪取消了中间这根支柱，欧阳发的元丰仪又重新设置了。但那是实心的，只起支撑和巩固浑仪的作用，而苏颂的鳌云则是中空的，内含能转动的天柱，除起巩固支撑浑仪的作用外，还起掩护传动轴和固定传动轴的轴承作用，这是二者的不同之处。所以苏颂说：“其内隐天柱，上属天运环，乃新制也。”

龙柱一共四根，因上面饰以雕龙而得名，下立水趺的四个端点，上接六合仪地浑环的乾、坤、巽、艮四处。支撑浑仪的这四根柱子的形制和安法是很有考究的，历史上几经演革，从最早有详细构造记载的前赵孔挺的浑仪起，就是用的四根柱子，但那时它是支在地平环的子、午、卯、酉四个方向上。后来僧一行、梁令瓒的黄道游仪，便改成支在乾、坤、巽、艮四个斜角的方向。但那时的四根柱子是直立的，所谓“其势端直”。在使用时，工作人员每到这个方位处，便无处容身，影响了与它们相对的那一部分星空的准确观测，这就是“映蔽四维”的毛病。对此首先做出部分改进的是北魏永兴四年（412 年）制造的太史候部铁仪。它将南北两根柱子改成向外弯曲的，但东、西两根还是直立的，从元丰仪起，才把四根柱子都改成“曲抱之势”。苏颂吸取元丰仪的这一成果，“使人立其下，便于窥测”。

（5）极轴的设备与安装。浑仪的极轴是关键设备，历来制造专家都很重视。从孔挺开始，南北极轴就是安装在六合仪的天经双环（即子午环、孔挺叫双环规）上的，《隋书》只说及双环相间三寸，在相当于天球南北极处连接起来，并留一孔，这两孔的连线便是极轴。至于其构造，则只有“植楗于前后，以属焉”这句话，详情不得而知。苏颂在《新仪象法要》中记载颇详：“环内当南北极为枢孔，夹置杠轴，轴末出环外，各为脐二层，以安三辰四游之杠。内各为孔，与直距内望筒之孔相通。”此段文字中的“杠”，亦作“钉”（如《宋史》沈括《浑仪论》），本指车毂中之孔，以金属为里，用以穿轴，相当于今日之轴承；“杠”字又常与“毂”字相连，称“杠毂”，即指转动中心，《隋书》引汉末杨子云“难盖天八事”所说的“今北极为杠毂”，即指此。天经双环在南北极轴处相接，在连接处留有孔，即“杠”，然后以轴实之。轴末端向环内伸出杠外，上面分别套上两道可转动的圈（如脐状），以备分别套入三辰仪双环及四游仪双环的“杠”，其构造原理与今日钟表中心轴上可套时、分、秒三种不同转速的针孔相同。其妙处在三层环组同轴，但各转各的，互不牵动。因为三辰仪的黄赤道得昼夜不断地随天运转，而四游仪则只“有时亦追天运”，所以只有这种装置的极轴才能满足观测的要求。更为巧妙的是，“内各为孔，与直距内望筒之孔相通”，就是三重环的杠轴都是中空的，这样观测人员就可借此在安装时用测北极星的办法为极轴精确定位。沈括熙宁时所作的《浑仪议》曾论证过这一点。后来元朝郭守敬创制简仪时更专为此安装了定极环，很可能是受到苏颂这一设计的启发而创制的。

所谓极轴的精确定位，即极轴必须指向天球真北极。天球真北极在哪里？苏颂说：“于地浑面自北扶天而上三十有五度少弱，则北极出地之度也。于地浑自南属地而下三十有五度少弱，则南极入地之度也。”前文叙及必须保证地浑环的绝对水平，其作用之一也正是保证极轴的精确定位。但从地浑起量的这个度数，各个时代的测算方法并不一致。《晋书》引王蕃《浑天说》：“前儒旧说……北极出地三十六度，南极入地三十六度，两极相去一百八十二度半强。”《隋书》载晋虞喜《穹天论》：“天北下于地三十度，极之倾在地卯酉之北亦三十度……日行黄道绕极。极北去黄道百一十五度，南去黄道六十七度。”《隋书》又载南朝何承天《论浑天象》：“南北二极，相去一百一十六度三百四分之六十五度强，即天经也……从北极扶天而南五十五度强，则居天四维之中，最高处，即天顶也。其下则地中也。”《新唐书》载梁令瓒黄道游仪：“南去赤道三十六度，去黄道十二度，去北极五十五度。”与《隋书》何承天同，亦即《晋书》所云出地36°（因古度直角为91.31°，55°与36°互余）。不过这个出地36°或距天顶55°，都是以中原地区天下之中的阳城（洛阳附近的登封）的观测为准的，到北宋韩显符已“得出三十五度，乃北极出地之度也”。而沈括熙宁制器则云：“北极出纮（地纮，即地平）之上三十有四度十分度之八强，南极下纮亦如之。”现在苏颂此仪将北极轴方向定在出地35°稍弱，这当是苏颂采用的当时最新的精确数据。

历史上关于天北极的出地高度有不同的数据，显然与地平环的安装质量和真天极的定位这两个因素有关，当地浑环的水平安装有了技术保证之后，决定性的因素便是要找到真正北天极的位置。最早，我们的先人以为北极星便是天北极，“北极，北辰之最尊者也，其纽（苏颂原文误为细）星，天之枢也。天运无穷，三光迭曜，而极星不移，故曰居其所而众星拱之。旧说皆以纽星即天极，在正北为天心不动”，苏颂这里所说的“纽星”，又叫天枢星（即卷中《紫微垣星图》中的“北极”，非指北斗第一星)，即欧人的“鹿豹座34H”（李约瑟为32H或鹿豹座4339）。据《隋书》载：“贾逵、张衡、蔡邕、王蕃、陆绩皆以北极纽星为枢，是不动处也。”李约瑟也认为它可能是汉朝时候的极星，直到公元三世纪，陈卓还以为它是极星。南朝梁祖暅用仪器仔细观测，发现真正天北极（天不动处），距此纽星尚有一度多的距离，祖暅这一发现纠正了过去人们认为极星就是天北极的错误认识，也引起了后代人对极星位置观测的重视。北宋熙宁间，沈括用不断扩大窥管上端口径的办法，每晚观测三次，连续观测了三个月，绘出极星游动位置图两百多幅，结果不仅发现极星距真天极不动处约三度有余，而且更借此校正仪器的极轴，使其对准了真正的北天极。苏颂善于吸收前人、他人的研究成果，并亲自加以检验，确定新的数据，“今验天极亦昼夜运转，其不移处，乃在天极之内一度有半”这个结论是正确的。有了这个正确的数据，然后用望筒从浑仪枢轴杠孔中来瞄准它（距极星一度半处），所定得的极轴方位便准确无误了。苏颂的浑仪和浑象的极轴都是这样安装定位的。

（6）首创观测台活动屋顶。浑天仪为观天而设，几千年来都暴露在露天平台之上，这似乎是毋庸置疑的。但是天文工作者在长期的观测实践中逐渐感觉到，雨淋日晒，霜雪交加，会加速金属器件的锈蚀。同时冬天与夏天，昼午与夜半的温差，常使浑仪的器件处于热胀冷缩之中。这不仅会影响仪器的寿命，而且也会使器件变形，降低原设计的精度，造成观测质量的下降。所以现代化的天文台普遍设置了可以自动开闭的台顶，以保护观测用的仪器。但是任何事物都有一个发展过程，有这种构想并付诸实施的第一人便是苏颂。苏颂在《新仪象法要》卷下《水运仪象台》中写道：“浑仪置上隔，仪有三重：曰六合仪，曰三辰仪，曰四游仪。其上以脱摘板屋覆之。”“水运仪象台”是用轴测投影法绘制的整体外观图，从图上可清楚地看到，这屋顶为山字形两面分檐结构，每面用九块长方形木板拼铺而成，前说明文字中明确交代，这些木板是可以“摘脱”的。就是说，需要观测哪一部分星空，就摘去遮住这部分星空的那块木板即可。比如，挪开北面正中的一块木板，望筒内的视线便可直上重霄，北辰诸星，即可迅速全收眼底；不观测时，即可立即重新盖上。这样，整个浑仪就不再受始终暴露于外之苦了。故今日科技史学者众口称赞：苏颂此制乃近代天文台自动开闭台顶的直接祖先，成为苏颂水运仪象台所取得的国际公认的“世界第一”中的一项重要成就。

二、水运仪象台中层浑象的继承和创新与苏颂研制假天仪

（一）苏颂以前的浑象研制

在我国古代天文仪器中，浑象（或称浑天象）的制造由来已久。《隋书·天文志》云："浑天象者，其制有机而无衡，梁末秘府有。以木为之，其圆如丸，其大数围。南北两头有轴，遍体布二十八宿、三家星、黄赤二道及天汉等。别为横规环，以绕其外，高下半之，以象地。"可见，它是古人按照浑天学说设计的一种宇宙模型，相当于现代的天球仪。这里说到的"梁末秘府有"是《隋书·天文志》作者李淳风能够举出的最早的有据可查的浑象，实际上它的历史与浑仪一样悠久。

《帝命验》云："尧考德，期立象，远古之事，早已不可考，如三国王蕃所说：'古旧浑象，以二分为一度……莫知何代所造。'"《晋书》云："暨汉太初，落下闳、鲜于妄人、耿寿昌等，造员（圆）仪以考历度。"这个圆仪既可以是一重重圆环组成的浑仪，也可以是一个圆球似的浑象。那么，这三人中到底谁制造过浑象呢？西汉末扬子云的《法言·重黎》给我们做了解答："或问浑天，曰：落下闳营之，鲜于妄人度之，耿中丞象之，几乎莫之能违也。"耿中丞就是《晋书》所说的耿寿昌，他在汉宣帝时任大司农中丞。可见这三人中耿寿昌制造了浑象。这就说明在东汉张衡以前，浑象早已有人制造过，只是由于中国天文学的严格官方性质，"史官禁密，学者不睹"，"官有其器，而无本书，前志亦阙"而已。

张衡的浑象是有确切文字记载的："张衡又制浑象，具内外规、南北极、黄赤道，列二十四气、二十八宿、中外官星及日月五纬，以漏水转之于殿上室内，星中出没与天相应。"到三国时，陆绩、王蕃都制作过浑象，"陆绩所作浑象，形如鸟卵……绩意亦以天为正圆也"；而"蕃以古制局小，星辰稠概，衡器伤大，难可转移，更制浑象，以三分为一度"。

到南北朝时期，所制浑象更多，仅梁代就存有四架：第一，梁陶弘景（441—536 年）曾制造一架"修道所须，非止史官是用"的浑象，《南史·陶弘景传》对此记载颇详："又尝造浑天象，高三寸许，地居中央，天转而地不动。以机动之，悉与天相会。"第二，上引《隋书·天文志》所记"梁末秘府有"的木制浑象，地在天外，以环表示。第三，刘宋钱乐之在宋文帝元嘉十三年（436 年）制造的"以五分为一度……地在天内不动"

的浑象，此浑象在梁末时置于文德殿前。第四，元嘉十七年（440 年）小浑：以二分为一度，亦地在天内。《隋书》记述，元嘉时期这一大一小两架浑象，隋灭陈后运到长安，大业初年又被移到洛阳观象殿。

唐开元间，僧一行、梁令瓒制造了一座复杂的大型铜铸水运浑象。“圆天之象，具列宿赤道及周天度数。注水激轮，令其自转，一昼夜而天运周。外络二轮，缀以日月，令得运行。每天西旋一周，日东行一度，月行十三度十九分度之七，二十九转有余而日月会，三百六十五转而日周天。以木柜为地平，令仪半在地下，晦明朔望迟速有准。”

北宋太平兴国四年（979 年），巴蜀人张思训成功制造一座大型“水运浑天”。“其制：起楼高丈余，规天矩地……（上）布三百六十五，为日、月、五星、紫微宫、列斗建、黄赤道，以日行度定寒暑进退……并著日月象，皆取仰观。”

以上是苏颂以前历代浑象制作的大致情形。

（二）苏颂研制的浑象

苏颂的“浑象”和水运仪象台上的其他部分一样，也多有创新之处。善于继承，更善于创新，这是苏颂、韩公廉这个班子的根本特点和可贵之处。

1. 关于象体的大小

苏颂的“浑象正圆如球，径四尺五寸六分半”。我们知道张衡以四分为一度的浑象球，“周天一丈四尺六寸一分”，即使取 π 值等于 3.14，张衡浑象之径也有四尺六寸五分。而刘宋钱乐之的浑象球“径六尺八分少”。可见苏颂的浑象不仅小于钱乐之的，而且比张衡的也小。这是什么原因？为什么苏颂的浑仪趋大，而浑象的设计却反趋小呢？我们认为这正反映了苏颂、韩公廉的科学设计思想，不墨守成规，不偏执一见，而是从现实的三机共器的整体效益出发，机动灵活地处理问题。他们首先是考虑了动力问题，仪、象、报时机构三套装置共一动力。象球的大小要考虑到动力负荷的限度。其次，水运仪象台是木构建筑，象在台的中层楼上，也不得不考虑象体的重量，以保证楼板不因负荷过重而发生弹性形变，影响浑象的运转和推算的精确度。苏颂的确是考虑到这一点的。他在设计台体的地板时，“下布地栿，上布板面”。栿，音 fū，《正字通》云：“今人以小木附大木上曰栿。”可见地板是由纵横交错的三层木料铺成，底下一层是“大木”（多为园木）的横梁，当为疏置；上一层是“小木”（应该是方木）密拼而成；最上一层才是铺的板面。如此结实的地板，正是考虑到防止地板因负重而发生弹性形变，造成对观测、演示、推算的影响。可见他们的设计是非常缜密的。最后，宋代的手工业技术、工艺已经达到这一水平，即在球面上按距度布置满天星象，可以不必考虑恰好整数分度，如张衡浑象 4 分为一度，钱乐之 5 分为一度等（而苏颂此象约为 3.526 分为一度）。当然球体也不能过小，过小会降低使用价值，从径 4.565 尺来看，即使取 $\pi=3.14$，周长为 14.3341 尺，仍大于王蕃的“周一丈九寸五分、四分之三”。可见他们当时经过再三推算权衡，才认为大于王蕃、小于钱乐之（也略小于张衡）的这个大小是适度的。

2. 关于大地的模型

苏颂继承了仪器制造史上的积极成果，采取了实体天球的形式，并将大地模型装在球体外面。他在卷中《浑象》一章的说明文字中全文引述《隋书》所引王蕃关于“诡状殊体”的话，并郑重声明：“今地浑在浑象外，盖出于蕃法也。”但地在天外，历史上有两种形制：一是环状，如梁代秘府存放的那一种，“别为横规环，以绕其外，高下半之以象地”。另一种是设一正方形木柜作为安置象球的底座，使象球半在柜上，半隐于柜中，以柜顶平面代表地平，如僧一行、梁令瓒的浑象便是这种形制。苏颂择善而从，采取了后一种形制，即“地浑在木柜面，而横置之，以象地”。这有几种好处：第一，对于浑天学派的宇宙模型来说，它虽“诡状殊体”但“反观其形”，象征性更强；演示天球星象的东升西落，更真切合理；因为同一时刻，人目只能见到天球的一半。第二，大于球体的正方体木柜作为安置球体的基座，具有更强的坚固性和稳定性。第三，不论采用赤道牙或是用天运轮，一整套传动齿轮可以都放在柜里，既美观，又安全。

3. 关于星图的布置

关于张衡的“小浑”，据《古今图书集成》引《张衡本集浑仪》说，那上面只有代表黄赤道的篾环和各自的周天度数。如果上引《晋书》所载：至顺帝时，张衡又制浑象是他的另一座铜制浑象的话，那上面，不仅有南北极、黄赤道，标出有二十四节气、二十八宿、中外官星，还有日月五纬，显然已是一座实体天球仪了。但日月五纬是如何表示的，则不得其详。至唐开元间，僧一行、梁令瓒的浑象，《新唐书》便已有交代。其圆天之象上，除了“具列宿及周天度数”之外，还“外络二轮，缀以日月，令得运行”。而且明确交代太阳和月亮要在自己的轨道上按自己的周期运行。说明在这具浑象球外廓可能还有两个环，分别代表日道和月道，让它们分别载着代表日、月的小球绕象球运转。张思训的浑象，《宋书》亦明文记说是根据“开元遗法”，虽没写明日月是否另置有轮，但从“冬至之日，日在黄道表，去北极最远为小寒，昼短夜长。夏至之日，日在赤道里，去北极最近，为小暑，昼长夜短。春秋二分，日在两交，春和秋凉，昼夜平分”看，日月是各走各的轨道的。说明当时也是有各种不同传动比的齿轮组成的复杂传动系统。苏颂浑象球面的布置“大率仿《隋志》”，“并约梁令瓒、张思训法，别为日月五星，循绕三百六十五度，随天运转”。即大体上的布局仿梁末秘府所藏的那件，“别为日月五星”则是参考了梁令瓒和张思训的。但文献记载，梁令瓒的象球外廓只别为日、月，并无五星，只有张衡和张思训的，行文中才是“日、月、五星”并提，但均无具体资料。

我国古代的天球仪上到底如何同时表演日、月五星的运行？这个谜还是《新仪象法要》给我们解开了。苏颂写道：“又以五色珠为日、月五星，贯以丝绳，两末以钩环挂于南北轴，依七曜盈缩迟疾留逆移徙，令常在见行躔次之内，昼夜随天而旋。使人于其旁，验星在之次，与台上测验相应，以不差为准。此用一行、思训所说而增损之也。”显然，苏颂并未按照梁令瓒、张思训的思路继续搞下去，而是另辟蹊径。因为五星的运行皆有顺、逆、留，不似日月那样只有顺行，只要掌握了周期，便可从变速齿轮上想办法。苏颂可能是受到张衡“小浑”穿篾示度的启示，进行了大胆的革新：用丝绳穿上五色珠，按各自的视轨道，套在球体有关部位上，任其“随天运转”。“随天运转”可演示七曜的周日视运动，这是自动化的。“使人于其旁，验星在之次，与台上测验相应，以不差为准”，则又可演示七曜的周年（月亮则为周月）视运动，这是用人手拨动珠子实现的。比如，日一天东行一度，月一天东行十三度十九分度之七等，这是容易做得到的。于是，苏颂终于完成了一座能较全面地演示天体运行的天球仪。

关于纬星的布局，苏颂也吸取了前人的积极成果。自汉至唐球体上只有二十八宿，中外官星，并无三垣。因为从中国天文观测学发展史上看，三垣的形成远较二十八宿为晚。北宋张思训浑象上始有“紫微垣列宿、斗建”，苏颂说这是张思训的“新意”，并把它吸收下来。他的“浑象，则列紫宫于北顶”。但在象球上只标出“为占候之要”的天极、北斗，而在说明书中专门另绘一幅较详的《紫微垣星图》，“以具上象之全体”。

4. 几项技术数据的高精确度

（1）关于浑象球的南北极轴位置，我们在《苏颂浑仪的继承和创新》一文里已述及，苏颂用杠孔瞄准天北极以求极轴的准确定位。而对于天北极的真正位置，苏颂明确交代：“旧说：皆以纽星为天极，在正北，为天心不动处。今验天极，亦昼夜运转，其不移处乃在天极之内一度有半。”即浑象杠轴北端位于距纽星一度半（1.48°）处。据今人理论推算：北宋元丰年间，北天极不动处与纽星相距1.61°。苏颂的极轴误差仅0.13°。又苏颂说：“北极出地三十有五度少弱。”这当是当时开封的地理纬度。今知开封古岳台的地理纬度为34.8°，误差也仅为0.14°。所以浑象极轴的精确度是相当高的。

（2）关于黄、赤交角，苏颂说：“黄道出赤道外二十四度弱”，即黄、赤交角为23又11/12度（23°34′.4）。今天已经知道公元1088年黄、赤交角的理论值为23°34′.2，误差仅为0′.2，精度更高。

（3）黄、赤道走向，球面上黄、赤道画得是否准确，看《新仪象法要》所给出的二分二至点，便可知其大概。苏颂说：“元丰甲子岁（元丰七年即1084年），冬之日至在赤道斗三度，夏之日至在井九度少弱，春分日在奎初度强，秋分日在轸七度太弱，定为四正之宿。”今据理论推算，1084年冬至，日所在宿度应为赤道斗2.9度。可见苏颂取值之误差仅为0°.1（其他三正之日在宿度，详见《苏颂星图成就》一文，此处不赘述），其精度也是相当高的。

虽然苏颂浑象的实物没有留传下来，我们无法确知球面布局的实际情况，但《新仪象法要》所载的有关技术数据，的确反映了中国11世纪天文观测学的先进水平，按当时北宋手工业的高超技艺来说，实物情况当与所记数据相距不远。

（三）苏颂研制的假天仪

假天仪，也叫天象仪，是现代的名称，它是一种普及天文知识的仪器。在现代，一般利用电力机械和光学设备来模拟星空并表现天体运行规律。北京天文馆那座大圆顶的建筑物，便是为此而设的，现代技术已能使观众坐在里面看到非常逼真的星空，但它却是假造的，故称“假天仪”。显然，假天仪的一个非常重要的特点是人在它的里面仰面观看人造星空，如同人们在室外仰观天象一样。这一个特点就可以把它和浑象（天球仪）明确地区别开来。因为各种各样的浑象都是人站在天球外面来俯视“星空”的。

这是因为假天仪制造技术难度大，所以才不得不采取这种“反其形”的办法，其实是“其势不便”的。不过“于已解的”，也是“无异于内”的，并不影响人们对星座位置的厘定。几千年来，一直采取这种形制，但我们的祖先并未完全放弃制造能仰观天象的更为逼真的仪器。在苏颂之前约一百年，张思训制造了“太平浑仪”。《宋史》在详细介绍它的制作特点之后，又说了一句话：“并日月象，皆取仰视。”苏颂在《新仪象法要・进仪象状》中叙述张思训的创制时也说了这么一句话：“又有日月星象，皆取仰观。”那这个“又”字比“并”字更说明是另外又造了一架“皆取仰观”的仪器。这种推测还有一个证据，苏颂接下去说：“开元水运俯视图，亦浑象也，思训准开元之法，而上以盖为紫宫，旁为周天度，而正东西运转，出其新意也。”这就更明白了：一行、梁令瓒的浑象是俯视图，而张思训“准开元之法”又“出其新意”，显然这“新意”便是上述的“皆取仰观”的“日月星象”了，它是个什么样子呢？“上以盖为紫宫，旁为周天度。”盖是什么？苏颂在另一个地方做了解释：“古人所谓天形如盖，即天心为盖之杠轴，列舍如盖之撩辐，分布十二次舍之度数。”就是说张思训造的另一部仪器——像一把伞盖一样的半个圆球，悬在头顶上，中间是紫微垣各宿，四周列有周天度数，这样人站在盖下面，当然就必须“皆取仰观”了。遗憾的是，文字记载过于简略，没有留下具体的资料，对于张思训的假天仪，人们因不得其详甚至不敢肯定其是否存在。其实，这是没有疑义的。只要我们仔细翻检古代天文文献，就不难发现，远在张思训之前，我们的祖先早已制造过这类“皆取仰观”的简陋天象仪了，这就是古人按盖天学说的宇宙模型（天如伞盖）制成的演示天象的仪器。它的名字叫“盖图”。关于盖图的形制，《隋书・天文志》记叙颇为详明：“昔者圣王正历明时，作圆盖以图列宿，极在其中，回之以观天象。分三百六十五度四分度之一，以定日数。日行于星纪，转回右行，故圆规之，以为日行道。”为了表明四季太阳位置的变化，还在其上设置了直径不同的、用不同颜色标出的六个圆道。这就是“盖图”。“盖图已定，仰观虽明，而未可正昏明，分昼夜，故作浑仪，以象天体。今案自开皇以后，天下一统，灵台以后魏铁‘浑天仪’，测七曜盈缩；以‘盖图’列星座，分黄赤二道距二十八宿分度；而莫有更为‘浑象’者矣。”这就是说，在隋开皇年间，观测用“浑天仪”，演示用“盖图”，当时没有用“浑象”。我们从《隋书・天文志》的描述可看出“盖图”的主要特点：① 形如圆盖；② 上列黄赤道、二十八宿、周天度数；③ 极在其中；④ 人须仰观。可见张思训的制作和盖图如出一辙，它应该是从古代早已有之的盖图直接发展而来的。于是，我们似乎找到了中国古代假天仪由古老的盖图到张思训的制作再到苏颂的创制这一发展线索。苏颂出世上距张思训制仪不过40余年，或者他能看到有文字记载的资料（从《新仪象法要》中的文字和后来元代成书的《宋史》中的文字基本相同这点来看，很可能有这种同出一源的原始记录或实物遗存），或者口耳相传，这对后来苏颂敢于大胆接受许将的挑战，并终于制成了令人信服的、确实的、中国历史上最早的假天仪，至少是起过激励和启迪作用的。

关于苏颂的假天仪有两个方面的资料。首先是《新仪象法要》本身透露的信息。在卷中《紫微垣星图》章的末尾，苏颂有一段总结性的文字："然则'浑象'，人居天外，故俯视之；'星图'，人在天里，故仰视之。二者相戾，盖俯仰之异也。"又《浑象中外官星图》章也说："所以著于'浑象'者，将以俯察而知七政行度之所在也。著于'图'者，将以仰观而上合乎天象也。"这两处材料非常有趣，但过去长期被研究者所忽视。如何理解它们的含义？关键在这个"图"字上。因为这是《星图》的说明文字，所以人们理所当然地认为"图"或"星图"是指画在纸上的星图（这种画在纸上的星图，苏颂也是有独特贡献的，我们将另辟专文论述）。但人们应该思索：这种纸上星图是摊在桌上，或铺在地上、拿在手上看的，怎么需要"仰观"呢？又何来"人在天里"呢？原来这里的"图"字有另一个含义，即指实物仪器。如《隋书·天文志》记叙张衡"铸浑天仪"的下落时说："衡所铸之图，遇乱埋灭。"《旧唐书》记载，一行称梁令瓒所造"游仪木样"为"今梁令瓒创造此图"。《新唐书》记载，一行测子午线长度的工具叫"覆矩图"，描述用这种工具在各地测北极出地高度时，有时用"以覆矩斜视"，有时用"按图斜视"或"以图测之"。一行和梁令瓒合制的那座著名的天文钟的正式名字还叫"水运浑天俯视图"呢！上文已述及，古人常把按盖天学说制造的天象仪称作"盖图"，并把它与"浑仪""浑象"并列。所以"图"指实物仪器或工具当是没有疑问的。而"星图"亦即铸有星象的仪器。由此可见，《新仪象法要》这两段文字已清楚地告诉我们，在水运仪象台之外，苏颂、韩公廉还的确制造过另一个合乎天象实际、需人仰视的假天仪。只是《新仪象法要》本身没有关于它的具体材料，因为《新仪象法要》毕竟是专为水运仪象台而作的。

关于这架假天仪的具体情况，也有两方面的材料，一是《宋会要辑稿·运历二》，二是王应麟的《玉海·天道仪象》，二者文字大同小异，记载还算详细。在扼要介绍了苏颂提举别制新仪的经过、水运仪象台的主要特点和预制研究成功后，朝廷派翰林学士许将等去验收并命名为“元祐浑天仪象”等情况，之后说：“其后（许）将等又言：前所谓浑天仪者，其外形圆，即可布星度；其内有玑衡，即可仰窥天象；若仪象则兼二器有之，同为一器。今所建（《玉海》作‘见’），仪象别为二器，而浑仪占测天度之真数，又以浑象置之密室，自为天运，与仪参合。若并为一器，即象为仪，以同正天度，则两得之。请更作浑天仪。从之。”

这段文字讲了制作假天仪的起因。许将，《宋史》有传，福建人，状元出身，比苏颂小 17 岁，时为翰林学士。他为官为文都有成就，但并未专门做过天文工作，应该说对天文仪器制造是个外行。他之所以提出这么一个外行意见，倒不一定是出于恶意。这里可能有两个因素：一是文人爱抠字眼，即所谓“必也，正名乎”。既名曰“浑天仪象”，就不应仪归仪、象归象，而应仪象合一，才名实相符。二是可能受到诸如《隋书》之类关于盖图能“回之以观天象”之类记载的影响。许将不仅提出要把观测用的仪和演示用的象合为一体的原则要求，还提出了“即象为仪”，即以浑象为基础，把观测设备搬进象里边去的具体方案。他的这个方案得到皇帝的批准，这等于是给苏颂出了一道难题。但作为科学家的苏颂还是勇敢地承担起了这一艰巨任务，他和韩公廉一起，重新设计构造、布算星位、施工制作，花费了几年的时间，终于制造成功。

文献是这样记载的：“颂因其家所藏小样而悟于心，令公廉布算，数年而器成。”苏颂家藏的这件“小样”是什么？语焉不详。从能使他“悟于心”，再从上述此类仪器发展线索来看，这件“小样”很可能是一件张思训式的盖图。如果是“浑象”，那么，水运仪象台上的那座他自已领导设计制造的大浑象已足够使他“悟于心”了，何必家存“小样”呢？文献明确指出用了数年时间，但这数年之内，只强调了一个“布算”，而对器体结构、制造工艺的焦思竭虑只字未提，这是有道理的。因为许将要求“即象为仪，同正天度”，就是说，“象”所演示的星象，不必用“仪”的直接观天来校正，人们只需坐在“象”内观假天象，即可达到“正天度”的目的。这就必须做到“中星、昏、晓，应时皆见”。而以一个人造的小小圆球，完全如实地布置上满天星斗，谈何容易！按《新仪象法要》所载，当时中外官星，其名 246，共数 1281，紫微垣是其名 37，共数 183，二项总名

283，星数1464。要将它们，至少是紫微垣和二十八宿，按天上的实际位置按一定比例缩小布置在球面上，球体面积越小，求得星位精确度的难度便越高。而且这布算还应以现实观测为基础，没有现成的星图可依。这是一项多么艰巨而复杂的工程啊！正如苏东坡所说："布算以步五星，不如仰观之捷！"外行人真把内行人整苦了！但历史的辩证法却往往和人开玩笑，结果出人意料：中国第一个真正的假天仪诞生了！苏颂和韩公廉为中华天文仪器制造史又写上了光辉的一页。

这具假天仪是个什么样子呢？"大如人体，人居其中，有如笼象，因星凿窍，如星以备。激轮旋转之势，中星、昏、晓，时皆见于窍中。星官历翁，聚观骇叹，盖古未尝有也。"由此可见此器的大略情形。

第一，从整体上看，"有如笼象"，说明是一个完整的空球形，已完全改变了古老盖图或张思训式盖图那种半球式的伞盖状。因此，工作人员不是站在地上仰观，而是要钻到球体里面去仰观。这一点与现代假天仪是一致的。

第二，球面布置"因星凿窍，如星以备"。根据严格、慎密布算的结果，按照天上星宿的位置（或许还有星等的大小），在球面上凿洞。人在球里借球外光线看到一个个光点，如同满天星斗的真实天球一样，这就达到了"如星以备"的效果。

第三，有了水运仪象台水运动力机构设计制造的成功经验，不难做到让它与真实天球同步运转，所以"中星、昏、晓"才能"应时皆见于窍中"，因而也才能达到"即象为仪、同正天度"的目的。不难想象，球体下半，应该有木柜遮住光线，球外还应设有子午双环，这样才能观测中星和昏晓星度。

具有这样性能的精密仪器展示出来，即使今人也会感到惊讶，无怪乎当年的"星官历翁，聚观骇叹"！我们今天坐在北京天文馆天象厅里欣赏那满天星斗、七曜运行，非常逼真且节省时间，但那是花费巨款购进外国的现代化光学设备、耗用电力才做到的，且并不具备"即象为仪、同正天度"的功用！而苏颂、韩公廉于900多年前的这项创造，其难度之大、工程之艰、设计之巧、运算之精，是当时世界上其他国家所望尘莫及的。我们后代子孙也应从苏颂和韩公廉的创造中总结经验，吸取力量，为祖国科技强大而努力拼搏。

三、苏颂星图的继承与创新

苏颂的《新仪象法要》中，除介绍水运仪象台中层密室的自动化浑象的详细结构和球面的具体布置而外，还绘有五幅星宿位置图和九幅四时昏晓中星图，每图亦各附有简要说明文字。这些图不仅总结了我国11世纪以前天文观测学的巨大成就，而且反映了当时我国星图绘制工作的巨大进步，至今仍为世界各国天文工作者所瞩目。

（一）苏颂以前的星图成就

星图是记载恒星的一种方法，也是学认、研究恒星的一种工具。由于我国天文学发展很早，因此对恒星的观测记录也很早，记录的方法也是多种多样的。最原始的方法大都是一星一条的单独记载，如散见于经、史、子、集中的大量文字。这对于证认并研究恒星和传授天文知识是非常不便的。自从把恒星分群组成星宿（座）和星空分区法产生之后，就有了“星表”和“星图”，这是两种相辅相成的记录方法。星表是用文字按星座记录，并具体给出它们的相对位置。我国最早的星表叫“星经”，就是苏颂在《新仪象法要》中多次提到的“三家星”：巫咸、石申、甘德的星经。巫咸一般认为是商代星象家，石申、甘德皆是战国中期著名占星家。三家星经都早已亡佚。既有星表，当然就可以按照星表上所记录的星位绘制星图，所以《晋书》说他们“皆掌著天文，各论图验”。

从《开元占经》所大量引述的《石氏星经》的文字看，《石氏星经》已用精确的度数来记录恒星的位置，其所记恒星大多有入宿度、去极度和黄道度三个坐标量，由此可见当时绘制的星图还是相当精确的。按《隋书·经籍志》所载，石申不仅著有《天文》八卷，还著有《浑天图》一卷，在隋唐以前流传，可惜后来失传了。我们现在只能说三家星表是我国最早的星表，也是公认的世界上最早的星表（比希腊《依巴谷星表》早两个世纪），因为辑本尚在，可供研究。但我们无法说三家星图是我国最早的星图，因为已无文献可考了。此后，不论是《吕氏春秋》《淮南鸿烈》，还是《史记》《汉书》的天文专篇，都是有表无图。但这并不等于说当时就没有星图存在。如东汉初，班昭、马续写《汉书·天文志》，由于他们都不是搞天文的，因此所写星官数远小于三家星总数。他们非常老实地承认，这些数字是当时“天文在图籍，昭昭可知者”。就是说，他们只是根据当时星图上很明显地标出来的星数记录的。在我国古代关于宇宙结构的三派中，盖天学派时代最早，因此，我国最早出现的星图应是盖图。现今流传下来的我国最古老的一部天文算学著作《周髀算经》卷上之三有一幅七衡六间图，图为以北极为中心的七个同心圆，最内一圆叫内衡，最外一圆叫外衡，在内衡之外、外衡之内的适当位置绘出二十八宿和其他星象。显然这是以北极为中心的一幅平面星图，历来研究家都认为它是盖天派为说明其学说而特制的（从东汉蔡邕开始，人们还径直把盖天家称作“周髀家”）。《周髀算经》最后成书虽在汉代，但书的主要内容却反映了战国以前我国天文算学的水平。除了上引《汉书》提到的星数来源于图籍外，有文献可考的，一是张衡曾作《灵宪图》一卷。张衡本是浑天家，但从他的《灵宪》一文和《晋书》《隋书》对其浑象球面布局的描绘来看（紫宫居中央、二十八宿布于四方），画在平面上仍是一张圆图。这种圆图，一直到隋唐，人们仍把它称作“盖图”。如果说对张衡的盖图还含有推测成分的话，那么蔡邕《月令章句》中的“官图”便应确定无疑了。它明确记载为三个不同直径的同心圆，圆心为北极，周围35度为内规（恒显圈），最外圈的星常伏不见，中规圈内的星半隐半现。《汉书》所说的图籍，大概就是这种形式的星图，这以后就是三国吴太史令陈卓汇集三家星所画的那个最著名的星图了。陈卓星图虽为历代《天文志》所津津乐道，但图同样没有流传下来。南北朝时期，这种星图很多，隋统一时，文帝命令庾季才、周坟以这些图为基础，绘制了一幅非常完备的盖图。《隋书》中是这样记载的：

> 高祖平陈，得善天官者周坟，并得宋氏浑仪之器。乃命季庚才等，参校周、齐、梁、陈及祖暅、孙僧化公私旧图，刊其大小，正彼疏密，依准三家星位，以为盖图。旁摛始分，甄表常度，并具赤黄二道，内外两规……自此太史观生，始能识天官。

这说明当时的星图确实已经成为查找恒星的工具，能帮助太史局的生员们去认识满天星宿。

由此可见，中国星图早期阶段的盖图是以天北极为中心的圆图。这种画法自古到隋唐未改变，但从现在发现的材料看，也正是在隋唐时代，这种传统的星图画法开始有了突破性的进展。

圆图的起源，很明显受到“天圆如张盖”这一古老的盖天派宇宙模式的强烈影响，但同时也因为它能满足当时较低水平的观测实践的需要。对华夏族先民来说，黄河流域中原地区的人们最早重视观测的、对人们生产生活有直接关系的就是天顶区域的星宿。用圆图去记录它不仅很方便、直观，而且使用它来查找恒星、传习后学也非常有效，因为它能逼真地反映北部星空星位的实际。但随着天文观测实践的发展，人们对黄赤道附近二十八宿、中外官星的观测大大加强，成绩斐然，继续用圆图来纪录和描绘全部星空，便发现了失真问题。即图上的星位与实际星空上的星位相比变形很大，离北极越近失真越小，离北极越远失真越大，特别是赤道以南的星宿。这是将立体的球面投影到平面圆面上不可避免的缺点，因此大大削弱了星图对天文工作的价值非改进不可。

关于我国最早是什么时候开始另创星图画法的，已无资料可考，但《隋书·经籍志》记有“《天文横图》一卷，高洪文撰”。高洪文《隋书》无传，其名亦仅在此出现过一次，其书又早佚。虽无凭证，但《隋书》既已著录，说明至晚在隋代有过这样的“天文横图”。顾名思义，我们从唐代出现的横图中可知，这横图是相对于圆图而言的，是采取正柱式投影法画的矩形平面图。即将球面剖开，拉成柱面，然后画成平面图。它的优点是图中黄赤道附近的二十八宿比较逼真，变形不大；缺点是两极星座变了形且拉大了距离，失真较大。克服了一个缺点，导致了另一个缺点，这几乎是人类科技发展史上的常例。苏颂说：“古图有圆纵二法。”北宋人所说的“古”，至少也是隋唐吧！可见这种横图（即苏颂所说的“纵法”）是确实存在过的。苏颂说“有”，或许北宋时还能看到“古”代的这种纵图。到唐代，大天文学家僧一行便明确指出圆图失真的缺点，而且着手改造这一画法。他研究了月亮出入黄道的情形，画了 36 幅图，发现按圆图球面投影的画法，赤道可以是一个正圆，但黄道决不可能是正圆。因为黄道除春秋二分点与北天极等距外，冬夏二至点与天极距离差别颇大（进退 24 度），只可能是一个椭圆。于是他采取了类似近代的描点画法，重新做出符合实际的黄道。大概正是由于僧一行这一见解的巨大影响，因而才出现了近代发现的绘于公元 8 世纪初的敦煌卷子中的圆横结合的星图。

敦煌卷子的发现和被盗往英国，是举世皆知的中国近代文化史上的一件大事。那里面就有一卷星图，斯坦因的编号是 MS3326，现存于伦敦大英博物馆。这一卷星图代表着中国星图绘制史上的一个里程碑。第一，它载星 1350 颗，是世界上现存星图中最古老、星数最多的一套星图。在 1609

年望远镜发明之前，国外始终没有超过1022颗星的星图。第二，它开创了一种新的圆横结合的星图新画法：对赤道附近的星座采用隋代出现过的圆柱投影法，按一年12个月太阳的位置，画成12段矩形图（欧洲人Mercator首创圆筒投影法已是16世纪的事情，晚于此图800年）；对紫微垣的星则仍用古已有之的传统球面投影方法，画在另一张圆图上。这样，两种画法的缺点都克服了，两种图对照参合，就比较符合天象实际了。这种圆横结合的画法已开近代星图画法的先河。

（二）苏颂星图的成就和创新

苏颂星图在此前我国星图学已取得成就的基础上达到了新的高峰。苏颂具有科学开创精神，他在所涉及的几乎每一个学科领域，都不会在前人的台阶上踯躅不前，而总是站在前人的肩膀上继续攀登。这正是中华民族应该发扬光大的民族精神！

苏颂在《新仪象法要》中所绘制的是由五幅图组成的一整套星图，它明显地分为两组：第一组由一幅圆图和两幅横图组成。圆图为紫微垣。两幅横图分画二十八宿、中外官星：第一幅名“浑象东北方中外官星图”，载青龙、玄武二象，自角宿到壁宿；第二幅名“浑象西南方中外官星图”，载白虎、朱雀二象，自奎宿到轸宿。第二组为两幅圆图。两幅都以赤道为圆的外界：一幅为以北天极为中心的北天全图；另一幅为以南天极为中心的南天全图。这是苏颂星图的总体情形。细析之，其贡献主要有8个方面：

第一，巩固了以敦煌卷子星图为代表的唐初以来的圆横结合的先进星图画法，并又有重大发展。由上述简括介绍可知，除第一组外，它还新创了第二组星图，这是前所没有的。对此，苏颂在图后有一段精彩的说明文字：

> 古图，有圆纵二法：圆图，视天极则亲，视南极则不及；横图，视列舍则亲，视两极则疏。何以言之？夫天体正圆，如两盖之相合。南北两极，犹两盖之杠毂，二十八宿如盖之弓撩；赤道横络天腹，如两盖之交处。赤道之北为内廓，如上覆盖；赤道之南为外廓，如下仰盖。故列弓撩之数，近两毂则狭，渐远渐阔，至交则极阔，势之然也。亦犹列舍之度，近两极则狭，渐远渐阔，至赤道则极阔也。以圆图视之，则近北，星颇合天形；近南，星度当渐狭，则反阔矣。以横图视之，则去两极星度皆阔，失天形矣。今仿天形为覆仰两圆图。以盖言之，则星度并在盖外，皆以圆心为极。自赤道而北为北极内官星图；

赤道而南为南极外官星图。两图相合全体浑象，则星官阔狭之势，与天吻合，以之占候，不失毫厘矣。

很清楚，苏颂新画法的创新之处就在于既保存了圆图和横图各自的优点，画出第一组星图；又着意克服单纯圆图和单纯横图的缺点，以赤道为界将天球一剖为两半，然后分别投影画出南半球和北半球的全天星图，使其更接近星空实际。两组星图综合对勘使用，已经超出古代星图的记录星象、证认恒星、传习后学的传统功用的范围，而具有推算星度的技术资料的价值（可惜由于历代传刻的错讹，现在见到的已非原作）。这是苏颂星图最突出的贡献（鉴于敦煌星图已流落国外，苏颂星图便是我国现存最古老的珍贵星图）。

第二，仅就第一组两幅横图来说，就已比敦煌星图前进了一大步。敦煌横图画在一幅长卷上，周天星宿被分割成十二段，段与段之间夹着说明文字，并不是连续排列的星图。而苏颂的横图仅分为两段，按二十八宿次序连续排列，两段之间紧密衔接，更具实用价值。

第三，从排列次序来说，敦煌星图还是按照古代十二次分野，从玄枵（子）开始，中间夹叙古分野占验之文字。而苏颂星图则按二十八宿的顺序，从角宿开始一直排到轸宿。星图之后所附的说明文字中，除偶及“十二次”一词外，对分野占验只字未提，其科学性程度大为提高。

第四，就二十八宿顺序来说，苏颂星图也有自己的独到之处。中国天文观测学的二十八宿体系形成之后，《吕氏春秋》和《淮南鸿烈》所记的顺序是：东（青龙）→北（玄武）→西（白虎）→南（朱雀），但《史记·天官书》和《汉书·天文志》却都是按东→南→西→北的顺序记载的。大天文学家张衡《天象赋》中的顺序则按前者而非后者，这是有道理的。因为我国地处北半球，先民首先注意观测的重点是北极附近的紫微垣，所以习惯面北而观，人目所见是天球左旋，四象依次出现于天顶的顺序是东→北→西→南，也与黄道上的冬至→春分→夏至→秋分各点的时序一致，东→南→西→北则违背天象实际。苏颂善于择善而从，宁舍权威的《史记·天官书》《汉书·天文志》，而取《吕氏春秋》和《淮南鸿烈》，这真是难能可贵的。

第五，关于星数，历代传习下来的三家星数：巫咸测定的有 33 座、144 星（《新仪象法要》注明图中用黄色表示者）；甘德测定的有 118 座、

510 星（苏颂星图中用黑色表示者）；石申测定的有 138 座、810 星（《石氏星经》原有 120 座、121 星，今本只存 86 座、115 星）。总星座数因归划方法不一，可能有重复，无法统计，但总数确有 1464 颗。司马迁的《天官书》仅记有星官 91 个，包括恒星 500 余颗。班昭、马续的《汉书·天文志》只记“凡天文在图籍昭昭可知者。经星常宿中外官星凡一百一十八名，积数七百八十三星”（《史记》《汉书》均缺壁宿）。到东汉，张衡著《灵宪》（约 118 年）说：“中外之官常明者百有二十四，可名者三百二十，为星两千五百，而海人之占星未存焉，微星之数盖万一千五百二十。”三国时，陈卓将先秦时代流传下来的各派占星家所测定的星官，并同存异，综合编成一个具有 283 官、1464 个恒星（仅《隋志》记为 1565 个）的星表，并曾为之测绘了星图，一直为后世天文家奉为圭臬。《晋书·天文志》记为 285 官、1295 星，少 38 官、169 星，与叙题 283 官、1464 星不应数。《隋书·天文志》记为 285 官、1426 星，较《晋书》叙，多 2 官，少 38 星。正如吕子方先生所指出的：晋、隋两“志”星数较古遗落颇多，是修此二“志”者玩忽所致。现在苏颂星图，东北方星座 129、星数 666，西南方星座 117、星数 615，计中外官星 246 座、1281 星，外加紫微垣 37 座、183 星，共计 283 座、1464 星，恢复了陈卓之数，弥补了晋、隋两“志”的遗落。这是苏颂星图的一大功绩。

第六，与敦煌星图收星 1350 颗相比，苏颂星图不仅星数增加了 114 颗，而且所记星位全是根据现实观测得来的。敦煌星图，从每月星图下面的说明文字看，每月中星及日躔宿度，还是沿用了《礼记·月令》中的说法，如“正月，日会营室、昏参中、旦尾中”等，并不反映成图时代（8 世纪初）天文观测的新成就（如 8 世纪初僧一行重新测定了二十八宿的距度和大约 130 颗恒星的位置与古代所测位置不同）；而苏颂星图则不同，《新仪象法要》中几处文字交代、星图上的星宿位置，均是按照元丰年间（1078—1085 年）的实测距度来定位的。这说明这些星图是根据前他不久的实测数据绘制出来的，反映了中国 11 世纪天文观测学的新成就。

第七，星位精确度大大提高。元丰观测的精确度到底如何呢？《苏颂浑象的继承与创新》一文已述及冬至点斗三度的位置，其误差仅为 0.1 度。据今人研究，其全部二十八宿距度的平均误差约等于 0.4 度。笔者又将卷中《四时昏晓中星图》所提供的四正中星度数和日躔宿度之间的星日度距全部推演一遍，其结果如表 3-4 所示。

表 3-4 四正星、日度距表

		理论值	依元丰测度推算值	二者误差
春分	昏	100. 44375 度	100. 833334 度	0. 38958 度
	晓	100. 44375 度	101. 5 度	1. 05625 度
夏至	昏	118. 70625 度	118. 5834 度	0. 12285 度
	晓	118. 70625 度	119. 4166 度	0. 71035 度
秋分	昏	100. 44375 度	100. 583333 度	0. 139583 度
	晓	100. 44375 度	101. 416666 度	0. 972916 度
冬至	昏	82. 18125 度	82. 3333 度	0. 15208 度
	晓	82. 18125 度	83 度	0. 81875 度
总计				4. 36 度

显而易见，元丰测值的星日度距与理论推导的星日度距的平均误差为 4. 36 ÷ 8 = 0. 5453 度，日星度距为 1/4 周天，相当于七个宿度，误差仅 0. 5 度多一点，平均每宿距度之误差不过 0. 5453 ÷ 7 = 0. 0779 度。这比之后徽宗崇宁年间（1102—1106 年）姚舜辅的测量值（其误差的绝对值平均只有 0. 15 度），也不逊色。

遗憾的是，我们能看到的《新仪象法要》中（不论什么版本都一样）所附星图，其精确度却已大大打了折扣。兹以《丛书集成初编》本为例，一是两幅横图所画二十八宿距度大多与元丰所测的实际度数不符，所采用的比例尺前后不相一致。大体看来，好像是按 1 毫米表示 1 度作图的，但只有氐、牛、虚、娄、星等宿的宽度与它们的距度相符。其余有少部分宽度大过距度，如角 12°，却有 17mm；箕 11°，却有 14. 2mm；等等。大部分均小于距度，如井 34°，只有 28. 5mm；斗 25°，只有 17. 3mm；胃 15°，只有 10mm；轸 17°，只有 11. 1mm；亢 9°，只有 5. 1mm；等等。有的同一宽度却用来表示不同距度，如用 17mm 表示的就有角（12°）、尾（19°）、斗（25°）等。还有同一距度用不同宽度表示的，如室、毕、张、轸同为 17°，在图上的宽度却分别为 15. 4mm、19mm、14mm、11. 1mm。二是两幅圆图，本是直接用弧度表示的，应该不易出错，但实际量度一下，便发现大多不准确，且出现有几度的误差。如北极星图中，虚宿本为 9°少强，图上却只有 3. 5°，危宿 16°，图上却有 21°；在南极星图中，星宿本为 7°，图上却是

10.5°；等等。出现反不如横图准确的怪现象，很明显是由传抄翻刻造成的。因为同样是根据明钱曾的那个“图样界画，不爽毫发”的抄本翻刻的，《四库全书》（文渊阁本）的两幅横图就比丛书集成本要好一些，如上述箕（11°）为11.4mm，井（34°）为32mm，斗（25°）为26mm，胃（15°）为14mm，亢（9°）为9.8mm。还有鬼（2°）2mm，昴（11°）11mm，虚$\left(9\frac{1}{3}°\right)9\frac{1}{3}$mm等，与元丰测值便比较接近一些。圆图则更好一些，除娄、张两宿外，其他各宿大多与实际度数基本相符。如上述丛书集成本中的虚（3.5°）、危（21°）完全改正过来，各为9°和16°，并且补上了丛书集成本南极图中女宿所缺的一条经线。但《四库全书》（文渊阁本）也有不及丛书集成本的地方。如它的星座没有联线，且星的相对位置（星座形状）失真较大；又，丛书集成本横图中表示距度的直线，大多严格通过各宿的距星，而《四库全书》（文渊阁本）则常偏离了距星。所以两者各有优缺点。但总的看，两个版本的星图圆图都比横图质量高，可以说基本保持了苏颂星图的原貌。特别是北天极的精确位置是令人吃惊的。《新仪象法要》中苏颂曾强调过当时的真天极在距北极星“一度有半”处。《四库全书》（文渊阁本）北极星图的外圈半径为65mm，代表91.31°，每mm相当于0.712°。仔细量度其圆心，恰在偏离北极星2.1mm处，正相当于1.495°，这十分准确地反映了苏颂关于实际天极位置的观点。因此我们说这些星图仍不失为国内现存的年代最早的一幅具有科学价值的刊印星图。

第八，最后要说及的是此星图中的黄赤道表示方法。两幅圆图中，北极图内小圆为内规，外大圆为赤道；南极图内外大圆为赤道，内小圆为外规（其内星宿对北半球居民说，终年常伏不见，故留空白）。两图都没有画出黄道，这是一个缺点。两幅横图中，上界横线为内规线，下界横线为外规线，中间一道横腰直线便是赤道。在第一幅横图（从角宿到壁宿）赤道的南方和第二幅横图（从奎宿到轸宿）赤道的北方，各有一条弧线，若将两幅横图在秋分点处对接在一起，这两条弧线便组成了一条以赤道为坐标、以秋分点为O点的正弦函数曲线，这条正弦曲线的负正（南北）峰值点便是冬至点和夏至点，东西两端与赤道的交点为春分点，将其卷成圆筒，在春分点处对接起来，便是一完整的黄道。虽然画得不够精工，曲率不甚均匀，左右不甚对称，且二分二至点的位置也有较大误差，但在横图上采用这样的办法来表示黄道，这是苏颂星图的又一创造，它开创了现代星图的黄道画法。这是值得大书一笔的。

还应该指出的是：卷中四时昏晓中星图详列西汉太初年间、唐开元年间和北宋元丰年间的二分二至的昏晓中星及日躔宿度，是颇有学术价值的。虽然苏颂回避了岁差这样一个对于天文历法意义重大的科学问题，但他却为后人进一步确认岁差、研究岁差的准确规律提供了启示和系统的资料，这是十分有意义的。

总之，和《新仪象法要》中的其他科技成就一样，苏颂星图的成就也是非常突出的。它的影响早已越出了中国的国界，它所代表的中国天文制图传统早已折服了西方科技史界。

英国李约瑟博士说："欧洲在文艺复兴以前可以和中国天文制图传统相提并论的东西，可以说很少，甚至没有。"西方的另一些科技史专家，如蒂勒（Thiele）布朗（B. Brown）和萨顿（Sarton）也都认为，从中世纪直到14世纪末，除中国的星图以外，再也举不出别的星图了。

四、苏颂发明的擒纵器

（一）苏颂以前有关擒纵器的文献记载

我国以水为动力的天文仪器由来已久。最早有明确记载的是东汉张衡制造的水运浑天仪，以后三国孙吴的葛衡（约在公元260年左右）、刘宋时期的钱乐之（约在公元436年左右）、北魏的晁崇（约在公元402年前后）、萧梁时期的陶弘景（约在公元560年前后）和隋代的耿询（约在公元590年前后）等都制造过这一类水运机械，但史料记载过于简略。例如，关于张衡的水运浑天仪，只有"以漏水转之于殿上室内，星中出没与天相应"等语，具体情况不得而知，能否做到模拟天象运行，仅凭"以漏水转之"几字，的确使人生疑。

1. 隋以前没有擒纵器

第一，古时机械无润滑系统，又多为滑动摩擦，故摩擦阻力特大。漏水的流速虽相对稳定，但其压力太小，难以推动那么大的机械。

第二，浑仪受恒力作用必然产生加速度，不可能保持对真实天球运动的模拟，而要想在恒力作用下得到间歇式的等速运动，必须有擒纵器。

隋唐以前是否有这种发明已毫无线索可寻。今日学者"宁可相信最古的水运浑象在漏壶流水之外尚需人力作为动力，而漏壶则主要起着向人们发出动作信号的作用”。

2. 隋代耿询的浑仪

《隋书·耿询传》载：“询创意造浑天仪，不假人力，以水转之，施于暗室中，使智宝（智宝姓高，太史局官员，耿询曾从他学天文算术）外候天时，合如符契。”这既可说明此前的史料没有明言“不假人力”，使怀疑有了根据，又可说明隋代已可能有了控制齿轮的某种原始的擒纵器。所以到了盛唐时期，由于生产力的发展和手工业的进步，僧一行和梁令瓒终于正式制造出了这种擒纵器。根据《新唐书》和《旧唐书》的记载，他们合制的开元水运浑天，不但能演示天球和日月的运动，还立了两个木人按刻击鼓、按辰打钟，已具“天文钟”雏型。如果没有解决擒纵器问题，就不可能做到这一点。所以李约瑟说：“毫无疑问，大约于公元725年，一行和尚发明水轮和起联系作用的擒纵器，而列入第二的是巧匠梁令瓒。”遗憾的是，由于技术水平还没有达到能设计制造润滑系统和解决金属防锈的问题，因而“无几而铜铁渐涩，不能自转，遂藏于集贤院”。不久“安史之乱”爆发，紧接着就是“藩镇割据”和“五代纷争”，政治的动乱和经济的破坏，使一行之后，再无人继起研究，遂致失传。而一行又没有留下任何关于擒纵器的具体文字资料，因此李约瑟说：“在张衡和一行之间，我们不知道擒纵器采取什么样的形式，或者，甚至是否有个擒纵器。苏颂的水运仪象台的命运虽并不比张衡和一行好，但他为它撰写的这部《新仪象法要》却基本完好地保存了下来，这是我国现存最早的、最详尽的一部天文仪器专著。它使人们有可能清楚地了解这个伟大发明本身的具体结构。”正像李约瑟博士所说：“它的重要性是使人认识到第一个擒纵器是中国发明的，那恰好是在欧洲人知道它以前六百年。”

（二）苏颂擒纵器的结构

由本书“天衡”图（图3-31）可以清楚地看出：苏颂的擒纵器是一整套复合杠杆装置。主杠杆（天衡）的位置在枢轮的上方东侧，它是一根长铁杆。主杠杆的支点在枢轮上方东侧两根天柱间的横梁（天梁）上。它的结构像骆驼背上的驼峰，都是铁制的，故名“铁关轴”。由于驼峰两头高，中间凹下，且中间凹下处又做成中间高两侧低，非常光滑，如今日磅秤或天平上的“刀口”。这样不仅使天衡杆在南北方向上定了位，而且其在东西方向上转动的摩擦阻力很小，所以能“常使转动”。“天权”（平衡体，如同秤锤）挂在主杠杆的尾部（即东端）。天权的位置是可以移动的，当全套设备安装完毕并全部调试好后，再将天权固定起来。在主杠杆的头部（即西端），有一与天衡杆成直角相交的短截横杆，名叫“天关”。其长度以恰好能挡住枢轮上位置最高的一双轮辐为准。“天关”与“天衡”相交处为“死接”，要求有相当的机械强度，以抗拒巨大枢轮的转动力矩，阻止它转动。

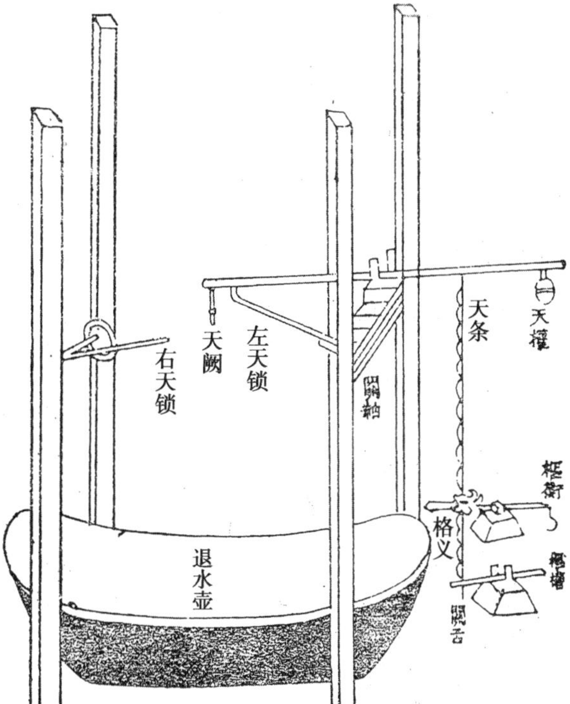

图 3-31 天衡图

在“天权”里面（即西边）和铁关轴的右边（即东边）垂下根细长铁链，名叫“天条”，其长度略大于枢轮直径之半，约五尺五寸多。天条下端连接“关舌”，“关舌”便是这复合杠杆装置中的第二组杠杆。其支点也叫铁关轴，构造也相同，安在平水壶的下一根南北向的横桄上。这根小杠杆的西端叫“关舌”，其作用是顶住枢轮边上的铁拨子。与天条相连，东端亦有一平衡体叫“枢权”。

在平水壶的上一根南北向的横桄上，安着第三组小杠杆的铁关轴。这根横杆西端叫“格叉”，其作用是托住枢轮边上的受水壶；东端亦设有平衡体，叫“枢衡”。必须指出，这两组小杠杆的西端是不相连接的。由于本书的图大致采取由南向北看的轴侧斜投影方法绘制，因而致使这两组杠杆只易辨别其上下方位，而不易辨出二者的南北错位。实际上，固定在平水壶上、下两根横桄上的铁关轴不在一条直线上，居上的偏南，居下的偏北。偏南的那根小杠杆的西端（关舌）系着天条，偏北的（格叉）不在天条的直线上，与天条不相连接。

只要把这一点搞清楚了，这套装置的动作原理便易于理解了。在整个擒纵器的构件中，除了这三组杠杆外，还有与它们互相配合、不可缺少的另外一组构件：左、右天锁。它们都在枢轮正上方。“左天锁”安在东边天柱横桄上，它的作用是保证在天衡处于平衡状态时，天关插入枢轮的恰当长度。“右天锁”的末端设转轴，安在西边的天柱横桄上，其形制类同今日自行车飞轮上的“磕头虫”，只许枢轮向东转动，反转则被制止，即所谓“以右天锁拒之，使不能西也”。

以上为整个苏颂擒纵器装置的构件及其功用。其中“天关”和“格叉”就相当于后世锚状擒纵器（卡子）的两个爪。

（三）苏颂擒纵器的工作原理

在枢轮受水壶尚未受水时，由于天权、枢衡、枢权的平衡作用，整个系统处于平衡状态，枢轮不动。平水壶的水开始均匀注入受水壶，受水壶水满，第三组小杠杆西端重，即“格叉不能胜壶”，平衡被打破，格叉下落，受水壶随之倾倒。紧接着，轮辋边的铁拨子拨开天衡关舌，第二组小杠杆平衡亦被打破。当关舌下落时，天条便被下拉，第一组主杠杆天衡东端也随之下落，西端的天关便随之上启，此即所谓“天衡起，发动天衡关”。与此同时，天衡西端与左天锁分离（即“左天锁开”）。由于枢轮在平衡状态时是由天关绊住轮辐的，因此天关启动，放过一轮辐，枢轮便向东侧（受水的一侧）转动。这时，由于受水壶之水已侧倾入退水壶，于是在天权、枢衡、枢权的共同重力作用下，杠杆组又恢复平衡。所以左天锁和天关重新关闭，挡住了下一轮辐，格叉又重新托住次一了受水壶，关舌又重新顶住铁拨子。但经过这么猛的一挡，枢轮势必反转（“激轮右回”），这时右天锁便发挥作用。右天锁的机制决定了它只许枢轮东转，西转则被顶住，每次只能向东转过一幅，然后下一个周期便开始了：受水壶由虚而实→格叉与关舌下动，天条拉动天衡→天关离左天锁起，枢轮转过一幅→天衡恢复平衡，枢轮转动被挡弹回，欲反转为右天锁所阻。因此，始终能保持枢轮的间歇式等速转动。可见其作用原理与后世欧洲机械钟表中的锚状擒纵器完全相同。

英国李约瑟博士正是在仔细研究了苏颂提供的这些资料后才郑重地声明："我们以前关于'钟表装置……完全是14世纪早期欧洲的发明'的说法是错误的。使用轴叶擒纵器的重力传动机械时钟是14世纪欧洲发明的，可是，中国在许多世纪之前就已有了装有另一种擒纵器的水力传动机械时钟。"

一项重大的科研课题，能取得六项居于世界前列的科技成就，这在中外科技史上都堪称奇迹。它是苏颂好学有为的一生最亮的闪光点！

第三节 《新仪象法要》水运图纸的研究和机械制图学成就

苏颂水运仪象台能够以水力带动浑仪、浑象随天象同步运转，并能自动准确报时，这是水运仪象台的最高科技成就。它是怎样运转的呢？下面我们做详细说明。

一、水运图纸的研究与说明

苏颂的水运仪象台是一座半自动化的综合性授时天文台。它继承了张衡以来以水为动力的天文仪器的传统并加以创新发展，制造设计了稳恒水流为源动力的水钟装置。全台总动力轮（枢轮）的设计精巧复杂，颇具创造性：以天柱为主传动轴，一机带动三器，既能使上层浑仪、中层浑象模拟天象运转，具有现代"转仪钟"和"天球仪"的功能，又能随天象转移而向人们自动报告时刻。因此，苏颂设计了一个复杂的变速、换向的传动系统。我们拟分水运系统、总动力枢轮、传动系统三部分加以说明。

（一）水运系统

天文仪器以水为动力，古已有之，但文献缺乏，语焉不详。苏颂这份图纸完全揭开了这个秘密。它的主要特点是不仅能获得稳恒流量，而且能使水在整个系统中周而复始地循环使用。

1. 水运系统的构成部件及功能

水运系统由取水机械、稳压设备和水槽、水池等组成。《新仪象法要》中“河车天河”和“升水上下轮”图所示便是这一组两级提水设备。它包括“河车”“升水下壶”“升水下轮”“升水上壶”“升水上轮”“天河”“天池”等部件。

升水上下轮的构造完全同于筒车，即在轮辋边斜置若干个戽水斗（上轮16个，下轮8个）。升水上下壶是长方形浴盆状的蓄水池，分别放置在升水上下轮的正下方（如升水上下轮图），是为升水上下轮转动戽水提供水源的。天河为一水槽，在升水上轮的偏上方，用来接受上轮戽斗倒出来的水。天池为位置最高的蓄水池，接受天河流来的水。河车为一舵盘形的“把手”。与轮面平行安装有八个“把手”，车水人站在靠北台壁门上设置的一块长木凳上，搬动此手把，即可车水（参看本书附王振铎复原横剖图)。因河车与升水上轮装在同一根轴上，所以上轮与河车同步同向（向东）运转。而河车轮辋外的16根拨牙与升水下轮边上的16根拨牙垂直相交，所以下轮也与河车同步反向（向西）运转。当车水人扳动手把使河车转动时，升水下轮下部戽斗依次没入升水下壶水中灌水。由于戽斗斜安的角度合适，随着车轮转动，戽斗口首先出离水面，于是戽斗内灌满了水。在戽斗随轮转过最高点后，斗口便逐渐下倾，将水徐徐倒入升水上壶中。同理，升水上轮也这样将升水上壶的水戽上倒入天河再流入天池中。这套两级提水装置均设在底层中轴线的北面，轮轴为南北方向放置。

以上为水上行的设备，水下行的设备有天池、平水壶、枢轮受水壶、退水壶等。

天池为水上行之终点，亦为水下行之起点。平水壶和天池壶一样也是一个四方形水箱，形制较天池略小。它里面设有“准水器”，状似刻漏之箭，直立平水壶中，上有刻度，伸露在壶盖外，供工作人员随时检查平水壶内之水是否保持恒定水位。因为天池的水来于河车，河车乃人力操持，故受水有多有少。当出水口位置大小一定时，水流速度便决定于水压大小，而水压大小又决定于水位高低。故受水多，水位高，水压大，水流快；反之，水流则慢。故云“天池壶受水有多少，紧慢不均”。解决的办法就是在天池壶的南侧下设此平水壶。在平水壶的上部一定位置设有泄水管的装置，水位升过其线，水即从管口溢出，以保持壶内恒定的水位。水位既定，水压不变，流入枢轮受水壶的水的流量便是恒定的，所以才能做到设计要求的每25秒钟流满一斗。这是苏颂吸取传统的多级漏壶的经验，特别是燕肃莲花漏的经验而创制的。

枢轮受水壶设在枢轮外辋，共36个，这是在传统筒车水斗经验的基础上创制的。退水壶在枢轮的正下方，用来接受枢轮运行时受水壶倒出的水。其设计是颇具匠心的。它长一丈一尺四寸，比枢轮直径大四寸，阔一尺九寸，比受水壶的长大九寸，故枢轮下落之水不会飘洒于退水壶之外。其形制虽然和升水上下壶一样呈浴盆状，但边沿东最高（三尺二寸），西次高（二尺五寸五分），中最低（一尺五寸五分）。这是因为受水壶设在轮辋外，且受水在轮轴东侧。这种设计既避免了下落之水飞溅于退水壶之外，又节省了原材料，而且退水壶东高西低的这一构造特点和受水壶在东边受水的情况，还使我们有可能推见此枢轮的旋转方向，完全满足了仪象必须由东向西旋转的要求。退水壶出水孔在北壁下部有管道与升水下壶南边的进水洞相通。

这一整套装置的位置是：水上行的各构件均在枢轮之北，而水下行的构件则在枢轮之东。（参见本书王振铎复原透视图）

2. 水运路线

首先必须用人力将升水下壶灌满水，然后车水人扳转河车。河车转，升水下轮便将水提入升水上壶中，升水上壶水满，升水上轮便将水提入天河，灌进天池。至此，两级提水完成。（这个过程全仗人力，故云“半自动化”）天池之水依重力作用，自然流入平水壶，由平水壶节制的水流稳恒地流入枢轮受水壶。由于天衡系统（擒纵器）的擒纵作用，受水壶的水均匀且间歇式地倒入退水壶，然后流入升水下壶，再由车水系统两级提水上天池。水就是这样在这个系统中周而复始地循环使用着。所以升水下壶除第一次用人工加足水外，运转起来后，它车上去的水都由退水壶来提供。如果运行途中无损耗（这是不可能的），下壶水位将保持不变。由于蒸发、渗透的不可避免，车水人应定期（根据需要）给下壶添加一定数量的水。（图3-32）

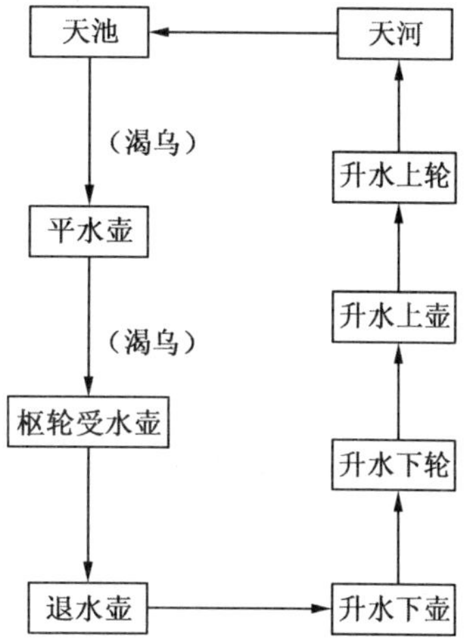

图3-32　水运系统循环示意图

这里还有一个值得讨论的问题。按《仪象运水法》第一章记载："天池南出渴乌注入平水壶，由渴乌西注入枢轮受水壶。"这说明在原设计中，天池与平水壶之间、平水壶与受水壶之间，都设有"渴乌"。实际上"渴乌"之设将极大地提高平水壶节制水流的效率，只是在分部图中没有强调指出，故为今天国内外研究者所忽视。

"渴乌"为中国古代早已有的吸水器。《后汉书·张让传》七十八卷："使掖庭令毕岚……又作翻车渴乌，施于桥西，用洒南北郊路，以省百姓洒道之费。"李贤注："翻车，设机以引水；渴乌，为曲筒，以气引水上也。"《通典》157卷《兵·隔山取水》有："渴乌隔山取水，以大竹筒雄雌相接，勿令漏泄，以麻漆封裹，推过山外，就水置筒，入水五尺，即于筒尾，取松桦干草，当筒放火，火气潜通水所，即应而上。"由这些记载可推知"渴乌"即今之"虹吸管"。古人不知大气压力，但已模糊认识到"以气引水上"，以为是"火气潜通水所"所致。实质则是"当筒放火"后，筒内空气（主要是氧气）被燃烧掉，形成低气压，水面上的大气压便将水压入竹筒内，源源流出。由于出水口处也有一个大气压的压力，故出水口处的高度必须低于水源的水面，否则，出口与进口两处压力平衡，水流即停止。又由于竹筒密封，不与外部大气相通，筒内常能维持低气压，故竹筒能翻越高山，民间俗称它为"过山龙"。所以两壶之间用渴乌连接，有助于平水壶保持恒定水位。如果过此水位（图3-33中，$h_2 = h_1$），渴乌将停止供水。一般复原图中仅把渴乌简单地作一定口径的壶嘴处理，可能是因为《运动仪象制度》一章中有"平水壶面接天池水窍，其底与枢轮受水壶面相次"的记载，加之已有平水壶节制水流的功能，因而认为没有采用"渴乌"的必要。其实，在古代的设计思想中，为一个目的而重复设立几路器件，以获得增益的事例是常有的。

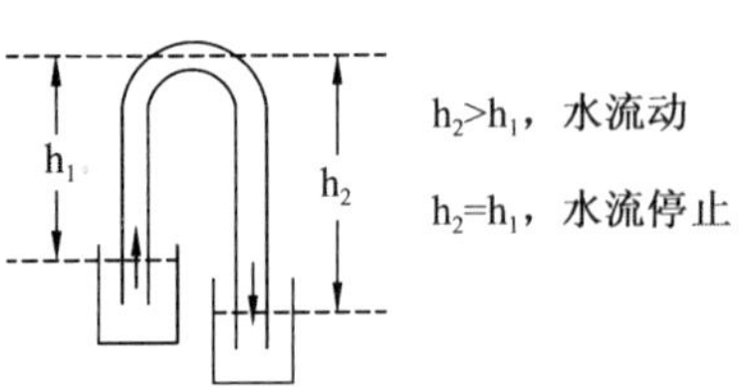

图3-33　渴乌（过山龙）示意图

（二）总动力轮——枢轮

枢轮是苏颂、韩公廉等为全台设计的总动力轮。《新仪象法要》中，不论总装图或分部图都非常突出地表现了它。它实质是个大水轮，直径为一丈一尺，居全台各轮之冠。八重昼夜机轮在它的南侧，运水系统在它的北、东，它处于全台的中心。轮辐72根，每两根一起装入轮毂中，并由三道轮辋加以束缚，以加强其机械强度。每两根辐合在一起，叫一“洪”，每洪夹持住一个受水壶（类似筒车上的水斗），因此受水壶便有 36 个，平安在最外一圈轮辋上，由它来受水，以运转枢轮（如按施元之别本记载，则轮辐为 96 根，洪和受水壶数为 48 个。今天各式复原模型均据正本，而不用别本数据）。

对于总动力轮的设计来说，有两个关键的技术问题。一是如何实现间歇式的匀速转动，以满足自动报时的需要。这个问题主要靠天衡系统来协助解决。本书已在擒纵器一文中讨论过。二是如何实现模拟天象运行，满足一昼夜里仪象皆能运转一周的动力需要。这个问题则主要依靠受水壶的精密设计来解决。在《新仪象法要》的“枢轮图”中，受水壶并未画出，但文字说明做了详细交代，可以清楚地看出，它的设计思想来源于筒车戽斗，但已有了较大的创造性发展。

第一，形制改变了。每个受水壶都是长一尺、阔五寸、深四寸的扁平式长方形盒子，而不是传统筒车水斗那样的立柱式筒子。第二，装法改变了。口朝正上方平装在轮辋外，而不是像传统筒车水斗那样斜向一侧。第三，运转时，筒车水斗斗口向转动方向的前方，在车轮最低处取水，过最高处后倒水。而受水壶在枢轮东侧与轮轴等高位置处接受平水壶注入之水，依次下落时，对于水斗来说是在退行，斗口朝后，一过平衡位置，水便从斗口倾出，过最低点，斗口渐比斗底低，水全部倒完。整个过程是水斗退行倒水。筒车从取水到倒水，水斗需转过 1/2 周，而受水壶只需转过 1/4 周，便完成了从取水到倒水的全过程。枢轮与传统筒车的结构原理如此不同，说明苏颂、韩公廉等人受已有机械的启发而独具创造性。

枢轮外辋每一受水壶的下方北侧都装有一个铁拨牙，与受水壶同步运转。每当受水壶受水满，枢轮转 1/36 辋长，铁拨牙便拨动天衡控制系统中的关舌，拉动天衡。(其机制已经在《擒纵器》一文说明)

这里有两个很值得探讨的问题。

其一，苏颂、韩公廉在枢轮结构设计中，为什么除受水壶外，还要另安装一个铁拨子？能不能直接用受水壶来控制格叉拉动天条，以发动天衡关？这样岂不可省掉擒纵系统中的一组杠杆？不行。因为受水壶是装水的，必须保证它的底不被磨损。此外，庞大的枢轮转动起来惯性力很大，天关、天锁对它的擒制力量是相当大的。受水壶的主要任务是使枢轮转动，而使枢轮转动起来，并不需要很大力量，只需克服轮轴与轴承间的摩擦阻力即可实现。所以，以受水壶一壶水之重力是不能发动天衡关的，要另设铁拨子。铁拨子拨动关舌的力量是枢轮转动的巨大惯性力，远远大于受水壶的重力，足以发动天衡关。受水壶的重力发动转动力矩这一层道理，苏颂、韩公廉等人未必认识到，但却在制造实践中解决了。

其二，“受水壶满，格叉不能胜壶”与铁拨子转动关舌是存在一个时间差，还是同步发生？这个问题关系着受水壶的安装方式。以前国内外各类复原模型大都不能运转，这个技术问题没有解决恐怕是其重要原因之一。应该说《新仪象法要》天衡图文字说明暗示了只有关舌联接天条，而格叉与天条不相连接，这已给人提供了某种启示。厦门集美大学陈延杭、陈晓父子在复制过程中成功地解决了这一《新仪象法要》本身没有明确说明的技术难题：为了给第三、第二两组杠杆的发动提供一个时间差，将受水壶与枢轮的连接方式由死接改为一端可以向上活动，以便让铁拨子先拨动关舌，拉动天条，启动天关，枢轮便得以转过一幅，壶水得以侧倾入退水壶，从而使枢轮恢复平衡，重新被格叉托住次一壶底。从这里我们也可看出，某些技术细节交代得不清楚，是《新仪象法要》明显的缺点之一。

枢轮作为总动力轮，为了把动力送往各系统，枢轮轴的设计是很重要的。《新仪象法要》有图有文。枢轮轴为铁质，总长五尺九寸。我们从受水壶长一尺可推知，枢轮之宽度加上毂、辖不过二尺许，所以，可以知道此轮轴伸出毂外当有三四尺，可以装上各类传动齿轮，以满足不同的需要。轴横截面直径一寸八分。非如此粗之铁轴是不足以担起全台总动力轴之重任的。轴南北放置，两端的轴承分别固定在两根东西向的名叫枢梁的横梁上，是用铁做成的半圆环，口朝上放置，作仰月状，故名“铁仰月”。轴在毂辖中的一段为方形，在铁仰月处为极光滑的圆柱形（文中用了一个“鑢”字，磨光的意思），说明铁仰月仍是滑动轴承。按正本记载，枢轴南端装有一个名叫“地毂”的齿轮，以与主传动轴天柱的下轮啮合。按别本记载，在地毂轮以内，还安装有一个名叫“天梯下毂”的齿轮，以拨动天梯，带动天梯上毂。各类复原模型均按正本所载。

枢轮的转动方向可根据东侧受水来确定，即从南向北看，它是顺时针方向旋转，即轴以上的线速度方向是由西向东转。这点决定了如何配置各传动齿轮的设计。关于枢轮的转速，《新仪象法要》虽未交代，但我们从传动系统中的传动比可以推知，枢轮必须一昼夜旋转 96 转，可知每转一周需时 15 分钟（24×60 秒/96），每一受水壶受水时间为 25 秒（15×60 秒/36），即枢轮每隔 25 秒转过一幅。

（三）传动系统

水运仪象台这部综合性的授时天文台是一器三用的，即报时（八重昼夜机轮）、演示天象（浑象）和观测天象（浑仪）。当把枢轮轴的动力分别传递给这三个系统时，对报时的八重机轮组来说，只要能得到合理的转速即可。而对于浑仪和浑象来说，不仅要满足它的转速要求，还必须满足它旋转方向的要求，所以传动系设计的重点在传动比和转动方向两个方面。

1. 主传动轴——天柱

在整个传动系统中，承担主传动轴工作的叫“天柱”。《新仪象法要》有专图介绍。它是一根木质圆柱，垂直立于台的中心（即动力枢轮的正南，报时的昼夜机轮的正北），从底层一直通到上层露台，总长一丈九尺五寸（宋制，合今公制 6.5 米，这是今天专家们估算台体总高度的一个重要数据）。其上共装有上、中、下三个传动齿轮，其下端的天柱下轮与总动力轴枢轮轴南端的地毂相啮合。其上部从上层露台上固定观测浑仪的鳌云中间穿过去，在最顶端装有天柱“上轮”，由它与浑仪下部天毂中的后毂相啮合。在天柱中部装的天柱“中轮”则与司辰的八重昼夜机轮中的“拨牙机轮”相啮合。这样，枢轮发动之后，动力首先由“地毂”传给天柱“下轮”，由于上、中、下三轮共轴，所以“中轮”“上轮”皆与下轮同速同向转动。“中轮”带动“拨牙机轮”，“上轮”通过天毂带动浑仪天运环。至于中层的浑象则由八重机轮的天轮来带动。

关于传动比，由于《新仪象法要》已给出了拨牙机轮与天轮的齿数均为 600 牙距，可知被动轮有 600 个轮齿（牙距即轮齿），而天柱中轮的齿数，亦可由下述文字推出：“每中轮动拨牙机轮六牙距为一刻，五十牙距为一时，其六百牙为十二时”。因为拨牙机轮与昼夜机轮同轴，必须满足它一昼夜（十二时）运转一周（600 牙距）的要求，故拨牙机轮每转过 50 牙便是一个时辰（600 ÷ 12），每转过 6 牙便为一刻（600 ÷ 100）。可知天柱中轮有 6 个轮齿，天柱轴与昼夜机轮轴转速的比为 1∶100（6∶600），即天柱转 100 转，昼夜机轮轴才转一转。主动轮（动力轮）与被动轮（工作轮）之间的传动比完全符合近代力学原理：在功率不变的条件下，速度大则力小，速度小则力大。所以，中轮才能带动昼夜八重机轮上下几百个木人的动作。

既然天柱每转一周为一刻钟，而枢轮轴上的地毂与天柱下轮作 90 度垂直啮合，只起换向作用，不起变速作用，故推知枢轮亦必一刻钟转动一周。枢轮上安装有36个水斗，故推知下落一斗的时间为（15×60秒）÷36＝25秒。国内各种复原模型（王振铎、陈延杭父子、崔海玉等）都是据此而设计成功的。

2. 对浑仪的传动

天柱上轮与浑仪天运环之间，装有一根名叫“天毂”的中介传动轴。此轴的中间，用“仰月”固定在浑仪的天经环上。轴两端各装一个传动齿轮，其前端与天运环啮合的齿轮叫“前毂”，其后端与天柱上轮啮合的齿轮叫“后毂”。因为要满足浑仪三辰仪“随天运转”和望筒自动追踪天象的要求，天运环（三辰仪与其同轴）也必须是一昼夜转动一周。故知共变速的传动比也与中轮（和拨牙机轮）的相同，即1∶100。

下面需要研究一下齿轮传动系中的变向问题。

我们从前面的讨论中已经知道，枢轮轴的转动方向是由西向东，而《新仪象法要》又已明确指出“天轮”的旋转方向是自东向西。以此为基准，主传动轴“天柱”及各传动齿轮的转向，都可以推定出来。但要注意，《新仪象法要》中所记述的西旋东转，均以打水人（背靠北侧壁，面南向）的视觉为准（仅仪与象持面北观，除外）。把握了这一点，则传动系中诸多看似矛盾的问题都能迎刃而解。

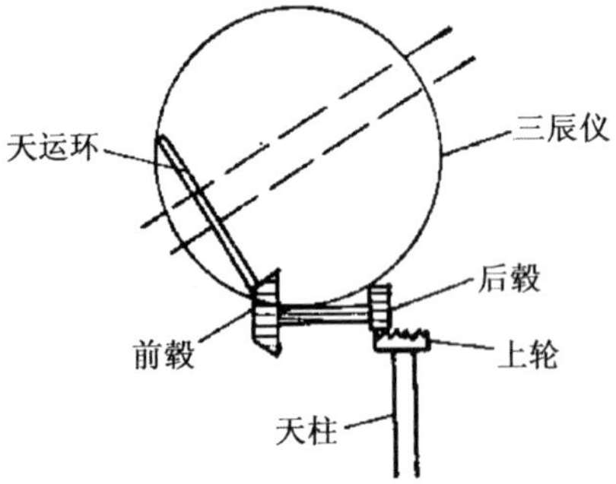

图3-34　齿轮啮合示意图

我们知道，两个齿轮互相啮合，如果轴线互相平行则转向相反，如果轴线互相垂直则转向相同。如图3-34所示（对读者来说，纸里为西，纸外为东）。

因为枢轮轴的地毂是自西向东转动的（参阅王振铎复原横剖图），所以与它垂直相交的天柱下轮（和中轮、上轮）也是自西向东转的。由于天柱中轮与拨牙机轮平行相啮合，故拨牙机轮以及与其同轴的天轮必是由东向西转。这正符合《新仪象法要》“天轮西转”的记载。天柱上轮既已是由西向东运转，为什么不让它直接与天运环啮合，以满足浑仪由东向西转动的要求，反又在它们之间加上一级中介传动的“天毂”呢？这是因为天柱直指浑仪正下方（从鳌云中穿过），而天运环与浑仪极轴垂直，且极轴通过环中心，已知环直径有四尺一寸四分半，而浑仪直径有七尺七寸七分，可知天柱上轮与天运环的环边尚有 1. 35 尺的距离，因此设天轂前后轂两齿轮令轂与上轮垂直相交，不变向，前轂与天运环斜相交，使带动天运环（因而也带动三辰仪）自东向西运转，以符合天球西转的实际（参看本书全台动力传递系统示意图）。这一系统的传动过程是：天柱下轮→天柱上轮→天轂后轂→天轂前轂→天运环→浑仪三辰仪。

3. 对自动报时系统（八重昼夜机轮轴）的传动

在天柱正南，正立一根与其平行的轴，上套八个齿轮，名曰“八重昼夜机轮”，它的主要任务是担负自动报告昼夜时刻更筹。关于它的具体结构原理，我们将专门叙述，这里只论述它的动力传递问题。在这八重机轮中有一个传动轮叫拨牙机轮，是它将枢轮轴的原动力传递给八重机轮的。《新仪象法要》卷下有两章图文介绍。但关于它的位置，图与文记载互相矛盾。图中标示它的位置在报刻司辰轮之下，在八重机轮中居第五，但这两章的说明文字均明确指出，它在天轮之下，居第二重。经考证，文字说明为正本所有，而图则很可能是采自别本的。《拨牙机轮》附别本文字便证明了这一点。王振铎 1958 年和陈延杭、陈晓 1988 年复原模型均采取正本。已知天柱中轮由西向东转动，故整个八重机轮均由东向西转动，即前述的“天轮西转”。其转速与中轮转速之比为 100∶1，即主传动轴天柱每昼夜转动 100 圈，八重机轮只转过一圈，以满足自动报时机构设计的要求。

4. 对浑象的传动

八重昼夜机轮的最上一重齿轮叫“天轮”，也是 600 个轮齿。按《新仪象法要》卷下“天轮”一章文字记载，此天轮是拨动与浑象同轴的天运轮的。已知八重机轮是由东向西转的，按浑象也必须由东向西转，故天轮与天运轮之间必须加一个中介传动轮以实现变向。《新仪象法要》明确交代此中介轮叫“天轴”。于是，这一部分的传动顺序为：天柱中轮→拨牙机轮→天轮→天轴→天运轮（浑象）。天轮以下这一段，只变向，不变速。因为浑象是模拟天球的，所以也必须与天轮保持等齿数传动。

综上所述，整个水运仪象台的动力传递路线如图 3-35、图 3-36 所示。

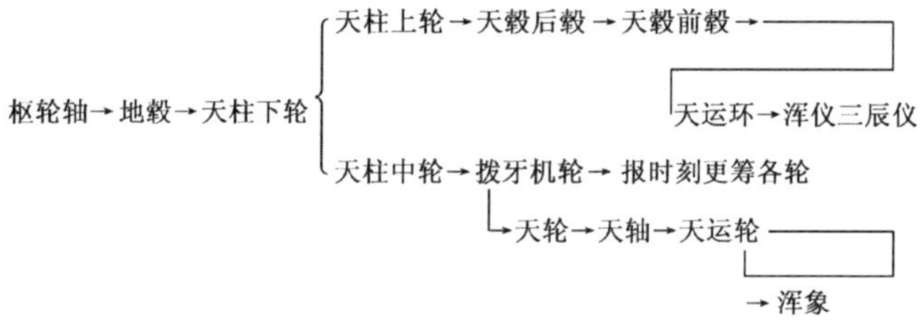

图 3-35　水运仪象台动力传递路线示意图

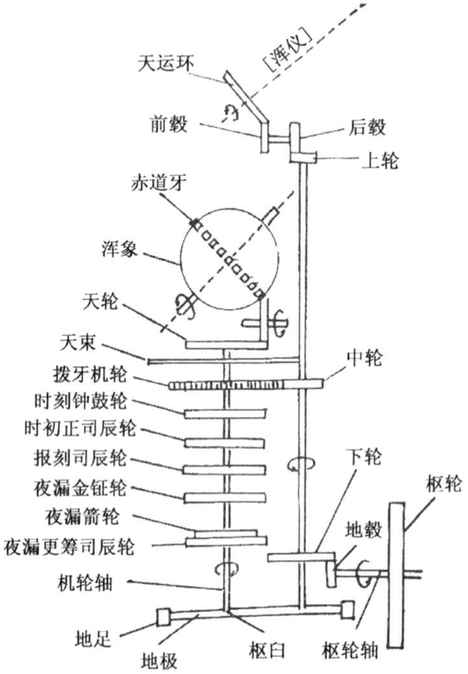

图 3-36　全台动力传递系统示意图

以上仅就正本所载，若按《新仪象法要》所附别本所载，则颇有不同。

第一，主传动轴，正本为一根天柱而别本为机轮轴和天梯两根直立轴。八重机轮不经天柱中轮传动，而是直接从枢轴的地毂传动。

第二，枢轮轴上安有两个传动齿轮。一为天梯下毂，以拨动铁括，运转浑仪；另一为地毂，以带动八重机轮和浑象。天梯铁括为一闭合链条，单长一丈九尺五寸，与正本所载天柱之长相等，因为都是上连天运环，下连枢轴的。

第三，增加天托一套装置于浑仪鳌云中。所谓天梯上毂和下毂是上、下两个链轮。上毂即天托三轴四毂的第四毂，与天托下天毂共轴，在其北，天梯的链条便是套在它上面的。天梯的下毂链轮套在枢轮轴近轮毂位置。每枢轮动，下毂转过链条一节，上毂便转过一齿；上毂动，经过天托三轮的中介传动，则动了天运环上一个牙，三辰仪便随天运转了。

第四，天轮与浑象之间，按卷中正本为有赤道牙而无天运轮，按卷下却是正本有天运轮，但却又说设天运轮乃别本所载。看来守山阁本成书时，正本、别本已经混淆，有部分内容错位了。对于我们而言，只要知道有这两种不同的传动设计就罢了。但按卷中正本有赤道牙的记载，则是天轮直接与浑象肚子上的赤道牙相啮合，直接带动浑象随天运转，并无中介轮，不过转向却是向东，有违天象实际，加之天轮与“横络天腹”的赤道牙（在赤道上）距离更大，故刘仙洲动力传递图（图3-37）中，特添加了与“天轴”相同的一个中介轮，以实现浑象西转的原设计要求。

综上所述，别本所载全台动力传递路线如图3-38所示。

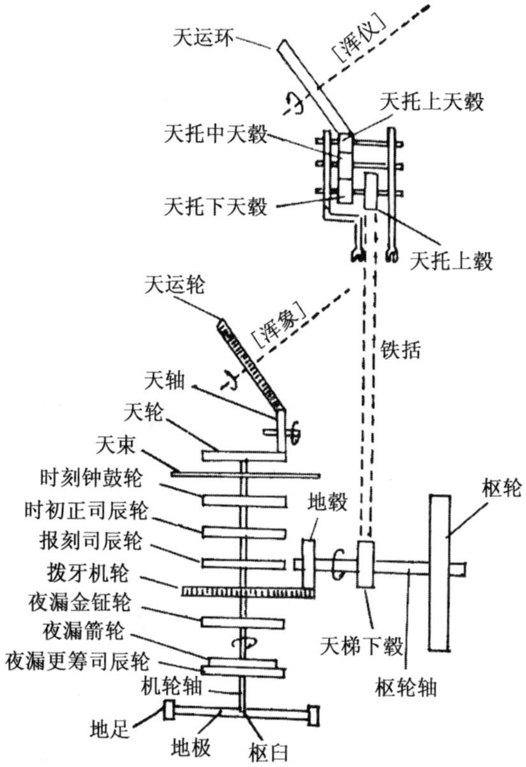

图3-37 别本全台动力传递系统示意图

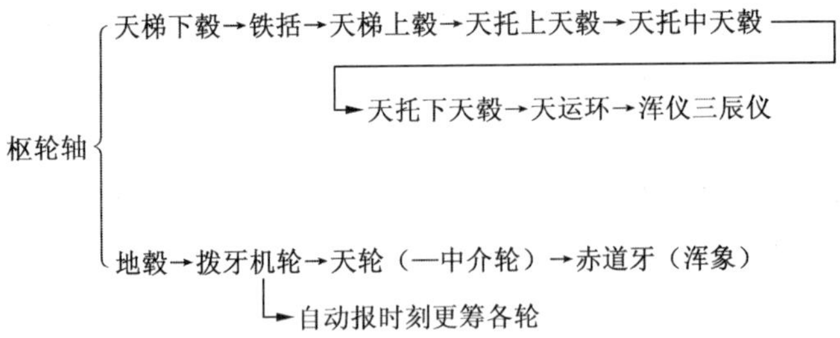

图 3-38 别本全台动力传递路线示意图

二、《新仪象法要》的机械制图学成就

机械制图是借图样表示设计思想和要求的一种人类共同语言，是人们发展和交流科技思想的有力工具。在现代工业中，设计和制造机床、车辆、船舶、采矿及冶金设备、化工设备、各种仪表或电子仪器，都须预先画出图样，然后根据图纸加工，才能收到预期的结果。在使用这些机器、设备和仪表时，也常常要通过阅读图样来了解它们的结构和性能。同时，工程图常被用来表达和分析自然现象、科学规律，以及解决定位、度量、计算等问题。所以，它所达到的技术水平和成就能反映出成图时代的整个科学技术水平。

如同我国古代科学技术有着悠久历史传统一样，我国机械制图也有着悠久的历史传统。大量考古资料证明，七千年前的母系氏族社会时期，人们已会绘制原始的正视、俯视、侧视的器物图形。绘图工具“矩”和“规”被郑重地记入儒家经典《周礼·考工记》中。《周髀算经》和《汉书·律历志》更具体记载了古代工匠绘制机械图样的情形和作图比例。汉代张衡的《浑天仪图注》、郑玄的《三礼图》及北魏信都芳的《器准图》，显然是机械制图的专书。隋唐时代，许多制作必先立图样，然后才施工。《隋书·何稠传》载：“何稠博览古图，多识旧物，凡有所为，先令立样，当时工人皆称其善，莫能有所损益。”《唐会要》载：唐代宗时下令京兆府按“内出水车样”成批生产水车，散给百姓溉田。这些都说明，宋以前，我国机械制图学是相当发达的，为宋代图学的进步打下了基础。

然而，遗憾的是，在宋以前的科技文献中，无论是汉郑玄的《礼图》，还是北魏信都芳的《器准图》，我们都很难看到所述器具的真实图样，更不用说系统的可供参考的资料图册了。它们往往是以文字的叙述代替图像摹写，即使是张衡的水为动力的浑天仪，也只留下了浑天仪的器形图及《浑天仪图注》和《漏水转浑天仪注》两份残缺不全的说明书，没有绘制成完整的、标准化的、精细而准确的设计施工图纸。唐僧一行与梁令瓒的水运铜浑仪也只有见之于《新唐书》和《旧唐书》等的笼统的外部动作的概括性文字描述，这使我们无法确知我国古代这些先进的自动化的装置是怎样被我们的祖先制造出来的。只有苏颂《新仪象法要》给我们留下了这份唯一完整的机械制造图纸，这是中华民族文化史上很值得庆幸的一件大事。郑樵说得好："凡器用之属，非图无以制器。"苏颂这本书不仅使我们今天能够根据它的图样和数据将水运仪象台复制出来，还使我们今天研究宋以前天文学和天文仪器制造，有了一把贯通古今的钥匙，可以上推出晚唐时期、两汉时期同类制作的详情。所以，苏颂在我国机械制图史上也有着重要的划时代地位，是值得后代永远纪念的。

《新仪象法要》是我国古代机械制图的代表作，是中国工程图学史上的一个里程碑。全书共绘图 63 幅，除去卷中 14 幅天文星象图和四时昏晓中星图外，其余均属机械制图。卷上 17 幅、卷中 5 幅、卷下 27 幅，共计 49 幅。这就有力地突破了我国古籍中"收书不收图"的编撰传统，第一次用图像摹写的方法代替单纯文字描述，使一部《新仪象法要》更具系统性、科学性，开创了中国机械制图史的先河。人们研究《新仪象法要》不难发现，11 世纪中国的图学家们已能用准确的方法、简洁的文字、客观的态度处理复杂的天文机械制造中的图样问题。其创造精神直至今天仍值得我们借鉴。兹将其技术成就分述如下：

第一，从古代工程制图发展史来考察。我国古代工程图本来源于以界笔直尺作画的"界画"。在宋代朝廷画院里，已有成就很高的界画家，而且"画院界画最工"，已能表现各种复杂的建筑物体，对线型的要求已经达到相当的水平。但从现存资料看，即使如《楼居仙图》那样的"折算无亏，笔画勾壮"，也仍然是绘画艺术作品。《新仪象法要》则不同，在 49 幅图样中，包括总装图、部件装配图和图样说明，确定了零件的结构、相对位置、连接方式、传动路线和装配关系，反映了水运仪象台的总体设计思想，还绘有具体指导零件制作和检验的零件图。这些都极其接近现代工程图学的表示方式，已经和我们今日所称的"施工图"相去不远。从此，机械制图完全脱离了绘画的形式，形成了自己的学术体系，成了一门独立的学科。

第二，就绘图技术而言，《新仪象法要》大大超越了前代。首先，它能采用轴测投影法绘出台体和总装图，清楚地显示出物体的结构、表面形状及器部件的方位。除了去掉其外壳用以说明内部结构的装配图外，还有许多如现代假想拆去零件的表示方法，如“天衡图”主要是为介绍擒纵器机构，但被擒纵的枢轮却没有画出，只画出枢轮正下方的退水壶。这样的画法，既有利于清楚地显示构成擒纵器的主要部件，不致为烦杂的枢轮辐辋遮挡，突出了重点，又同样能使人对整个机构和各零部件与枢轮的位置关系一目了然，这是一种很先进的画法。其次，大量的比较简单的部件和零件采用了正投影方法绘制正视图，如四游仪、天经双环、阴纬单环、天常单环、天运单环、四游仪双环、望筒直距、夜漏金钲轮等单面图。为了节约幅面，有些零件图直接绘在零件装配图上，如天柱、天毂、天梯、天托等。这两种画法互相配合，部分结构与整体结构的特点相一致，便形成了水运仪象台施工制造明确、完整的技术资料。

第三，图样的整体布局，疏密适度，绘制比例恰当。在足以完整、清晰地表达物体形状的前提下，图形一般绘制在图面的稍下方，图样的名称位于图的上方，零部件的名称则注于其中或其侧。整个画面的空间布局给人以稳重舒展的美感。

第四，图样的线型和文字明显地反映出宋代我国工程制图已有规范化和标准化的倾向，图样线型一律用实线，线条规整均匀，采用单线勾勒，依靠界尺作线，足以表现物体的轮廓和质感。诚如钱曾《读书敏求记》所云：“图样界画，不爽毫发。”有时为了强调和突出某一部分零件的形状，采用大块涂黑的方法，使部件更加明晰，此种图如浑象赤道牙、水运仪象台、浑仪（运动仪象制度）、木阁、昼夜机轮、天轮、拨牙机轮、昼时钟鼓轮、报刻司辰轮、木阁第四五层、夜漏司辰轮、枢轮、天柱下轮、天池、天衡、升水上下轮、河车天河、浑象天运轮等，共有18幅。这应该是苏颂在机械作图上的大胆尝试，今天仍值得借鉴。

《新仪象法要》的每幅图都附有说明文字，其内容相当完备，不但包括每一部件的名称、高度、宽度、长度、厚度和直径等，还包括制作零件的材料、工艺加工技术、装配方法、技术说明等。可以说已具备工程制图应有的技术事项。标在图上的字体大小，还依图样大小而有所变化，字与图融为一体，使整个幅面极为协调。苏颂此书首印行于宋代，我国现行机械制图所采用的仿宋字正是仿照宋刻版本的字体加工而成，因此也可以说，

《新仪象法要》所用字体已开我国工程制图所用标准字体的先河。

《新仪象法要》中的制图方法、绘制规范、文字撰写方式等都遵循了一定的准则，说明在宋代，我国工程制图出现了规范化和标准化的倾向，而今天的人们研究每一时代的工程图学所达到的水平，恰恰是以其制图标准化所达到的水平来衡量的。

第五，从这份完整、系统的49幅图的整体来看，其编纂方法也是非常合理的。不论卷上、卷中、卷下，都是先给出整体图，然后是分部图，最后是零件图；而且都遵循着先外后内，逐步展开和深入的叙述方法。以专叙动力系统和司辰机构的卷下为例，先是两幅总图，一为外观，一为内部机构，再是分部图，也是先外观木阁，再内部八重机轮，最后是八重机轮的共轴。从天轮图以下，专门介绍构成总图、分部图的零件，也按先外后内的原则。这种机械设计图纸的编排原则是非常科学的。因为水运仪象台是一器三用，仪、象、司辰同出一个动力控制系统，在叙述上难免有重复之处，但书中不仅避免了前后重复累赘，而且凡几处同叙一事，均各有重点，反而相得益彰。例如，关于擒纵器的介绍，便分见“运动仪象制度”“天衡”和“仪象运水法”三章。“运动仪象制度”一章是本书卷下第二幅总图的说明文字。该图虽题名为“浑仪”，但实际上显示的是整个水运仪象台下层的内部结构，主要是整个动力传递系统的概况，所以关于擒纵器，只谈到它的大致构造及功能。“天衡”一章则是专门介绍动力控制系统擒纵器的具体结构和各部件的功能。最后，“仪象运水法”一章则是关于动力部分的一篇总结性文字（有文无图），全面、系统地介绍了水运仪象台的工作原理，将擒纵器的功用纳入整个“运水法”过程之中。这种编纂方法有分有合，合而后分，分而后合，非常合理。所以我们说，《新仪象法要》已开近代机械设计图纸编纂体例的先河。正因为有了这种科学的记述，我们才能较易了解这一世界上第一个擒纵器的具体构造及其工作原理，并能把它重新制造出来。

由此可见，苏颂《新仪象法要》在机械制图方面的确取得了超越前人的成就。古人已看出了这一点。南宋人叶梦得《石林燕语》云：“颂所修，制造之精，远出前古。”国外学者也充分肯定了这一点，英国学者李约瑟博士说：“当时中国机械工程学在为科学服务方面所达到的空前成就，可以从苏颂的著作中清楚地看出。”

应该指出，这毕竟是中国现存最早最系统的机械制造的设计图纸，如果用今天工程制图学的水平去衡量苏颂的图样，那还有相当大的距离。如许多零件图都比较粗疏，远不如现今颁布的国家标准《机械制图》所要求的完备和精密。所有的图样也都没有直接标明尺寸，而是将尺寸注于文字说明中。特别是图形大小及绘图的准确度并未以尺寸的大小为依据。因此，《新仪象法要》的制图还不具备今天制图学所要求的精确表达方式。

第四节 《本草图经》的中医药成就

一、全面继承前人的中医药成就

由尚志钧先生辑佚的《本草图经》由安徽科技出版社出版，为《本草图经》的研究提供了方便条件。《本草图经》载药图 933 幅，新增药 103 种，载单方千首之多，全面地继承了前人的中医药成就。

苏颂熟悉古代的医药经典，他吸取医经类的成就最多。《内经・素问》以汗解热的内容被写入《本草图经》的泽泻条；《甲乙经》治发痒内熨的单方被引入桂条；王叔和《脉经》的内容也被多所引证。

苏颂引述最多的是本草书的成就：《神农本草经》治心烦不眠的单方被引入酸枣条；《李当之药录》的采收时月被引入山茱萸条；芫花条引《吴普本草》；胡麻条引《神农本草经集注》，包括胡麻形状、名称和优异品种的记载；滑石条引《炮炙论》形色药性之论述；大黄条引唐《新修本草》如何干燥炮制的内容；姜黄条引《本草拾遗》药性主治的内容；天名精条引《蜀本草》有关花叶性味的记载；灯心草条引《开宝本草》关于生态的描述。此外，苏颂《本草图经》还引述了《名医别录》《徐仪药图》《药对》等内容。

医方类著作是古代医药的重要宝库，《本草图经》全面继承了古代医方的成就。如甘草条引述《伤寒杂病论》中配方与治症的记载；蒲公英条引述《千金要方》治恶刺与狐刺的配方；知母条引述《肘后方》治溪毒的配方；远志条引述《外台秘要》治心痛气逆的配方与禁忌；等等。

《本草图经》引述的医方书有些已失传，所引医方已是硕果仅存之瑰宝。如矾石条的灭瘢膏、麦门冬条的治消渴丸、生地条的治心痛方等皆引述《海上集验方》；王不留条的疗诸风痉方、芍药条的治妇女白带下方、葛根条的治金创中风痉方等皆引自《贞元广利集要方》；朴硝条的治热壅与驱积滞方、矾石条的治气痢巴石丸、胡麻油条的治蚰蜒入耳方等皆引自刘禹锡的《传信方》；人参条的治反胃呕吐方、黄连条的治下痢香连丸等皆引自薛弘庆的《李绛兵部手集方》；白石脂条的治小儿脐漏方、大麻根条的治挞打瘀血方、紫草条的碗豆疮方等皆引自韦宙的《独行方》；仙茅条的治五劳七伤方，海桐条的治风蹶浸酒方等，皆引自南唐王绍颜的《续传信方》；治时气洞下之女萎丸、治惊邪之狸骨丸、治下痢之九盏汤等皆引自胡洽的《治百病方》；还收录了唐《天宝单方药图》、南唐《食医方》及陈廪丘的《小品方》、姚僧坦的《集验方》等。

二、在药物学上的新贡献

《本草图经》对所载各种药物，一般按所出州土、生态药性、鉴别方法、采收时月、炮炙方法、主治配方等加以叙述。苏颂不但摘述古人的主要成就，而且根据宋代的用药实践和个人见解对所载各项加以论述，对古代药物学做出了多方面的贡献。

（一）药物产地和品种

关于所出州土，一般先列出《神农本草经》、唐《新修本草》等书所载产地，然后论述宋代出产此药军、州、府、县，并将各地产药加以比较，举出最佳产地。如贝母，《神农本草经》未载其产地，唐《新修本草》记载“出润州、荆州、襄州者最佳，江南诸州亦有”，《本草图经》记载“今河中江陵府、郢、寿、随、郑、蔡、润、滁州皆有之”。结合《本草图经》的药图，可知越州贝母是现在的浙贝母，峡州贝母是现在的川贝母。可见《本草图经》有关药物产地、品种的记载已远远超过以前的本草著作。

（二）药物的采集时间

关于采收时月，《本草图经》不但比以前的本草记载的内容更丰富，而且更有科学性。如白前，《名医别录》始列于药用，唐《新修本草》记载“生州渚沙碛上”，未言采收时月。《本草图经》记载：“旧不载所出州土，陶隐居云出近道，今蜀中及淮浙州郡皆有之。”“二月八月采根，暴干。”蜀、淮、浙的阴历二月和八月，植物已进入花期和果期，所采的根茎粗，须根长，所含汁质丰富，是药用的最佳季节，是符合科学规律的。

（三）中药的炮炙方法

关于炮炙方法，《本草图经》也较前代著作更加充实。如茵陈蒿，《神农本草经》和《名医别录》均未载采制方法，而《本草图经》记为：“五月七月采叶，阴干。”五月、七月采收的已不是嫩茎叶，而是带有花序的全草。又如生姜条载：“汉州干姜法：以水淹姜三日，去皮，又置流水中六日，更刮去皮。然后曝之令干，酿于瓮中，三日乃成也。”还如稀签条载：“蜀人服之法：五月五日、六月六日、九月九日采其叶，去根茎花实，净洗，暴干，入瓶中，层层洒酒与蜜，蒸之，又暴，如此丸过，则已。气味极香美，熬捣筛，蜜丸服之。”上述炮制方法就是当时颇有盛名的《雷公炮炙论》也不曾记载，可见《本草图经》在炮制方法上的贡献也是成就卓著的。

三、对药物普查的科学记录

详细考察《本草图经》的内容，主要来自两个方面：一是古代各种文献记载的药物成就，二是来自全国性的药物普查。苏颂经严格鉴别，对这次全国性的药物普查加以去粗取精，汰伪存真，进行了科学的总结。

《本草图经》共收药图 933 幅，这些都是医生或药农经过仔细观察绘制的，大多数是写实图。菜部、草部、木部的许多图至今仍可作为区分宋代药用植物的科、属、种的依据，其产地准确无误，亦可作为研究古今药用植物产地变迁的资料。

《本草图经》的记载来源于调查，保存了大量民间用药的经验，从调查对象看，有“今人”“今医家”“土人”“乡人”“村民”。从调查地点看，有“近人”“江南人”“南土人”“淮甸人”“黔南”“北人”“西人”等；经过全国普查和广泛搜集，将 103 种草药收入《本草图经》“本草外类”和附见各条。这些药物经验证有效，被宋以后历代本草著作所收载，成为本草著作中的重要组成部分。

《本草图经》还收载了来自民间的行之有效的单方。如卷 19 所收狼把草治男人血痢、丽春草疗阴黄、水甘草治小儿风热丹毒等；卷 20 所收瓜藤治诸热毒疮、百稜藤治盗汗、土人用野兰根治五劳七伤等。这些记录保存了宋代来自民间实践的药物成就。

四、对历代药物学的深远影响

《本草图经》成书后，宋代第一个改编的是文彦博。他认为该书药物繁多，绘图亦众，披阅较难，不易掌握，因而择其切要，编成《切要本草图》，但此书未见刊刻。

四川人陈承第二个改编《本草图经》，他将《嘉祐补注神农本草》和《本草图经》合而为一，并附以古今论说与己之所见，名为《重广补注神农本草并图经》。此书也不见流传，只是陈承的“别说”收存于《经史证类备急本草》，可知此书之梗概。

宋代第三部受《本草图经》影响的著作是《经史证类备急本草》（以下简称《证类本草》），由四川名医唐慎微编撰，定稿于绍圣五年（1098年）。全书分三部分，由《嘉祐补注神农本草》《本草图经》及药图、唐慎微增补的内容组成。唐慎微效仿苏颂广采经史、笔记、方书、杂记的编撰方法，旁征博引，进一步丰富了本草的内容。准此而论，可以说《证类本草》是以《本草图经》及其药图为基础编成的，《本草图经》赖《证类本草》而传世。

元代朱丹溪《本草衍义补遗》的有关内容评述了《本草图经》。由于寇宗奭《本草衍义》按《嘉祐本草》与《本草图经》类例分门，辨析补衍，朱氏之补遗，自然也针对《本草图经》而发议论。

明代由刘文泰主撰的官修《本草品记精要》，分24类并附有药图，将《本草图经》的内容分述于24项之下。本草史上成就最高的《本草纲目》也直接继承了《本草图经》的成果，采其药物74种（金石部3种、谷部2种、菜部4种、果部5种、木部1种、虫部2种、介部1种、禽部1种、兽部1种、草部54种）；又搜集《本草图经》卷21“本经外类”中宋医已用、旧经不载的20种；及其他一千多种药品的形态、辨别、产地，《本草纲目》录入《集解》；药品考证采入《释名》；炮制方法录入《修治》；药物理论列在《发明》；治疗功效目为《主治》《附方》。《本草图经》与明代药物相似而名称不同的载入《附录》，并以“颂曰”“苏颂”“图经”等注明出处。药图部分保留了《本草图经》的药图约为十分之一，李时珍对《本草图经》的评价是“考证详明，颇有发挥”，亦指出了书中的“小小疏漏”。

从上可知，苏颂的医药著作《本草图经》在《神农本草经》《本草经集注》、唐《新修本草》与《证类本草》《本草品记精要》《本草纲目》之间架起了桥梁，为宋以后的本草书充实了药图，打下了基础，它对本草学的贡献是千古不朽的。

第四章

公正廉明 道德模范

苏颂的道德品质素受称赞，其早在宋代就以德著称。

北宋欧阳修称赞苏颂：“才可识时，识能虑远。珪璋粹美，是为邦国之珍；文学纯深，当备朝廷之用。”

朱熹赞扬苏颂：“赵郡苏公，道德博闻，号称贤相。立朝一节，始终不亏。”“道德渊深，履行纯固。熹少从先生长者游，闻其道故相苏公之为人，以为博洽古今，通知典故。伟然君子长者……如公学至矣，又能守之，终其身一不变，此士君子之所难，而学者所宜师也。”朱熹又写对联歌颂苏颂：

识大义唯公一人，存小心与宋千古。

南宋王称在《东都事略》卷八七中评论苏颂：“颂德量厚，相母后垂帘之日，不加敛而天下富，不言兵而天下服，使元祐之政，有嘉祐忠厚之风，可为贤矣。方绍圣之际，公卿名大夫悉遭其诋毁，而独颂岿然不为谗邪所污，盖所谓既明且哲以保其身者，其贤犹可尚也。”

元代宰相脱脱在《宋史》中评价苏颂：“颂器局宏远，不与人校短长，以礼法自持。虽贵，奉养如寒士。”

明代刘定之在《重建苏丞相祠堂碑》中，高度肯定苏颂的品格：“所尚于君子者，其大端四者焉：言有章也，行有则也，孝于家也，忠于国也。”“凡是四者，公皆有之，可谓君子也。”

清代纪晓岚在评论《苏魏公文集》时说：“史称颂天性仁厚，宇量恢廓。在哲宗时称为贤相。平生嗜学，自书契以来，经史九流，百家之说，至于图纬，阴阳五行，律吕、星官等法，《山经》《本草》，无所不通……其学本博洽，发之于文，亦多清丽雄赡，卓然可为典则。而颂文翰之美，单词只句脍炙人口，即此亦可见其概矣”。(《四库全书总目提要》卷一五二)

今人全国人大常委会原副委员长、中国科学院原院长、中国科技史研究会原理事长卢嘉锡院士撰写对联称赞苏颂：“探根源，究终始，治学求实求精；编本草，合象仪，公诚首创。远权宠，荐贤能，从政持平持稳；集人才，讲科技，功颂千秋。”

英国科技史专家李约瑟博士评价苏颂：“苏颂是中国古代和中世纪最伟大的博物学家和科学家之一。他是一位突出地重视科学规律的学者。”

第一节　苏颂是以德治国的榜样

一、所处的生活环境

苏颂生活在宋仁宗、英宗、神宗、哲宗、徽宗五朝。北宋中期出现了经济危机。

据《宋史·食货志》记载：英宗治平二年（1065 年），政府的总收入是白银 11630 万两，一般支出 12034 万两，非常支出 1125 万两，超支 1500 多万两。造成危机的诸因素中，冗官的贪污和挥霍浪费是两个重要原因。

据仁宗时任户部副使的包拯上疏统计：真宗时文武官总数为 9785 人。仁宗时达 15000 多人。各级官府还有不受禄的大批吏员，这些人只好靠贪污勒索为生。三班院（供奉官、左殿直、右殿直）国初官员不及 300 人，真宗时增为 4200 余人，仁宗时达 11000 人之多。众多的冗官无所事事，贪贿成风。上至中央，下到州县，竞相贪污，挥霍浪费，成了北宋王朝的心腹之患。

真宗时，宰相丁谓伪造祥异，营建宫观，大肆侵吞。仁宗时，丁谓又勾结宦官雷允恭令宫中苑工制金酒器，“四方赂异，不可胜纪”。

梁适为相，命大商人郭秉为他经商受贿，张掞向梁适行贿，被擢三司副使。有人在殿上当着皇帝的面揭发了这一丑闻。王钦若知贡举，应试举子任懿托僧人惠秦送白银 350 两，把银数写于纸上，交王钦若妻子李氏，李氏命仆人将任懿的名字写于臂上，把赂银数秘告王钦若，任懿果然考取。上行下效，中央官员和地方官员联合贪赂成风。州郡文账送上三司，随账都有赂银，各有常数，足数即不发封检核，不赂或不足数，即百般刁难。

从大规模兴建的宫殿、官衙、寺观中贪污，也是贪官们发财的一条渠道。真宗时在京都修建玉清昭应宫，安放“天书”，铸造神像，命三司使丁谓总其事，丁谓预计的规模十分宏大，需 15 年才能修成，结果 7 年便修完。由于工料、资财没有标准和定额，他可以随意编定，从中贪污，大发其财。各地州县也都因“天书”降临，修建天庆观，搜刮银两，抓丁抓夫。由于政府没有规定标准、定额，也是随意收取和抓派，官吏发财，百姓受害，当时就有御史上书说：“今费造竞起，远近不胜其扰。”

改革派大臣提出的挽救危机的措施中，许多是针对冗官贪污的。欧阳修在《再论按察使官吏状》中，要求裁汰那些老朽、无能、贪污的冗官。扬州知府王禹偁的《言五事疏》中，有四条涉及冗官贪污和裁汰僧尼。宋祁的“三冗三费”疏中，所指责的“三冗”即冗官、冗军、僧尼，“三费”即道场斋醮、寺观庙宇、罢官留禄。

王安石在变法前的《上仁宗皇帝言事书》中说：“今官大者，往往交赂遗，营资产，以负贪污之毁；官小者，贩鬻乞丐，无所不为。夫士已尝毁廉耻，以累于世矣，则其偷堕取容之意起，而矜奋自强之心息，则职业安得不弛？治道何从而兴乎？又况委法受赂、侵牟百姓，往往而是也。”

宋代政治、经济危机诸原因中，还有一条是徭役太重、太繁。宋代的徭役分差役和夫役两种：差役又称职役，由有产之家担当；夫役又称杂徭，由自耕农和佃农担当。夫役没有任何法规，有事则征，扰民最甚。耗用夫役最多的有三项：第一建筑宫殿、寺观、城池；第二治黄河、修运河；第三运送官物。夫役的征发一次就是几万、十几万。他们远行千里，役期长达数月，往往农事荒废，家破人亡，“朝耕尺寸之田，暮入差徭之籍，追胥责问，继踵而来”，“贫民之系累者，相属于道。役满而破家者，十常八九”，更为惨者，“访闻京城四门外，所在白骨如麻，多是昔筑城开壕死损人夫”。

农民无法忍受繁重的夫役，只好逃亡。“今天下之土，不耕者多矣。臣未能悉言。请举其近者，自京以西，土之不辟者，不知其数。非土之瘠而弃也，盖人不勤农与夫役重而逃尔。”逃亡难免一死，农民便只好走反抗这条路了。

“近年以来，上户浸少，中下户浸多，役使频仍。农人不得不困，地力不得不遗，养生之资，有所不足，则不得已而为工商，又不得已而为盗贼。”“今中农以下，举皆缺食，冒法而为盗则死，畏法而不盗则饥，饥寒之与弃市均是死亡，而赊死之与忍饥，祸有迟速，相率为盗，正理之常，虽日杀百人，势必不止。”

苏颂生活在这样一个冗官遍地、贪贿成风的环境中，想做一个公正清廉、造福民众的好官，是一定要历尽磨难、饱尝艰辛的。

二、以德治国的榜样

我们阐述苏颂公正廉明的品德，是因为公正廉明有利于国家和人民，也有助于当代的精神文明建设和国家的治理。

习近平总书记多次强调要依法治国和以德治国相结合。2016 年 12 月 9 日，中共中央政治局举办了主题为“我国历史上的法治和德治”的第 37 次集体学习，习近平主持学习并发表重要讲话。他深刻揭示了法治与德治的辩证关系，丰富和发展了马克思主义关于法与道德的关系的理论，阐明了在新的历史条件下如何坚持依法治国和以德治国相结合，为我们坚定不移地走中国特色社会主义法治道路指明了方向。

以德治国是儒家的传统政治主张。孔子主张“为政以德”“齐之以礼”。儒家的以德治国，一方面要求统治者和各级官吏“为政以德”，另一方面要求统治者与各级官吏成为道德的榜样，成为“富贵不能淫，贫贱不能移，威武不能屈”的仁人志士。刘少奇也将孟子这句话喻为共产党人应有的革命气节。

苏颂按儒家的传统道德要求自己忠君爱民，以德治国。他在向皇太后请求退休的奏折中，历数了自己自宋仁宗以后的任职情况：“怆徂岁之如流，偶遗孤之未殒。逮比非常之宠，复叨深厚之恩。……谨职业之守，罄倾输之诚。知无不为，死而后已。”这充分表达了皇帝对苏颂的“非常之宠”和“深厚之恩”，以及苏颂对皇帝“知无不为，死而后已”的忠诚。

如果苏颂仅仅是一般的忠君爱民便不值得写了，他的忠君爱民有与众不同的可贵之处。他的忠君爱民不是绝对的“惟君命是从”，而是考虑到国家的长治久安和百姓的疾苦与承受能力。这样，他的道德和言行，有时在客观上的某些方面就产生了有益于劳动群众的效果。

在皇帝的圣旨与百姓的利益发生冲突时，苏颂有时敢于违抗圣意，为民请命。他在《奏乞今后不许特创寺院》中说：“臣近主判尚书祠部，窃见天下寺院宫观三万八千九百余所，近日又赐三十间以上无名寺院以圣寿为额者二千三百余所……窃谓民之财力田土有限，而僧徒资费无涯，以有限之物，而供无涯之求，若不禁止，窃恐三五十年，民被其患，转不细也。”

宋仁宗死后，修建陵墓。英宗与有关机构“以不时难得之物厉诸郡”，苏颂站出来劝阻：“遗诏务从俭约，岂有土不产而强赋乎？量其有无，事亦随集。”皇帝为死去的先皇征收修墓的物产过多过急，侵扰百姓，他也敢站出来说话，实非易事啊！

苏颂要求自己成为以德治国的榜样。

苏颂担任过颍州、杭州、濠州、应天的地方长官，担任过选拔官吏的考官，担任过考核官史升迁贬黜的吏部尚书，后来又任宰相，他始终两袖清风，家用不足。同样在宋代任考官的王钦若一次就收应试考生任懿350两白银。同样任宰相的梁适收张掞的贿赂，擢其为三司副使，又命大商人郭秉为他经商，结果大发其财，金银如山。在这样一个贪贿成风的环境里，苏颂始终保持了廉洁节俭的品德，就更显得十分可贵。

曾肇写的《赠司空苏公墓志铭》中说：“家贫，担石不充，无愠色。”“优以礼法自持，虽贵，奉养如寒士。筑第京口，仅蔽风雨。比薨，来吊哭者，见其服用俭素，皆叹息而去。”

苏颂终生为官，而且贵为尚书、宰相，却“赡给常苦不足”，为了节用，他常常用裁下的碎纸片写字。他的长孙苏象先将这一切记入了《魏公谭训》：“祖父平生节俭，尤爱惜楮墨，未尝妄费寸纸。每剪碎纸为签头，稍大者抄故事，令子孙辈写录。常云此陶侃竹头木屑之意。”

退休后，苏颂回到京口的乡下，亲营田亩，宅第简陋，这也说明他确是毕生清廉节俭。他的自传体《家训诗》曰：

逮吾老乡闾，始得营畦畛。
蜗庐庇风雨，稷田助饔馁。

他自注文曰：“予初置京师西冈宅，甚隘陋。罢相日，二府诸公见过，以为不称相第。予答以曾高以来，忝侍朝廷，下逮子孙辈，已有官，而四方无尺椽寸土，今有此第，已为过分。”

从苏颂自写的注文中，我们清楚地看到，升任宰相之后，他的住宅依然十分简陋，乃至下属机构的官员都感到这房子与宰相的身份太不相称了，而且除此“蜗庐”之外，“四方无尺椽寸土”。

苏颂也用皇帝为榜样教育臣僚和子孙。《魏公谭训》卷一说：“‘仁宗皇帝恭俭节用，常服练素，不御珍奇，临天下四十年，未尝妄用一钱。’尝云：‘平生无所好，惟修《唐书》及制雅乐。’官吏廪稍、增秩、赐金、币札、雌黄、金石、丝竹之费，不过数十万缗，为异时一日安乐之费耳。”

第二节 苏颂的廉政观

《魏公谭训》记述了苏颂的许多廉政思想和清廉事迹。如记苏颂不置田产：“祖父尝云：吾仕宦于外，不能守父母遗体。坟客乃代我守先茔者，汝辈当待之如骨肉也。家素贫，止有数亩之田，遂尽给看坟者。”

又如记苏颂在馆阁九年的薪俸和清贫：“祖父在馆阁九年，家贫俸薄，不暇募佣书传写秘阁书籍。每日记二千言，归即书于方册。家中藏书数万卷，秘阁所传者居多。”

对苏颂任杭州郡守的清廉政绩，记载尤其详细：“祖父知杭州，执政曰：‘本朝不以从官守杭者，惟张乖崖。今公以秘书监往，虽宠命未优，而借重可见。况乖崖之日，岁荒民饥，正与今同，治荒之政委公，非不厚矣。’祖父既至，平易不扰，唯民所利因之。所以赈灾抚恤之备至，民遂安堵。至今言及苏公，即以手加额。其后奏对神宗，语及杭事，上曰：‘钱塘之政，民至今歌咏。’”

苏颂任大理寺丞时的薪俸和持家之节俭也令人印象深刻：“祖父为大理寺丞、馆阁校勘，月俸共十七千。赁宅养马已费三之一，迎侍高、曾祖母、二曾叔祖、二曾祖姑、二叔祖、三叔姑皆未婚嫁，食指既众，亲宾益多，太夫人治家，每俭约条理之。居京九年，上下无不足之色。”

苏颂是一个谦虚谨慎的伟人，对子孙也很少言及自己的为政清廉。实际他用一生践行了自己清廉的吏治观。研究苏颂的廉政思想对当前反腐倡廉大有裨益。

从古到今，廉政一直是一个政权兴盛的必要保证。“廉则昌，贪则亡。”这是历代统治者的古训。总结古代廉政的经验和教训，对学习党中央《建立健全教育、制度、监督并重的惩治和预防腐败体系实施纲要》，将有所启迪。苏颂的廉政思想是中国古代廉政思想的精华，值得研究和总结。

一、爱民是苏颂廉政思想的根基

一个官吏能否清正廉洁，其根基是他是否爱民。凡真心诚意为民谋利，爱民如子的官吏，绝大多数都是一身正气，两袖清风。那些以晋升和私利为目的的官员，极易走向贪污和腐化。

苏颂的廉政思想首倡爱民。苏颂的廉政爱民思想，在他留下的诗歌中有生动的记述。

他为雨涝成灾与民同忧。

滂沱连月雨，愁叹斯民病。
已紊四时和，更伤群物性。
垄麦将萎摧。况值风威劲。
我愿天地心，慎举阴阳柄。

他为久旱得雨与民同喜。

长人惜旱灾，坐阁苦忧惙。
冥感不逾旬，彤云寝融结。
兆为丰年祥，仓箱行可阅。
嘉此岁事和，乐哉民共悦。

面对丰收年景，玉盘佳馐，他想到这是百姓的功劳。

江鲂鲙玉盘餐贵，霜桔堆金燕豆丰。
心厌纷华欣吏职，当时朝议宠民功。

他受任地方长官，以古代的廉吏为榜样，以“惠爱于民”为使命。

直向岁寒期茂悦，肯同时俗论甘辛。
优游且做江南令，惠爱于民此最亲。

苏颂关心民瘼，体恤百姓，深为皇帝所知。熙宁九年（1076 年）正月，苏杭大灾，欲选一位勤政爱民的地方长官。宋神宗说：“苏颂仁厚，必能拊安吴人。”

苏颂的廉政爱民是终生不渝的，他在晚年写给皇帝的奏章中说：“勤访生民之利病，使知睿主之仁恩。冀桑榆之可收，誓坚晚节；倘尘露之有补，岂吝微躯!”为了爱民的事业，他是愿意随时献身的!

苏颂的廉政爱民思想是他执政的原则，当这条原则与皇帝的言论和圣旨冲突时，他也敢于坚持原则，说服皇帝改变决定。如劝皇帝不能随意赐名寺院、滥修庙宇。

当国家的食盐政策侵害民众利益时，他也敢于站在民众的立场上，从爱民出发，劝说皇帝改变政策。他在《奏乞减定淮南盐价》中说：“频海之地，泻卤所生，而又宿、亳诸州，连接京东西通商地，分贩者不宿昔而获厚利。虽峻以刑诛，亦不可禁绝，加以私货美而价贱，官货恶而价贵，民间既利于私易，则官盐无由出卖，得行往往只是抑配与傍郭人户及过往舟船，如此课额何从而登办也。”他提出用判刑和杀头来制止私盐买卖，指出强卖高价公盐是不合情理的，应该从爱民的宗旨出发，收回成法，降低盐价。

苏颂以勤政爱民之宗旨，奠定了他廉政思想的坚实基础，并以此影响皇帝的决策和北宋政坛的廉政之风。

二、节俭是苏颂廉政品德的柱石

苏颂23岁入仕，80岁高龄退休，做了一辈子官。任过颍州、杭州、应天等州府的地方长官。封建时代流行一首民谣：“三年清知府，十万雪花银。”在官吏贪贿成风的宋代，苏颂始终能保持清廉节俭的美德，是十分可贵的。

苏颂任过许多要职，如选拔官吏的考官、考核官吏的吏部尚书、执掌全国枢要的宰相。他能做到终生廉洁，始终两袖清风，一尘不染。特别是他家族兴旺，人口众多，常苦于费用不足。节俭则成为他严于律己、教育家人与子孙的信条，成为他廉政品德的柱石。

《宋史·苏颂传》说：“颂在馆下九年，奉祖母及母，养姑姊妹与外族数十人，甘旨融洽，婚嫁以时，妻子衣食常不给，而处之晏如。富弼尝称颂为古君子。”

苏颂“追省平生”的自传体《家训诗》，可为《宋史·苏颂传》的旁证。其诗曰：

校文摘三折，食贫岁四闰。
二遍逢甘旨，百口免饥馑。

他身为京官，竟家遭饥馑，不得不放弃京华优越的环境，请求外任。他在诗的自注中说："予再三言食贫且久，难更侍候。翌日，特为奏陈，予独得汝阴善郡。"

曾肇在为苏颂所写的《墓志铭》中说："家贫，担石不充，无愠色。""优以礼法自持，虽贵，奉养如寒士。筑第京口，仅蔽风雨。比薨来吊哭者，见其服用俭素，皆叹息而去。"

苏颂的节俭和廉政是持之终生的。他在任吏部尚书和宰相后，教育子孙说："予久参近著，俸赐甚厚，然族大家虚，赡给常苦不足，故每饭不过一肉，非宾客未尝饮宴，每蒙恩泽，极知惭感。"

苏颂退休后，回到润州的乡下，所居的简陋房屋与邻居的高宅深院、亭台楼阁形成鲜明的对比。当笔者怀着崇敬的心情去追寻苏颂在润州的家宅时，当地方志办公室的朋友介绍：据方志记载，康熙以后，苏颂家宅就已荡然无存。面对在风中瑟瑟发抖的荒草和近旁沈括的梦溪园、米芾的宝晋斋、刁约的藏春坞等名园甲第，我们更加崇敬这位宰相的廉洁与节俭。

苏颂不仅不建豪华之宅，而且不置田产。如上文所说，到退休后，除此"蜗庐"之外，"四方无尺椽寸土"。他葬父于丹阳时，曾买坟地与数亩薄田，告诫子孙要尽数交给看坟人。

苏颂留给子孙的不是金银财宝、豪宅肥田，而是清廉美德、节俭家风。他事无巨细，皆贯彻节俭的原则。

苏颂把他的节俭美德凝结为一种清廉的思想，并想把它推向政坛，影响社会。他不仅教育自己的子孙，将俭朴之风、廉洁之德世代相传，还想推而广之，使举世皆行节俭之风、廉洁之德。为此，他借用先帝之名，劝诫皇帝、后妃和皇亲国戚。

当车轿、衣饰涂金之风盛行时，他引用先帝的遗诏，上书皇帝说："先帝严禁涂金之令，所以诫淫侈，而敦质素也。今近戚服用，出入宫禁，渐不可制……京师无名土木，劳民费财，望诫内外，不急修造，及佛祠、神庙悉皆禁。"借先帝之名提倡俭朴之风是苏颂防贪倡廉的做法之一。

三、苏颂提倡皇帝与高官应成为廉政爱民的榜样

苏颂提倡皇帝、后妃、高官廉洁奉公，成为全国臣民的榜样。

他把宋仁宗树为廉政爱民的典范，提倡后世皇帝、后妃、高官及全国

的臣民向仁宗学习。他说："仁宗皇帝恭俭节用，常服练素，不御珍奇。临天下四十年，未尝妄用一钱。"

苏颂利用撰写仁宗的谥册之文，劝诫皇帝："却徽号以守谦虚，节服御以示敦朴。减后宫之数，以归配良家；黜斜封之恩，以弭防私谒。其恤民之深，则遣使臣以宽役力；蠲茶禁以止刑诛。立广惠之仓，以救恤时艰。出内帑之泉，以资佐籴本。"

苏颂又在撰写《立皇后册文》时，对皇后与嫔妃提出劝诫，并借皇帝之口，号令天下臣民："朕卑服节俭，以躬率天下，后亦练缯是式；朕宴游省耕，以穑事为本，后亦穜稑是资。于戏，皇天无亲，唯德斯永。"

他以宰相的身份，教育全体臣僚，以仁宗为榜样，躬行节俭，淡泊名利，以清廉养性："（仁宗）平生无所好，惟修《唐书》及制雅乐。官吏廪稍、增秩、赐金、币札、雌黄、金石、丝竹之费，不过数十万缗，为异时一日安乐之费耳。"

苏颂的廉政思想要求高级官吏必须以身作则、躬率天下。

苏象先在《魏公谭训》中，详细记录了苏颂清廉恬淡、不敛财物的品格与思想。

苏象先《魏公谭训》记载说："祖父应举之年，元日游相国寺。时浙本中字《前汉书》方出，祖父戏扑之，为钱五千，十三淳一掷皆红。"鬻书者云："未尝领所下金。祖父遂行不取。"赢千金而不取，可见于金钱之淡泊。

祖父诫小儿手不持钱，不唯防误咽，亦恐坏其行志。祖父尝云："孟子较兼金百镒，五十镒受与不受；杜子美诗云：至尊含笑催赐金，圄人太仆皆惆怅，为太屑也。"对亚圣孟子和诗圣杜甫的爱恋金钱之言论，他也加以批评，认为不足为训。

苏象先记载苏颂不贪恋美酒佳肴，而喜欢清茶五谷。

祖父生平喜欢饮茶而不喜欢饮酒，家庭宴集不过三杯至五杯，宴客不过七杯至十杯。丰俭得中，士人以为法。

祖父尝云：食不贵丰而贵洁，味不贵厚而贵和。

祖父食粟，以为有五谷真味，卜葬曾祖母，日走山间，或时羹臛未具，先啖干饭。曰所谓稼穑作甘也。

祖父喜养朝鸡，以为不唯质状雍容，文采可观，声气和平，飞鸣不迅，而使人知日早暮，有夙兴之助。又鸡能收拾残余，粪壤中无弃物。训于庭际，尤可爱也。

祖父平生无玩好，唯陈侍御雷琴，颜鲁公《韵海》，商鼎、周尊，李成山水、徐浩右丞诰，时一展玩尔。

祖父弈棋，品格甚高，乃天性也。

苏颂的业余爱好，不过是文人的琴棋书画而已。这种恬静、平淡的生活，成就了他俭朴廉洁的思想。

四、苏颂认为法制和监督是反腐倡廉的保证

自古以来，卖官鬻爵是行贿受贿的最重要渠道；任人唯亲，违法任官也是腐败的一个重要方面。

苏颂给我们留下了宝贵的吏治思想和反贪经验。在任人唯贤、出以公心方面，苏颂也成为宋代高级官吏的榜样。仁宗康定元年（1040 年），苏颂的父亲苏绅任中书舍人，时逢乾元节，皇帝恩赐近臣可以荫子为官，苏绅欲奏请苏颂入仕，苏颂拒绝这种恩赐与特权，愿以真才实学通过科举考试来任官。

苏象先在《魏公谭训》卷二中记载：“曾祖（苏绅）知制诰，乾元节（皇帝生日）当任子，初奏必以子孙。祖父（苏颂）固辞，复劝二叔祖当励志科举，不当从门荫。两祖亦辞。曾祖大怒曰：尔既轻朝命，又教二弟，何也？既而曰：志气如此可矣，但不可陷为轻薄。竟奏第七叔祖。”

哲宗元祐七年（1092 年），与苏颂同为宰相的吕大防提议苏颂的儿子苏嘉入馆阁任职，被苏颂坚决否决。他认为馆阁之职是通向宰辅的重要渠道，不能任命自己的子侄。

苏颂又主张用立法来监督州、县等地方官员，并将法律告知民众，劝导民众从善和监督官吏。他在《请制定县令考课及立乡官》的奏书中说：“臣窃以国家恃以为法者，民也。使民敦本而趋善者，县令也。”过去考核县令，“盖以殿最之格，不过校簿书，案文法而已。故簿书益密，而编户益扰；文法弥具，而治道弥远”。为此，苏颂建议：“臣欲望明诏戒敕：自今考课，以令长能用善道谕民，勉末游而归本业，致狱讼稀简，而盗贼衰息

者，为优等。其能校簿书，均移赋税，发奸捕盗，兴利除害者，为次等。二者咸无，为下等。”“使人谕教化于下，相率而归于善道。如此则廉平之吏，思尽所长；礼义之风，庶几可致。”

综上所述，苏颂以爱民为廉政之根基的思想，以节俭为廉政之柱石的思想，以皇帝、后妃、重臣为廉政爱民榜样的思想，以法律监督为反腐倡廉保证的思想等，都是十分宝贵的，时至今日，仍给我们很多启迪。

第三节 苏颂以法制捍卫公正廉明

苏颂为了坚持公正廉明曾经和皇帝与宰相做过坚决的斗争，这场斗争震动朝野，风闻天下，写入青史，影响至今。那就是“熙宁三舍人议案”。

苏东坡为苏颂写的悼词不足百字，评价苏颂一生，只写了两件大事：“俯仰之间，四十余年。在熙宁初，陪公文德殿下，已为三舍人之冠；及元祐际，缀公迩英阁前，又为五学士之首。”苏东坡在总结苏颂一生功绩时，盛赞他为“三舍人之冠”。

在清代同安县城东南约一里的九跃山岭头崎高坡上，有一座始建于明代万历三十三年（1605 年）的甘露亭，因位于通往泉州的古道上，又称接官亭。亭下清代知县八十四（人名，字寿征）立了一块石碑，碑文是“宋熙宁三舍人丞相正简苏公故里”。为什么在苏颂的故乡为他立一个纪念碑写在最前面的是“熙宁三舍人”呢？因为“熙宁三舍人议案”是苏颂一生最光荣、最重大的事件。苏颂高举法制的旗帜，为了捍卫公正廉明，敢于与皇帝宋神宗和宰相王安石做不屈不挠的斗争。

一、任中书舍人与“熙宁三舍人议案”

（一）中书舍人、知制诰之职务与“熙宁三舍人议案”的起因

英宗治平四年（1067 年）正月，英宗驾崩。英宗的长子、18 岁的赵顼继位，史称宋神宗。神宗认为苏颂是一位德才兼备的廉吏，很想把他提拔

到重要的岗位上来，使其能够治国兴邦，致力于改革大业。

当年七月十五日，神宗把苏颂从工部郎任中调充淮南转运使，仅仅五个月，又将其调回汴京修起居注，在自己身边工作，又数月，擢升其为中书舍人、知制诰。

曾慥《高斋漫录》记载了苏颂频繁调动的原因，可供我们参考："祖宗故事，不历转运使不除知制诰。苏子容颂，出为转运使，未几召还，遂知制诰。"

按曾慥的意见，神宗命苏颂为淮南转运使，乃是为了提拔他任知制诰。

知制诰之官，始于唐代。唐代开元末年，翰林学士入院一年，加知制诰，专门为皇帝起草重大的诏诰之文。如任免宰相、册立太子、宣布征伐等军国大政。宋承唐制，知制诰为皇帝撰写重要的诏书、文诰，称内制；中书舍人为皇帝起草一般的诏令、文书，称外制。

宋神宗赵顼在登极的当年就任命苏颂为知制诰，可见他对苏颂的倚重和良苦用心。他是想在改革经济和政治、大展宏图时，苏颂能成为其得心应手的股肱之臣。他万万没有想到苏颂在李定的任官问题上与自己发生冲突，不肯起草诏书。他虽软硬兼施，亦无法扭转，造成了震惊朝野的"熙宁三舍人事件"。苏颂当时兼任中书舍人和知制诰，因为起草的是外制李定的任命，所以称"熙宁三舍人议案"。

宋神宗熙宁二年（1069 年）二月，王安石出任参知政事（副宰相），辅佐神宗开始变法。九月，颁行"青苗法"，实施中遭到守旧派宰相韩琦、司马光的激烈反对，举朝共争之。

熙宁三年（1070 年）四月，神宗与王安石急需基层对"青苗法"的支持。李定恰在此时被孙觉推荐来汴京，见孙觉之好友李常。李常问州县之民对"青苗法"的意见。定曰："民便之，无不喜。"常曰："举朝共争是事，慎勿言。"（本题所引文字皆取自《续资治通鉴长编》）

李定是王安石的学生，早知王安石与宋神宗的意向，往见王安石说："定只知据实而言，不知京师不得言青苗之便也。"王安石立即推荐李定见宋神宗，并嘱李定："当具为上道此。"李定得对御前，尽言青苗之便。宋神宗甚喜，欲任李定知谏院。宰相曾公亮认为前无选人授谏官之例，宋神宗改授李定为监察御史里行，御批送中书舍人、知制诰撰写诏书。

（二）"熙宁三舍人议案"的经过

神宗批示李定任职的词头，熙宁三年（1070 年）四月十九日送中书省，正值右谏议大夫、中书舍人、知制诰宋敏求当班。宋敏求认为李定不符合任命监察御史里行的条件，他说："旧制须太常博士两任通判方许举荐入台"，"景祐初，以资任难有相当者，遂许奏举博士以上，通判未满任者为御史里行。"李定不具备这些条件，以州郡的幕职官"便升朝著，而峻处纠绳之地"，遂拒绝起草授官的诏书，并以有病为由，请求辞去知制诰之职。神宗愤怒，以"文字荒芜，旷其职业"将其撤职。

宋神宗收到宋敏求封还的词头，又御批："速送别官命草。"二十一日将词头送交中书舍人、知制诰苏颂，苏颂一面陈述李定不能任监察御史里行的理由，一面为宋敏求辩护。

神宗见苏颂与宋敏求一道反对李定的任命，又御批"去年诏书，台官有缺，委御史中丞奏举，不拘官职高下"，再次命令起草诏书。此次是工部郎中、中书舍人李大临当班。李大临查阅神宗指示的条贯，奏称去年特开此制，谓台官不拘官职高下者，只是不限从太常博士与中行员外郎中选任，并非初级职官也可选授宪台，也封还了词头。三人采取了完全一致的行动，故称"三舍人议案"。

李大临封还词头后，中书省将词头于四月二十三日再送苏颂，令苏颂依前降诏旨撰词。苏颂详论李定不具备任御史的资格，也无破格提拔的显著政绩，不宜任命；自己不能畏惧皇命而违法制词，做一个失职的臣子。第四次封还词头，拒绝起草诏书。

神宗再次批送李大临，李大临也再次封还词头。四月二十八日，神宗为达到目的，召见苏颂，与其商量说："卿所谓李定事虽善，然熙宁二年诏书，奏举台官不拘官职高下令兼权，则定之除命正合诏意，不为越法。宜以举官条赴院商量，速为草制。"

苏颂依然不肯起草，神宗见商量不通，就威胁说："久格诏命，恐将得罪，卿宜思之。"苏颂面对神宗的胁迫，毫无惧色地回答："臣闻治道在察臣下之邪正，邪正之分，唯所操守。若臣前以为不可，今蒙陛下召谕遂变前言，乃奸邪固位之臣所为也。"宋神宗软硬兼施，依然没有达到目的。

神宗被三舍人的抗命弄得不知所措，只好找宰相曾公亮、韩绛等人商量。曾公亮乞批付李大临等数人共同起草；韩绛却认为苏颂的建白最有力，不宜再交李大临。于是任命的词头第五次送苏颂，命他起草诏书。

苏颂又坚定地上书神宗："臣等喋喋有言，不避斧钺之诛者，非它也。但为爱惜朝廷之法制，而遵守有司之职业耳。且爵禄赏罚，进退黜陟，皆陛下得以专之，无所不可者。若事下有司，则具有条例，当官者须奉行而固执也。”苏颂说得十分明白：我不避刀斧之诛，为的是遵职守法。皇上有爵禄赏罚之权，怎么对待我都可以。但要我办理这件事，我就一定按法制规定，决不妥协。

由于苏颂在封还词头的奏书中说，如果皇帝要依特旨行事，就应有文字依据，御批特旨所除，不碍条贯。因而五月二日，堂札批曰：“圣旨与除李定系特旨，不碍近降条制。”命令苏颂撰写诏书。是日为李大临当班，苏颂一方面推说应送当班中书舍人制词，另一方面引述历史上唐代任命马周与宋真宗任命张知白的例子。即使有显著政绩，马周还被召置门下省，第二年才任为御史；张知白先置舍人院，然后授以正言。所以建议李定别授一官，置之京师，待见确有政绩，再任御史，并书特旨也不恰当，皇帝不该以言代法。苏颂的出尔反尔，惹怒了宋神宗。王安石也进言神宗，如果听凭苏颂等妄为，则“陛下威福为私议所夺，失人君之道矣”。

五月二十日，神宗终于下定决心，将苏颂、李大临免职归班。神宗的御批是：“近以秀州军事判官李定为太子中允、权监察御史里行。知制诰李大临、苏颂累格诏命不下，乃妄引诏中丞荐举条，绝无义理。而颂于中书面乞明降特旨方敢命辞，洎朝廷行下，反又封还，轻侮诏命，翻复若此，国法岂容！大临、颂可并以本官归班。”

苏颂被撤职了，李定也没按原定委任，而改知通进银台司。这一任命经过八次反复，僵持了一个多月，最后双方都做了让步。苏颂因坚持法制，忠于职守，人望益重，宾客满门，天下高其节，称其为“三舍人之冠”。

二、关于法制与任官的答辩

苏颂多次封还词头，向神宗陈述了自己的意见。这是一场关于法制和选人用人的答辩，苏颂利用这个机会全面地论述了关于法制和人才的观点。现将其主要论点总结如下：

（一）以据法制，逐级提拔，实践检验

苏颂主张官吏要一个台阶一个台阶地提拔，从低到高，逐渐掌握施政本领。官吏来自基层，才有实践经验，这也是自古以来的传统，所谓“宰相起自州郡，将帅拔于卒伍”，就是这一经验的总结。他认为：“进用之路，自有阶渐耳，擢授有资级，保任有常法……自古以来，兹道不易。”他

列举御史等官员就要求有本部门的领导御史中丞、翰林学士等的推荐，应具有基层工作经验，任过两年通判，且其级别为太常博士以上，中行员外郎以下。对荐举人也有严格要求："若非其人，或至连坐，所以慎重台阁之选也。"

苏颂认为极特殊时期，极特殊人才可以超级提拔，他说："祖宗之朝，或有自起孤远而登显要者。盖天下初定，士或弃草莱而不用，故不得不广搜扬之路。"但是，一般情况下，则不能实行超级的办法，"自真宗、仁宗以来，每有除授，虽幽人异士亦不至超越资品，盖承平之代，事有纪律，故不得不因用资品选授之法"。

苏颂又认为官吏应放在实践中加以考核和检验，他在《二乐陵郡石公神道碑铭》中说："进用辅臣，共选至遴，虽轶才伟望，或夙遭际会，已知其可用矣，然犹举于众，试之以事，功实著见而后命之。"

苏颂强调，即使那些有很高才能和威望的人，或者早有交往、有所了解的人，也要得到群众的推举，放在实践中，看是否有办事能力，如在实践中功效果然显著，才能委以重任。

这种在实践中考核与检验官吏的方法，不是一般意义上的校文案、听述职，而是要考核功实。司法刑狱的官员要能曲尽情伪，查明冤案；治仓理财的官吏要能财用得当，仓廪盈实；统帅军队的将帅要能军纪严明，攻无不克。这样在实践中选拔的官吏最可靠。

为了说明实践考核的必要性，苏颂举了一个反面的例子："张去华侍郎状元及第，文章学问为一时之贤，而孝养之行，远追古人。独不达政事，自翰苑尹开封，事多留滞倒错，遂黜罢。尝有一人犯夜，逻者执之以来，公问：何为夜行？对以母病求医。问：颇有见证否？人皆笑之。"这位张去华出身状元，文凭不可为不大；"文章学问为一时之贤"，才学不可为不高；"孝养之行，远追古人"，品德不可为不优。但放到开封府的实践中一考验，却不谙政事，只好罢免。

离开实践的考核，"但用其言，不试以实"，会产生屈原沉江、子胥伏剑之类的冤案。自古以来，谄媚得宠、直谏而死、奸伪取官、疾恶见诛的事，史不绝书。苏颂的这条选人经验是总结历史上正反两方面经验得来的。李定的任命既不是逐级提拔，又没有经过实践的考验，"以远州幕官，非有积累之资，明白之效，偶因召对，一言称旨，便授台官。……事有万一，不可不防"。"李定是初等职官资序。若特予改官，只合转大理寺丞。且选人特改京官已是优恩，若更超授朝籍，处之宪台。恩命重叠，升擢非常。先朝以来，未有此比。未知李定有何所长，而可当此殊命也?”他建议把李定放在实践中加以考核，然后委以重任。“或别授一官，置之京师。俟他时见其实状，进用未晚。如此不惟臣等职事得举，兼亦可养成定之才资，免诒异日之议论也。”这就是苏颂向神宗答辩的第一个理由。

（二）严谨超擢，官民监督，遵守法制

吏治是否清明，任才是否得当，是一个政权生死存亡的大事。官吏的任免要按章办事，有法可循，而越级提拔必须慎之又慎，严谨从事，官民监督。如按长官意志随便提拔，破坏章法，超级任用，就会遗患无穷，以致不可收拾。

苏颂认为严谨超擢是因为“朝廷名器有限，焉得人人而满其意哉！前世所以慎重爵赏，以此也”。而李定的超擢就是不严谨、不慎重的。“秀州判官李定除授监察御史里行，不惟超越资序，未压群言，抑亦有乖国朝从来法制。”

苏颂又主张官吏的任用和升迁应用法制来管理，不能用长官意志代替法制。他说：“今定自支郡幕职官入居朝廷纠绳之任，超越资序，近岁未有。臣恐有违官法，无益治朝。”“况定官未终，更非时召对，不由诠考，擢授朝列，不缘御史之荐，直置宪台。虽朝廷急于用才，度越常格，然隳紊法制，必致人言。所益者小，所损者大。”“臣与大临等前后论列李定差除未得允当，盖是遵守朝廷之法制，奉行有司之职业。”

苏颂认为李定的任命有三点违法之处：第一，“定官未终，更非时召对”。李定刚任支郡幕职官，不到考核提升的年限。第二，“不由诠考，擢授朝列”。李定没有经过州县和吏部的考核，就提升到朝廷任中央政府的要职，违背法制。第三，“不缘御史之荐，直置宪台”。李定任命监察御史里行按任官法规定，一定要有监察御史和翰林学士的推荐。李定既没有御史台长官的推荐，又没有太常博士和两任通判的资历，是万万不能任命监察御史里行的。

任官按规章和法律办事，是防止徇私舞弊的保证。法规是决不可更改的，不仅各级官吏要依法办事，就是皇帝也要遵规守法。“法者，天下之公器也。”法纪是王朝依存的根本所在，所以他才不避斧钺之诛，喋喋不休。这是苏颂向神宗答辩的第二个理由。

（三）听取众议，意在尽公，坚持法制

官吏的任免与超擢必须听取众议。因为一个官吏的清廉与贪暴、贤明与愚暗，其同僚、上司和属吏看得最清楚，绅民也会有公正的评价。吸取众议才能博采贤才，不为私恩所蔽。否则爱憎由己，就会贤愚不分，任人唯亲，祸乱无穷。苏颂说：“欲人才之叙，非选于众而举所知，则治功莫建。”

官吏的任免与超擢必须出以公心，否则，任何法制规章都是一纸空文。只有出自公心，才能严于执法，精心选才。亲贵请托而不荐，疏贱有才而得举。出以公心乃是法制执行的保证。苏颂向神宗提出两条建议：第一，“其李定特旨除授，欲望陛下更赐采听群议，或询近臣。若谓定之才果足以符陛下特旨之擢，则臣自当受妄言之罪”。说明他坚信众议是正确的。第二，“盖圣主任辅相，为天下公，不以己私进退，慎重如此，居其位者，有不得人乎？”他请求皇帝任官时也要出以公心。

苏颂向神宗说明自己反对李定的任命，正是出自公心：“臣等非不知再拒严旨，获罪不轻。但以意在尽公，不敢自为反复，上误朝廷耳。”只有无私，才能无畏；只有无畏，才能坚持正义；只有坚持正义，才能做好选才与任官的工作。

苏颂在李定事件中的言论与行动，决非偶然，而是他治事坚持出自公心、不为身谋的必然结果。他一生从政，正色立朝。不营私利，不树党援；不偷安，不苟且，不贪禄，不恋战。他选士也坚持廉洁奉公，一尘不染。掌相印，拒绝按惯例升任其子苏嘉；主科考，其妹婿张挺卿自谓必获高第，结果却名列丙等。“一心为天下公，不以已私进退。”苏颂在李定事件中据理力争、义无反顾，刀斧在颈、忠义向前，都是因为他出自公心。总之，听取众议，意在尽公，遵守法制。这就是苏颂答辩的第三个理由。

他最后深情地对神宗说：“臣不避诛戮，再贡瞽言者，诚见陛下能受直言……臣不胜夙夜纳忠之至。”

三、李定事件的功过与启示

李定事件过去九百多年了，我们现在看当事人的是非功过，已经很清楚。因为历史已经做出了回答。

（一）李定的任命是否正确？

李定的超擢除违背任官法规外，还有一个李定的德才问题，当时还看不准，现在已经盖棺论定。

李定为了升官，母亲去世不守丧，谎称父老回家迎侍。被人告发后，又谎称自己非仇氏所生。御史贾昌朝认为李定应解官，不宜以不孝之人，居讲劝之地；欧阳修骂李定为了向上爬竟至不服丧，禽兽不如。经朝廷调查，李定确为仇氏所生。一个对母亲都不孝敬的人，岂能忠君报国？一个经常说谎话的人，岂能秉公执法？

李定虽经神宗与王安石特殊提拔任职银台司，但却不能忠于神宗。神宗与陕西转运使张诜秘密谈话，被张诜泄露。神宗下令追查，李定早知实情，却隐瞒不报，有背于朝廷，忘记了神宗的知遇之恩。一个连有恩于自己的君主都欺骗的人，又怎能身任御史呢？

元丰二年（1079 年），在王安石的庇护下，李定终于当上了御史中丞。他利用职务之便，一手制造了“乌台诗案”。“乌台诗案”的主犯是苏轼。李定对苏轼的《湖州谢上表》断章取义，诬其语言侮慢，指责苏轼以文章谤君父，通戚里。苏轼被捕入狱，李定亲自审讯、用刑，扩大了这一冤案，株连司马光、孙觉、张方平等 20 多人。

李定摘引苏轼《咏桧》中“根到九泉无曲处，世间唯有蛰龙知”之句，硬说“龙”是指神宗。开明的神宗看后说：“诗人之词，安可如此论！彼自咏桧，何预朕事！”李定初诬苏轼“本无学术”，当苏轼将要释放时，又说苏轼是奇才。

这样一个翻手为云、覆手为雨的奸佞小人，历史对他做了确切的结论。《宋史·李定传》说：“言者争暴其前过”，“徒以附王安石骤得美官，又陷苏轼于罪，是以公论恶之，而不孝之名遂著”。

李定的历史定论说明，苏颂的抗旨具有何等的真知灼见与先见之明。

（二）苏颂与王安石选人之对比

苏颂任考官，选中刘挚；苏颂任开封府尹，又推荐刘挚为签判，后刘挚任相，民爱之，史称“一身艎骨，正邪之辨甚严”。苏颂为开封府界提点，保荐范尧夫于朝廷。哲宗时范尧夫任相，选官出以公心，以公直敢言著称一时。

苏颂领导研制水运仪象台，走访吏部令史韩公廉和寿州州学教授王沇之，将其调入浑天仪象所，三人互相切磋，终于制成水运仪象台，为中华民族争得多项世界第一。

王安石用人以“择术为先”，为了推行新法，选拔人才重在对新法持何意见。他培养并提拔了吕惠卿，凡事悉与谋划。王安石去位，荐吕惠卿自代。吕惠卿掌权，深恐王安石复相，陷其欺君之罪，乃至王安石临死，还在用手比画，连呼“福建子”（指惠卿），痛悔用人之不当。王安石荐邓琯，历馆阁、知谏院、迁御史中丞。在任不敢言事，自谓“笑骂从你，好官须我为之”。王安石去位，附吕惠卿共陷王安石；王安石复位，再谄王安石而毁惠卿。王安石掌政之日，其家车水马龙，门庭若市；一旦去职，则门可罗雀，无人问津。

张舜民的《哀五荆公》诗，写出了王安石选才失败的惨痛教训：

乡间匍匐苟相哀，得路青云更肯来？
若使风光倒流转，莫将桃李等闲栽。
去年夫子本无情，奇字新经志不成。
今日江湖从学者，人人讳道是门生。

苏颂与王安石选人的对比，谁优谁劣已经写入了历史。

（三）“熙宁三舍人议案”的启示

1. 任官选才必须坚持法制

任免官吏，选拔人才，古往今来，一直是众目所瞩的大事。献媚取宠、阿谀求官的幸进之徒，随处可见；称颂之词欢心，批评之语逆耳，古今一理。只有法律规章，才能保护那些为了国家利益敢于和皇帝抗争的人。一个小小的中书舍人、知制诰苏颂，竟敢五次封还神宗的词头，却没有被杀头下狱，只是撤职了事。神宗的宽容精神固然起了作用，而最重要的是法制规定了他可以封还词头，献上逆耳忠言，这正是他的职责。在封建专制下，正是这允许抗旨言事的法规，使苏颂捍卫法制、出以公心的廉明思想得以闪光，成为划破阴霾的闪电。

2. 皇权下的言论自由

李定事件告诉我们，宋代皇权统治下，并非没有一点言论自由。神宗先是任命李定知谏院，宰相曾公亮、陈升之以前无此例反对，神宗则改任他为监察御史里行。当有人揭发李定不服母丧时，神宗又派官调查。苏颂等反对任命李定为监察御史里行，神宗也允许其充分发表意见。这一切说明这位立志改革的皇帝是允许群臣讲话，允许有不同意见的。正是这一点点言论自由，正是这极有限地允许发表不同意见，才揭发了李定这个不忠于君、不孝于母、制造冤案、加害忠良的坏人。

3. 苏颂的“务循故事”和“明哲保身”

《宋史·苏颂传》说：“颂为相，务在奉行故事，使百官守法遵职。”今天也有些学者说苏颂“不露锋芒，率由旧章，在作风上只求守成持重，而以喜事生功为大戒”。更有学者说：“在变革之年，苏颂仍以传统奉行故事为从政原则，这就必然从守旧派最后沦落为改革的反对派。”我们认为这些评价不够公允，苏颂封还词头，就是要求神宗和王安石“奉行故事”“守法遵职”。他的要求对不对呢？上面已做了充分的说明。“旧法故事”不一定都不好，历史遗留给我们的东西总是良莠相参、玉石错杂。宋代改革大潮来临时，也总是鱼龙混杂、泥沙俱下。我们不能因《宋史》说他“务循故事”，就定他为守旧派；也不能因他反对神宗和王安石提拔李定，就说他反对改革。李定事件说明他反对宋神宗与王安石是正确的。不能以王安石一人划分改革还是守旧，也不能以新旧来区别事物的优劣。

马克思主义活的灵魂是具体事物具体分析，我们已经对李定事件进行了分析。对于当时新旧事物的评价，我们想引用宋代李常的一句话：“法无新陈，便民者良；论无彼此，可久者确。”苏颂要循的是便民的“故事”，这有何不好呢？李定事件中他所守的也是正确的“旧章”。

关于苏颂的“明哲保身”，也不尽公允。“熙宁三舍人议案”事件中的苏颂是一个舍身忘我、以死殉职的勇士，是一个刀斧在前、义无反顾的忠臣。通过对李定事件的详细叙述和分析，我们应该为苏颂洗雪“明哲保身”和“反对改革”这不白之冤了。

四、李定炮制的苏颂和苏轼冤案

八年之后，在宋神宗和王安石的庇护下，李定终于一步一步地登上御史中丞宝座。他利用职权，重新复查苏颂审判过的案件，终于找到了孙纯和陈世儒两案中的可乘之机。他立即联合下属官吏舒亶和贾种民制造了苏颂和苏轼的冤案。

元丰元年（1078 年）五月，相国寺僧人宗梵告其师行亲，私用寺院的粥钱支给梓州路提举常平仓官员孙纯。

苏颂经过审讯得知，相国寺住持行亲在孙纯任祥符县令时，曾为孙纯治田产，收租粮。孙纯升任梓州路提举常平仓官，临行催行亲交所收租钱，行亲花了孙纯的钱，一时还不上，就用寺院的粥钱抵了债。徒弟宗梵发现此事，即将行亲告上开封府。孙纯听说宗梵将自己和行亲告官，立即把钱还给了行亲。

苏颂的判决有些失误，他认为孙纯向行亲讨自家的租钱是正当的。寺院的钱由住持掌管，并非官给，也不违法。而徒弟宗梵无事生非，状告孙纯和住持，扰乱社会秩序，给予杖责。

此事结案后，城皇卒告苏颂袒护孙纯。案件由御史台官员舒亶审理。舒亶是李定的挚友，此时李定已任御史中丞，是舒亶的长官。李定并没有忘记“熙宁三舍人事件”中，苏颂对他任官百般阻挠，认为报仇的机会来了，就与舒亶密谋，制造了苏颂的冤案。

舒亶经过调查审核，发现孙纯与苏颂有亲戚关系，这样就可以定苏颂徇情枉法、故纵孙纯的罪名。

苏颂的女儿新嫁给李徽的儿子，李徽家族数百口人。孙纯是苏颂女婿从妹的儿子。苏颂判案时，并不知有此姻亲。由于确有这种疏远的亲戚关系，李徽、孙纯与苏颂又同朝为官，此事苏颂就有口难辩了。

苏颂被传讯到同文馆所设的御史台审讯室，与舒亶对簿公堂，平生第一次经历受审之辱。舒亶给苏颂定了故纵孙纯之罪，苏颂受到了降职秘书监、出知濠州的处分。

元丰二年（1079 年）正月，苏颂被贬濠州。他在开封府所判决的陈士儒案，又被舒亶、李定翻出，送大理寺重审。

此案是元丰元年（1078 年）六月，苏颂在开封府经办的。案件的大概情况如下：国子博士陈士儒的母亲被奴婢害死。起因是陈士儒之妻李氏恶其生母，常对群婢说：“博士一日持丧，则汝辈欲留者，多与金：欲去者，厚遣之。”语多类此，终未明言让群婢杀母。法吏认为李氏暗示群婢杀母，终未明言，情虽切要，而法不致死。案结，上报大理寺，被驳回重审。

苏颂的亲戚辛光化听说了此事，从中都（今山东汶上县）写信给苏颂的儿子苏嘉，让苏嘉劝说父亲断案时要遵从皇帝的旨意。苏颂依然坚持其行政长官不干涉司法断案的主张，并请主持此案的法官，实事求是，依法断案。

由于此案几次被驳回，京城已传得沸沸扬扬，神宗也知道了此事。他在苏颂上朝奏事时关切地对苏颂说：“传言卿与所司欲宽陈士儒狱。喻婢杀母，此乃人伦大恶，当穷竟，不可纵。”

苏颂回答说：“臣备员京尹，有罪者皆付有司，一有轻重示意，则有司观望，体量上意，遂致以情代法。此事臣固不敢言宽，亦不敢喻之使重。”

此案久不能决，苏颂因孙纯案出知濠州。陈世儒案移送大理寺，大理寺官员得知神宗欲重判此案，就罗织了苏颂的第二次冤狱。陈士儒妻李氏之母是枢密副使吕公著的妹妹。吕公著与苏颂来往密切，感情笃厚。他们推测吕公著定向苏颂求情，苏颂才故意宽纵李氏，不听神宗的劝诫。因要逮捕苏颂，予以刑讯，大理寺将案件移交御史台，使李定、舒亶又有机会对苏颂进行报复。

元丰二年（1079 年）九月，苏颂从濠州被押解到汴京御史台监狱，囚于三院东阁。

此案在大理寺审讯时，李定、舒亶就示意大理寺丞贾种民罗织苏颂的罪名，诬告苏颂接受吕公著的请求，为李氏开脱罪责，并写入审讯记录。李定、舒亶在此基础上，又为苏颂增加新的罪名。据苏颂在《元丰已未三院东阁》所作诗的注文记载，其罪名有以下四条：

第一，案发之初，法吏欲派人到太湖县调查奴婢用药，但卖药人到太湖县行医了。苏颂认为此事不关切要，卖药人居无定所，道路很远，没让派人查证。

第二，有人揭发苏颂在开封府平时常有不雅之词，有失府尹的身份。苏颂虽然记不起这些鄙俚之语，但都一一供认不讳。

第三，舒亶推断苏颂平日对亲友谈及陈士儒案，泄露案情，逼迫苏颂交代对谁谈过案情，以便传讯核实。苏颂矢口否认，不愿牵连亲友。

第四，舒亶等指出有人告发苏颂在府衙和监狱引见与案件相关的人。苏颂认为并无此事。

逮捕苏颂之前，李定、舒亶等又一手制造了“乌台诗案”，苏轼也被押解京城，与关押苏颂的狱室仅一墙之隔。苏颂在狱室就可以听到李定、舒亶对苏轼的刑讯逼供之声，遂写诗予以记载。

第五章

出使辽国　功勋卓著

苏颂好学有为的一生，也体现在他多次出使辽国的业绩中。

宋代的政权，处于与辽、金、元的频繁战争之中，为了求得稳定政局，繁荣经济，北宋中期的仁宗、英宗、神宗三朝，采取了对辽赂以银绢之策，双方和平友好，使节频繁往来。而双方为了各自的利益和地位，难免存在争论和激烈斗争。出使辽国，不仅需要面对长途跋涉，山川险恶，而且要应对辽国的得寸进尺，多方刁难。每一位出使者，要想妥善地完成使命，必须智勇双全，敢于斗争，掌握分寸，既最大限度地保护宋王朝的权益，又使友好不致破裂。双方斗智斗勇，留下了许多威武雄壮、智谋迭见的外交实录，我们应该认真地加以总结和研究。

第一节 苏颂使辽之简历

一、对父亲苏绅使辽业绩的继承与光大

康定元年（1040 年），苏绅以刑部员外郎任中书舍人，八月擢知制诰，为契丹（辽国）国母生辰使。

有三种史书记载了苏绅出使辽国。

第一种，《续资治通鉴长编》载："（康定元年八月）乙未，刑部员外郎、知制诰苏绅为契丹国母生辰使，西京左藏库副使向传范副之；右正言、知制诰吴育为契丹主生辰使，东头供奉官、阁门祗候冯载副之；右正言梁适为契丹国母正旦使，西染院副使张从一副之；太常丞、史馆修撰富弼为契丹主正旦使，供备库副使赵日宣副之。"苏绅率领的赴辽使团是一个人才济济的团队，其中有吴育、梁适、富弼等。他们都在北宋中期大展才华，

或出任宰相，主持军国大政；或主持科考，选拔栋梁之材；或任翰苑之长，为皇帝运筹帷幄。

第二种，《辽史》载："兴宗九年十一月甲子，宋遣苏绅、向传范来贺应圣节。"从《辽史》的记载可知，苏绅八月乙未，从汴京出发，十一月甲子，到辽之中京，历时四个月。

第三种，《魏公谭训》卷二载："曾祖（苏绅）康定二年使北虏（辽国），为母后生辰使。虏主望见曾祖仪观，大奇异之。及宴，躬至坐次，持大杯，手酌盈升，曾祖嚼之，虏人叹息，以谓自通好几四十年，未有如此礼。手抄语录，见藏于家，祖父题于后，以赐象先，时年八十二，后数月薨。"《魏公谭训》记载苏绅康定二年（1041 年）出使辽国有误。《续资治通鉴长编》所记康定元年即辽兴宗重熙九年（1040 年），宋、辽两国所记相同，苏绅出使辽国为康定元年。

可知，苏颂视父亲使辽的威严豪爽为榜样和家族的荣耀，手写语录，收藏于家，让长孙苏象先妥善保存。

二、苏颂第一次任契丹（辽国）送伴使

颜中其《苏颂年谱》认为：治平四年（1067 年）正月，英宗寿圣节，苏颂任接送伴契丹使。（刘庆主张英宗病逝于治平三年十二月，辽遣萧靖等来贺正旦和正月初三的寿圣节，应该是治平三年到达汴京，苏颂任接送伴使也应该是治平三年。）

《苏颂墓志铭》曰："神宗自藩邸闻公名，及即位，公适伴送契丹使。次恩州驿，夜火，左右请与虏使出避。兵叩门，欲入救，公不为动，闭门坚卧如常，徐使守卫卒扑灭之。是夕，州人哗言虏有变，救兵亦欲乘间生事，至闻京师。使还，上问公所以处之者，称善久之。益知公为可用。"

《苏颂行状》也载此事："（苏颂）为治平四年寿圣节接送伴使。虏使还至恩州，驿舍夜火，左右曰'请与虏使出避'。州兵叩门欲入救，公闭门不纳，令曰：'妄动者置之法。'徐使防卒扑灭之。郡人汹汹，以为虏反，州兵亦欲因缘生事。飞语至京师。公还，入对，神宗首以问公，奏闻本末。喜曰：'朕始亦疑之，使人密诇，皆如公言。闻卿措置，甚得宜，其所慎遏多矣。'"

苏颂在《家训诗》中，对任接送契丹伴使自注曰："神宗初登极，因

送契丹使还，陛对，特蒙访问北辽事，颇合旨，乃宣谕二府。”神宗不仅自己称赞苏颂的遇乱不慌，镇定处置，而且宣谕二府，向重臣们表彰苏颂临危不乱的沉着冷静，妥善处置。

三、苏颂充契丹（辽国）皇太后生辰国信使

熙宁元年（1068 年），苏颂被调回汴京，任知制诰。不久，遇契丹皇太后生日，神宗想起苏颂任伴送使时的镇定机敏，就任命苏颂为辽国皇太后的生辰国信使。

《苏颂行状》载：“俄充北朝皇太后生辰国信使。”

这次出使的副使是王渊。苏颂在《苏魏公文集・西上阁门使王公渊（巨源）墓志铭》中称：“予唯畴昔之好，重之以熙宁初同使契丹，尤相亲爱。每听其言，多及朝廷政令之要。问其所趋，皆忠义谨厚者所尚之事。”

对于苏颂此次使辽，《宋史・苏颂传》《苏颂墓志铭》《续资治通鉴长编》皆漏记，所留史料只此两条。

四、苏颂为辽国贺神宗生辰馆伴使

《宋史》卷一一二载：“神宗以熙宁元年（1068 年）四月十日为同天节，以宅忧罢上寿，唯拜表称贺。明年，亲王、枢密使、管军、驸马、诸司使副诣垂拱殿；宰臣、百官、大国使诣紫宸殿上寿。命坐，赐酒三行，不举乐。”

《宋史・神宗本纪》卷一五载：“熙宁二年（1069 年）四月壬寅，辽遣耶律昌等来贺同天节。”

神宗以四月十日为同天节（皇帝生日），因时英宗驾崩不久，没有大规模祝寿。只是接受重臣的贺寿表章。在垂拱殿和紫宸殿赐酒，不举乐。辽国派遣的同天节贺使是耶律昌，苏颂任馆伴使。

五、苏颂任辽主生辰国信使

《续资治通鉴长编》载：“熙宁十年（1077 年）十月乙丑，秘书监、集贤院学士苏颂为辽主生辰国信使；西上阁门使、英州刺史姚麟副之；太常博士、集贤校理刘奉世为正旦国信使，内藏库副使张世矩副之。”

《宋史·神宗本纪二》载："熙宁十年八月壬寅，遣苏颂等贺辽主生辰、正旦。"

苏颂在《后使辽诗》自叙中记载更详细："熙宁十年八月，自国史院被命假龙图阁直学士、给事中充大辽主生辰国信使。十月三日进发，明年正月二十八日还阙。道中率尔成诗，以纪经见之事，及归录之。"《续资治通鉴长编》取出发之日为十月乙丑，《宋史》取任命之日为八月壬寅，所以记略有不同。

十一月十六日抵辽国之中京，十一月冬至日，见契丹之国主，与辽人论历法节气之先后。十二月十日离契丹至广平，十二月二十七日至柳河，十二月二十八日过摘星岭，元丰元年正月二十八日回到汴京。

《续资治通鉴长编》载："正月二十八日使还，奏之……因问契丹山川形势，人情向背，颂曰：'通盟岁久，颇取中国典章礼仪，以维持其政令，上下相安，未有离贰之意。昔人以谓匈奴直百年之运，言其盛衰有数也。'上曰：'契丹自耶律德光至今何止百年？'颂曰：'汉武帝自谓高皇帝遗朕平城之忧，虽久勤征讨，而匈奴终不服。至宣帝，呼韩邪单于稽首称藩。唐自中叶以后，河湟陷于吐蕃，宪宗每读《贞观政要》，慨然有收复意，至宣宗时，乃以三州、七关归于有司。由此观之，夷情之叛服不常，不系中国之盛衰也。'"

苏颂总是利用一切机会，陈述他弭兵息民的对辽友好政策。

六、苏颂为辽贺正旦馆伴使

《续资治通鉴长编》卷三二一载："元丰四年（1081 年）十二月戊寅，辽主遣宁昌军节度使萧福全，太常少卿、乾文阁待制郑颢来贺正旦。"

《续资治通鉴长编》卷三三九"神宗本纪"载："先是辽使郑颢来贺五年正旦，颢明辩有才智，颂为馆伴，上命副使张山甫喻颢，近令颂修《信录》，欲以固两朝盟好，颢感激称谢，见颂益恭。"

《魏公谭训》卷一记载："元丰五年为北虏（辽）贺正馆伴使，虏使郑颢来贺五年正旦，颢明辩有才智，上命副使张山甫喻以近命苏颂修《信录》，欲重两朝盟好之固。颢感激称谢，见祖父益恭逊，私睹礼物皆异常时。"

苏颂五次亲历对辽的外交事务，既增长了外交才干，也充分地展示了他的智慧和才华。

第二节 苏颂使辽的智慧与业绩

一、苏颂使辽的智慧

苏颂出使辽国，不仅要长途跋涉，而且要历尽山川之险。他们要爬过摘星岭那样的高山，要经历严冬冰雪的奇寒，还要与辽国的君臣斗智斗勇，掌握分寸，不致破裂，才能圆满地完成任务。

（一）苏颂妥善处置恩州驿站起火事件

治平四年（1067 年）正月，苏颂任辽国接送伴使，辽使回程到达恩州（今河北邢台）时，夜间驿站起火，浓烟四起，立即引起混乱。驿吏劝苏颂带辽使外出避火。驿馆外恩州官兵也敲门，想闯入救援。苏颂亲自观察火情，断定可以控制和扑灭。既不外逃，也不放外面的军队闯入，恐有人乘乱抢劫。镇定地分咐馆内人员灭火，经过一段时间的扑救，终于火熄人安，没有产生骚动和混乱。

自古外交无小事，如果不外逃，又不能扑灭驿站之火，辽使一旦死伤，苏颂和宋朝都会陷入被动局面；而如果领辽使外逃，放外兵入馆灭火，又很容易引起动乱，作为伴送使也难辞其咎。这就需要苏颂运用智慧，正确判断。苏颂镇定果断，正确处置，事情传到汴京，得到神宗的赞许。

（二）苏颂巧妙回答辽国君臣的历法问难

熙宁十年（1077 年）十一月甲戌（冬至日），《续资治通鉴长编》记载："故事，使北者冬至日与北人交相庆。是岁，本朝历先契丹一日，契丹固执其历为是，颂曰：'历家算术小异，则迟速不同。谓如亥时节气当交，则犹是今夕，若逾刻，则属子时，为明日矣。或先或后，各从本朝之历可也。'北人不能屈，遂各以其历为节。使还奏之，上喜曰：'朕思之，此最难处，卿所对殊善。'"

《苏颂行状》也做了记载："在契丹，遇冬至，本朝历先北朝一日，北人问公：'孰是?'公曰：'历家算术小异，迟速不同。如谓亥时节气当交，则犹是今夕；若逾数刻，即属子时，为明日矣。或先或后，各从本朝之历可也。'虏人深以为然，遂各以其日为节庆贺。使还奏之，上喜曰：'朕思之，此最难处，卿之所对，极中事理。”

叶梦得《石林燕语》卷九，则把苏颂的历法、天文专长与外交智慧相结合加以评述，更可见苏颂的外交睿智：“苏子容（苏颂字）过省，赋《历者天地之大纪》，为本场魁。既登第，遂留意历学。元丰中使虏，适会冬至。虏历先一日，趋使者入贺，虏人不禁天文数术之学，往往皆精。其实虏历为正也，然势不可从。子容乃为泛论历学，援据详博，虏人莫能测，无不耸听。即徐曰：‘此亦无足深较，但积刻差一刻尔。以半夜子时论之，多一刻即为今日，省一刻即为明日，此盖失之多尔。’虏不能遽折。及后归奏，神宗大喜，即曰：‘二历竟孰是?’因以实言，太史皆坐罚。至元祐初，遂命子容重修浑仪，制作之精，皆出前古。”

（三）苏颂答文彦博“逋峭难为”之问

熙宁十年（1077 年）十月，苏颂充辽主生辰国信使，十一月到达北都（唐武周长寿元年，因并州是武则天之故里，建为北都，宋沿称）。时文彦博任北都行政长官，设宴招待苏颂使团，席间，问苏颂“逋峭难为”是何意？苏颂请赴宴的各位回答，宋元献（庠）说典出自《木经》，是梁上小柱名字，有曲折之义。苏颂肯定了宋元献的回答，并作诗呈献给文彦博和宋元献。

此事记入《苏魏公文集·前后使辽诗》：“某（苏颂）奉使过北都，奉陪司徒侍中潞国公（文彦博），雅集堂宴会，开怀纵谈，形于善谑。因道魏收有逋峭难为之语，人多不知逋峭何谓？宋元献公云，事见《木经》，盖梁上小柱名，取有曲折之义耳。文人多用近语而未及此。则借斯语，抒为短章，以纪一席之事，缮写献呈诗为证。”

苏象先在《魏公谭训》卷四中记载了此诗：“祖父过北都，与潞公唱和，以‘逋峭’对‘滑稽’、‘花十八’对‘玉东西’，遂赏叹不已。”

即席献文潞公诗

高宴初陪听拊鞶，清谈仍许奉挥犀。
自知伯起难逋峭，不比淳于善滑稽。
舞奏未终花十八，酒行先困玉东西。
荷公德度容狂简，故敢忘怀去町畦。

苏颂不仅知“逋峭”之意，而且用于诗中，其平仄、对仗既合韵律，又符合文字的四声，足见其学识是何等渊博。

二、苏颂使辽的业绩

苏颂四次任出使辽国和任伴送辽使的职责，都克服各种险难，圆满地完成了任务，并为我们留下了丰富的使辽文化遗产。我们应该很好地整理和研究苏颂留给我们的使辽文化遗产，继承和弘扬这份精神财富。

（一）苏颂前后使辽诗是珍贵的遗产

《前使辽诗》写于熙宁元年（1068 年），苏颂当时任伴送使。《后使辽诗》写于熙宁十年（1077 年），苏颂任辽主生辰国信使。

《前使辽诗》有：《和张仲巽过瀛州感旧》《初过白沟北望燕山》《和仲巽过古北口杨无敌庙》《和仲巽山行》《和仲巽过度云岭》《奚山道中》《过摘星岭》《和晨发柳河馆息长源邮舍》《和宿牛山馆》《和宿鹿儿馆》《和冬至紫蒙馆书事》《和就日馆》《和过神水沙碛》《和土河馆遇小雪》《和神水馆逢齐叶二国信》《使回蹉榆林侵庙至宿馆》《和使回过松子岭》《和游中京镇国寺》《和富谷馆书事》《和过打造部落》。

《后使辽诗》有：《致司徒侍中潞国公文彦博诗》《过古北口感事言怀奉呈同事阁使》《次行奚山》《同事阁使见问奚国山水何如江乡以诗答之》《早行新馆道中》《奚山道中》《过新馆罕见居人》《牛山道中》《发牛山》《契丹帐》《奚山路》《中京纪事》《过土河》《沙陀路》《观北人围猎》《辽人牧》《某两使辽塞俱值郊礼之岁今以日至到北帐感事言怀寄呈同馆诸公》《初至广平纪事言怀呈同事阁使》《冬日北庭怀余杭旧僚属》《契丹马》《北帐书事》《广平宴会》《离广平》《山路连日冲冒风雨颇觉行役之难》《发柳河》《摘星岭》《契丹纪事》。

苏颂的前后使辽诗给我们描绘了北宋时代的北国风光，令人十分神往。苏颂自幼生在湖光山色、扁舟短棹的闽南水乡，后来到一望无际的黄河平原上任职，很少见过塞外的黄沙劲草，崇山峻岭。新奇的北国风光，使他诗情澎湃，欣然命笔：

青山如壁地如盘，千里耕桑一望宽。

——《初过白沟北望燕山》

磴道青冥外，跻攀剧箭飞。

朔风增凛冽，寒日减清晖。

——《和仲巽过度云岭》

路无斥堠惟看日，岭近云霄可摘星。

——《过摘星岭》

人向万山峰外过，月从双石岭间行。

——《和就日馆》

岩下有时逢虎迹，马前终日听夷言。

——《奚山道中》

除了塞北风光，苏颂着力描述的还有风沙。

沙行未百里，地险已万状。
逢迎非长风，狙击殊搏浪。

——《和过神水沙碛》

上得陂陀路转艰，陷轮推马苦难前。
风寒白日少飞鸟，地迥黄沙似涨川。

——《沙陀路》

北海蓬蓬气怒号，厉声披拂昼兼宵。
百重沙漠连空暗，四向茅蘑卷地飘。

——《北帐书事》

百里黄沙，连成一片，对一个南方水乡长大的人来说，自然是奇险万状。再加这沙漠深可“陷轮推马”，像汹涌而来的河川，又有狂风怒吼，黄沙弥漫，茅草满空，天昏地暗，更增加了出使的艰难。这是塞外沙漠的画面。

苏颂诗中描绘的，除了风沙，还有冰雪。

双节同来朔漠边，三冬行尽雪霜天。

——《初至广平纪事言怀呈同事阁使》

清晨驱马两崖间，霜重风高极险艰。
前日使人冲雪去，今朝归路踏冰还。

——《发柳河》

沙底暗冰频踠马，岭头危径罕逢人。

——《和富谷馆书事》

注文：“道路冰冻多在沙底，彼人谓之暗冰，行马危险百状。”

顺风冲激还吹面，滟水坚凝几败辕。

——《奚山道中》

北方的隆冬腊月，地冻天寒，又遇上狂风大雪，人马走在雪沙之中、暗冰之上，对于一个自幼生于福建沿海的人而言，其险难是不言而喻的。这是“千里冰封，万里雪飘”的画面。

苏颂描述的崇山峻岭，路险川深，黄沙弥漫，狂风怒吼，天寒地冻，冰雪皑皑，既描绘了北国风光，又突出了出使的艰难。

（二）《华戎鲁卫信录》是一部难得的宋辽史料汇编

元丰四年（1081 年）八月，苏颂从沧州任上被调回京师（汴京）。神宗亲自讯问和布置撰写《华戎鲁卫信录》一书，并在召对时申明，这一重任非卿莫属，表明了皇帝的依重之情。

神宗为什么选中苏颂来编撰这部宋辽交往的文献呢？首先，因为苏颂渊博多识，“于典礼尤为精详”。其次，苏颂一贯主张“弭兵息民”，其对辽友好的思想与神宗两心相通。熙宁十年（1077 年）冬，苏颂使辽归。神宗曾“问其山川人情向背”，苏颂认为：“彼讲和日久，颇盗中国典章礼义以维持其政，上下相安，未有离贰之意……外国之叛服不常，不系中国之盛衰也。”再次，苏颂熟悉契丹之国情。苏颂父亲苏绅于康定元年（1040 年）任贺辽国生辰使，当时苏颂 21 岁，可能对契丹事有所了解；治平四年（1067 年），苏颂为圣寿节接送契丹伴使；熙宁元年（1068 年），充贺契丹太后生辰使，出使辽国；熙宁十年（1077 年），充贺契丹国主生辰使，再次出使辽国。苏颂每次出使辽国都历时四个月，分别到达临潢和广平。对契丹的政治、经济、山川、物产、风俗、民情等都有切身的体察，这是他编好此书的一个重要条件。鉴于以上三点，神宗选中了苏颂，可谓知人善任。

神宗召对后，即下诏就枢密院第四厅置局差官，指枢密院人吏，开始编撰《华戎鲁卫信录》。苏颂在助手王汝翼、李士京的帮助下，开始了编撰工作。

苏颂采编的文献，有宋人出使的书面报告。如路振的《乘轺录》、宋敏求的《入番录》、窦卞的《熙宁正旦国信录》；还有官府收存的档案，“案籍浩大，几数十架”；此外各种书籍，宋朝的太祖以下的历朝实录、国史、会要，以及记载辽国事项的武圭《燕北杂录》、田纬《匈奴须知》、陈昉《虏廷须知》等。

经过两年的努力，在元丰六年（1083 年）完成全书 229 卷，事目 5 卷，总 200 册。六月五日神宗赐名《华戎鲁卫信录》，九月二十四日正式进呈。

《华戎鲁卫信录》一部进呈神宗，另一部送枢密院。不知是否刊印，但南宋时还有传本，尤袤在《遂初堂书目》中有著录。王应麟《玉海·艺文门》也有记载。宋高宗又于绍兴五年（1135 年），续编《两朝鲁卫信录》，置局密院。可见，《华戎鲁卫信录》在当时是很有影响的。

第三节 苏颂前后使辽诗中记载的史料

苏颂不仅是一位伟大的科学家，一位终生从政、官至宰相的政治家，而且是一位多产的诗人。仅收入《苏魏公文集》的诗就有十四卷，还有《苏魏公文集》漏收，而见于《却扫篇》《艺圃集》《苏氏族谱》等书的零星诗作，总计近 600 首。这在宋代应属多产的诗人之列。

苏东坡转任州官，路过京师，没见到苏颂，留给苏颂的信说：“便道之官，恨不得见诗人耳。”苏东坡不称其官职，不称其宗叔，而称其诗人。被苏轼尊为诗人的人是不多的，可见苏颂诗歌的成就。

苏象先在《魏公谭训》中说：“和酬诗什简尺颇多，皆为人取去。”又可见当时人们争相收存和传抄苏颂诗作的情形。

宋人陈思编选、元人陈世隆补辑的《两宋名贤小集》，选入苏颂的《挽苏明允宗丈》等二十一首，汇为一卷。清人厉鹗所编《宋诗纪事》也收入苏颂的《和右仆射刘公莘老夜直中书省见寄之什》等九首诗。可见自宋至清，苏颂的诗一直有一定影响。

但是，从清代以后，诗歌评论与诗史、文学史就根本不提苏颂了。这是对苏颂研究不够造成的，我们将分篇论述苏颂的诗歌成就，以就教于致力于宋诗研究的专家，意在抛砖引玉，引起人们对苏颂诗歌的深入探讨。

在苏颂的大量诗歌中，前后使辽诗是较有影响的，共计五十八首。苏颂对诗注文说："十月三日进发，明年正月二十八日还阙，道中率而成诗，以纪经见之事，及归录之。"可知这是两组以纪实为主的诗。

一、前后使辽诗记载的苏颂光辉形象

诗歌像其他艺术一样，是要塑造形象的。古人曾批评宋代以议论为诗，言理不言情。而苏颂的前后使辽诗却给我们塑造了感人至深的形象。

前述北国风光的描述，并不是单纯写景，而是为主人公提供了活动的天地。走在崎岖山路、坚冰凛雪之中的是一支什么样的队伍呢？

薄雪悠扬朔气清，衔风吹拂毳裘轻。
人看满路琼瑶迹，尽道光华使者行。

——《和土河馆遇小雪》

这是一支乐观的队伍。初出京师，雪没有使他们困于寒冷和艰难，反给他们以悠扬清爽的空气；风没有阻碍人马的前进，它的吹拂反使皮衣变轻了。漫天的大雪不仅没有令这支队伍厌恶，反而给他们带来满天光华、遍地琼瑶。

这支队伍越走越远，越走越艰难，他们经历了各种考验：

马蹄看即三千里，客舍今逾四十程。
每念皇华承重命，愧无才誉副群情。

——《和就日馆》

尽日据鞍消髀肉，通宵闻柝厌风声。

——《再过古北口感事言怀》

奚山缭绕百重深，握节何妨马上吟。
……
羸肌已怯旝裘重，衰鬓宁禁霰雪侵。

——《次行奚山》

朝飧羶酪几分饱，夜拥貂狐数鼓眠。
光景不停如转毂，归心难遏似流烟。

——《初至广平纪事言怀呈同事阁使》

却到深山岁已残，西风连日作晴寒。
尘埃季子貂裘敝，憔悴休文革带宽。
往复七旬人意息，崎岖千险马行难。
——《山路连日冲冒风雪颇觉行役之难》

道路遥远，日程漫长，是这支队伍面对的第一个考验。马蹄跑过了三千里，客舍住了四十回。难以适应异族的生活习惯是这支队伍面对的第二个考验。食羶酪只能吃几分饱，住毯篷数鼓还不能入眠。主人公已经年近花甲，身体难以承受旷日持久的艰难困苦，这是第三个考验。鞍消髀肉，人意怠倦；羸肌消瘦，倍觉旜裘沉重，霰雪侵袭，始感衰鬓难禁；七十多天的风餐露宿、栉风沐雨，貂裘已经破敝，革带已经松宽。

这支队伍为什么能经受这种种考验呢？因为这支队伍有崇高的使命。

今日圣朝恢远略，偃兵为义一隅安。
——《初过白沟北望燕山》

握节偶求观国俗，汉家恩厚一方宁。
——《过摘星岭》

安得华风变殊俗，免教辛有叹伊川。
——《和晨发柳河馆息长源邮舍》

汉节经过人竞看，忻忻如有慕华心。
——《和过打造部落》

渐使边氓归畎亩，方知厚泽遍华戎。
朝廷涵养恩多少，岁岁轺车万里通。
——《奚山道中》

皇恩百岁如荒憬，物俗依稀欲慕华。
——《奚山路》

苏颂使辽肩负着宋辽友好的使命，宋辽友好是圣朝“息兵为义”的恢宏远略。使辽的第二项任务是宣传圣朝恩泽浩远，并用中原先进生产技术和科学文化，改造异族的风俗，达到文化交流的目的。

最使主人公形象生辉的是他的节操和品格。

义贯雪霜松操古，气凌星斗剑光寒。
——《和安抚王临骐骥见寄》

率领这支队伍的主人公是一位年近花甲的老臣，他不畏道路遥远，旅途艰辛，时而攀登崇山峻岭，时而跋涉砾海荒漠，吃不下奶酪膻肉，睡不惯氈毯帐篷，冰雪的侵袭使鬓毛衰稀，鞍鞯的颠簸使皮肉消瘦，他依然手持节杖，率众向前，义操如雪松，豪气凌星斗，圆满地完成了使命。这些诗句塑造了一个多么坚贞不屈，多么令人感动的形象啊！

二、前后使辽诗描写的契丹风俗画

苏颂使辽诗为我们描述了契丹游牧民族的各种生活图画：有放牧的粗犷场景，有耕桑的恬静田园，有宴请的隆重礼仪；有"田塍开垦随高下"的梯田，有"背倚苍崖面曲浔"的村舍，有"啮草眠沙浅水滨"的羊群，有"一卓穹庐数乘车"的帐篷。每首诗都是一幅风景画、一张民俗图。

先看辽民的居住情况：

行营到处即为家，一卓穹庐数乘车。
千里山川无土著，四时畋猎是生涯。
酪浆羶肉夸希品，貂锦羊裘擅物华。
种类益繁人自足，天教安逸在幽遐。

——《契丹帐》

没有房屋，处处为家，一顶帐篷，数辆马车；千里山川，听任放牧，四时畋猎，其乐无涯。吃的是"酪浆羶肉"，穿的是"貂锦羊裘"。牛羊众多，丰衣足食，天赐安逸，悠闲自得。写得多么生动鲜明、形象具体啊！

再看契丹的放牧情景：

牧羊山下动成群，啮草眠沙浅水滨。
自免触藩羸角困，应无挟策读书人。
氈裘冬猎千皮富，湩酪朝中百品珍。
生计不羸衣食足，土风犹似茹毛纯。

——《辽人牧》

当路牛羊眠荐草，避人乌鹊噪寒林。

——《次奚山行》

苏颂描绘的是一幅水草丰茂、牛羊戏逐、动静相映的风物图。

第三幅是契丹族的围猎场面：

莽莽寒郊昼起尘，翩翩戎骑小围分。
引弓上下人鸣镝，罗草纵横兽轶群。
画马今无胡待诏，射雕犹惧李将军。
山川自是纵禽地，一眼平芜接暮云。

——《观北人围猎》

苏颂的这首诗画意更浓：莽莽寒郊，烟尘四起，翩翩戎骑，奔驰分围；射手们左右开弓，箭镝飞鸣，人吼马叫，兽突鸟飞；可惜再没有唐代胡待诏那样的画马能手，也再见不到李广那样的射雕将军；这山川林莽正是禽兽纵横骋飞的广阔天地，放眼望去，可以看到天边的暮云。那纵马驰骋的射手，那四处奔逃的野兽，真是呼之欲出，视之可见，呈现在我们面前的是一幅重色浓墨、色调鲜明的游猎图。

最后，苏颂还为我们描述了边境安静的和平景象：

千里封疆蓟霫间，时平忘战马牛闲。
居人处处营耕牧，尽室穹车往复还。

——《和仲巽奚山部落》

农夫耕凿遍奚疆，部落连山复枕冈。
种粟一收饶地力，开门东向杂夷方。
田畴高下如棋布，牛马纵横似谷量。
赋役百端闲日少，可怜生事甚茫茫。

——《牛山道中》

苏颂热爱和平，坚持主张对辽的睦邻友好，并极力称颂边疆的和平相处与经济文化交流。但他并不粉饰太平，而是一针见血地指出："赋役百端闲日少，可怜生事正茫茫。"边民在繁重的压迫与剥削下生活，他们的未来是十分渺茫的。一个政府的高级官吏，敢于公开抨击政府的弊政，这是十分可贵的。

三、前后使辽诗绘制的通辽路线图

苏颂使辽诗的最大特点是通过详细的注文，将使辽开始与终结的日期，到达各驿馆的时间，山岭的高度，山名的由来，河流的深浅，冰冻的情况，契丹民俗的习惯、特点、畜牧经验等，加以详细的记述。我们可据此描画出苏颂出使辽国的路线图。它为我们保存了宋辽交往的珍贵史料。这是我们所见的宋人诗歌中独一无二的贡献。

苏颂第一次使辽的时间，《宋史·苏颂传》没有记载，《续资治通鉴》《续资治通鉴长编》也没有记载。我们所接触的有关苏颂和宋史的资料中也查找不到，但在《前使辽诗》之《和就日馆》的一则小注中，我们却找到了确切日期。

苏颂的注文说："十月五日出都，迨今四十一日矣。"在《使回蹉榆林侵庙至宿馆》一诗下，苏颂的注文是"十二月十七日"。《前使辽诗》最后一首诗是《新岁五十始觉衰悴因书长句奉呈仲巽少卿》，我们因而从中知道苏颂是过了新年之后回到汴京的。

我们通过《前使辽诗》及其注文得知，苏颂于英宗治平四年（1067年）受命任契丹伴送使。熙宁元年（1068 年）八月被命，十月五日出都，路线是经过白沟河、潭州的信武殿、德清、瀛州、古北口的杨无敌（业）庙、渡云岭、奚山、奚山部落、摘星岭、柳河馆、长源邮舍、会仙石、宿牛山馆、紫蒙馆，十一月十六日到达就日馆，又经过神水沙碛、土河馆、神水馆，十二月十七日到达榆林宿馆，再经过松子岭、中京、富谷馆、打造部落，新年过后才回到汴京。

《后使辽诗》中苏颂的注文更详尽，使我们能更具体地了解他的行经路线和沿途情况。诗前的注文："熙宁十年八月，自国史院被命假龙图阁直学士、给事中、充大辽主生辰国信使，十月三日进发。明年正月二十八日还阙，道中率尔成诗，以纪经见之事，及归录之。"

根据诗的内容与注文，我们得知他第二次使辽经过的路线是熙宁十年（1077 年）十月三日从汴京出发，经过古北口、奚山、新馆、牛山、南高山、鹿儿馆，十一月十六日到达中京，出中京，经过长叫山，二十三日入沙陀路，又经广平，居会同馆，十二月十日离广平，二十七日经过柳河，二十八日过摘星岭，过了摘星岭、摸斗岭，再没有山路，都是较平坦的大道了。元丰元年（1078 年）正月二十八日回到汴京。

图 5-1 就是依据苏颂的使辽诗及其注文绘制的地图。

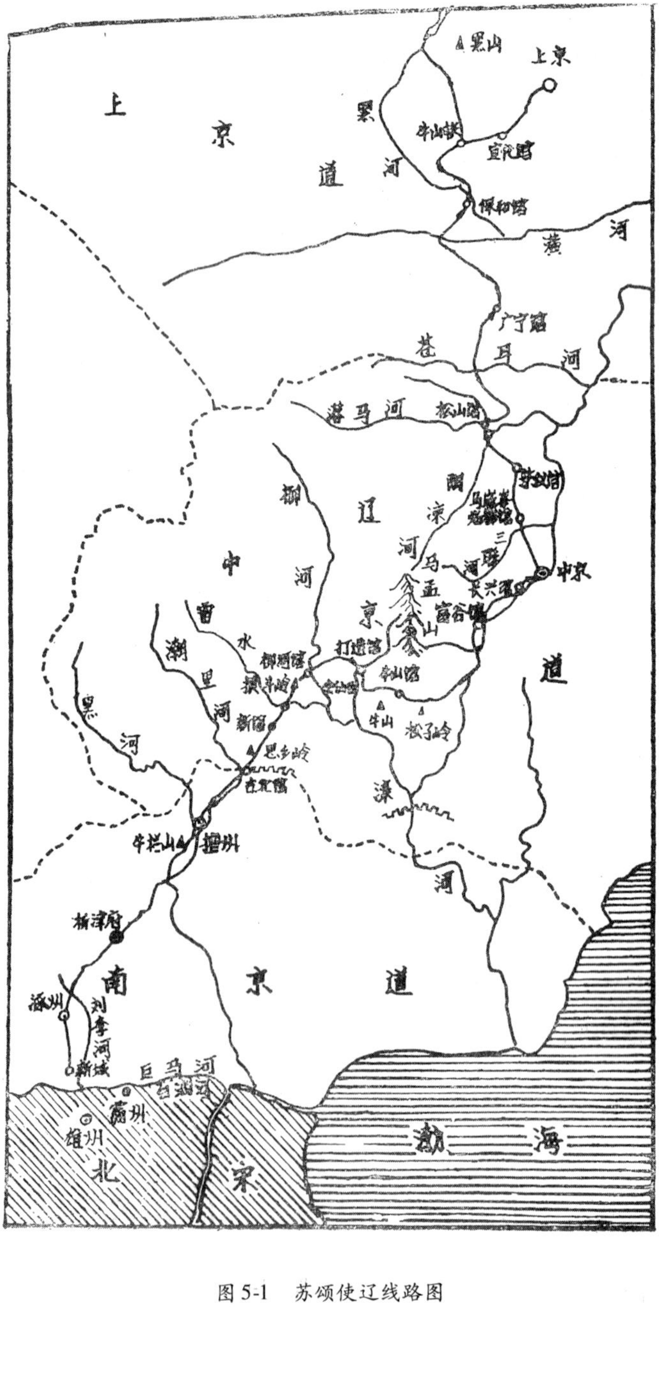
黑山
上京
牛山馆
宣化馆
保和馆
广宁馆
落马河
松山馆
中京
长兴馆
富谷馆
打造馆
柳河馆
牛山
松子岭
思乡岭
古北馆
牛栏山
檀州
析津府
涿州
刘李河
新城
巨马河
白沟河
雄州
渤海

图 5-1　苏颂使辽线路图

第六章

著作宏富　诗文传世

苏颂不仅是宰相、科学家，而且是知识渊博、著作宏富的文献大师。

苏颂博学多才，勤于著述，他撰写的著作，可以考知的有11部。传世的有六部：①《苏魏公文集》72卷；②《新仪象法要》3卷；③《本草图经》20卷、目录1卷；④《魏公谭训》10卷（苏颂长孙苏象先记录整理）；⑤《魏公题跋》1卷；⑥《苏侍郎集》1卷。苏颂失传的著作有5部：①《嘉祐补注神农本草》；②《浑天仪象铭》1卷；③《元祐详定敕令式》56卷；④《华戎鲁卫信录》250卷；⑤《迩英要览》1卷。

1988年以前，由于对苏颂的著作重视不够，一本也没有进行过标点和铅印。就连誉满中外的《新仪象法要》，也是英国剑桥大学李约瑟博士和日本京都大学山田庆儿教授翻译和出版了英文和日文译本，而我国却不曾标点和注释过。一直到1988年苏颂创建水运仪象台900周年学术会召开前夕，在苏颂国内外子孙的资助和中华书局的支持下，王同册、管成学、颜中其等校点了《苏魏公文集》和《魏公谭训》，这是1949年以后国内出版的第一部苏颂的有标点的铅印著作。

我们现在对苏颂著作略加考述，就是想向人们展示苏颂著作的脉络，以便引起学术界对这些著作的重视，希望能有更多的人研究和整理苏颂的著作。2020年福建教育出版社与管成学教授签约出版《苏颂全集》，向苏颂千年华诞献礼。这是第一次结集出版苏颂的全部著作。

第一节 《苏魏公文集》的版本源流与学术价值

因宋徽宗末年追赠苏颂为魏公，故其文集称《苏魏公文集》。《苏魏公文集》是苏颂政治、经济、法律、教育、哲学、诗赋等各种诗文的汇集，它是研究苏颂在社会科学方面贡献的必读书，此节我们将重点分析评论《苏魏公文集》。

一、版本源流

汪藻在《苏魏公文集·原序》中说："公（苏颂）殁四十年，公之子携，始克集公遗文，得诗若干，表奏、章疏、志铭、杂说若干，使藻与观焉。藻少诵公文，以不获拜公为恨者也。今乃尽得其书读之，可谓幸矣。故谨识其端，而归其书于苏氏。"

序末的题署为："宋绍兴九年三月十五日，显谟阁学士、左中大夫、提举江州太平观汪藻序。"

汪藻原序的引文告诉我们：苏颂逝世40年后，其季子苏携方编成文集。苏颂辞世于徽宗建中靖国元年（1101年），40年后，应为绍兴九年（1139年）。汪藻的序言写于绍兴九年，据此我们可以确认《苏魏公文集》成书于绍兴九年，初刻于绍兴九年。

周必大在《苏魏公文集·后序》中说："某尝得善本于丞相（苏颂）曾孙玭，适显谟阁直学士张侯几仲，出守当涂，欣慕前哲。欲刻之学官，布之四方，使来者有所矜式。其用心可谓广矣。故以遗之而纪于后。"

周必大得于苏玭之手的善本，由其中"翰林汪公彦章为之序"可知，其即汪藻作序的初刻本，显谟阁直学士张几仲在当涂的这次刊印，是宋代有据可考的第三次印刷，其刊印时间是"淳熙十三年（1186年）"，距初刻47年。

清代人还见过两种宋刊本，一种是施元之刻于南宋乾道辛卯（1171年）的三衢坐啸斋刊本，应为有年代可考的宋代第二次印刷，另一种是季振宜记载于《季沧苇藏书目》的宋刊本，未著明刊刻人及年代。

宋代《苏魏公文集》已有广泛流传，叶梦得的《石林燕语》引述苏颂辨暨陶之姓，苏颂草制晏殊谥议，苏颂以《历者天地之大纪赋》为本场魁三事；陆游的《老学庵笔记》引述苏颂诗"起草才多封卷速，把麻人众引声长"；徐度的《却扫编》引述苏颂答"逋峭难为"之典故；等等。凡此都说明了《苏魏公文集》在宋代的深远影响。

元代马端临撰写《文献通考》时见到的《苏魏公文集》仍是宋版，有汪藻原序和周必大后序。元代脱脱编修《宋史·艺文志》，在别集类著录了“《苏颂集》七十二卷，又《略集》一卷”，未署明版本及时间。

明代曾刊印过《苏魏公文集》。邵懿辰等的《增订四库简明目录标注》，明确指出有“明刊本”，因未载其详，又查不到明刊本原书，因此，难以考知其年代与刊刻人。但明代藏书家仍有一些人珍存《苏魏公文集》。毛晋在《津逮秘书》中说：“吴农见物之黑白分明者，则云漆黑雪白。虽谚语，具有文理。余家藏宋版《苏魏公文集》七十二卷，纸白如雪，墨黑如漆，颇如吴语相券。尝忆东坡云：方欲白时嫌雪黑，方欲黑时嫌漆白。如此集，庶几两无嫌矣。”告诉人们他所收藏的《苏魏公文集》纸墨都十分精妙。

清代乾隆年间修《四库全书》，依据的是鲍士恭家藏本。《四库全书》中最早抄成的文渊阁本《苏魏公文集》的提要，最末题为“乾隆四十六年（1781）六月恭校上”，这就是四库本编定的时间。（图6-1）

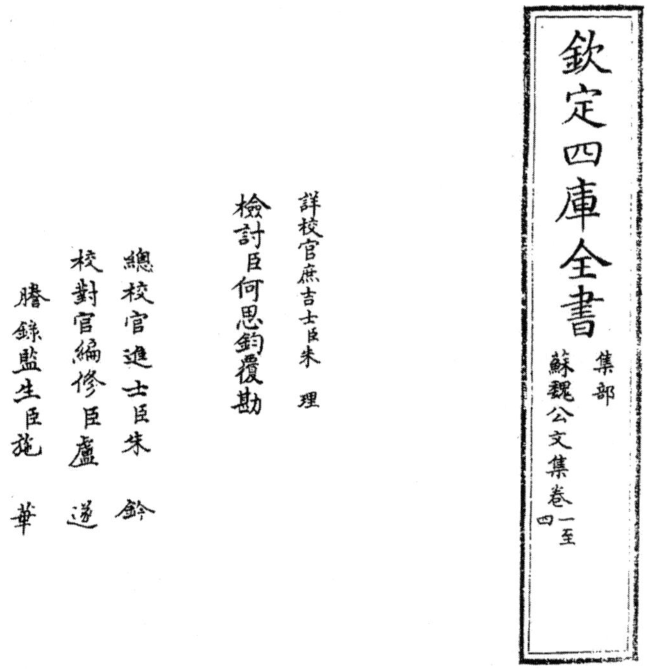
欽定四庫全書
集部
蘇魏公文集卷一至四
詳校官庶吉士臣朱　理
檢討臣何思鈞覆勘
總校官進士臣朱　鈐
校對官編修臣盧　遂
謄錄監生臣施　華

图6-1　文渊阁本《四库全书》书影

清代的另一个刊本是道光二十二年（1842年）的苏廷玉刊本。苏廷玉在《重刊先魏公文集后跋》中说：“《先魏公文集》七十二卷，宋椠本久已无存。道光庚寅，廷玉守苏州，陈恭甫太史来书，命就武林文澜阁重抄校锓。以公同好，廷玉亟令人录出副本，乞序于太史，太史喜而序之。后以宦辙奔驰，校未就，每往来齐、鲁、秦、蜀，车尘马迹，必藏行箧以自随，不敢忘也。今岁归里，乃得陈念庭学博复校之，考证完善，即付诸梓。以毕十年心事，时则道光壬寅七月也。”

苏廷玉版本是从杭州文澜阁抄出的，付印时间是道光二十二年（1842年）。我们在校点《苏魏公文集》时，将四库本与苏廷玉本比勘，发现苏廷玉本比四库本多出《为河南郡君陈夫人服药设醮》一文（见卷六三）和《和晨发柳河馆憩长源邮舍》《契丹帐》《广平宴会》《契丹记事》四首诗（见卷一三）。据此可见，苏廷玉本一定参校了早于四库本的版本，故能增补诗文，而较四库本为优。

民国十四年（1925年），苏颂裔孙苏万灵再次刊印《苏魏公文集》，他在《重刊苏魏公文集缘起》中说：“清道光间，四川节度叔祖鳌石公重梓行世，届今日久，是集流传渐少，万灵以先祖道德功名，有宋大儒尚力为表彰，为之子孙者，尤应黾勉从事，重行刊印，俾后之读其文者，有以景仰先贤，而共为淬厉……特邀族人耀庭、舜卿等备资印刷。”从引文可知，苏万灵是依据苏廷玉刊本再次刊印，时间是“岁在乙丑春三月”，即民国十四年（1925年）。

《苏魏公文集》的版本，见于著录的还有一批抄本流传。如清汪宪《振绮堂书目》所录十二册抄本，清张金吾《爱日精庐藏书志》所录抄本，清陆心源《皕宋楼藏书志》所录“五莲经旧藏”影写宋刊本等，现确知存世的抄本，有日本静嘉堂文库所收的清陆心源皕宋楼原藏的影写宋刊本和北京图书馆的“艺芸主人汪士钟”抄本。

台湾西南书局也影印了《苏魏公文集》，发行人为徐松柏，依据的版本是苏万灵乙丑重印刊本。台湾重印《四库全书》，其《苏魏公文集》仍依鲍士恭家藏本影印。

1988年9月，中华书局出版了管成学与王同策、颜中其等校点的《苏魏公文集》，他们以苏廷玉本为底本，对校四库本，并参阅《宋史》《魏公谭训》《魏公题跋》等，这是1949年以后《苏魏公文集》的第一个标点本。

二、内容简介

《苏魏公文集》全书约70万字。

1. 卷一至卷一四

卷一至卷一四是诗，因其诗多为朋友赠答、游宴吟咏，初读感到多是抒发士大夫的情怀，给人以平泛之感。但深入研究，则发现苏颂的科学诗、使辽诗都别具特色。其诗歌的史料价值在宋诗中独树一帜，弥足珍贵。其赠答之诗友，多为政界和文坛之名人，如欧阳修、文彦博、苏轼等，对研究宋代政治改革和文风变革也很重要。其思想性和艺术风格也有许多可取之处。因此，我们认为苏颂的诗歌很有深入研究的必要。

2. 卷一五至卷二〇

卷一五至卷二〇是奏议，这是《苏魏公文集》中最有学术价值的部分。其中《议武举条贯》《论制科取士乞加立策等增取人数》《议学校法》《议贡举法》等，表达了苏颂的教育思想；《论胡俛罪行》《同两制论祖无择对狱》《奏乞今后冲改条贯并委法官详定》《奏乞春夏不断大辟》等奏议，充分体现了苏颂的法律思想和宋代在法律上存在的弊端；《请别定县令考课及立乡官》《奏乞体量放税》《奏请考校知县县令盗贼为殿最》《奏乞粜官米济民》等奏议，蕴含了苏颂忠于君主、热爱百姓的民本思想；《奏乞专差官开修府界至京沟河》《奏乞开修破藏口复三堂分杀黄河水》《议疏浚黄河》等奏议，陈述了苏颂对水利事业的真知灼见，对当代的水利建设仍有参考价值。

3. 卷二一至卷二八

卷二一至卷二八是内制。宋代，皇帝的谕旨（词头）由中书省送翰林学士起草，称内制，内制多为机要任命。《苏魏公文集》的内制包括赦书、麻、诏书、敕书、批答、口宣、外国书、册文、青词、斋文、祝文、乐章、春帖子、教坊作语、祭文等内容。

《明堂赦书》是祭祀上天和祖宗，并大赦天下的赦书。

麻，是诏书的一种，因唐宋任命大臣用黄白麻纸颁诏，所以，用麻作为这种诏书的代称。《苏魏公文集》所收之麻，为太师文彦博、皇叔徐王颢、南平王李乾德等加食邑制的诏书。

苏颂所制的诏书，多为对皇族、贵戚、重臣辞封的允与不允之诏示。

有《赐皇弟贺礼毕答诏》《赐贵妃苗氏以下贺礼毕答诏》《赐新门下侍郎刘挚辞免恩命不允诏》等。

敕书是对地方官民、僧道、少数民族首领的封赐和对进奉的奖谕，有《赐诸路知州职司及总管钤辖至使臣衣袄敕书》《赐诸路藩官及溪洞蛮人初冬衣袄敕书》《赐五台山十寺僧正省奇以下奖谕敕书》等。

批答是对臣僚谢辞封任奏章的批复之诏书，有《赐新除中大夫守尚书左丞韩忠彦辞免恩命不允断来章批答》《赐新除中大夫守尚书右丞许将辞免恩命不允断来章批答》《赐平海军节度使驸马都尉李玮上第二表辞免恩命不允断来章批答》等。

口宣是皇帝使慰问近臣、邻国使者或有所赐予，由翰林学士撰文，称为口宣，皇帝的简单批答也常用口宣形式。如《赐皇叔徐王颢生日礼物口宣》《赐大辽贺坤成节人使银沙锣等口宣》《赐太师文彦博生日礼物口宣）等。

外国书是由翰林学士起草的致外国皇帝诏书，如《皇帝回大辽皇帝问候书》《皇帝贺大辽皇帝正旦书》《皇帝赐夏国主进奉贺正旦马驼回诏》等。

册文是皇帝祭祀先皇所用的祭文，有《太皇册文》《太宗册文》《宣祖册文》等。

表是皇帝敬致太皇太后、先祖、神庙的表文。有《皇帝宿斋第一日问太皇太后圣体表》《明堂礼毕奏谢内中诸殿阁三清诸圣等表》《永厚陵等处泥皮坠落修完奏告懿德皇后英宗皇帝表》等。

青词是每逢节日或灾异在著名宫观建水陆道场，由翰林学士起草表文献给天神。因用朱笔写在青藤纸上，故称青词。宋代祈晴、祈雨等也都用青词。《苏魏公文集》中有《中太一宫谢晴青词》《西太一宫开启神宗忌辰青词》《景灵宫天兴殿雅饰了毕开光明奉安奏告圣祖御容青词》等。

斋文或祝文是节日或灾异时，由翰林学士起草，在佛寺献给神佛的表文。文集中有《相国寺开启谢晴雨道场斋文》《后苑华景亭开建祈雨斋文》《五台山等处谢雨斋文》《五龙庙赐会应庙为额祭告五龙之神祝文》《五岳四渎等处祈雨祝文》等。

乐章是皇帝在节日或庆典所用的词曲及贺词，也由翰林学士起草，如《正月一日皇帝御大庆殿受文武百僚朝贺行上寿之仪乐章》《内中侍御以下贺皇帝冬至词语》《内中侍御以下贺太皇太后年节词语》等。

春帖子即春联，由翰林学士起草，用于皇帝、太后、太妃之殿阁，如文集中《皇帝阁六首》《太皇太后阁六首》《皇太妃阁五首》等。

4. 卷二九至卷三六

卷二九至卷三六是外制。外制是由中书舍人撰写的诏敕，有《中书舍人除寿州观察使制》《戒群臣举任必以贤诏》《皇族出官敕词》等。

5. 卷三七至卷四七

卷三七至卷四七是表，多为恭贺皇帝、太后表和答皇帝的封赏之奏章，如《贺皇帝登极表》《杭州谢上表》《贺择皇后表》等。

6. 卷四八至卷五〇

卷四八至卷五〇是启。启是苏颂写给各种臣僚的致谢、恭贺、奉答之词。致谢类有《谢运使学士》《谢集贤相公》《谢知府密学》等；恭贺类有《贺枢密谏议》《贺判府太尉相公》《贺安抚侍读侍郎》等；奉答类有《回知府观察》《回祥符知县郎中》《回伴读郎中》等。

7. 卷五一至卷六二

卷五一至卷五四是碑铭，卷五五至卷六二是墓志。古人死后，请其挚友、臣僚撰写的碑文，立于墓前的为碑铭；放在墓中刻有死者传记的石刻叫墓志。收入《苏魏公文集》的碑铭有《太子少保元章简公神道碑》《钱起居神道碑》《皇城使李公神道碑》等；墓志有《太子少傅致仕赠太子太保孙公墓志铭》《龙图阁直学士知成都府李公墓志铭》《太常博士张君墓志铭》等。

8. 卷六三

卷六三是行状。此卷只一篇，为《朝请大夫太子少傅致仕赠太子太保孙公行状》。写的是友人孙汴的生平事迹，比《宋史·孙汴传》更详细具体。

9. 卷六四

卷六四是记，10 篇，有《江宁县令题名记》《起居院题名石柱记》《澶州重修北城记》等。

10. 卷六五至卷六七

卷六五至卷六七是序，16 篇，分三类：第一类是医药之序文，第二类是文集的序文，第三类是送同僚赴任之序文。医药类有《补注神农本草总序》《本草图经序》《校定备急千金要方序》等；文集类有《小畜外集序》《吕舍人文集序》《校淮南子题序》等；送同僚类有《送郭京评事序》《送施龙图赴延安序》《送杨该下第序》等。

11. 卷六八

卷六八是书，7 篇，均为写给僚友的信，有《与胡恢推官论南唐史书》《上中丞谏议》《与刘原父》等。

12. 卷六九至卷七一

卷六九至卷七一是祭文，是苏颂为同僚、师友、神庙所写祭文。为同僚者有《祭王参政》《祭杨尚书》《祭刘丞相》等；为师友者有《代杜丞相祭范资政》《祭吕侍讲》《祭故颍州通判鲜于都官》等；为神庙者有《南郊礼毕祭诸庙》《祭乔太尉庙祈雨》《祭张公龙王庙祈雪》等。

13. 卷七二

卷七二是杂著，22 篇。多为题记，铭 2 篇，赋、诫、策问、字说各 1 篇，蕴含了苏颂对书法、绘画及文字训诂的学识和见解。

三、学术价值

《苏魏公文集》中有苏颂生平与家世的资料，可补《宋史·苏颂传》和其他史书之不足。如《家训诗》对苏颂的生平经历叙述甚详。毛晋在评论《家训诗》时说："晚年自叙百咏，可谓生平本传，虽汪彦章、周子充二序，不若其自述之详且赅也。"

苏颂所写《叔父卫尉寺丞景陵府君墓志铭》详细地记载了苏颂入闽前的家世，此部分内容也为一般史书所不载，是苏颂家世源流的珍贵史料。

《元丰己未三院东阁作十四首》真实地表达了苏颂对政治、经济和文化等的意见，是研究苏颂吏治思想、经济观点和文化素养的依据。

奏议中评述各种典章制度，考证各种礼制的源流，讲述唐以前之典章故事等，早就受到学人的重视。清代李慈铭在《越缦堂读书记》中评论："其驳吕公著、王安石等请复侍讲讲议，谓侍讲居侍读之下，若侍讲则坐，侍读当从何体？若亦许之坐，则侍从之臣，每遇进说皆当坐矣，足考宋设侍读、侍讲学士，班制自有高下，自今沿之，而《宋史》不详，尤可补史阙矣。"

苏颂是一位伟大的科学家，人们都十分注意他在天文、医药、机械方面的成就，而《苏魏公文集》又为我们提供了他在水利设施、潮汐原因、畜牧饲养等方面贡献的新史料。万岁墨的配制、龙云茶的制法、吐绶鸡的生态都吸引了苏颂的注意力，为我们研究苏颂的科技成就提供了新线索。

《苏魏公文集》中对各种官吏的任免批答、为师友同僚所写的碑铭墓志，为我们提供了宋代上自宰相，下到县令的形形色色的官吏谱，是我们研究宋代吏治的重要史料，为我们了解宋代官吏冗滥提供了真切具体的材料。

苏颂通过《请重议加役流法》《论省曹寺监法令繁密乞改从简便》《奏乞重立不以赦降原免条约》等奏议表达了他对法律的意见；通过《议学校法》《议贡举法》《议承重法》等申明了苏颂对教育改革的看法；通过《论东南不可驰备》《论屯兵漕河大要》《奏乞移屯禁军于真楚泗州就粮》等阐述了对军事的观点，使我们能够有充足的史料研究苏颂的法律观、教育观和军事思想。

苏颂所写的医药古籍序文告诉了我们，他在医药古籍编撰与整理中的功绩；《华戎鲁卫信录总序》《校风俗通义题序》《校淮南子题序》说明了他在古籍整理中的贡献；《小畜外集序》《吕舍人文集序》表述了他在文风改革方面的意见。

《苏魏公文集》的学术价值是多方面的，我们的研究论文大多数都得益于该文集提供的资料。它涉及苏颂的生平、里籍、家世、道德观、教育思想、法律思想、科学思想等诸多领域。《苏魏公文集》是研究苏颂的资料宝库，但目前还没有得到充分的发掘和利用。

第二节
《魏公谭训》的成书缘起与文献价值

《魏公谭训》是苏颂留给我们的一部教育专著。他用苏姓历代先人的品德修养、吏治经验、科考入仕、勤俭持家、亲情孝道等，教育子孙要保持清白的家风。它是一部像《颜氏家训》一样有名的家训著作，但比《颜氏家训》更平实、更具体。对它的研究只有管成学和王兴文教授的《苏颂与〈魏公谭训〉研究》一书，以及夏诗荷的《苏颂的家教思想》等少量论文。我们应该深入研究和评析此书，继承这份珍贵的遗产。

2015年，管成学与其学生王兴文、杨效雷共同出版了《苏颂与〈魏公谭训〉研究》一书，反响十分热烈。中央电视台曾对管成学教授作了专题采访，播出了电视短片《苏颂行完学富、廉洁公正的一生》。（图6-2）

图6-2　管成学教授接受中央电视台专访

一、成书缘起

《魏公谭训》是苏颂的长孙苏象先记载其祖父言行的一部笔记著作。苏象先随侍苏颂，亲聆教诲。平日言行，耳濡目染，随听随记，渐积成帙。至宋元祐元年（1086年），所记已百余事。据苏象先在《魏公谭训》中记载：当时苏颂任吏部尚书，在书房设大案，陈列文史书籍。设小椅于大案之后，命象先坐小椅读书和习字。所以，苏象先的记录，苏颂一定审读过。我们将它也列入苏颂的著作，当无疑义。

苏象先是苏颂二子苏嘉之子。苏嘉以父荫入仕，曾任襄邑县丞、富阳知县、东京监门官等职，因长期仕宦在外，则命苏象先服侍苏颂。苏象先元祐六年（1091年）马涓榜进士，官至左朝请大夫。

苏象先在回忆这本书的写作过程时说："象先自少不离祖父之侧。元祐丙寅（1086年），祖父为天官尚书，居西冈杨崇训故第。祖父以南轩为书室，设大案，列书史于前。又置小案于椅间，俾象先侍坐。每至夜分，退而记平日教诲之言，作《谭训》百余事。后三年，祖父执政，无复曩时闲暇。又十有二年，捐馆于润。又十有九年，象先在镇江卧病，阅五年，当靖康元年（1126 年），偶记旧稿，而散失脱落，尚多遗逸。因广而续之，凡三百余篇，分为十卷，以见一日未尝忘祖训，而谆谆之诲不可无传也。”

元祐元年（1086 年），苏颂 67 岁，《魏公谭训》已完成三分之一。以后历任尚书左丞，兼管水运仪象台研制工作；任右仆射兼中书侍郎，出知扬州，退居润州，建中靖国元年（1101 年）卒于润州。以此推之，此书之主要部分应撰写于苏颂生前。因元祐六年（1091 年）苏象先中进士，任官以后则难以随侍祖父；当苏象先卧病镇江时，苏颂已经辞世，也无机会记录他的言行。所以，此书应是撰写于苏颂生前，整理于苏颂辞世后 25 年的靖康元年（1126 年）。

苏象先整理的十卷本没能立即付梓，稿本在苏颂子孙中辗转相传。据陆游《渭南文集·吏部郎中苏君（玭）墓志铭》记载：“公从父（苏象先）有著《魏公谭训》者，未及成，或附益之。”“正议（苏玭之父苏师德）尝以为有可更定者，而未及书。公卒成之，藏之家塾。又著《魏公年谱》一卷，累岁乃成，识者贵之。”由此可知，苏象先之弟师德认为此书应该修改，未能进行，由其子苏玭珍藏书稿。

二、版本源流

《魏公谭训》宋本周泌原跋说：“《魏公谭训》十卷……泌既得之于公之曾孙无为判官辉，因刻之郡府。”从引文可知，此书初刻于苏颂曾孙苏辉任无为州军判官时，时间是“绍熙癸丑孟秋八月”，即南宋光宗绍熙四年（1193 年），刊刻人是济南人周泌。

《魏公谭训》初刻本流传不广，只是朱熹的《名臣言行录》有过引证，其后未见评述。清代道光年间，苏颂裔孙廷玉任苏州太守。“郡中士礼居黄氏故藏《魏公谭训》十卷，精抄校宋本也。以献于太守，乃雠正刊行”。其中“士礼居黄氏”是指清代藏书家黄丕烈。苏廷玉得到他藏的精抄校宋本，根据黄氏抄本的跋语知道蒋氏寿松堂藏有宋刻旧本，又借来校勘。寿松堂宋本 10 卷，82 页，每页 20 行，每行 19 字，缺卷 3 第 5、6、7 页，又缺卷 6 第 11 页。参与校勘的有福建同安人夏玉甫，苏氏裔孙质民、士湘、士淮，经正误补阙，详加厘定，方于道光十年（1830 年）付梓，以广流传，书前有陶澍、梁章钜、夏修和三人的序文。这就是可以考知的《魏公谭训》第二种版本。这次刊刻的版型印刷后藏于同安县学的魏公祠内。

道光二十二年（1842 年），苏廷玉在刻印《苏魏公文集》时，将《魏公谭训》交陈恭甫校勘，“恭甫太史为摘其谬误若干条，兹乃重镌以附于后”。这是可以考知的第三次刻印本。

道光二十三年（1843 年），苏廷玉欲将先祖的传世著作全部重刊印刷，其中包括唐代苏瓌、苏颋的文集，宋代苏绅、苏颂的文集，苏泂的诗集等，命名为《苏氏全书》。此书没有完成。后来又刊印了《魏公谭训》，此次刊印由族侄苏凤藻加以校刊，除订正错讹外，又从蒋氏宋抄本的残缺部分摘录了三条作为补录，附于书后。并写了跋文，加以说明。这是可以考知的第四次印本。这个印本附有苏泂的《金陵杂兴》及苏携、苏师德、苏玭的墓志铭等。

1936 年，张元济主持编印《四部丛刊》，由商务印书馆将清代张金吾爱日精庐抄宋本影印（书名是《丞相魏公谭训》），列入《四部丛刊》第三编（图 6-3）。张元济在跋文中总结此书的刊刻过程说：“济南周泌刊于绍熙之世，旋即隐晦，《四库》亦未著录。有清道光，裔孙廷玉的宋槧木，刊之苏郡。迄今百年，复甚罕覯，是为爱日精庐旧抄，行款悉依宋刻，稍有讹夺，籍廷玉本校正。凡避清代忌讳之字，悉还旧观。其义可两通及新刊疑误者，并附校记，读者可参证焉。”这是第五次印本。

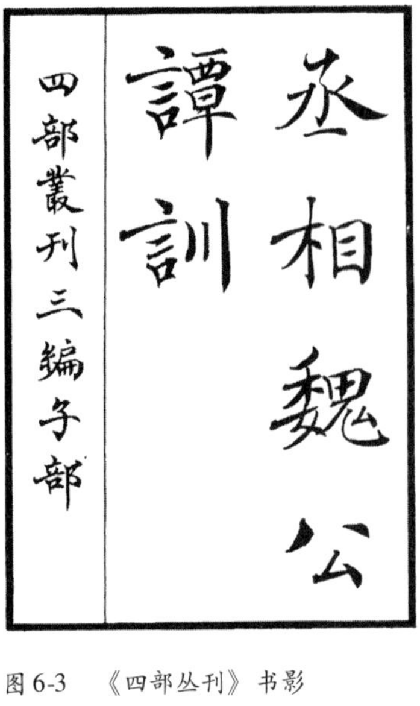

图 6-3　《四部丛刊》书影

1985 年 11 月，厦门市政协、史学会、文管会和苏颂故乡同安县政府邀管成学教授赴厦门、同安研讨苏颂之学术成就和古籍整理，将此书列入苏颂著作研究与整理计划。回到吉林大学后，成立了苏颂著作研究与整理小组，得苏颂后裔之资助，附《苏魏公文集》之后，交中华书局于 1988 年出版。这是第六次印本，也是新式标点的第一个铅印本。

三、内容简介

1. 卷一：国论、国政

所记皆苏颂亲历之朝章国故，如：仁宗之恭俭节用，神宗之不用宗室戚里；苏颂劝哲宗之弭兵息民，答神宗所问契丹之向背；辞去宰辅之原因，出使契丹之问难，编撰《华戎鲁卫信录》之经过；等等。

2. 卷二：家世

所记皆苏家世代先祖忠君爱国、勤民孝亲之事，如记苏绅对仁宗“知无不言”，仁宗对苏绅“眷遇优渥”；苏光诲性至孝，“太夫人有疾，衣不解带，药必亲尝”；苏佑图得叛徒密告农民起义之名册，“悉焚其籍”，“不止活千人矣”；等等。

3. 卷三：家学、家训、行己

所记为苏颂勤学之精神和方法，如：记历史年代、人物里籍之方法，学如“鸷鸟猛兽之搏”的精神；又记苏颂之博学，如答《周礼》名数之善对，辩暨陶之姓之精准；还有记苏颂天文学之渊源，如苏绅教苏颂写《夏正建寅赋》，“省试《斗为天之喉舌赋》”得优等，苏颂教子孙“仰观星宿躔度”；等等。

4. 卷四：文学、诗歌

所记为苏颂与当时僚友间诗文之交往，如：宋庠、宋祁与苏颂论文风，苏颂喜爱欧阳修、晏殊的词；苏颂赠韩琦、吕公著之悼念诗；等等。

5. 卷五：前言、政事

卷一所记政事皆为国政朝纲，社稷之大事。卷五所记之政事皆为苏颂任州郡之官时的亲身经历。如：苏颂知亳州时不肯对病妇用刑；知婺州时兴修县学学舍；知杭州时赈恤饥民；等等。

6. 卷六：亲族、外姻、师友、知人

记亲族者如：苏绅扶榇归闽，闽之士大夫远迎；苏仲昌知邵州，省刑减杀，囹圄清稀。记外姻如岳父陈龙图以施政之经验教苏颂，赠诗曰：“妇翁清白传儿女，莫把珠玑缀绮罗。”记师友者如：蔡元导、元翰兄弟与苏颂同学，相互切磋；杜衍与欧阳修皆看重苏颂，每私宴，只三人。记知人者如：苏颂任吏部尚书，荐阳行先，人皆叹服；苏颂受知杜衍，杜衍教以施政经验，苏颂虚心向杜衍学习等。

7. 卷七：善言、鉴裁、游从、荐举

记善言者如：“人生在勤，勤则不匮。户枢不蠹，流水不腐。此其理也。”记鉴裁者如：盛文肃公因夏有章之简傲志满，而断其必不能久，果以馆职报罢。记游从者如：苏颂与梅尧臣、宋敏修同试于帝前，只苏颂得馆职。记荐举者如：苏颂尹开封、荐孙莘老自代，深得吴丞相之赞许等。

8. 卷八：恬淡、器玩、饮馔

记恬淡者如：苏颂游相国寺，戏扑赢得千金，竟不取而去。记器玩者如：“祖父平生无玩好，唯蓄陈侍御雷琴、颜鲁公《韵海》、商鼎、周尊、李成山水，徐浩左丞告，时一展玩尔。”记饮馔者如：“祖父尝云：‘食不贵丰而贵洁，味不贵厚而贵和。’”

9. 卷九：道释、神祠、疾医、卜相

记道释者如：“祖父最重释氏《四十二章经》，以为佛法至中国，此经首传，犹儒书之论语也。”记神祠者如：苏颂京口之家宅占用了林仁肇之旧宅，苏颂因林仕江南清廉忠勇，为之立庙宅东北之山间。记疾医者如：高太尉留心医术，以姜粥、麻粉治小民之疠。记卜相者如：“祖父平生不信命术，唯为南京幕时，婺州衙前葛问精于星度，尝谓祖父如杜相公命，说平生事，殊不差，后每至京师，必来见。”

10. 卷一〇：杂事

此卷内容庞杂：一记苏颂退休时得皇室之优宠；二记苏颂丧事，僚友所送祭文；三记韩忠宪教子恪尽职守，不可尸位素餐；四记京师以锤莲子为业，一巷数十家皆然；五记孙赐开酒店致富，并能忠信不欺；六记苏嘉与苏轼游西湖，苏轼致书杨元素荐苏嘉之才；等等。

四、文献价值

《魏公谭训》是一部子孙记先祖的言行的书。这类书的通病是多溢美之词，而此书却以平实著称。陶澍在评论《魏公谭训》时说：“后世若

《颜氏家训》《郧侯家传》《钱氏私志》、范公偁《过庭录》、苏栾城《遗言》，皆仿此为之。然阐扬其先或失之夸大，反乖事实。而是书所述魏公立朝本末，证以《宋史》悉合，无溢美之词。则象先之能服膺祖训，信于后，可概见也。”

《魏公谭训》可补校《宋史》之阙讹。《宋史·苏颂传》所载苏颂事迹，有十五事载于《魏公谭训》，而且以《魏公谭训》为详确。如与欧阳修的友谊，使契丹之经过，纂《华戎鲁卫信录》之详情等。

《宋史·苏颂传》记陈世儒案件说：“初，颂在开封，国子博士陈世儒妻恶世儒庶母，欲其死，语群婢曰：‘博士一日持丧，当厚饷汝辈。’既而母为婢所杀。开封治狱，法吏谓李不明言使杀姑，法不至死。或潜颂欲宽世儒夫妇。”

《魏公谭训》所记陈世儒案为：“祖父尹京，军巡按陈世儒群婢杀其所生，陈不以闻，并其妻李氏皆在大辟。李氏乃吕氏甥，亲党甚多……其后人言祖父与吕晦叔善，疑吕尝请求。”《宋史》未写明人们疑苏颂庇护陈世儒夫妇的原因，但《魏公谭训》则记得很明确。

又如《宋史·黄晞传》仅百十字，而《魏公谭训》记其四事，都较《宋史》更为详细，可补宋史之阙。如黄晞得官乃借苏绅之力：“黄聱隅（晞号）献所为文于曾祖（苏绅），曾祖深器重之。遂馆之书室，令祖父与之游从。尝谓聱隅曰：‘成子名者，韩稚圭也。子宜贽文见之。’聱隅如言，韩果钦重。其后荐之于朝，命之以官，皆公力也。聱隅名晞，字景微，著书号‘聱隅子’。”其他三事分别为：黄晞游京师，初为宰相章得象门人，后移居苏颂家；黄晞酷爱《左传》；黄晞与陈孟阳、苏衮的友谊等。此皆为《宋史·黄晞传》所不载。

《魏公谭训》所载有关水运仪象台研制一事，可以用来校订《宋史》《续资治通鉴长编》《新仪象法要》《宋会要辑稿·运历》等书。《魏公谭训》所载诗赋文章，学术研讨之事甚多，我们可以借以考证某些文化发展的源流。如“祖父受知二宋（庠、祁），尝谒元献，公曰：‘舍弟子京于文章少许可，独称君文典重而清新。’祖父与东坡同在金华，因论作赋之方……喜晏元献、欧文忠小词，以为有骚雅之风，而不古不俗。”从引文可知，苏颂文风所受之影响及其与晏殊、欧阳修、苏东坡等在宋代文风改革中的作用。

《魏公谭训》卷四又载：“祖父谒王元叔，因论政事。仲至侍侧，原叔令检书史，指之曰：‘此儿有目录之学。’”中国历史文献研究会首任会长、著名文献学家张舜徽先生据此认为，北宋已出现目录学专用名词，当时以能翻检史书为懂目录。

《魏公谭训》所载宋代文人之诗赋、文章，其文献价值也不容忽视。如王沂公投贽苏颂的《咏梅诗》：“如今未作和羹用，且向百花头上开。”苏绅宰无锡，游金山作诗曰：“僧衣玉鉴光中住，人踏金鳌背上行。”都颇难得，又堪称佳句。

特别是《魏公谭训》所引北宋文学家黄庭坚的请疏，为黄氏文集所未收，弥足珍贵。其疏是应苏颂之请，为因胜院主持和苏颂母亲而写，其文曰：“因胜得名旧矣，报亲自天锡之。山月林扉，或改众人之观；粥鱼斋鼓，岂异向时之声。旧住长老澄公，透黄龙之三关，用临济之一喝。独以道为伴侣，不随世而陈新。瓶水炉香，终借松楸之润；晓猿夜鹤，将从杖履之游。”

“透黄龙之三关，用临济之一喝”是佛教典故。黄龙慧南是临济宗黄龙派著名祖师，他说教徒众之三问：“人人尽有生缘，上座生缘何在?”问答之际，慧南又问：“我手何似佛手?”“我脚何似驴脚?”慧南传法三十余年，经常示此三问，学者多不明其意。这就是黄龙三关。临济宗玄义法师以“一喝”接引弟子。他说：“有时一喝如金刚王宝剑，有时一喝如踞地金毛狮子，有时一喝如探竿影草。”“临济喝”被看作临济宗接引学人明心见性最常用的说教方式。

综上可知，《魏公谭训》既足资征信，又资料丰富，其文献价值值得深入研究和进一步发掘。

第三节

《本草图经》辑复中的重大分歧与博物学、文献学方面的贡献

一、《本草图经》辑复中的重大分歧

《本草图经》一书在明末佚失。1988 年，由蔡景峰、胡乃长、王致谱辑复，书名是《图经本草》。1983 年，尚志钧邮给管成学的油印本和 1994 年安徽科技出版社的辑校本，书名都是《本草图经》。现在的一些重大分

歧，如作者到底是苏颂还是掌禹锡？书名到底是《本草图经》还是《图经本草》？

现据我们之研究，略陈刍荛之见。

（一）作者之考订

当代医药学著作对《本草图经》的作者有两种意见。

《中医大辞典·医史文献分册》在“掌禹锡”条写道：“撰成《嘉祐补注神农本草》20卷。又将全国各郡县所献药图，详加校订，编成《图经本草》20卷。”认为《本草图经》的作者是掌禹锡。

《中国宋代科学家苏颂》（管成学、颜中其主编，吉林文史出版社，1986年）一书所收邓广铭、王振铎《苏颂的政治生涯与学术贡献》、管成学《苏颂在科学史上的伟大贡献》、刘昌芝《苏颂本草图经中的植物学知识》等论文，均认为《本草图经》是苏颂所撰。现就《本草图经》成书过程和流传情况略作考证，以明是非。

宋代医药典籍编撰整理，以校正医书局为中心。嘉祐二年（1057年），下诏在编修院设医书局，在调集医药的官员任职时，有“太常少卿、直集贤院掌禹锡，职方员外郎、秘阁校理林亿，殿中丞、秘阁校理张洞，殿中丞、馆阁校勘苏颂”等人。由于在诏书中和编撰《嘉祐本草》时，都是掌禹锡领衔在前，并任组织领导工作，这是造成《本草图经》是掌禹锡编撰的第一个理由。

有的学者认为，《本草图经》是掌禹锡编撰的第二个原因，是受了古人著录的影响。宋代郑樵的《通志》是一部影响十分广泛的书。它在《艺文略·医方类》中著录为“《本草图经》二十卷，宋朝掌禹锡撰”。有的学者可能以郑樵的著录为依据，未加详考，就写为掌禹锡编撰了。

自宋至清，除《通志》外，其他公私书目，皆著录《本草图经》为苏颂所撰。晁公武《郡斋读书志·子部·医家类》为：“《图经本草》20卷，目录1卷，皇朝苏颂等撰。”《宋史·艺文志·医家类》为：“苏颂校《本草图经》20卷。”元代马端临《文献通考·经籍考》为：“《图经本草》20卷，目录1卷。晁氏曰：宋朝苏颂等撰。先是诏掌禹锡、林亿等六人重校《神农本草》，累年成书，奏御。又诏郡县图上所产药物，用永徽故事重命编述。于是颂再与禹锡等裒集众说，类聚诠次，各有条目云。嘉祐六年上。”

多数宋元学者皆著录《本草图经》为苏颂撰，并不是服人的确证。我们说是苏颂撰，主要是依据掌禹锡和苏颂两人的意见。掌禹锡认为：“臣禹锡以谓考正群书，资众见则其功易就；论著文字，出异手则其体不一。今天下所上绘事千名，其详说物类，皆据世医之所闻见。事有详略，言多鄙俚。向非专一整比，缘饰以文，则前后不伦，披寻难晓，乃以臣颂向尝刻意此书，于是建言奏请俾专撰述。”掌禹锡认为各州郡所送药图及说明文字成于众人之手，其体例文句皆不统一，必须经过一个人的统一编撰，才能成为文风一致的医书，而苏颂过去对此书用力最多，所以他推荐苏颂当此重任。嘉祐六年（1061 年）五月，掌禹锡在奏书中明确地说：“《本草图经》系太常博士、集贤校理苏颂分定编撰。将欲了当，奉敕差知颍州。所有图经文字欲令本官一面编撰了当。诏可。”可见，《本草图经》绝大部分是由苏颂编撰完成的。但嘉祐六年三月五日，他任颍州知州，留下的扫尾工作只好由掌禹锡完成了。但《本草图经》付刻时，掌禹锡还是请苏颂写了序言，以说明此书由苏颂编撰。

苏颂说：“臣颂既披旨，则裒集众说，类聚诠次，粗有条目。”掌禹锡和苏颂都认为《本草图经》由苏颂编撰，所以，郑樵《通志》的著录和《中医大辞典·医史文献分册》的记载是不确切的，应该予以改正。

（二）书名之考订

当代辑复的两种书，一种为皖南医学院科研科 1983 年印制，尚志均先生辑校，书名为《本草图经》，1994 年安徽科学技术社出版了铅印本。另一种为福建科学技术出版社 1988 年出版，胡乃长、王致谱校注，蔡景峰审定，书名为《图经本草》。(图 6-4)

图 6-4　书影两种

《中医大辞典·医史文献分册》将“图经本草”单独列条，注为“见《本草图经》条”。晁公武《郡斋读书志》和马端临《文献通考》也著录为《图经本草》。而当代多数著作都认为书名应为《本草图经》。古人郑樵的《通志》、陈骙的《中兴馆阁书目》和《宋史·艺文志》等书目也都著录为《本草图经》。影响最大的两部传世本草著作也不一致：《经史证类本草》称为《本草图经》；《本草纲目》中却称为《图经本草》。那么，书名到底是《图经本草》还是《本草图经》呢？实有将来龙去脉考证清楚之必要。

目录书总是记载一代或几代图书，要考察千百种古籍，出错是难免的，而考察一种或几种古籍的专著，其出错的可能性就会小一些。

苏象先在专门记载其祖父言行的著作《魏公谭训》中说：“祖父嘉祐中奉诏同修《本草图经》，时掌禹锡大卿为官长，博而寡要，昧于才识。笔削定著，皆出祖父之手。”他既说明了其书成于苏颂之手，也肯定了书名是《本草图经》。他记载祖父的书，书名一般是不会错的。

苏颂在《补注神农本草后序》中说：“因入京人差赍送当所投纳，以凭昭证，画成本草图，并别撰图经。所冀与今本草经（指《嘉祐本草》）并行，使后人用药知所依据。”按其文意与顺序，书名应为《本草图经》。最重要的是苏颂在《苏魏公文集·〈本草图经〉序》中，明确写出此书的书名是《本草图经》。所以我们认为书名应为《本草图经》而不是《图经本草》。

（三）因辑复的版本不同而产生书名的分歧

嘉祐六年（1061 年）九月，苏颂在给皇帝的奏书中说：“今复广药谱之未备，图地产之所宜。物色万殊，指掌斯见。将使合和者得十全之效，饮饵者无未达之疑……总二十卷，目录一卷。撰次甫就，将备亲览。”这时，他已赴任颍州，有关书的进程和镂版工作只好由掌禹锡来完成。

当年十月，由掌禹锡将书稿送校正医书局修写：“至七年十二月一日进呈，奉敕镂版施行。”这次的初刻本称为嘉祐大字本，所刻数量较少，流传不广。

绍圣三年（1096 年），由国子监再次刊印，也用大字，称绍圣大字本，主要供太医局和地方医学学校学习用。后因大字本造价昂贵，不便出售，改用小字雕版印刷，称绍圣小字本，但数量也很少，外地节镇各送十部，州郡各送五部，出售者更少。

宋代以后，未见刻板印行。但据元脱脱所撰《宋史·艺文志》和马端临的《文献通考·经籍考》记载，元代宋刻的《本草图经》仍在流传。

明代万历年间，李时珍撰写《本草纲目》时参阅了苏颂的《本草图经》，采用《本草图经》药物74种。《本草图经》与明代药物相类而名称不同的载入《附录》以“颂曰”“苏颂”“图经”等注明出处。可见，当时《本草图经》尚未失传。

《本草图经》现在虽然已失传，但其主要内容收入《重修政和经史证类备用本草》和《本草纲目》等书中，使致力于医药古籍整理的学者能据以上两书进行复辑工作。

1983年10月，皖南医学院尚志均印制了《本草图经》辑校油印本，他以1957年人民卫生出版社影印的《重修政和经史证类备用本草》为底本，校以1957年人民卫生出版社影印的《本草纲目》并依据《重修政和经史证类备用本草》中的书名，定为《本草图经》。

1988年8月，福建科学技术出版社出版了胡乃长、王致谱辑注，蔡景峰审定的铅印本《图经本草》。他们以南宋刘甲刊本《经史证类大观本草》及金代张存惠晦明轩刊本《重修政和经史证类备用本草》互校，参校其他各本，并依据《大观本草》中的书名，定为《图经本草》。

以上两书的出版为《本草图经》的研究提供了极大的方便。

二、《本草图经》在博物学、动植物学、文献学方面的贡献

（一）博物学方面的成就

《本草图经》将本草学推到了一个新水平，即进入了博物学的阶段。宋代自然科学与社会科学都取得了前所未有的新成就，极大地丰富了本草学的内容。苏颂是精通经史、九流、百家之说，以及星官、算法、山经、本草的学识渊博的大学者，这就使他有条件将自然科学与社会科学融为一体，将单纯药物学的本草著作注入博物学的内容。

《本草图经》的丰富内容，是以前历代本草著作所不能同日而语的。它不仅蕴含了动物学、植物学、矿物学、冶金、化学、物理等自然科学的内容，而且收载了史学、经学、哲学、文字学、民俗学、训诂学、宗教学等社会科学的内容。《本草图经》中引述了很多社会科学、自然科学方面的著作，约计200种。苏颂的广博学识使他对药物命名做了训诂学、文字学方面的考证。

苏颂考证“本草”一词的出典说：“《楼护传》称：‘护少诵医经、本草、方术数十万言。’本草之名，盖见于此。而莫公等注引班固叙《黄帝内经》云：‘本草石之寒温，原疾病之深浅。’此乃论经方之语，而无本草之名。”苏颂纠正了古人关于本草之名出典的错误。

如对细辛的考证为：“细辛……其根细，而其味极辛，故名之曰细辛。”苏颂在海蟹化石条中考证说：“体质石也，而都与蟹相似，或云是海蟹多年水沫相著，化而为石。”

《本草图经》又将药物与宗教相联系，如“豹条”说：“貘……其齿骨极坚，以刀斧椎锻铁皆碎，落火亦不能烧。人得之，诈为佛牙、佛骨，以诳俚俗。”这一切都说明《本草图经》已具备较多的博物学内容。

（二）动植物学方面的新贡献

《本草图经》中著录植物药300多种、动物药70多种，这些动植物药多数画有药图。这些图来自实物标本，生动逼真，可以作为鉴定植物科、属、种，以及动物纲、科的依据。

《本草图经》对植物药按苗、茎、叶、花、实、根的顺序描述。这种形象、详尽的描述有助于对药物的识别，使过去无法辨认的药物可以被确认无误地识别。如《神农本草经集注》将牛膝写为：“其茎有似牛膝，故以为名。乃云有雌雄，雄者茎紫色而节大为胜尔。”以此很难判定植物种类。而《本草图经》则写得更具体：“春生苗，茎高二三尺，青紫色。有节如鹤膝，又如牛膝状，以此名之。叶尖圆如匙，两两相对于节上，生花作穗，秋结实甚细。”我们可以根据匙形对生叶、细实穗状花、节部结牛膝三特征，断定其为苋科植物怀牛膝。

在植物形态描写中，对茎的形态，已能正确区别菟丝子的缠绕茎“其苗蔓草木上”，地锦的葡匐茎“蔓延于地”，泽泻的直立茎“独茎而长”等。对叶的形态，也能正确描述牛膝的对生叶、川芎的丛生叶、桔梗的轮生叶等；对花的形态已能明确区别花萼、花蕊、子房等名称。

《本草图经》对植物生态及环境关系加以探讨，如“地黄条”有：“古称种地黄宜黄土。今不然，宜肥壤虚地，则根大多汁。”说明古今习性之变移；又如“佛甲草多附石向阳而生”，“白襄荷，其性好阴，在水下生者尤美”，说明当时已注意了植物对阳光的不同需求。

《本草图经》准确地记述了植物嫁接与定向培育技术，如“牡丹条”有：“此花一名木芍药，近世人多贵重，圃人欲其花之诡异，皆秋冬移接，培以壤土，至春盛开，其状百变，故其根性殊失本性……桃核仁条”有：“大都佳果，多是圃人以他木接根上栽之，遂至肥美，殊失本性。”

《本草图经》用比较的方法来鉴别同一药物的不同品种和那些外态相似、实为不同药物的中草药，时至今日仍有现实意义。如对容易混淆的钩吻与黄精描述为：“黄精苗叶稍类钩吻，但钩吻叶关极尖，而根细。”对不同品种的连翘指出：“有大翘小翘二种……其小翘生冈原之上，叶花实皆似大翘而细。南方生者，叶狭而小，茎短。”今南方医家云：“连翘盖有两种，一种似椿实之未开者，壳小坠而外完，无附萼，剖之则中鲜，气甚芬馥，其实才干，振皆落，不著茎也；一种乃如菡萏，壳柔，外有附抱之。”

（三）文献学方面的遗产

在《本草图经》中，苏颂引述文献约200种。这是以前的任何本草著作所不曾有的。其中引述的许多唐、宋文献现已失传，这使《本草图经》成了珍贵的文献宝库。前人早已注意了《本草图经》的文献价值，并加以利用。鲁迅先生早年曾辑有唐代刘珣的《岭表录异》，其辑文多数来自《本草图经》。

1959年，上海科技出版社出版了冯汉镛的《传信方集释》，该书为刘禹锡著，所载计五十余方，后佚失。《本草图经》保存了三十余方，才使冯氏可以辑成《传信方集释》。

《本草图经》除上述医药、服食之书外，所引经部古籍有《周易》《易统验玄图》《易稽览图》《尚书》《周礼》《左传》《夏小正》《诗经》《五经正义》《说文解字》《方言》《字林》《三苍》《诗经草木鸟兽虫鱼疏》《尔雅》《广雅》《毛诗笺》《考工记》《上元宝经》《金光明经》《三巷》等21部。

《本草图经》所引史部古籍有《史记》《汉书》《东观汉记》《南齐书》《旧唐书》《吴越春秋》《唐太宗实录》《国史补》《山海经》《太康地记》《吴录地理志》《南州异物志》《南蛮地志》《南越志》《风土记》《扶南记》《交州记》《交州地志》《于阗行程记》《云南记》《张氏燕吴行记》等22部。

《本草图经》所引子部古籍有《孟子》《荀子》《庄子》《吕氏春秋》《淮南了》《抱朴子》《管子》《颜氏家训》《金楼子》。

《本草图经》所引杂记谱录有《博物记》《异鱼图》《古今注》《述异记》《搜神记》《续齐谐记》《洽闻记》《荆岁时记》《岭表录异》《广志》

《西京杂记》《酉阳杂俎》《北梦琐言》《嘉话录》《南方草木状》《魏王花木记》《茶经》《阳崖阴林》《茶饮序》《茶谱》《饮谱》《香谱》《天香传》《威灵传》《何首乌传》《六甲阴符》《急就篇》《图序》《论钟石》《岁时广记》《列仙传》等40部。

《本草图经》所引集部古籍有《蓝赋》《三都赋》《蜀都赋》《吴都赋》《苔赋》《闲居赋》《款冬赋序》《枇杷赋》《淮赋》《玉论》《观玉篇》《勤学篇》《修养书》《乾宁记》《离骚》《九歌》《沈约集》等17部。

如此大量的文献引述可以用来辑佚，如崔元亮《海上集验方》引证计40条，韦宙《韦氏集验独行方》引述22条，王颜《续传信方》引述40条。引文数量较大，都可辑佚成书。

《本草图经》所引唐宋以前大量古籍可以用来校勘现存古籍。由于苏颂使用的古籍都是宋以前的珍本，弥足珍贵，其文献价值也是极高，如所引汉魏六朝的《小品方》《深师方》《治百病方》可用来校勘现存《外台秘要》《医心方》《圣济总录》医书中的引文。

《本草图经》大量的文献引证为我们保存了许多珍贵的科技史料，如“食盐条”中关于古代盐业的生产史料；“水银条”中关于水银炼制和锻水银炉图都是十分难得的资料；“石蟹条”中有关动物化石的资料；等等。总之，《本草图经》不仅是一部医药著作，而且是当之无愧的文献宝库。

当然，苏颂的《本草图经》也存在一些不足之处，李时珍将这些不足，称为“小小疏漏”。但这只是白璧微瑕，无损于这部著作的伟大贡献。李时珍肯定了《本草图经》的学术贡献：“考证详明，颇有发挥。”随着对《本草图经》研究的进一步深入，它所蕴含的科技成就将大放光彩。

苏颂是一位伟大的科学大师，《本草图经》是一部杰出的医药著作。关于这一点，英国科技史专家李约瑟先生给管成学教授《中国宋代科学家苏颂》一书题词时说：“苏颂（1020—1101）是中国古代和中世纪最伟大的博物学家和科学家之一，他是一位突出地重视科学规律的学者……作为大诗人苏东坡诗友的苏颂，还是一位才华横溢的药物学家，他在1061年撰写了《本草图经》，这是附有木刻标本说明图的药物史上的杰作之一。在欧洲，把野外可能采集到的动物和植物加以如此精确地木刻并印刷出来，这是直到十五世纪才出现的大事。”

第四节
《新仪象法要》成书时间的分歧和版本源流考证

苏颂的著作《新仪象法要》近三万字，是一部具有世界影响的科技文献，根据《新仪象法要》复制的水运仪象台，不仅陈放在北京的中国历史博物馆，也陈放在英国的南肯辛顿科学博物馆和日本长野县诹访湖时间科学馆。《新仪象法要》由李约瑟、王铃、普赖斯（Needham，Warng & Price）译成英文，刊行于欧洲。李约瑟在《中国科学技术史》中，对《新仪象法要》及其作者之赞誉，竟达21次。日本京都大学薮内清教授的《宋元科学技术史》一书，也在天文仪器、天象观测、星图绘制等方面充分阐述了《新仪象法要》的科技成就。薮内清和山田庆儿教授都用《新仪象法要》作为教材给研究生上课。山田庆儿教授还把《新仪象法要》译成日文出版。

一、对成书时间的三种意见

关于《新仪象法要》的成书时间，国内外学术界一直存在不同意见。李约瑟在《中国科学技术史》（天文分册）中说："虽然我们总算十分幸运，现在还有一种最重要的宋代天文著作，即苏颂从1088年开始到1094年写成的《新仪象法要》。"但该书的另一处又说："仪器的部件名称主要依据公元1092年成书的《新仪象法要》。"1094年是宋代绍圣元年，1092年是元祐七年。

《中国大百科全书·天文卷》中的《新仪象法要》条说："中国宋代天文学家苏颂为水运仪象台所做的设计说明书，成书于绍圣初年，约公元1094—1096年间。"1096年是绍圣三年。

《中国古代科技名人传》一书中《苏颂和新仪象法要》一文说："元祐八年（1093年）辞去官职，专门从事《新仪象法要》一书的撰写工作，绍圣三年（1096年）完成全书。"

由上可知，对《新仪象法要》的成书时间有三种意见，即1092年或

1094 年、1094—1096 年、1093—1096 年，但都没有提出翔实的依据。

二、对成书时间的考证

宋代《新仪象法要》现有两种版本流传。我们认为这两种版本分别写成于元祐三年（1088 年）和绍圣三年（1096 年）。现略述考证如下。

以“万有文库本”为例，其浑象与天运轮的衔接与传动方法有两种。“万有文库本”卷中 53 页：“浑象赤道牙”图，浑象球上环绕一圈赤道牙，并有“一本有天运轮无赤道牙”10 字。见管成学、杨荣垓《〈新仪象法要〉校注》（吉林文史出版社，1991 年）卷中“浑象赤道牙图”及其注文。

其说明为：“右浑象赤道牙一，浑象体正圆如球，径四尺五寸六分半，上布周天三百六十五度有畸……中贯以枢轴，南北置之。赤道牙与天轮相衔，候天轮动则与浑象俱转，其天度星舍等及黄赤道、日月五星所行周旋浑象，各有名数、距度、次序、标道。”（见《〈新仪象法要〉校注》卷下“浑象天运轮图”及其注文）

其说明为：“右浑象天运轮一，浑象体正圆如球……（所省文字相同，笔者注）南北置之。轴末贯以天运轮，下与天轴及天轮牙距相衔，候天轮动作，则天运轮与浑象俱转……周旋浑象，各有名数距度。别本（原小字注文）。”（参见《〈新仪象法要〉校注》卷下“铁天轴图”及其注文）

其说明为：“右铁天轴一，置于浑象木地柜底，轴两头安于台中隔柜上东西横桄下，在天轮、天运轮中，与两轮拨牙相衔，其天轮西向，则天轴东旋；天轴东旋，则天运西旋；天运西旋，则浑象随轮而转，象天西旋。别本（原小字注文）。”（参见《〈新仪象法要〉校注》卷下“天梯图”及其注文）

其说明为：“右天梯长一丈九尺五寸，其以铁括联周匝。上以鳌云中天梯上毂挂之，下贯枢轴中天梯下毂。每运一括，则动天运环一距，以转三辰仪随天运动。别本（原小字注文）。”（参见《〈新仪象法要〉校注》卷下“枢轴、天毂、天柱图”及其注文）

其说明为：“右天柱长丈九尺五寸，其法以木为之。上串鳌云中为天柱上轮，以动天毂；中为天柱中轮，以动机轮；下为天柱下轮，以待枢轮、地毂动作。右天毂二，置于浑仪天经中，以仰月承之。后天毂以待天柱上轮动作，前天毂与天运环相衔，与后毂贯于一轴，后天毂动则前毂动，前毂动则天运环动。一本无天柱、天毂，有天梯、天托。”

从上面说明文字可以看出，宋代施元之传刻此书时，所据有两种版本。其一，两种版本的画图不同，“浑象天运轮”“铁天轴”“天梯”三图，施元之以小字注文明确标出是据“别本”收入。其二，两种版本的天轮与浑象之间的衔接结构不同。前者靠绕浑象球一周的“赤道牙与天轮相衔，候天轮动，则浑象俱转”；后者“轴末贯以天运轮，下与天轴及天轮牙距相衔，候天轮动作，则天运轮与浑象俱转”。其三，传动方法不同，前者靠一丈九尺五寸之天柱上轮、中轮、下轮之齿分别与天毂、机轮和枢轮相衔，靠天柱上轮之齿转动前天毂及天运环和三辰仪；后者靠一丈九尺五寸之天梯（链条）“每运一括，则动天运环一距，以转三辰仪随天运动”。

以上三点足以说明，施元之确实使用了两种版本，那么，如何知道这两种版本分别成于元祐三年（1088 年）和绍圣三年（1096 年）呢？

苏颂在《进仪象状》（各种版本的《新仪象法要》皆将此文置于书前，代为序言）中说得很具体：“臣颂先准元祐元年（1086 年）冬十一月诏旨定夺新旧浑仪，寻集日官及检详，应前后论列干证文字……奉二年八月十六日诏，如臣所请，置局差官及专作材料等……至三年五月先造成小样，有旨赴都堂呈验，自后造大木样，至十二月工毕……得旨置于集英殿。”水运仪象台大木样的制作过程，当是《新仪象法要》成书的过程。《新仪象法要》就是水运仪象台的设计图纸和文字说明。大木样是与水运仪象台完全一样的木制模型，它的所有图纸、尺寸、说明文字都应完整无缺。而且，经过实际演示，候天有准，它已是可以使用的水运仪象台，只是木制的。所以，我们认为《新仪象法要》的初稿当成于元祐三年（1088 年）十二月。

《宋会要辑稿·运历二》记载，苏颂、韩公廉制成大木样后，皇上又下诏再次实验。元祐四年（1089 年）八月，翰林学士许将等言：“详定元祐浑天仪象所，先被旨制造水运浑仪木样，如实验候天不差，即别造铜器。今臣等昼夜校验，与天道已参合不差，诏以铜造，仍以元祐浑天仪象为名。诏左丞苏颂撰《浑天仪象铭》，颂又图其形制，著为成书上之，诏藏秘阁。六月十四日仪象成，诏辅臣阅之。”“绍圣三年（1096 年）六月十三日，元祐浑仪所言今欲修写仪象制度、法略各一部，申纳尚书省并秘阁，从之。”这是《新仪象法要》的第二稿，即以铜制成的正式水运仪象台的设计图纸与说明文字，可能对第一稿略加修改，所以才有现传本的上述图纸差别。苏颂和韩公廉铜铸的水运仪象台的图纸和说明文字完成于绍圣三年六月。

三、对版本源流的考证

《新仪象法要》初刻本成于绍圣年间（1094—1098 年）。其证据有二：第一，是尤袤在撰写《遂初堂书目》时，将《新仪象法要》著录为《绍圣仪象法要》。第二，《宋史・艺文志》中著录为《新仪象法要》，其注文亦说绍圣中见书。可见《新仪象法要》初刻于绍圣年间。

宋代除尤袤著录的绍圣刻本外，还有南宋韩仲守明州时的淳祐刻本、清代盩厔藏书家路小州见过的宋刊本等，而以乾道八年（1172 年）施元之刻本流传最广。书后有“乾道壬辰九月九日、吴兴施元之刻本于三衢坐啸斋”字样。《四库全书总目提要》说：“此书（指施元之刻本）卷末，天运轮等四图及各条所附一本云云，皆元之据别本补入。”施元之补入的四幅图是：①“浑象天运轮”：由浑象球、天轮、天运轮组成；②“天梯”：由天托、天梯、枢轴组成；③“铁天轴”；④“天托”。

乾道以后，陈振孙编《直斋书录解题》，著录为《天象法要》，他说：“丞相温陵苏颂子容撰。元祐三年新造浑天成，记其法要，而图其形象，进之。”

元初，马端临《文献通考》亦著录为《天象法要》。《文献通考》成书于大德十一年（1307 年），可见，至《宋史・艺文志》成书时，《天象法要》首次改为《新仪象法要》。《宋史・艺文志》同时著录了苏颂的《浑天仪象铭》一书。

明末清初的藏书家钱曾（1629—1701 年）藏有施元之刻本，并对施元之刻本做了影摹。他在撰写《读书敏求记》时称赞说：“图样界划，不爽毫发，凡数月而后成，楮墨精妙绝伦，不数宋本。”可见钱曾的影摹本之精善。管成学、杨效雷 1991 年校注本《新仪象法要》，即以钱曾本为底本，校以《四库全书》文澜阁本。

清代以后，流传渐广。《新仪象法要》被收入《四库全书》，《四库全书》注明是据内府藏本翻刻。这个内府藏本就是钱曾“从宋椠影摹者”。它以南宋乾道壬辰施元之刻本为祖本，《四库全书》称钱本“校核殊精，而曾抄尤极工致”。

道光初年，钱熙祚编印守山阁丛书，据钱曾本翻刻。道光四年（1844年）再次重刊。光绪十五年（1889年），上海鸿文书局又据金山钱氏本影印。民国十一年（1922年）上海博古斋又一次影印。这就是守山阁本几次印刷的情况。

光绪二十二年（1896年）编辑的《中西算学丛书初编》，再次收入《新仪象法要》，有上海鸿宝斋石印本传世。

1929年至1934年，王云五编辑“万有文库丛书”，又将《新仪象法要》收入，民国二十六年（1937年）由商务印书馆出版。核其书，仍出自钱熙祚校定的守山阁本。1935年商务印书馆编辑的《丛书集成初编》自然科学类将守山阁本《新仪象法要》重印收入，流传最广。

《新仪象法要》由李约瑟、王铃、赖普斯译为英文，刊行于欧洲。我们曾有幸得到李约瑟博士赠送的1960年剑桥大学英文版《新仪象法要》。此印本对我们校注《新仪象法要》帮助甚大，借此机会，我们向李约瑟博士表示谢意。日本京都大学山田庆儿教授也将《新仪象法要》译成日文在日本出版。

第五节 苏颂的其他著作

苏颂的其他著述分为两类：一类是流传至今的苏颂著述，如《魏公题跋》和《苏侍郎集》。此两书虽然流传至今，并且单独刻印，但主要内容已见于《苏魏公文集》，只有少数漏收的篇章。另一类是原著已失传，但其序跋流传至今，或其内容被他书所引述，从中可以知其梗概，如《华戎鲁卫信录》《元祐详定敕令式》《迩英要览》等，这些书籍对苏颂的著作也不做专题论述，只做简明扼要的介绍。

一、《魏公题跋》

明代毛晋精选珍贵的古籍141种751卷，编成15集《津逮秘书》。苏颂的《魏公题跋》列入第十三集，与黄庭坚题跋合刊。《津逮秘书》有汲古阁本、影汲古阁本、丛书集成初编本等。

收入《魏公题跋》（图 6-5）的文章有《题邺侯家传后》《题枯树赋》《题维摩诘像》《题右军贴》《题御前历子》《题胡考甫书华严经》《题清溪图》《题送辩光序》《题滩院记》《题应之诗》《题张籍墨迹》《题名茶记》《题巨然山水》《题君谟草书》《又题君谟草书》《题授经图》，计 16 篇。书中附有两篇毛晋的题记，对苏颂之品格、藏书和书画之鉴赏能力加以评述，并对《苏魏公文集》的版刻、纸墨加以赞扬。

《魏公题跋》所收文章皆见于《苏魏公文集》卷七二之杂著，并删去杂著中《历者天地之大纪赋》《南庙策问》《砚铭》等 10 篇与书画无关的文章。

图 6-5 商务印书馆丛书集成本《魏公题跋 山谷题跋》书影

苏颂是一位博物学家，渊博的知识和丰富的阅历，使他对古籍、书法、绘画具有很高的鉴赏能力。他写得一手好字，当代书法辞典也将他列为书法家。《同安县志》卷二八“乡贤篇”说他的墨迹收入《风墅续法贴》。苏颂的传世真迹收入管成学与王兴文的《苏颂与〈魏公谭训〉研究》一书。

《题枯树赋》是考证褚遂良《枯树赋》为何人题写；《题右军帖》是研究此帖中题字者萧祐、凝式、正臣皆是何人；《题御前历子》是苏颂为宋太宗赐《御前历子》写的感恩文章。《题枯树赋》深寓苏颂对书法之卓见。

《题巨然山水》是苏颂对潘说之所藏南唐画家巨然山水之研究；《题授经图》中苏颂以据画中人物之衣冠服用认定为后魏、周、隋间所画，而不是汉、魏人所作；《题青溪图》是苏颂对公诩所画青溪图的题词，表达了他对绘画的意见。总之，此书是研究苏颂书画鉴定和艺术观的必读材料。

二、《苏侍郎集》

宋代陈思编，元代陈世隆补的《两宋名贤小集》将苏颂诗21首编为《苏侍郎集》，收入第二十八卷。

《苏侍郎集》前有小序，述苏颂之生平仕宦。所选诗有：①《挽老苏先生》（《苏魏公文集》题名《苏明允宗丈二首》），②《题睢阳五老图》，③《坐久月初上》，④《和丘林二君会程坦之家》，⑤《送朱郎中寿昌通判河中府》，⑥《次韵蒋颖叔同游南屏见惠长篇》，⑦《和蒋颍叔亳州矮桧》，⑧《次韵君实内翰同游范景仁东园》，⑨《又和次中答莘老见招》，⑩《次韵约诸君游长乾寺》，⑪《谢太傅杜相公惠吴柑》，⑫《和胡俛学士红丝桃》，⑬《和刁推官蓼花二首》，⑭《宣甫叔以棕刷见惠继之以诗依韵奉和》，⑮《和蔡子直》，⑯《和冬至紫蒙馆书事》，⑰《赠同事阁使》，⑱《同赋山寺郁李花》，⑲《和题李公鳞阳关图》，⑳《野翠堂》，㉑《西湖》。其中，《题睢阳五老图》为《苏魏公文集》和其他书所未收，现录如下：

归休谢事乐时间，衣钵承传宰辅冠。
盛德旧曾亲善政，沾恩新赐立危桓。
堂堂严貌依龙衮，灿烂文星荷月寒。
直笔当时修国史，英豪迈古后来看。

《苏侍郎集》有四库全书本传世（图6-6）。

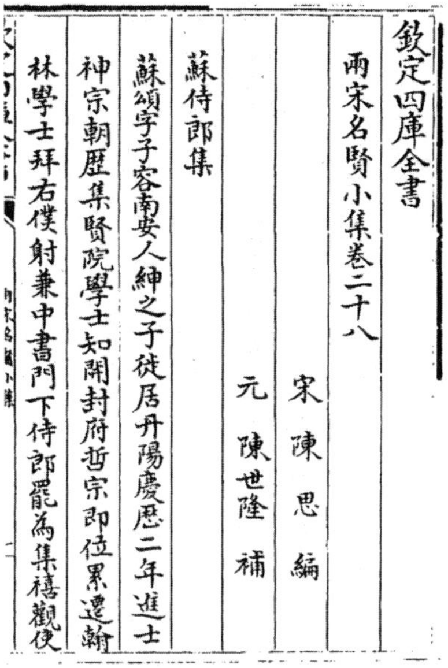
欽定四庫全書
兩宋名賢小集卷二十八
宋 陳思 編
元 陳世隆 補
蘇侍郎集
蘇頌字子容南安人紳之子徙居丹陽慶歷二年進士
神宗朝歷集賢院學士知開封府哲宗即位累遷翰
林學士拜右僕射兼中書門下侍郎罷為集禧觀使

图 6-6 文渊阁《四库全书》本《苏侍郎集》书影

上述《苏魏公文集》《魏公谭训》《本草图经》《新仪象法要》《魏公题跋》《苏侍郎集》六部书，是苏颂传世的著作。

三、《华戎鲁卫信录》

苏象先在谈到《华戎鲁卫信录》的编撰过程时说：“祖父元丰中自沧州被召修官制，陛对日，上曰：‘自北虏通好八十余年，故事式仪遗散者多，每使人来生事，无以折正，朕欲裒集国朝以来至昨代州定地界文字，以类编次为书，使后得以稽据，非卿不可以成。然此书浩繁，卿自度几岁可成?’祖父曰：‘臣愿尽力二年。上曰：二年了得，甚善。’因令置局于枢密后厅，仍辟官检阅文字，如期书成，亲笔赐名《华戎鲁卫信录》。至奏篇上，上读序引，大称赏曰：‘正类序卦之文。书成，使官属王汝翼同上殿捧书进呈。上自令一内侍捧之，同入禁中，留书御榻，王汝翼面赐六品服，皆非故事。”

此书始修于宋元丰四年（1081 年），成书于元丰五年（1082 年）。元丰六年（1083 年）六月奏御，六月五日神宗赐名，九月二十四日进呈，229 卷，事目 5 卷，总 200 册。北宋汴京陷落，毁于兵燹。

从《华戎鲁卫信录总序》可知其内容大略，该书起自《叙事》，终于《藩夷杂录》，所附之“经制”“方界”等可概括为以下四个方面内容：

第一，通好与盟约的有关事宜。

① 叙事：记叙景德通好到元丰修书时的史事。

② 书诏：记自契丹王继忠书奏乞和以来之书诏。

③ 誓书：摘编通好之载书。

④ 岁币：汇记宋每岁赂契丹之银绢。

⑤ 国信：使节聘问及所携之礼物。

⑥ 国书：聘使所携之文书。

第二，常使往来之有关事宜。

① 奉使：每年双方互派正旦、生辰之贺使，称为常使。

② 驿程·地图：所经之驿馆、里程、山川之地图。

③ 名衔·年表：常使之职务名衔，致贺之年月事实。所列材料以北使、北信、北书于前，宋之使信于后，称为报礼，以表通好始于契丹所求。

④ 仪式：“凡使者之至，在道则有邮馆宣劳之仪，入朝则有见辞宴赐之式。”

⑤ 赐予：双方对使者的赏赐。

⑥ 交驰：“使者宣通宾主之欢，贽见之礼。”

⑦ 诏录：“问劳往返，诏宣书札。”

⑧ 书仪：所用诏书格式，接受仪礼。

⑨ 例物：对随从人员的各种赏赐。

⑩ 市易：使者及随从至都后，皇帝特许“贸财货需索供馈，丐求珍异”。

⑪ 条例：双方使者往返必须遵循的纪律。

第三，泛使和边防有关事宜。

① 泛使：重大事件有专使往来，称为泛使。

② 交移：专使经过沿途州司要验证公牒。

③ 河东地界：记“代州移徙巡捕界壕”等事。

④ 边防：边界定后，“则有州郡壁垒之缮完，砦铺塘泺之限断”，“以示守备之严也”。

第四，契丹之历史、地理。

① 契丹世系：辽之种族发展之由来。

② 国俗：契丹之语言、饮食、弓马、射猎等民俗。

③ 官属：契丹之封爵官职、宗戚、俸禄。

④ 关口・道路：契丹道路之险峻及关险之所在。

⑤ 番军马：契丹之马优良繁多，为军事、贸易之所必需。

⑥ 州县：使者经过之各个州县名称及道路。

⑦ 番界杂录：契丹边界所见之奚、渤等少数民族及其他事宜也一并收载。

从目录可知，这是一部关于宋辽使轺交聘、契丹国事民俗的非常完备的史书。如不失传，定可丰富辽史之内容。此书比路振的《乘轺录》、陈襄的《使辽语录》和沈括的《使虏图抄》都更加完备。

四、《元祐详定敕令式》

宋代编敕见于记载的约40种，以真宗、仁宗、神宗、高宗、孝宗五朝为盛，哲宗朝仅有一种，即《元祐详定敕令式》（简称《元祐编敕》）。《元祐编敕》最初由刑部尚书刘挚提出编撰，意在删改简化《元丰修正敕令格式》。元祐元年（1086年）三月，刘挚领导王觌、杜纮开始编撰，十一月，刘挚由刑部尚书升宰相，改由刚任刑部尚书的苏颂主持编撰，傅尧俞也参与领导工作。元祐二年（1087年）十二月完成编撰工作，计56卷。它与《元丰敕令格式》2006卷相比，是一部十分简明的法典。

《元祐编敕》是为“元祐更化”的政治需要而编，对《元丰敕令格式》做了重大修改，对元丰、熙宁年间因改革而制的法令，多做删削，但此书又因政治需要而毁弃。元祐八年（1093年）哲宗亲政，即稍复熙宁、元丰之制。崇宁元年（1102年）七月下诏销毁《元祐编敕》。《宋史・艺文志》已不见著录，未得流传。

五、《迩英要览》《浑天仪象铭》《嘉祐补注神农本草》

1.《迩英要览》

李焘《续资治通鉴长编》记载：元祐四年（1089年）三月甲戌，“吏部尚书、侍读苏颂等奏，臣等撰进汉唐故事，得旨分门编修成册进呈，诏以《迩英要览》为名”。《宋史・艺文志》有著录，元代还在流传，后亡佚。

2.《浑天仪象铭》

据《续资治通鉴长编》和《宋会要辑稿·运历二》记载，此书是苏颂于元祐七年（1092 年）四月二日奉诏撰进。《宋史·艺文志》有著录，它是以韵文对水运仪象台进行描述，是《新仪象法要》的姊妹篇。可惜已经亡佚。

3.《嘉祐补注神农本草》

《直斋书录解题》《郡斋读书志》《通志·艺文略》《宋史·艺文志》《玉海》等都将此书著录为掌禹锡撰。从《苏魏公文集》卷六五中，苏颂为《嘉祐本草》写的序和后序可知，苏颂不仅参加了此书的编撰，而且起了主导作用。由福建教育出版社出版的管成学主编的《苏颂全集》，组织程启贵等专家辑佚《嘉祐补注神农本草》，此书可望重新面世。

由于嘉祐八年（1063 年）八月三日诏差掌禹锡等人置局校刊医药书时，掌禹锡领衔在前，职位最高，学术界有人认为《嘉祐补注神农本草》是掌禹锡主编。实际《嘉祐补注神农本草》是苏颂主编，两篇序文是最好的例证。

通过近 30 年对苏颂所做的系统、广泛而深入的研究，人们已经对苏颂勤政爱民的为官业绩及其致力于科技的伟大成就，有了比较充分的了解，而对苏颂是一位著作宏富的学术大师却知之较少。所以，我们开辟专章解说苏颂的著作。

第六节
苏颂诗歌的思想性与艺术风格

我们在研究和讨论苏颂的诗文之前，先看看古人是怎样评论苏颂的诗文，以及苏颂是如何评价他人的诗文的。

苏颂推心置腹的好友宋庠，在与苏颂讨论诗文时说：“舍弟子京于文章少许可，独称君文，典重而清新。”“为文之体，义不贵异而贵新，事不贵僻而贵当，语不贵古而贵淳，字不贵怪而贵奇。”

汪藻在南宋绍兴九年（1139 年）为《苏魏公文集》写序时评论说："皆足以垂世立教，革浇浮而已偷薄，与轲、雄之书，百世相望，而非当时翰墨名家者所能仿佛也。"

清代陈寿祺给苏颂文集写再版序时也说："其发为文章，清丽雄赡，卓然足与功德相符，其徒以诗笔名家而已哉。"

古人认为苏颂的诗文"典重清新"，"清丽雄赡"，"义不贵异而贵新，事不贵僻而贵当，语不贵古而贵淳，字不贵怪而贵奇"，"革浇浮，已偷薄"。

苏颂在评论他人的诗文时，发表过一些应该提倡什么艺术风格的见解，亦可作为我们评价苏颂诗歌艺术风格的参考。

苏颂在婺州（今浙江金华）与苏东坡讨论辞赋，自称喜欢晏元献（殊）、欧阳文忠（修）的词，因有骚雅之风，而不古不俗。

苏颂在评价吕缙叔的诗文风格时说："诗则主于讽喻，文则善于叙事，赞颂本于导扬美实，书奏谨于推明治理。大抵独得胸襟，自成机杼。辞虽精奥而不取奇僻，理虽切著而事抑扬。"

苏颂在为王禹偁的诗文集写序时说："窃谓文章末流，由唐季涉五代，气格摧弱，沦于鄙俚。国初屡有作者，留意变风，而习尚难移，未能复雅。至公特起，力振斯文，根源于《六经》，枝派于百氏，斥浮伪。去陈言，作而述之，一变于道。后之秉笔之士，学圣人之言，由藩墙而践堂奥，繄公之司南也。"

从苏颂的这些评述中，我们知道他喜欢欧阳修、晏殊词的骚雅而不古不俗；赞赏吕缙叔"辞虽精奥而不取奇僻"；推崇王禹偁在改变五代以来的浮艳华丽的西昆体诗风中的率先垂范作用。

通读苏颂的诗，我们觉得古人对苏颂诗的评价基本上是符合实际的，苏颂也大体上是按照自己提倡和崇尚的艺术风格去创作的。

诗言志，这是中国古代的优良传统。人们吟咏诗赋，总要表达自己的思想。苏颂也不例外。大雨滂沱，庄稼被淹，他为民众焦虑万分，写了《和丘林二君会程坦之家》；稻绿橘黄，鲙大虾肥，鱼米之乡的丰收景象又使他笑逐颜开、欣然命笔，写了《送襄州李观察》；他矢志要做一个爱民的廉吏，写了《次韵王伯益同年留别诗》，充分地表达了他的民本思想。

他登临雄州城，远望燕蓟山川，一片放牧耕桑的安乐景象，写了《登雄州城》，发思古之幽情，表达睦邻息兵的外交主张。好友德仁致仕，同僚傅钦之隐退，他又分别写了《和吴仲庶龙图寄德仁致政比部》和《寄傅钦之学士济源草堂》，表达自己“时来则仕，年至而归”的隐退之思。

苏颂还写了大量的咏物诗，或吟竹之干直虚心，或咏菊之孤洁高雅，或颂松之临霜不畏，或赞柏之老而弥坚，都表达了追求高尚的节操的志向。

他也写了一些咏古诗，读庄子之《南华篇》，则爱其“宏辩如川，沉酣真理”；过杨无敌（业）庙，则思汉家飞将，燕山熊罷；悼欧阳修辞世，则歌其“道继三千子，文高二百年”。这些诗篇都深寓了他的情思。

苏颂还写了一些咏山川的诗，有的赞美风光旖旎、四季如春的江南秀色；有的描绘“草浅鹰飞地，水流马饮河”的塞外风光；有的歌颂“湖光凝碧花飘锦”“柳如春色草如烟”的颍州西湖，都记述了他对祖国山河的爱恋。

文如其人，我们读苏颂的诗，总是联想到他的为人。苏颂诗中所蕴含的质朴纯真、清新明丽的风格，恢宏的气度，含意深远的境界，训雅有致、淳中见美的语言，不正像他的为人吗?

一、以民为本的思想

中国古代自孟子提出“民为贵，社稷次之，君为轻”的政治主张，民本思想逐渐确立，为历代明君贤臣所重视。宋代民本思想有了新的发展。苏颂 15 岁时，在洪州读书，青年学者李觏拿着自己的文章来拜谒苏颂的父亲苏绅，请其指教，苏绅把他留读书斋，与苏颂成为同学。苏颂回忆此事说：“时南城李觏泰伯贽文谒先公，亦留馆斋中，得以切磋，蒙益多矣。”

李觏比苏颂大 11 岁，他与苏颂同窗共读，相互切磋时，已经 26 岁，是一位年青的学者。李觏在《潜书》中说：“吾民之饥，不耕乎？曰：天下无废田。吾民之寒，不蚕乎？曰：柔桑满野，女手尽之。然则如之，何其饥且寒也?”李觏又说：“生民之道食为大。有国者未始不闻此论也，顾罕知其本也。不知其本而求其末，虽尽智力，弗可为已。”李觏还说：“君以有民而贵……倚君之贵而不能爱民，国之丧王也。”苏颂对学兄的这些思想深信不疑，在他的《奏乞今后不许特创寺院》中，请求禁止滥建寺院，侵夺民食；他又在《奏乞粜官米济民》中，请求赈救灾民，抚恤饥荒；他还在《奏乞减定淮南盐价》中，为民请命，关心民瘼。这一切都表明了他“以民为本”的思想。

这种民本思想反映在他的诗歌中，则体现为急民之所急，想民之所想。大雨倾盆，一片汪洋，民众为水涝而愁苦，他与民众一道忧虑。

滂沱连月雨，愁叹斯民病。
……
我愿天地心，慎举阴阳柄。
——《和丘林二君会程坦之家》

浓云密布，淫雨连绵，他想到水浸入民灶，百姓怎么做饭；蝼蚁毁坏了长堤，百姓何处居住。

久雨涔濆浃甸圻，层云晻暧压城低。
沉灰将恐蛙生灶，负土深防蚁漏堤。
——《次韵久雨言怀》

他与挚友相约，把爱民做为施政的最高标准。

直向岁寒期茂悦，肯同时俗论甘辛。
优游且做江南令，惠爱于民此最亲。
——《次韵王伯益同年留别二首》

面对金樽美酒，玉盘佳肴，他想到这是民众的功劳。

江鲂鲙玉飧盘贵，霜桔堆金燕豆丰。
心厌纷华欣吏职，当时朝议宠民功。
——《送襄州李观茂》

面对西湖美景，苍翠群山，他并不想游乐，而是想到民众的仓箱。

楚客登临悲素秋，感时风物自飕飕。
潦收远水清堪鉴，雨过群山翠欲浮。
月露往来羁旅恨，仓箱千万里民讴。
鬓毛衰飒欢游少，珍重嘉篇写我忧。
——《次韵杨立之十一官府馆》

正月初三游山遇雪，他又为农民祈祷农田的丰收。

流泉带雪添膏脉，山色逢春变郁苍。
……

仁祠久祷蒙嘉应，预庆农畴岁袭祥。

——《次韵姚倅正月三日游山道中口占》

他写了一首还嫌不够，又写了两首慰农和祈丰的诗。

看雪宜临广路津，年年光景见长新。
不知滋液功多少，且慰东皋首种人。
腊前寒雨已为霖，一夕皑皑变瞑阴。
……
共喜时和成美岁，预知氛祲不能侵。

——《又两绝》

苏颂送同僚外任，叮咛他要坚持爱民的风节。

文章已复光儒馆，风节应须继祖门。
坚请麾符知有意，聊将慈惠振元元。

——《送王彦祖学士守昆陵》

苏颂解秩西行，告别诸友，嘱托同僚，还是不忘惠爱百姓。

人烟数舍将归路，霜月三冬怆别情。
政拙自惭无惠爱，尚凭河润慰群氓。

——《解秩西还夕次葛驿二通判》

二、隐退田园的思想

苏颂的隐退思想，不是厌恶官场的丑恶而隐居山林，也不是认为社会之无法改变而逃避现实，而是主张青壮年时应全力报效国家与君主，一旦进入衰老之期，则应有自知之明，不贪荣禄。

苏颂这种积极的隐退思想，在他的诗歌中时时有所表露。他认为青年时在朝任职，年老后退休田园，不但是一种历仕的制度，而且勇于做到这一点是一种高贵的品质。他曾写诗颂扬前辈欧阳修的退休。

得时行道贵知终，猛退如公世罕逢。
掷弃浮名同敝履，保全高节似寒松。

——《和欧阳永叔少师会老唱合诗其一》

苏颂认为，身居枢要、手握重权的人能够急流勇退固然明智，但并不是人人都愿意这样做，只有那些忠于国家又气量恢宏的人才能做到，并能尝到退休的真正快乐。

富贵功名已两忘，望高嵩华量包湘。
还家傲似蒙庄子，定策忠于汉霍光。
远访交亲情益重，共论诗酒兴偏长。
园亭继日休车马，却悔当年滞庙堂。

——《和欧阳永叔少师会老唱合诗其一》

朋友在城郊河边建了新宅，请苏颂去做客，他借机抒发功成隐退之情。

大形南址直河津，君有茅庐汴水滨。
苍翠入簷藏绝景，潺湲绕舍隔嚣尘。
久游台阁忘声利，长忆渔樵狎隐沦。
待得功成年至日，归来不负故园春。

——《寄题傅钦之学士济源草堂》

送挚友退休归隐，他想到自己，并把退休视为一种快乐。

诗侣方逢梦与微，摅怀未尽遽言归。
……
何时得遂江湖乐，薄宦牵羁甚缧徽。

——《再和韵刘莘老学士惜别言怀》

扰扰京华客，营营不自闲。
胡为丘壑者，亦到市朝间。
孤月无留影，归云靡定山。
东南清胜处，羡子一舟还。

——《送祖印忠师南归》

苏颂是一个表里如一、言行一致的人，他在诗中是这样写的，在实际行动中也是这样做的。

哲宗元祐八年（1093年），苏颂多次上书，说自己老病难支，不堪相任，皇帝终于批准他离开相位，任观文殿大学士、集禧观使，并特留京师，以示尊崇。他离开政府的中枢机关，交出相权，非但没有失落之感，反而感到心安理得。

久污朝宠老非宜，禄厚躬闲不尔亏。
优诏还令使真室，特恩仍免觐京师。
力疲都是垂头马，志适何殊曳尾龟。
年事已高心虑息，山堂无俟德璋移。
——《和刘仲明都曹见别三首》

哲宗元符元年（1098 年），苏颂又多次上书，请求告老还家，彻底退休。哲宗终于批准他以太子少师致仕，退居润州。请看他当时的心境与彻底退休后的生活：

假职思良厚，归田志益坚。
秋毫知帝力，清白自家传。
……
思亲乐京口，怀土限闽川。
更有扶衰物，邻家十八仙（酒名）。
……
勿谓衡茅陋，门墙亦仅全。
山连京岘外，水接漕渠边。
乔木傍行列，幽花晚秀妍。
子孙环舍后，兄弟对斋前。
……
往复康壮路，过从乡里贤。
思归诚久矣，到此是终焉。
……
歌哭于斯室，耕桑待有年，
谁知真趣在，平地即神仙。

如果没有掷名利如敝履、保高节如寒松的德操，没有视权宠如浮云、笃终老应退隐的信仰，怎么能有如此的田园之乐呢？

三、睦邻息兵的思想

苏颂生于真宗天禧四年（1020 年），逝于徽宗建中靖国元年（1101 年）。这时金国尚未与宋朝发生实质性对抗。与北宋政权发生对抗性战争的是辽和西夏政权。

宋辽之间的战争，有宋太宗企图收复幽云十六州的太平兴国四年（979年）的幽州高梁河之战。由于受到辽将耶律休哥的骑兵袭击，宋军大败。宋太宗身负重伤，乘驴车逃回。第二年，辽兵南下，两军在雁门关发生激战，杨业大败辽军，宋军士气为之一振。

雍熙三年（986年），宋太宗经过充分准备，再次分三路攻辽。在歧河关（涿州西南）发生激战，杨业被俘，绝食而死，宋军损失惨重。

景德元年（1004年）的澶州之战，双方各有胜负，契丹统帅萧达览中伏弩而死，双方议和，订立了澶渊之盟，商定以白沟河为界。

澶渊之盟后，双方开放了雄州等处的边境贸易。宋政权河北的榷场每年从辽方征收专买税约一百五十万贯，按所订盟约，宋要赠送辽方银帛。这种变战争为贸易的政策对宋辽双方都有收益。

宋与西夏的战争，从康定元年（1040年）开始，在多数战争中，宋方损失严重，每次死亡都在万人以上。由于宋政权采取范仲淹的清野固守的政策，战争双方各有胜负，都难以彻底胜利。西夏失去“岁币”，又遇灾荒，元昊提出议和。庆历四年（1044年）也达成议和，开展了边境贸易。在以后的20多年里，宋夏人民和睦相处，友好往来。

苏颂所处时代的战争与和平情况，是宋、辽、西夏三方实力较量的结果。经过历史的验证，战争对双方只有损害，而息兵的边贸却可以给双方人民都带来好处。

苏颂是一个一切从实际出发，坚持实事求是的人。他既尊重现实，又用忠君爱民的思想指导自己的施政措施，主张实施睦邻息兵的政策是理所当然的。这在他的诗歌里有许多流露。

苏颂睦邻息兵的外交思想，在他的《送施龙图赴延安序》中有过专门的阐述。他在论述和平外交的艰难时说：“今朝廷方以德绥诸夷，不欲生事疆外，羁縻之策，专责方任……则夫措置怀威，在柅其微。一失所御，奸萌滋启。是安平之守，不亦难于御侮之将乎？”

他认为执行和平外交的边帅，其使命要比金戈铁马、驰骋疆场的将领更难。他又深谋远虑地指出：“疆隅既宁，人复忘战。且虑夫左右之臣恬于文锋而怠于武律也。是以详其能，必先观以军旅之事，而后付之权柄。”他建议任命像延安府这样的边疆重镇长官，必须先考察其军事才能，而后才能委以重任。

苏颂路经信武殿，拜谒之后，有感于向辽国赠送金、帛以换取和平的政策，他理直气壮地写道：

夷裔陵边久，文明运算高。
三冬驰日御，一夜殒星旄。
从此通戎赂，于今袭战袍。
……
民获耕桑利，时无斥堠劳。
金缯比干橹，未损一牛毛。

——《和国信张宗益少卿过澶州朝拜信武殿》

走过宋辽澶渊之盟所定的边界白沟河时，苏颂伫立河岸，北望燕山，看着幽云十六州之地，他不像有些人那样认为不收复是一种耻辱，也不像另一些人那样认为“通戎赂”是一种屈辱，而是坚定地认为这是一种恢宏远略，是一种仁义之策。

青山如壁地如盘，千里耕桑一望宽。
虞帝肇州疆域广，汉家封国册书完。
因循天宝兴戎易，痛惜雍熙出将难。
今日圣朝恢远略，偃兵为义一隅安。

——《初过白沟北望燕山》

自古以来，封建统治者都主张征服异族，威震天下，而主张和亲睦邻的外交，总是会遭到讥诮。苏颂敢于挺身而出反对旧观念，为符合国情、利国利民的输币策略辩护。

三关相直断华戎，燕蓟山川一望中。
斥堠人间风马逸，朝廷恩广使轺通。
岁颁金絮非无策，利尽耕桑岂有穷？
自古和亲诮儒者，可邻汉将亦无功。

——《登雄州城楼》

苏颂的睦邻息兵思想，并不是主张放弃正常的武备，而是以强大的军队和充足的粮饷为后盾的。他在《论屯兵漕河大要》中充分地阐述了这一思想。他以咸平六年（1003 年）契丹南进，真宗与宰相李沆讨论御辽之术为由，向哲宗陈奏道：“方契丹连岁绎骚，边城谨备。真宗以露师累岁，思长久控扼之术，语及营田设阻，储粮赡军之议。盖为息民止戈之渐，而帅臣不能远谋，但矜甲马雄盛，反以设险为示弱。”

苏颂回顾历史，力主屯田设防，以备万一：“秦并诸侯，天下混一。而朔漠未服，始皇使蒙恬将兵攻取，疲敝中国，卒无成功，此无外御之所致也。韩安国将兵驻渔阳，上言方佃作时，请且罢屯。罢屯月余，而匈奴大入上谷、渔阳，掠其人畜而去。此失备虞之所至也……赵充国击先零，请罢骑兵，以步兵万人留屯要害。因田致谷，威德并行。大费既省，徭役豫息，以戒不虞。唐姜师度守易州，始于蓟门之北涨水为沟，以隔奚、契丹之寇。又约魏武故迹，傍海穿沟，号平辽渠。”可见苏颂的睦邻息兵思想是以屯兵备粮、设险防敌为后备的。

他还曾就西夏的设防问题，写了《西邻》一诗，表达了上述思想，告诉人们决不能放松战备。

西邻击鼓北邻听，饮马持戈密相应。
一朝奋跃事争锋，朔气充盈夸战胜。
中原太平日已久，刃顿兵闲空细柳。
二疆款附岁奔驰，捆载金缯萃渊薮。
饫肥服暖四十年，但欲包藏忘德厚。
谋夫愤愤壮士忧，屡献忠言曾苦口。
庙堂高论正无为，肯向平时议攻守。
朔方三十有六郡，户敛家输佐行阵。
非无硕画破妖巢，直遣万里威棱振。
皇天爱民犹赤子，纵欲殴之言亦讱。
彼方束手听誓盟，重获岁时赉琛赆。
斯民怀德乐休兵，戍卒归来解锋刃。
皆言邻缴复清夷，嗟哉强敌终难信。

四、苏颂诗歌的艺术风格

（一）苏颂诗的第一个特点是质朴真切

苏颂的诗大多是挚友赠答，直抒胸臆而无矫揉造作之情，无绮靡浮艳之志，意虽深奥，而不取奇僻，理多切著，而不事雕琢。

有客过我门，开颜喜相见。
贫居何以待？案上书千卷。
高论到古人，终日自忘倦。
非同豪富家，丝竹留饮宴。

——《客来》

多么朴实的感情啊，真是君子之交淡如水。

朱桥矗矗两园间，湖水平时柳可攀。
车马等闲湖上去，游人常踏月中还。

——《飞盖桥》

多么质朴的语言，虽然明白如话，却又淳中见美。

老爱诗书志益坚，不成鱼网漫临渊。
幽居喜见新松菊，病目愁看旧简编。
事任闲忙常自适，心忘毁誉敢求全。
知君有意论骚雅，何日从容话极玄。

——《走笔次韵察推见别》

内容多么自然朴实，写得又多么平易而深刻。

忆昔我年未弱冠，西来观艺游神皋。
金山献赋嗟失路，因循四载何所遭。
京华碌碌少知已，但闻嘲弄声嗷嗷。
……

——《送王秀才出京》

浊酒浇肠遣旅怀，春宵常苦漏声催。
坐中不见丘夫子，明月无光厌举杯。

——《春日会饮怀丘思同》

何处偏伤江上春，天涯失意未归人。
片云极望添乡思，孤棹随波寄客身。
寒雁来时凭远信，海鸥驯处见吾真。
休嗟进取无成去，幸有荣名足慰亲。

——《江上》

不论是科考失意，困扰京师，还是举杯忆友，思乡念亲，都写得情真意切，语重心长。

（二）苏颂诗的第二个特点是雄赡典雅

苏颂为人器局宏远，胸襟豁达，发之于诗，则意境恢宏，含蕴深远，酣畅淋漓，典雅有致。

文公名节冠当年，没世清风更凛然。
梁父旧庐空德里，西州华屋恸时贤。
平生奏御三千牍，不朽文章二百篇。
潇洒建溪遗俗在，至今弦诵满山川。

——《读杨文公集》

这首追念好友的诗，写得多么气势恢宏，雄赡典雅。

大器何妨更晚成，当年师友尽豪英。
高谈每及功名际，壮志元无宠辱惊。
天上玉楼须作记，人间白石睹佳城。
伤心宿草东吴路，云水凄凉万古情。

——《龙图阁学士赠银青光禄大夫滕元发》

杨亿、滕元发都是苏颂的莫逆之交，噩耗传来，他悲痛万分，满腔哀思，汹涌如潮。其笔墨饱满，言语遒劲，意境雄浑，情感奔放，实属必然。

（三）苏颂诗的第三个特点是清新明丽

苏颂热爱祖国的锦绣山川、名胜古迹，或泛舟西湖，或登临古刹，或畅饮于碧澜堂，或吟咏于撷芳亭。他的笔下波光粼粼，月明风清，碧草如茵，桃李争芳，晨钟暮鼓，古刹绝尘，山溪如练，曲径通幽，给人以清新明丽的美感，使人如在舟中坐，似于画中游。

高轩微雨过，初夕凉风生。
兀坐正幽寂，云间月华明。
移榻向寒阶，遥望孤蟾清。
所思故人远，对此伤予情。

——《坐久月初上》

细雨微风，月华清爽，寒阶静夜，遥思故人，抒发清新明丽之情。

郊原西与苍茫连，隔岸人家小径穿。
满目春光杳无际，柳如山色草如烟。

——《翠野堂》

夹岸垂柳展绿荫，倚空庭树照波心。
游人不泛西溪水，岂见回环野径深。

——《西溪》

郊原小径，翠柳波光，春光满目，草色如烟，春天的清新明丽扑面而来。

苏颂的诗为什么能具有质朴真切、雄赡典雅、清新明丽的风格呢？

苏颂的诗风是时代的产物。正如苏颂在为王禹偁文集所写的序言中所说，两人都处于诗文变革的时代。宋初继晚唐和五代的诗风，崇尚浮艳的“组织华丽，用事精确，对偶森然”的西昆体。

宋代内忧外患日益严重，要求诗歌能真实地反映现实，要求用平易质朴的诗风代替艳冶浮靡的诗风。柳开、石介积极倡导新的诗风，苏颂的好友王禹偁成为“斥浮伪，去陈言”的司南。他以“韩柳文章李杜诗”为号召，奠定了宋诗尊崇李、杜的基本倾向。关于这一点，清人吴之振有十分中肯的评价：“元之独开有宋风气，于是欧阳文忠公得以承流接响。文忠之诗，雄浑过于元之，然元之固其滥觞也。”

欧阳修是北宋文坛的泰斗，在科考中，他以新的诗风取士，不怕围攻、辱骂，矫正了文场崇尚浮艳之习。后来，苏轼、王安石、苏舜钦也都参加诗风改革的斗争，终于取得了反对西昆体的胜利。诗风改革中的旗手王禹偁是苏颂的挚友；盟主欧阳修是苏颂的恩师、长官和忘年之交；苏轼是苏颂的宗侄，其过从甚密，诗歌赠答甚多。正是时代的熏陶和师友的濡染使苏颂形成了质朴真切、清新明丽的诗风。

苏颂的诗风还与他的家教与经历有关。他的父亲苏绅曾以文学知名，自苏颂幼年时起就对他的诗赋进行严格的训练，特别是苏颂科考中因声韵被黜，使他更注意诗歌的格律与音韵的研求，这对他诗风的典雅有很大的影响。苏颂为人器局宏远、质朴坦诚，他所致力的科技工作也增加了他尊重实际、反映现实的科学态度，这使他的诗不矫揉造作，平实清新。

毋庸讳言，苏颂的诗有一些囿于宫廷和官场，没有反映时代的阶级斗争的风云；有一些缺乏强烈的反封建意识，抒发的是士夫的闲情逸致，特别是颂扬皇恩圣治的诗较多，这给苏颂的诗涂上了一层御用的色彩。苏颂的诗除一些抒写师友、亲情的以外，尚嫌激情不足。但“金无足赤，人无完人”，我们没有理由要求苏颂在诗歌创作方面也取得像科学技术上的那样举世瞩目的成就。他终归站在了诗风改革派的阵营里，追随诗坛的盟主与旗手，奋斗向前。

第七节 苏颂《家训诗》的史料价值

《家训诗》为我们提供了三个方面的历史资料：一是苏颂生平事迹，前已述及。二是苏颂所受的教育情况和他对教育的看法。苏颂在《家训诗》中，通过诗句和自注详细叙述了他的求学经历，并在礼教、孝悌、明德、勤学、慎言、养生、俭朴等诸多方面为后代留下行为准则，以“训饬子孙”，使之“谨守家法，无坠世绪”。我们将在第七章进行详细介绍。三是苏颂亲友与交游的资料。据统计，《家训诗》中提及的人物包括苏颂的祖亲、师友、同学、同僚，以及苏颂父亲苏绅的同僚和朋友，共有39位。这三个方面都是很珍贵的历史资料。

一、《家训诗》补正史与方志之不足

（一）苏颂任宿州观察推官和知江宁县的时间及原因

《宋史·苏颂传》对苏颂任宿州观察推官和知江宁县没写明年月，也没有交代原因。苏颂在《家训诗》自注中交代得十分清楚：“予登科，初补宿州观察推官，值先祖太尉薨背，先公持服寓金陵，朝廷特就移予知江宁县。”

苏颂任宿州观察推官应在中进士后，祖父病逝之前，只能是庆历三年（1043年）。《续资治通鉴长编》庆历三年七月载：“戊辰翰林学士、礼部郎中、知制诰、史馆修撰苏绅为龙图阁学士、知河阳。”苏绅固辞不就。

此前，苏绅曾被任命为御史中丞，苏绅也没有就职。苏象先在《魏公

谭训》卷六中解答此事时说："曾祖（苏绅）除御史中丞，固辞不拜。盖是时高祖知复州，年老多病，故曾祖不敢当言职也。"苏绅不就言官，不远赴河阳，都因父老病重。此时苏绅尚未赴金陵，苏颂也未任江宁知县，当在宿州任上。

庆历三年冬，苏绅的父亲苏仲昌病逝，归葬于闽，苏绅守孝住金陵二年。庆历四年（1044 年），仁宗皇帝任命苏颂为江宁知县，以便就近侍奉悲痛中的父亲，也体现了皇帝以孝治天下的宗旨。

苏颂在《题青溪图》中说："予庆历四年，领邑江宁，六月，驰曹牒，之贵池。"这也是苏颂于庆历四年任职江宁的确证。

从上可知，苏颂庆历三年任宿州观察推官，时年 24 岁。庆历四年任江宁知县，时年 25 岁。

（二）苏颂调任南京留守推官的时间

《宋史・苏颂传》第二段写道："调南京留守推官，留守欧阳修委以政，曰：'子容处事精审，一经阅览，则修不复省矣。'时杜衍老居睢阳，见颂，深器之。曰：'如君，真所谓不可得而亲疏者。'衍又自谓平生人罕见其用心处，遂自小官以至为侍从、宰相，所以施设出处，悉以语颂，曰：'以子相知，且知子异日必为此官，老夫非以自矜也。'故颂后历政，略似衍云。"此段虽未写出调任南京（宋代以应天为南京，即今河南商丘）的时间，但说明了当时欧阳修任留守，杜衍退休居睢阳。

曾肇为苏颂写《赠司空苏公墓志铭》说："丁外艰，服除，为南京留守推官。"这里所说的"丁外艰"是指其父苏绅病逝于河阳，他开始在外持服守孝。苏颂在《家训诗》自注中说："才秩满，先公在河阳下世，予星行护丧南归。治命以泉山乡里道远，不可归，令于升、常间卜葬谋居。""才秩满"是说苏颂任江宁县令三年秩满，应为庆历七年（1047 年）。"服除，为南京留守推官"，守孝三年结束为"服除"，从庆历七年到皇祐元年（1049 年）为三年，所以推定苏颂调南京留守推官时间应为皇祐元年，时年 30 岁。

（三）苏颂其他重要的任职时间

苏颂的《家训诗》对他政治生涯中重要的任职时间多有标注，再参证曾肇所写《赠司空苏公墓志铭》和邹浩《故观文殿大学士苏公行状》，以及苏象先《魏公谭训》，可补《宋史・苏颂传》对任职时间的缺失。

《宋史・苏颂传》对从知颍州到尹京府这段经历只叙事不记年。《家训诗》也弥补了这一不足。诗的自注说："予守颍将二年，忽被召迁府界提点。逾年徙三司度支判官，又二年出为淮南转运使。神宗初登极，因送辽使还，陛对。特蒙问北事，颇合旨，仍宣谕二府，故到淮南才五月，召还修起居注。迁西掖掌诰。二年，因论差除御史事，蒙中札召对，询问本朝故事。上初甚以为然，及有褒语。无何执政以为违忤，见黜归班趋常朝者一年半。遇恩出领东阳，移谯郡，还朝两领三班银台，又出南都，知余杭，入为史官，尹京府。"

从这一段自注文可以清晰地看到苏颂自嘉祐五年（1060 年）知颍州至元丰元年（1078 年）尹京府的从政经历和时间。

根据《续资治通鉴长编》，苏颂在嘉祐五年出知颍州，据《苏魏公文集》卷三七《颍州谢上表》，苏颂于嘉祐六年（1061 年）三月五日到任。

又据《家训诗》自注文"守颍将二年"可知，苏颂在颍州任职两年，于嘉祐八年（1063 年）召提点开封府界县镇公事。

据注文推得，"逾年"即治平元年（1064 年）为三司度支判官。

自注文"又二年"即治平三年（1066 年）命为淮南转运使。

治平四年（1067 年）为辽国接送伴使，第一次参加对辽外事活动，送辽使还。当时神宗初登极，召苏颂陛对，特蒙问使辽之事，颇合旨。故到淮南才五月，召还修起居注。

熙宁元年（1068 年）迁西掖，擢知制诰。

"又二年"即熙宁三年（1070 年）五月，因"熙宁三舍人事件"，"见黜归班趋常朝者一年半"。

熙宁四年（1071 年）遇恩出领东阳，即婺州。

熙宁六年（1073 年）移谯郡，徙知亳州（北周时为谯郡）。

熙宁七年（1074 年）五月还朝，两领三班银台（勾当三班院、知通进银台司）

熙宁八年（1075 年）出南都，即知应天府（宋称南都）。

熙宁九年（1076 年）出知杭州。

熙宁十年（1077 年）入为史官，修两朝正史。

元丰元年（1078 年）尹京府，即擢知开封府。

这些任职时间的确定，只参考少量其他资料，主要依据《家训诗》自注文，即可确定具体年份。可见《家训诗》的史料价值。

二、《家训诗》正正史与方志之误

《宋史》是元末至正三年（1343 年）由丞相脱脱和阿鲁图先后主持修撰的，是《二十四史》中篇幅最庞大的一部官修史书。《宋史・苏颂传》是苏颂最权威的传记资料。但是由于编撰者所掌握的史料不够详尽和具体，没有写出其任职的具体时间，从上一节内容我们可以看出，自传体《家训诗》对苏颂本人的从政履历和任职时间做了比较精确的交代。《宋史・苏颂传》对部分史料记载也有错误，我们根据《家训诗》的自注文，参考其他史料，予以正误。

（一）任淮南转运使的时间

如对苏颂初次使辽及任淮南转运使，《宋史・苏颂传》是这样记载的："迁度支判官。送契丹使，宿恩州，驿舍火，左右请出避，颂不动。州兵欲入救，闭门不纳，徐使防卒扑灭之。初火时，郡人汹汹，唱使者有变，救兵亦欲因而生事，赖颂安静而止。遂闻京师，神宗疑焉。颂使还，入奏，称善久之。命为淮南转运使。召修起居注，擢知制诰、知通进银台司、知审刑院。"

据《宋史》所述，苏颂送契丹使回辽，在治平四年（1067 年），以"送伴使"的身份陪送来贺英宗生日"寿圣节"的辽使回国，当苏颂一行行至恩州时，突遇驿馆起火。由于他遇事镇定，举措得当，没有发生混乱，辽朝使者也没有受到大的惊扰，因此到达宋辽边境以后返回，入奏见神宗，很得神宗的赞赏。后命为淮南转运使。以此史料推论，苏颂除淮南转运使的时间为宋英宗治平四年。

据清朝陈寿祺编纂的《重纂福建通志・苏颂传》记载："逾年，迁三司度支判官。神宗即位，除淮南转运使。先是，颂奉英宗命送辽使宿恩州驿，夜火，州兵欲入救，颂闭门不纳。徐使防卒扑灭之，火时郡人洶洶，言使者有变，救兵欲因而生事，赖颂安静而止。转运使命下，颂犹在道，及还，奏驿舍火事，神宗称善。到淮南才五月，召修起居注，擢知制诰、兼知通进银台司，复兼知审刑院。"也认为是苏颂"除淮南转运使"，在任送伴使之后，为宋神宗诏命。

《家训诗》自注说："予守颍将二年，忽被召迁府界提点。逾年徙三司度支判官，又二年出为淮南转运使。神宗初登极，因送辽使还，陛对。特蒙问北事，颇合旨，仍宣谕二府，故到淮南才五月，召还修起居注。迁西掖掌诰。”从自注文的叙述顺序来看，任淮南转运使应在任送伴使之前。

另据曾肇所撰《赠司空苏公墓志铭》：“入三司为度支判官，累迁尚书工部郎中，出为淮南转运使。神宗自在藩邸闻公名，及即位，公适送伴契丹使次恩州驿，夜火，左右请与虏使出避，州兵叩门欲入救，公不为动，闭门坚卧如常，徐使守卫卒扑灭之。是夕，州人哗言虏有变，救兵亦欲乘间生事，至闻京师。使还，上闻公所以处之者，称善久之。益知公为可用。及使淮南，入辞，劳问甚宠。数月，召修起居注，判尚书礼部祠部、三司磨勘司、太常寺。熙宁元年，擢知制诰。”与《家训诗》自注文相对应，可推定苏颂任淮南转运使的时间应在作为伴送使之前，即在治平四年（1067 年）之前，为宋英宗任命。

《魏公谭训》卷五记载：“祖父为南都幕，欧公为留守日，每监司至，吏抱案求署者，祖父曰：‘吾岂与尔同？尔岂须监司至后来署？欺监司者乎？平时稽留文牍，岂得监司来然后求署得？’监司惩艾，戒之甚善。每监司至，出城五里迓之。事事有定式。及欧公守亳，祖父为淮南转运使，巡按全郡。公远出迎迓，礼意隆重，其相待如南都待监司者。祖父以门生礼致恭，公揖让甚久，乃联辔而行，观者如堵。至郡，益加礼曰：‘修老病废事，官吏慢法，恐妨按劾。得公惩戒之，幸也。切勿形迹。’祖父曰：‘一如南都时，惟文案有不得公署字者。’公为绝倒。”时欧阳修被贬守亳州，苏颂以淮南转运使巡按全郡，但始终以门生之礼致恭欧阳修，为尊师守礼之典范。

考《文忠集·欧阳修年谱》所载：“治平四年丁未，公年六十一，三月壬申，除观文殿学士，转刑部尚书、知亳州，改赐推诚保德崇仁翊戴功臣。”《宋史·神宗纪一》也记作：“治平四年，三月壬申，欧阳修罢知亳州。”故亦佐证苏颂任淮南转运使的时间应在治平四年之前。

（二）苏颂第一次任辽接送伴使的时间

据《宋史·英宗本纪》所载，宋英宗“圣寿节”为每年正月初三，治平三年（1066 年）：“十一月戊午，帝不豫，祷于大庆殿。十二月乙未，宰相祈于天地、宗庙、社稷。壬寅，立颖王顼为皇太子。癸卯，大赦……辽遣萧靖等来贺正旦、寿圣节。”按照宋朝接待辽使的习惯，一般情况下，由“接伴使”充任“送伴使”。根据当时的规定和苏颂写有《接伴北使至乐寿寄高阳安抚吴仲庶待制》一诗分析，苏颂充当了“接伴使”。

如果这一推论成立的话，那么苏颂参加外事活动的时间应为，在治平三年的十二月，到宋辽边境迎接辽使，再于第二年（1067 年）正月伴辽使回国。

鉴于以上史料，我们推定苏颂出任淮南转运使的时间和作为接送辽使第一次参加对辽外事活动的时间，均为宋英宗治平三年年末（1066 年）。

（三）苏颂出知应天府前迁秘书监及加集贤院学士

据《重纂福建通志·苏颂传》：“徙知亳州，熙宁七年还朝，勾当三班院，寻加集贤院学士。”后叙曰：“明年，迁秘书监兼知通进银台司。颂初与大临同责，凡更三赦恩，大临已擢天章阁待制，而颂止迁官，安石恶颂尤深，故特抑之。俄知应天府。吴、越饥，选知杭州。”又加案云：“颂《感事述怀诗》自注云：‘还朝，两领三班银台，又出南都，知余杭。’《续资治通鉴长编》云：‘熙宁七年五月，工部郎中苏颂勾当三班院。颂补外三岁，今乃归朝。十二月加集贤院学士。八年十月为秘书监。’《宋史·苏颂传》失载勾当三班事，又误以知应天府在加集贤院学士时，皆与颂自注及《长编》不合。”

综上史料可知，苏颂于熙宁七年（1074 年）五月还朝，勾当三班院。复集贤院学士，熙宁八年（1075 年）知应天府，熙宁九年（1076 年）为秘书监、知通进银台司。

第八节

苏颂“咏庄诗”所表达的理想主义情怀

苏颂平生好读《庄子》，与其幼年读书经历有关。《魏公谭训》卷三载：“祖父幼时与刘原父兄弟聚学，刘父立之与曾祖同为府推官。而原父颇熟《庄子》，祖父初未之读也。每以三鼓众散后阅之，十余日已能通达辨析矣。”一直到晚年，苏颂“尤嗜《庄子》”“喜谈《易》”，并以步屈曲虫为例向儿孙说明“大衍之数”。《魏公谭训》卷三记载：“祖父喜谈《易》，晚尤嗜《庄子》。尝云：‘大衍之数五十，其用四十有九，虚一不用，所谓妙道。百姓日用而不知者也’。又尝观步屈曲虫，指之曰：‘此其行之者一也。’”

一、苏颂与老庄思想的渊源

苏颂幼年读《庄子》，完全是自己的兴趣使然。而后，苏颂终其一生体味、沉醉于《庄子》。“及守濠梁，庄墓在开元寺，乃赋百韵诗，理趣曲尽庄生之妙。”他在诗中曰：

行年六十粗知化，藏经十二无能缁。
平时有志在寥廓，遇事无意从缗昏。

诗中表现出相当浓厚的道家思想倾向和精神意趣。他虽未专门注解过《庄子》，却在《苏魏公文集》收录有《暇日游逍遥台，睹南华塑像独置一榻，旁无侍卫，前无香火，对之歆然，起怀古之思，因抒长句一千四百字，题于台上》和《陈和叔内翰得〈庄生观鱼图〉于濠梁，出以相示，且邀作诗，以纪其事》等长篇诗作，其思想内容颇得庄子真趣。为方便阅读和记忆，我们统称这两首诗为“咏庄诗”。

更值得注意的是，苏颂家族与道教和老庄也有着很深的渊源，苏颂本人也确实受到道教思想文化的深刻影响。据《魏公谭训》卷九记载，苏颂曾祖母代国夫人归曾祖时，赍装中有北极北斗四圣像，奉事甚严。自是吾家每至上七日必食素，设香茶、酒果、灯烛、奏冥币焉。四圣，即天蓬、天猷、翊圣（黑煞）、佑圣（真武）四位神将。历史上道教“四圣之奉，著于隋唐”，入宋后，北极四圣崇拜最为道教神霄派所推重。

苏颂的叔父苏绎对苏颂也有较深的影响，据苏颂所撰《叔父卫尉寺丞景陵府君墓志铭》载，苏绎“年少时，尤好黄白点化之术”，平生醉心于道教外丹修炼，“专精文史、阴阳、星历、占筮、术数、百家之言，靡不精造。喜推考人生年月日时，以五行星数参验休咎，合若符契。又学道家养生吐纳、禅宗止观传心之说”。苏颂自述：“某自总角即从叔父之教告，在子侄行待遇特异。”

其叔父苏绎有“学通精微，性资恬智”“行完道备”“隐居求志”的道教人文精神品格，这在苏颂身上打上了深刻的烙印。

二、“咏庄诗”的创作背景

收录于《苏魏公文集》卷四的有《陈和叔内翰得〈庄生观鱼图〉于濠

梁，出以相示，且邀作诗，以纪其事》一诗。陈和叔，即陈绎（1021—1088），字和叔，开封人，与苏颂同为庆历二年（1042 年）进士，历任馆阁校勘、集贤校理、经略安抚使等，官至太中大夫，其校书、修史、知制诰、翰林学士等任职与苏颂相同。苏颂与陈绎可谓同年（宋代称同年考取进士者为同年）、同事、诗友。《苏魏公文集》卷六〇收录的《太中大夫陈公绎墓志铭》载："予惟与公同游场屋，再擢科第，登儒馆，历近班，领台阁且五十余年。虽中间契阔，而音耗不革，抚事怀往，不觉涕洟之沾体，因抒长言，以寄情抱。"内翰，在唐宋一般指掌管内制的翰林学士，又称内相。诗中第一句指出写作环境为陈绎所在翰林院公堂："公堂四合临中衢，翰林壁挂观鱼图。"

《续资治通鉴长编》卷二四一载："熙宁五年（1072 年）十二月，陈绎、曾布并为翰林学士。"我们可以推定，熙宁八年（1075 年）十月至九年正月，为翰林学士的陈绎，在翰林院公堂与苏颂共叙友情，并向他展示自己于濠梁新得《庄生观鱼图》，邀请苏颂作诗，以纪其事。

诗中对于"生死寿夭""祸福得失""荣辱显隐""好恶欢养"等同视之，以"物我同观""理一万殊"的老庄思想，排解胸中的抑郁，也抒发了"欣然共乐濠上趣，相忘正在于江湖"的理想主义情怀。

《苏魏公文集》卷四的《暇日游逍遥台，睹南华塑像独置一榻，旁无侍卫，前无香火，对之歆然，起怀古之思，因抒长句一千四百字，题于台上》，作于元丰二年（1079 年）濠州任上。《家训诗》自注云："因以孙纯、陈世儒事，贬濠梁。"

三、苏颂受老庄思想影响产生的理想主义情怀

苏颂平生喜读《庄子》《易经》《老子》，"晚尤嗜《庄子》"。他在诗中写道：

忆昔初读南华篇，但爱闳辩如川源。
沉酣渐得见真理，驰骛造化游胚浑。
潜心四纪不知倦，闲日讲解时寻温。

自言与道家学说结下了不解之缘。苏颂的宇宙观和人生观，皆蕴含有深刻的道家思想。诗中写道：

六经高深如韫椟，百氏蔽偏迷蹢阇。
伯阳语道最渊邃，中士尚或疑亡存。

至人冥观尽物理，岂以形质论精粗。
禀生大块厥类众，合则一理散万殊。

“伯阳”是老子的字，“至人”则指庄子。在苏颂的心目中，老子和庄子才是真正究彻天地大道的至人。他在诗中进一步阐发了自己的宇宙观与人生观之本体论核心：道非处服无不在，人以德性为之原。

有情有信非可信，一满一虚常不骞。
九年大妙得之野，参寥疑始传诸孙。

在此，苏颂把“道”视为宇宙生命之本体，而“道”寓于人自身即为“德”。故人之为人的本原或本性，即应为“德性”。诗曰：

众人逐物但役役，一曲自守常暖暖。
修躬明污躬则殆，饰智矜愚智弥惛。
单豹治里外逢害，张毅修襮中成殟。
退不为宾颍阳乐，荡而伤性窾水跋。
二子高节去孤竹，三闾独清浮湘沅。
弃世终亦馁薇蕨，行吟徒自悲兰荪。

苏颂一生是在个人与社会现实的矛盾中度过的。在处理这一矛盾时，他“从不与人较短长”“却顾名利轻如毛”，每以泯灭得失的心理自我解嘲，求得与社会的平衡。他在诗中感叹：

因知祸福相倚伏，故于得失无螫蜉。
惟能瞻阕以生白，是乃孰耰而厌飧。

他常以祸福相依互转的朴素辩证思想自我安慰，期待机遇向好处转化。看他的政治生涯，从知县到宰相，经历庆历新政、熙宁变法、元祐更化等多次重大政治风云变幻，宦海浮沉半个多世纪。其中司马光、王安石两大政治派系不知多少显赫人物，或“并死于贬”，或不能善终，而“颂独岿然高年，未尝为奸邪所污，世称其明哲保身”。究其原因，乃“以其不争，故天下莫能与之争”。正是在道家思想的熏陶下，苏颂养成了“富贵两忘心不动”“却顾名利轻如毛”的旷达超然品性。他在诗中写道：

朝陪玉堂暂晤语，暮入荜门还宴如。
欣然共乐濠上趣，相忘正在于江湖。

我怀方外想音采，坐视券内殴冥烦。
曳涂窃企濮水钓，投撍更思东海蹲。

上馆久违牵梦寐，归舟将至想神仙。
襟怀旷达应如旧，迟对清尊一问焉。

未抛簪组真朝隐，更有田园即世仙。
满箧新诗俱大笔，凿楹留待子孙传。

诗中流露出浓厚的隐退江湖之意。在精神生活上，他致力于追求超越世俗、心怀方外、相忘江湖、与道合一的精神境界。

苏颂提倡礼教。这种社会伦理哲学，使社会秩序井然。他是针对北宋统治集团内部政治派系林立、互相倾轧而发的，他在诗中径直写道：

彼为礼义矫末俗，犹以佩玉趋橐鞬。
将明是非崇世论，何异狐白资绁袢。
礼义治则忠信薄，是非著则名实翻。
尚贤贵德下滋伪，信赏明罚民尤冤。

他发现了“礼教”与“合道尽理”两者冰炭不相容，决然回到了对礼教做出哲学否定的立场，表现了巨大的理论勇气。

他“晚尤嗜《庄子》”，要效法庄周的榜样，直言于诗中：

方其息死乐枯髑，既见偃室聊歌盆。
欣然共乐濠上趣，相忘正在于江湖。

以一种混灭生死、物我等同的观点对沉沦了的封建礼教做出进一步否定。

苏颂博学洽闻，向为世人所称颂。他“性酷嗜学”“贵乎博通”的求知精神，在很大程度上亦深受道家思想影响。他不仅醉心于阅读老子、庄子的文本，而且对道教学问大家葛洪、陶弘景、孙思邈等人的著作乃至《道藏》及民间各种道书，皆广为涉猎，正如他诗中所说：

鸿都清集秘图开，偏阅真仙暨草莱。
气韵最奇知鹿马，丹青一定见楼台。
宴觞更盛华林会，坐客咸推大厦才。
久事簿书抛翰墨，文林何幸许参陪。

受道家认识论思想影响，苏颂治学特别强调“博通”二字。他受启于《庄子》认识论思想，写下：

河伯不逢海若语，岂知至道无穷门？
云将未得鸿蒙问，乌睹生物复其根？
神而化之不蕴立，未之尽者能诲啍。
长波所荡满今古，异代相应犹篪埙。

苏颂深刻意识到，世界本身处于不断的流动、变化过程中，人们不可能一劳永逸地获得对于自然和社会的真理认识。他认为只有“心虚合大道”，才能“冥观尽物理”。

他虚怀若谷，努力与“大道”相合。那么“大道”是什么？他在诗中说：

伯阳语道最渊邃，中士尚或疑亡存。
竺乾权实信广大，妙用不出我藩垣。
……
道非处服无不在，人以德性为之原。
有情有信非可致，一满一虚常不骞。

伯阳，即老子，老子语道“最渊邃”莫过于《道德经》：“有物混成，先天地生。寂兮寥兮，独立而不改，周行而不殆，可以为天地母。吾不知其名，故强字之曰道。”

这样的“大道”，就是自然运动的规律。苏颂把它视为客观“真理”，揭示“天之运也，日与星而代逢，地之道也，柔与刚而无穷”，“盖天者运行不息”。只有“心虚”，才能“合道”。“心虚”是说不要有任何主观臆念，去掉主观主义。“合道”是说主观认识必须符合客观规律。这是一个极有价值的科学哲学命题。一旦“心虚合大道”，即掌握并运用了客观规律，就能产生“挈天地”“袭昆仑”“南乡帝”“处下尊”的巨大社会能量，从而遵循“大道”改造自然、治理社会。

苏颂继承了古代黄老学派的思维方式，由“道”引伸出“理”，认为“理”是“道”在具体事物中的体现，人们不但要“合大道”，而且要“尽物理”。

不同事物的运动，有不同的运动法则贯穿其中，苏颂把这叫作“一理万殊”。他强调“冥观尽物理”，就是说要善于深入事物内部，做缜密、细致的观察研究，穷尽事物的结构原理。这是又一个极有价值的科学与哲学命题。他自己正是在这万殊事物当中，以献身精神和科学态度，做了“尽物理”的顽强探索。

苏颂把老庄和道家的朴素辩证思想用于古天文学领域，“得举正履端之要，尽观文察理之宜”，来实践“合道尽理”的哲学。他目的明确，研究天是为了认识天、驾驭天、利用天。“《虞书》称：‘在璇机玉衡，以齐七政。盖观四七之中星，以知节候之早晚……观璇玑者不独视天时而布政令，抑欲察灾祥而省得失也。《易》曰：‘先天而天不违，后天而奉天时。此之谓也。’”

他以运动永恒的哲学观点指导研制，“以不竭逐不息之运”，使“参校旋转之势无有差舛”，从而有条件“究极象数，精穷天地”，“错综气候，参稽变通，起建星而运算，故积岁以成功”，“用能钩校旧仪，审观新度”，“使民知寒暑之来，然后顺修于时利”。他把天文学研究的成果无私地献给人民，帮助人民“顺修时利”，即发展社会生产力。特别值得赞扬的是，他主持创制的水运仪象台，正是实践“心虚合大道”“冥观尽物理”科学哲学的光辉成果。

第七章

苏颂家训 福泽当代

我们在校勘和标点芦山堂家训——《魏公谭训》时发现，芦山堂文化的奠基人苏绅，在他办的三个私塾里，对苏氏子弟苏缄、苏绎、苏颂等，进行了很好的科技教育，正是这种青少年时代的科技教育，丰富了苏缄、苏颂的科技知识，使他们顺利地考中进士，坚定了他们的科学志向，使后来的苏颂成为世界瞩目的科学大师。总结宋代私塾中的科技教育的经验与教训，或将对我国的科教兴国战略多有启迪。

第一节 《魏公谭训》中的家教精华

《魏公谭训》是苏颂留给我们的家教专著，他用自身的经历和社会经验教育子孙们如何敦亲睦族，孝悌传家。他也用《魏公谭训》向世人说明如何做人，如何为官，任职时如何忠君爱民，退休后如何持家教子。他不仅记述了自身的教育思想和教育实践，而且总结了前人和长辈的教育经验。如他选取韩忠宪教子为榜样，说明他以“道德为先”为育人的第一标准。他让子孙切记叔父苏缄为国捐躯的忠烈事迹，也说明他教育思想的核心是忠君爱国。

苏颂的知识和品德都得益于家教。他的祖父苏仲昌曾任复州太守、左屯卫将军、太子少师等职。《魏公谭训》卷三记载：“祖父年七十余，犹梦先太师训诲之严，或惊惧而觉。盖心之思慕，虽梦寐终老未尝忘也。”说明苏颂之祖父对他的教育是多么严格，对苏颂之影响是多么深远。他的父亲苏绅从宜州推官、无锡知县，升任直史馆、中书舍人、知制诰、翰林学士、侍读学士等职，既是一位为皇帝起草诏诰的重臣，又是一位文学之士，以博学名重一时。苏家有诗礼传家的传统。

苏绅亲写《中庸》一篇，令苏绒、苏颂熟读，陶冶性情，苏颂到退职还乡时，还保存在箧笥中。可见，长辈的家教对苏颂影响之深远。

苏颂的天文知识也得益于家教。苏颂说："吾曾祖母代国夫人归曾祖时，赉装中有北极、北斗四圣像，奉事甚严。"苏颂在创制水运仪象台时回忆，因少时家藏浑天仪小样，制仪时还能了然于心。苏绅精通天文，通判扬州时，即命苏颂作《夏正建寅赋》。批阅试卷时鼓励苏颂说："夏正建寅，无遗事矣。汝异时当以博学知名也。"苏颂的叔父苏绎也精通天文，苏颂在为叔父写墓志铭时说："因病臂不克赴试，遂弃词业，专精文史、阴阳、星历、占筮、术数、百家之言，靡不精造。"

正因为苏颂得益于家教，所以，他对家教就更加重视。他留给我们的家教资料，除《魏公谭训》和《家训诗》外，还有寓于其他诗文中的家教言论。

一、做人要"行完学富"

在苏颂看来，一人如果根基不正，为官必不正，为人亦不能正。为此，他要求子孙必须从读书着手，即深研圣贤之书，探求精神。他认为读书是有为的前提。他给子孙的诫言是："非学何立？非书何习？终以不倦，圣贤可及……学问不沾洽，何由垂望闻？"

他在《魏公谭训》中，对子孙的读书与家教提出以下要求：

（一）广读博学

苏颂自己非常注重学习，知识面极为宽广，凡当时社会上的学问，他不仅都有涉猎，而且都有较深的造诣。这就是为什么他能有多方面成就的奥秘所在。

据《宋史·苏颂传》称："自书契以来，经史、九流、百家之说，至于图纬、律吕、星官、算法、山经、本草，无所不通。"知识面宽广不仅容易使人有多方面的成就，而且还可以使人触类旁通，理解事物更深透。因此，他经常教育子孙要学习广博的知识，以达"学富"之标准。

（二）学贵于勤

苏颂在学习上至今值得借鉴的是他有一种学习的迫切感，他强调："人生在勤，勤则不匮。"他经常告诫子孙要抓紧时间学习。

《魏公谭训》卷三记载说："祖父尝云：'趋时如鸷鸟猛兽之搏，务学亦须如此'，所以云：'时哉，不可失也。'"他形象地把抓紧时间比喻为要像凶猛的飞禽走兽捕捉猎物那样迅速，他认为稍一疏忽时间便会丢掉。他不仅这样说也是这样做的。《宋史·苏颂传》记载："平生少睡，虽三鼓枕，至五鼓不复瞑。"另外，他在馆阁供职九年间，"每日记二千言，归即书于方册。家中藏书数万卷，秘阁所传者居多"。

二、道德要先于文华

苏颂的家教与他的学校教育思想一样，也是"道德为先，文华次之"。

苏颂在《魏公谭训·家世》中训诫子孙说："吾宗自许公显于唐，其后或隐或显，以至于今，仕本朝者七世矣。忠孝文行，士大夫以为名族。汝辈宜慎守家法，勿使坠废，则吾无忧矣。文华犹可后也。"

苏颂以唐代与晋代名人的家教实例，告诫子孙。他指出的卢、柳两家，均善教子。至卢杞，因忽视德行，而自取祸败，家族衰微。晋代的王、谢两家，"唯以文华风雅为事，故多不寿，而取祸败，不足尚也"。

只有唐代的柳氏，坚持道德为先，与唐代相终始，尤可贵。"乃取《柳氏家训序》一篇，令子孙皆抄录阅视。"苏象先回忆苏颂这些教诲时说："祖父教子孙以义，方可知也。"

苏颂还以皇帝的美德教育子孙："仁宗皇帝恭俭节用，常服练素，不御珍奇。临天下四十年，未尝妄用一钱。"

苏颂又用自己的祖父苏仲昌之道德为楷模教育子孙。他告诉子孙，苏仲昌因德操懿美，被荐贤良方正科，"进卷者百余人，为天下第二。被召，会罢六科，邀乘舆"。又因不畏权贵，"上书言丁谓专权暴横，宜正典刑。真宗召入，赐食学士院，给笔札，使尽言之"。用祖先的正直品格及取得的殊荣激励子孙。

苏颂从封建社会千千万万教子成才的例子中，选取了韩忠宪教子为榜样，也可以看出他道德为先的用心。韩忠宪知亳州时，他任西京副长官的二儿子来家省亲，韩忠宪召集亲近的僚属与子孙们，问二儿子西京治狱有些什么疑难案例？其子答不上。又问处死刑者之案情？仍不能对。

遂推案持梃大诟曰："汝食朝廷厚禄，倅贰一府，事无巨细，皆当究心。大辟奏案，尚不能记，则细务不举可知矣。吾千里外，无所干预，犹能知之，尔叨冒廪禄，何颜报国?”必欲挞之，众宾力解方已。诸子股栗，累日不能释。家法之严如此，所以多贤子弟也。

从引文可见苏颂的道德为先，是以忠君尽职为核心的。

关于恪尽职守，忠于君王，苏颂也举了知杭州时被皇上表彰一例。苏颂于杭州大饥时任知府，“赈济抚恤备至，民遂安堵。至今言及苏公，即以手加额。其后奏对神宗，语及杭事，上曰：‘钱塘之政，民至今歌咏’”。

在对待钱财、土地问题上，苏颂要求子孙应淡泊寡欲，诚信不欺。宋代名门望族和官宦之家，其子孙聚敛钱财和兼并土地已成社会一害。苏颂在这一点上也对子孙谆淳教导。

苏颂说自己很喜欢徐勉的诫子书，书中说：“少时不欲兴立邸第，货殖聚敛；中年聊于东山开营小园，非种艺以要利也，正欲穿池种树，以寄情赏。又以郊际闲旷，终可为宅。”苏颂说：“凡此一篇，皆暗合吾意，京口建第之日，令子孙皆录一本，志之。”

苏颂不货敛的教育，从幼年抓起，他说：“诫小儿手不持钱，不惟防误咽，亦恐坏其行志。”

苏颂终生不购置田产。当他罢相京师，许多官员都到西冈旧宅看他，说他旧宅不称相第，劝他再建新第。他却回答：“曾高以来，忝仕朝廷，下逮子孙辈已有官，而四方无尺椽寸土，今有此第，已为过分。”他又劝子孙将仅有的几亩墓地送给守坟人，并不许买卖土地。

他说：“家素贫，止有数亩之田。遂尽给看坟者，再三诫之，使尔辈世世享用，而不可货易也。众皆鼓舞听命焉。”

对于他素所崇拜的孔孟先师和诗圣杜甫，因其论金钱，苏颂也认为太庸俗了。苏象先回忆说：“祖父尝云：‘孟子较兼金百镒受与不受；杜子美诗云：至尊含笑催赐金，圄人太仆皆惆怅。’为太屑也。”

苏象先在《魏公谭训》卷八记载，苏颂在庆历二年（1042 年）正月初一，游相国寺，参加戏扑，一次赌注为五千，结果是“十三淳一掷皆红，鬻书者云：‘未尝领所下金。’祖父遂行，不取”。赢千金而不取，足见其于金钱是何等淡泊。

苏颂还用孙赐致富守信的实例教育子孙。他说：“忠信度量，岂惟士大夫，货殖犹然。孙赐号本行，酒家博士，诚实不欺。主人爱之，假以百千，使为脚店。孙固辞。主人曰：‘不责还期也。’孙曰：‘请以一年为约。’先期已还足。货于人者，不计其可偿。”

苏颂教育子孙，孙赐作为一个酒店经营者，都能诚信不欺，借主人的钱如期偿还，借给别人的钱，不计较其能否偿还；作为读书人，怎能不诚信不欺、淡泊金钱呢！

苏颂道德为先的最终大节，是要求子孙，当皇帝与国家需要你献身时，要能毫不犹豫地为君殉节，为国捐躯。在《魏公谭训）和《苏魏公文集》中，他都不止一次地谈过叔父苏缄为国捐躯的壮烈事迹，要求子孙世代牢记，并发扬光大其精神。

《魏公谭训》记载苏缄说：“少豪迈，磊落不群。依贼作乱，自秘书丞换右列，为广东路分都监，屡有战功……后以皇城使知邕州，蛮贼作乱，拒守甚力……拒守日穷，百日城破。先开一坎，手刃妻子男女孙婢三十六人，然后自裁。事闻，神宗为之流涕，辍朝。”

当苏颂出知杭州时，陛辞神宗，神宗又一次表彰苏缄：“朝廷自当褒崇，以劝忠义。”可见苏缄忠烈行为，在当时影响之大。

苏颂为了让子孙牢记此事，让苏象先将苏缄奠祭苏绅墓的诗录入《魏公谭训》：

五里平郊烟霭村，泪流坟土泣英魂。
近年忠义心如铁，不负平生教育恩。

他同时鼓励子孙：

更思祖先勋，相传清白训。
力行尚不逾，家声期远振。

三、身教要重于言教

在苏颂大量的家训言论中，多数是以自身为教的遗训。他认为身教重于言教，身教比言教更有力量。

他首先以自身刻苦学习，终成大业的经历教育子孙，他认为就学宜早：

我昔就学初，髫童齿未龀。
严亲念痴狂，小艺诱愚纯。

苏颂说："《大戴礼》曰：'八岁就外传，教小艺。'"而自己是五岁学《孝经》《尔雅》和古今诗赋，并皆能诵。告诫子孙应尽早就学。

他又以自己治学之勤教训子孙说："人生在勤，勤则不匮。户枢不蠹，此其理也。"15 岁时，他已沉酣于儒家六经与诸子百家之书。19 岁第一次科举受挫，他则更加勤奋。有诗为证：

内负未蹉跎，不能忘起偾。
赏延辄辞官，雅志将自奋。
笔枯手成胝，眠稀目生晕。
常患涉猎疏，肯效揣摩困。

苏颂还以苏仲昌和苏绅为榜样教育子孙。他列举祖父与父亲专心致志，学而忘家、持之以恒、十年如一日的事例。他说苏仲昌为了考取进士，携书至京师，十年不归；苏绅后来也从海上航至京师，寓于僧舍；因相离十年，苏绅走访苏仲昌时，父子竟不能相认，后知情者告知真相，父子才相持涕泣。

苏颂以自身经历教育子孙的第三条经验是：应勤于向师友学习，向广大劳动群众学习。这对研制水运仪象台和编撰《本草图经》都起了重大作用。

苏颂的身教，以节俭最为感人。他告诫子孙："予久参近著，赐奉甚厚。然族大家虚。赡给常苦不足。故每饭不过一肉，非宾客未尝饮宴……食不贵丰，而贵洁；味不贵厚而贵和。"

苏象先记载说："祖父生平喜饮茶，而不喜饮酒。家庭燕集，不过三杯至五杯，燕客不过七杯至十杯。丰俭得中，士人以法……卜葬曾祖母，日走山间，或时羹臛未具，先啖干饭，曰所谓：'稼穑作甘也。'"其例甚多，不胜枚举。

四、持家以孝，治事以公

苏颂的家教以孝为本。苏颂在《魏公谭训·家世》中，以自身孝敬尊长的往事教育子孙。苏颂任颍州郡守时，"每以旦日，升堂拜其母，乡人风化焉"。任大理寺丞、馆阁校勘时，尽管俸禄只有一千七百钱，租房、养车马就用去三分之一，但苏颂还是将祖母、母亲、两位叔叔、两位姑姑，迎入京师孝养，自己与妻子虽很清贫，却愿与尊长共享天伦之乐。

《宋史·苏颂传》记载了苏颂出知婺州赴水救母一事："方泝桐庐，江水暴迅，舟横欲覆，母在舟中几溺矣，颂哀号赴水救之，舟忽自正。母甫及岸，舟乃覆，人以为纯孝所感。"

苏颂在外为官，思亲孝母之情，常常写入诗中，用以传教子孙：

遥遥七闽山，乔木正芳菲。
驷马过旧游，道路增光辉。
荣观足慰亲，佩绶纡银绯。
上堂拜庆日，喜气生庭闱。

苏颂不仅孝敬父母，就连为父母守坟者，他也亲敬有加，教育子孙应视其为尊长和骨肉："吾仕宦于外，不能守父母遗体。坟客乃代我守先茔者，汝辈当待之如骨肉也。"

苏颂的家教还提倡治事以公。苏颂与杜衍是挚友，任官时多次得到杜衍的关爱，杜衍对苏颂的执政又悉加指导。后苏颂任相，杜衍的独生子任南都副长官，苏颂一视同仁，并不特殊照顾，年及六十，即以正卿致仕。

元祐七年（1092 年），苏颂与吕大防（微仲）同时为相，吕大防提议按惯例将"累任京局"的苏嘉，以"宰相子弟，例除馆职"。苏颂批评说："馆阁乃朝廷育才之地，岂可令子弟以例得之。"由于苏颂的坚持，吕大防遂罢其初议。这与宋代当权者争相荐引子弟、亲友，乱居馆阁的弊端，正成鲜明对照。

第二节
苏颂家训的特殊贡献

《魏公谭训》的特殊贡献是科技教育，它在中国古代家训中独树一帜，是进行科技教育的典范。他们的科技教育被实践证明是非常正确的，成为可以记入中外历史的伟大成就。

芦山堂的科技教育是从苏绅开始的。苏绅在他办的私塾里给学生出科技练习题。苏绅为什么能在他办的私塾里给苏缄、苏颂出科学的试题呢？这与宋代政治、教育和科技政策有很大关系。

一、苏绅、苏颂时代的科技环境

苏绅与苏缄、苏绎、苏颂主要生活在宋真宗、仁宗、英宗、神宗四朝。这期间，宋代对科学技术的奖励政策也促进了科技的发展。冯继升献火药法，奖励实物——“赐衣物束帛”；石归宋发明弩箭，提高工资——“增月俸”；焦偓创制盘槊，提升官职——“迁本军使”；唐福献火器，项绾献海战船式，奖励现金——“各赐缗钱”。劳动群众有了科技贡献也给予奖励，水工高超创新法防洪合垄，木工高宣设计八车船，曾怀丙打捞铁牛创新法等都受到奖励。

咸平五年（1002 年），冀州团练使石普报告能制火球、火箭。真宗亲自召见，并和宰相、大臣看他的实验，说明宋代对军事发明的重视。这些奖励政策促进了科技的发展，也引起全社会对科技的重视。

有关改革的大争论，活跃了人们的学术思想，推动了各种科技领域的创造和探索。医药学界最典型的例子，就是宋金元医学的百家争鸣，产生了寒凉派、攻下派、补土派、滋阴派等四大名家。

由于宋代对科技的重视，由于改革思潮的推动，宋代的科举取士也由重视经文转向重视策论，由重视文章诗赋转向重视医药科技。在科举考试中出现了有关天文、历法、医药的试题，苏缄与苏颂的进士考试，各遇到一个科技试题，就是最好的证明。

二、苏绅给苏缄和苏颂出的科技练习题——《夏正建寅赋》

苏绅出的练习题——《夏正建寅赋》，是对苏缄，苏绎、苏颂等历法知识的测验。

苏象先在《魏公谭训》卷三“家学、家训，行己”中记载：“祖父言：年十六，曾祖为扬州通判，命作《夏正建寅赋》。赋成，曾祖曰：‘夏正建寅，无遗事矣。’汝异时当以博学知名也。”可知苏颂对夏代之后的历法知识掌握得比较全面。

苏颂的论述主要是利用《夏小正》一书的资料。他论述了《夏小正》

用天文、星象、物候与农时相结合，向人们指明了一年四季春种、夏耘、秋收、冬藏的各种事宜。

如《夏小正》中记载：

正月：

启蛰。言始发蛰也……

雉震呴。震也者，鸣也。呴也者，鼓其翼也。正月必雷，雷不必闻，惟雉为必闻。何以谓之雷？则雉震呴，相识以雷。

鱼陟负冰。陟，升也。负冰云者，言解蛰也……

初昏参中。盖记时也云。

斗柄县在下。言斗柄者，所以著参之中也。

柳稊。稊也者，发孚也。

梅、杏、杝桃则华。杝桃，山桃也。

二月：

往耰黍，禅。禅，单也。初俊羔助厥母粥。俊也者，大也。粥也者，养也。言大羔能食草木，而不食其母也。

昆小虫抵蚳。昆者，众也，由魂魄也……

来降燕。乃睇燕乙也。降者，下也。言来者何也？莫能见其始出也，故曰“来降”……百鸟皆曰巢，突穴取与之室，何也？操泥而就家，入人内也。

剥𫛳。以为鼓也。

有鸣仓庚。仓庚者，商庚也。商庚者，长股也。

荣芸，时有见稊，始收。有见稊而后始收，是小正序也。小正之序时也，皆若是也。稊者，所为豆实。

三月：

参则伏。伏者，非亡之辞也。星无时而不见，我有不见之时，故曰伏云。

摄桑。桑摄而记之，急桑也……

妾、子始蚕。先妾而后子，何也？曰：“事有渐也，言事自卑者始。”

执养宫事。执，操也，养，大也。

祈麦实。麦实者，五谷之先见者，故急祈而记之也。

《夏小正》中有“初昏参中”“斗柄县在下”“参则伏”……写的是星象；“雉震响”“有鸣仓庚”“昆小虫抵蚳”……写的是物候；“往耰黍”“摄桑”“祈麦实”……写的是农作。中国古代的天文、历法在诞生之初，就是为农业生产服务的。苏绅所出有关历法的试题，也是其亲民思想的一部分。

中国古代历法有夏正建寅，殷正建丑，周正建子的“三正说”，“三正说”是夏商周正朔，三代轮流更改正朔。古人认为“王者始起”要“改正朔”，“易服色”等，以示“受命于天”。

秦始皇统一中国后，改以建亥之月（即夏历的十月）为岁首，但是夏正比较适合农事季节，所以并不称十月为正月，不改正月（秦人叫端月）为四月，春夏秋冬和月份的搭配，完全和夏正相同，汉初沿袭秦制。汉武帝元封七年（公元前104年）改用太初历，以建寅之月为岁首，此后大约2000年间，除王莽和魏明帝时一度改用殷正，唐武后和肃宗时一度改用周正外，一般都是用夏正。

因为夏历使用时间最久，又与农时较吻合，所以，苏绅的试题用《夏正建寅赋》来测验苏缄、苏绎、苏颂的历法知识，请他们用赋体来回答，用从夏代到宋代的历法知识，来说明夏正建寅比殷正建丑、周正建子更优越、更实用的原因。

苏绅的这种科学试题，使苏缄、苏绎、苏颂不仅学习五经、诸子和诗赋，而且学习古代的天文、历法，把他们的兴趣和志向引向古代科技。

三、苏缄、苏颂做过的第二张科技试卷——《斗为天之喉舌赋》

苏缄、苏颂做过的第二个科技试题是《斗为天之喉舌赋》，记载在《魏公谭训》卷三“家学、家训，行己”中：

祖父年十九，省试《斗为天之喉舌赋》。文肃公主文，对曾祖曰：“贤郎已高中，而检点试卷官，以‘声闻（去）’为‘闻（平）’，为不合格。遂黜。”

《斗为天之喉舌赋》与《夏正建寅赋》的不同之处，前者主要是叙述天文知识，后者主要是叙述历法知识。

《斗为天之喉舌赋》要求从斗宿开始叙述二十八宿和三垣等全天的星官分布。

二十八宿又称为二十八星或二十八舍，最初是古人为比较日、月，以及金、木、水、火、土五星的运动而选择的二十八个星官，作为观测时的标记。“宿”的意思和黄道十二宫的“宫”类似，表示日、月及五星所在的位置。到了唐代，二十八宿成为二十八个天区的主体，这些天区仍以二十八宿的名称为名称，和三垣的情况不同，作为天区，二十八宿主要是为了区划星官的归属。

东宫青龙七宿：角、亢、氐、房、心、尾、箕，有星官四十六，星一百八十六。南宫朱雀七宿：井、鬼、柳、星、张、翼、轸，有星官四十二，星二百四十五。西宫白虎七宿：奎、娄、胃、昴、毕、觜、参，有星官五十四，星二百九十七。北宫玄武七宿：斗、牛、女、虚、危、室、壁，有星官六十五，星四百又八。

太微垣是三垣的上垣。在北斗之南，轸宿和翼宿之北，有星十颗，以五帝座为中枢，成屏藩形状。东藩四星，由南起分别叫东上相、东次相、东次将、东上将（即室女座 γ、δ、ε 与后发座四十二）；西藩四星，由南起分别叫西上将、西次将、西次相，西上相（即狮子座 σ、ι、θ、δ）；南藩两星，东称左执法（即室女座 η），西称右执法（即室女座 β），太微垣名称始见于唐初的《玄象诗》。

紫微垣是三垣的中垣。在北斗东北，有星十五颗，东西列，以北极星为中枢，成屏藩形状。东藩八星，由南起分别叫左枢、上宰、少宰、上弼、少弼、上卫、少卫、少丞（即天龙座 ι、θ、η、ζ、ν、七十三，仙王座 π，仙后座二十三）；西藩七星，由南起分别叫右枢、少尉、上辅、少辅、上卫、少卫、上丞（即天龙座 α、χ、λ，大熊座 d，鹿豹座四、九、H1），左右枢之间叫“阊阖门”。紫微垣名称最早见于《开元占经》辑录的《石氏星经》中。

天市垣是三垣的下垣。在房宿和心宿东北，有星二十二颗，以帝座为中枢，成屏藩形状。东藩十一星，由南起分别叫宋、南海、燕、东海、徐、吴越、齐、中山、九河、赵、魏（即蛇夫座 η，巨蛇座 ξ，蛇夫座 ν，巨蛇座 η、θ，天鹰座 ζ，武仙座一百一拾贰、o、μ、λ、δ）；西藩十一星。由南起分别叫韩、楚、梁、巴、蜀、秦、周、郑、晋、河间、河中（即蛇夫座 ζ、ε、δ，巨蛇座 ε、q、δ、β、Y，武仙座 x、Y、β）。

垣、宿、星官者，星之集也。为辨诸星，全天分为东南西北中五宫，中宫下分三垣，余者各分七宿，垣、宿又分星官若干，星官有星若干。

中国古代的天文学知识，至三国时期的陈卓星图，形成 283 官、1465 星（取唐代李淳风之说）。

在苏绅的指导下，苏缄、苏颂对上述天文学知识进行过系统学习，并写成骈文，进行了全面的阐述。主考官盛文肃公看过苏缄的考卷，录取了他。苏缄在宋仁宗宝元元年（1038 年）又通过检核与殿试，被录取为进士。

苏颂的考卷因检核考官查出“闻”字四声用错而没有录取。但是，苏颂的两张试卷都得到了主考官的赞赏。苏颂在《家训诗》中说：“予十八预府荐，时主司吴正肃公颇以博学识题见奖。便许以远到，自此士大夫稍稍称道。明年春，省试以犯生病格不收。时主文盛文肃公谓先公曰：‘试文当在高等，以点检官指摘诗中押声闻字退落，诚可惜也。’”

第一个考官吴正肃公是吴育，字春卿，建安人，谥号正肃，时任知制诰，充考官。第二个考官盛文肃公是盛度，时任翰林学士，充考官，也对苏颂的考卷和天文知识大加赞赏。

由上可知，苏绅在苏缄、苏颂青少年时代就进行科学知识的教育，是十分成功的。苏缄第一次参加进士考试就被录取。苏颂第一次科技试题测试也成绩优秀，第二次进士考试科技成绩更加优秀，也被录取。这对后来苏颂成为伟大的天文学家也起了非常重要的作用。

北宋仁宗宝元元年（1038 年），苏缄、苏颂的科技论题，阐述了从战国时期的《石氏星经》到三国时期的《陈卓星图》，再到唐代《敦煌星图》的天文学成就，说明他们在苏绅的精心培养与教育下，全面地掌握了中国古代的天文学知识。

50 年后的哲宗元祐三年（1088 年），苏颂以吏部尚书之职主持了水运仪象台的研制工作。他在水运仪象台中层的浑仪上绘制了流传至今、令全世界科学家赞叹不已的“苏颂星图”，这是苏绅播种在青少年苏颂心田上的科技种子结出的丰硕果实。

四、苏颂传世的第三张科技试卷——《历者天地之大纪赋》

苏颂做过的第三张科技试卷是《历者天地之大纪赋》。全文如下：

昔圣王建官司地，因象知天。推历用明于大纪，考星咸自于初躔。合三体以为元，成书最密；举二篇之定策，备数无愆。古有善谈，载于前志。因太初创历之首，述往圣知时之义。莫不究极象数，精穷天地。有时以纪夫启闭，有日以计乎分至。躔离弦望也，于此而为正；晦朔昏明也，于此而攸示。下可辨乎斗建，上靡差于辰次。

唯君审玑衡之运，所以绪正于元功；使民知寒暑之来，然后顺修于时利。况夫历为一岁之本，纪明太极之基。唯精祲之至妙，岂深思之与知？必也迎辰以策，定晷于仪。帝则羲和而分命，颛顼则重黎而是司。皆所以准厥二气，乘于四时。

圣有作也，人皆度之。制自清台，得举正履端之要；职由太史，尽观文察理之宜。乃若辰集于房，日穷于纪，孟陬既协于月建，摄提亦随乎杓指。国将颁正朔以为令，王乃观情性而顺理，章蔀元之书兮著于彼，子丑寅之正兮见于此，可以察发敛于未然，定惨舒之所以。推其生律，子阳午阴而互分；治以明时，春作秋成而是拟。且夫天之运也，日与星而代逢；地之道也，柔与刚而莫穷。非乃圣无以探其赜，非立法无以举其中。

我乃错综气候，参稽变通。起建星而运算，故积岁以成功。考连珠合璧之辰，得名尤邃；应大吕黄钟之统，立道斯同。用能钩校旧仪，审观新度。成败因之而遂纪，气节与焉而可步。于以极阴阳之大端，于以备五六之中数。亦何异鲁《经》比事，举二中以岁成；羲《易》穷神，合五位而布象。后王以是知历象不可不审，经纪不可不循，或立元而谨其始，或节事而授于民。冯相则致乎日月，保章则志夫星辰。以定五十五数，以通三百六旬，所谓见道而知治，何患以天而占人？彼为刻漏以考中星，但纪晓昏之度：处璇玑而观大运，盖明气候之因。犹未若测运动于二仪，齐往来于七政。建乃星纪，先夫算命。吾皇所以监古历之尤疏，颁新书而考正。天人之际，因以明焉，乃知夫作者为圣。

苏颂的《历者天地之大纪赋》是论述通过天象观测来制定历法，是皇帝颁正朔、布农时、统治天地臣民的宪纲大纪。这说明苏颂对中国古代的天文历法知识已了然于心并运用自如。

如“考星咸自于初躔”中的“考”是考证和研究；“星咸”中的

“星”是说石申的《星经》，“咸”是说天文学家“巫咸”。如司马迁在《史记·天官书》中说：“昔之传天数者：高辛之前重黎，于唐虞羲和；有夏昆吾，殷商巫咸；周室史佚、苌弘，于宋子韦，郑则裨灶；在齐甘公，楚唐昧，赵尹皋，魏石申。”

司马迁论述的这些天文学家，有三个人有著作，那就是巫咸的《巫咸星经》、甘德的《天文星占》、石申的《天文》。三人的天文著作以巫咸的为最早，所以苏颂说“考星咸自于初躔”，即考证三家星的名称以《巫咸星经》为初始。

苏颂的文中用语，也多是天文历法的专用名词，如“躔离弦望也”，“躔”是太阳的轨道，“离”是月亮的轨道。“日行曰躔，月行曰离”；“弦”分上弦和下弦。上弦是月缺上半，指阴历的初七、初八；下弦是月缺下半，指二十二、二十三；望是指满月，每月的十五。

“孟陬既协于月建，摄提亦随乎杓指。”“孟陬”和“摄提”出于《离骚》之“摄提贞于孟陬兮，惟庚寅吾以降”，屈原用的“摄提”是古代历法中的太岁年名“摄提格”，是说屈原出生于“太岁在寅”之年，“孟陬”是夏历建寅之月。庚寅是生日的干支。

苏颂对《史记·天官书》和《汉书·律历志》早已烂熟于心，所以采用“摄提”为年名，“孟陬”为月建。

“章蔀元之书兮著于彼，子丑寅之正兮见于此。”

“章蔀元”是中国古代历法专用名词，汉初所传的古代六种历法，即黄帝、颛顼、夏、殷、周、鲁六历，皆以十九年为章，章有七闰，四章为部，二十部为纪，三纪为元。冬至与月朔同日为章首，冬季在年初为部首。宋代以前，论述古代历法章、部、元的书很多。

“子丑寅之正”就是夏、殷、周历法的“三正论”。

春秋战国时代有所谓夏历、殷历和周历，三者的主要区别在于岁首的月建不同，所以又叫三正。周历以通常冬至所在的建子之月（即夏历的十一月）为岁首，殷历以建丑之月（即夏历的十二月）为岁首，夏历以建寅之月（即后世通常所说的阴历正月）为岁首。周历比殷历早一个月，比夏历早两个月。由于三正岁首的月建不同，四季也不同。

苏颂熟练地运用了从黄帝、颛顼、夏、殷、周、鲁六历，到《巫咸星经》、甘德《天文星占》、石申《天文》先秦三家星经的天文历法知识，阐述了历法是古今帝王颁正朔、布政令、祭天地、择农时的宪纲大纪，因此得到主考官张方平、欧阳修的高度赞扬。邹浩在《故观文殿大学士苏公行状》中记载："考官欧阳公修、张公方平谓人曰：'吾所试题，非通天下之奥，穷制作之原者，不在首选也。'" 他们选中了苏颂并对其试卷给予极高的评价。

五、芦山堂科技教育对当代的启迪

（一）芦山堂的北极北斗四圣像和浑天仪小样与苏颂研制假天仪

芦山堂家教中的科技教育是一笔珍贵的文化遗产，我们应该深入研究，继承和弘扬这份宝贵的精神财富。

芦山堂家训——《魏公谭训》卷九记载：

> 祖父云："吾曾祖母代国夫人归曾祖时，赍装中有北极、北斗四圣像，奉祀甚严。"

宋代初年，苏家曾祖母张夫人的陪嫁物品中，就有与天文相关的北极、北斗四圣像，实为罕见。张氏代国夫人的陪嫁中，有奴婢 20 人，图书 10 橱，衣物不计其数，还有一架浑天仪小样。翰林学士许将在验核水运仪象台时，提出制作"即象为仪"的仪器。苏颂因其家所藏小样而悟于心，令公廉布算，数年而器成。

《宋会要辑稿》和《玉海》分别记载了苏家在宋代收藏了北极、北斗四圣像和浑天仪小样，且对苏颂和韩公廉研制假天仪起了重大的作用。

没有苏绅为子弟们出的科技练习题——《夏正建寅赋》，就很难有苏缄的优秀试卷——《斗为天之喉舌赋》和苏颂的传世考卷——《历者天地之大纪赋》。正是由于苏绅对宋代科举考试的全面了解和他对苏氏子弟的精心培养，才出现了芦山堂的家教奇迹。

五世进士，天文医药双泰斗；
七代簪缨，宰辅将帅独苏门。

从《夏正建寅赋》到《历者天地之大纪赋》，再到水运仪象台的《苏颂星图》，这是芦山堂家教的传奇和伟大业绩。

（二）从苏携复制水运仪象台失败到苏颂向苏象先传授天文星象

苏颂以科学严谨的精神编撰了《新仪象法要》一书，把水运仪象台的研制经过和全部图纸收入书中，使我们在900多年后还能复制出水运仪象台。但是，仅仅靠图纸和文字资料并不能重造水运仪象台，金国和南宋都想重建水运仪象台，南宋找到了苏颂的儿子苏携。苏携拿着《新仪象法要》一书，但还是不能重建水运仪象台。有了图纸和资料，还要有韩公廉那样的设计师、王沇之那样的高级工匠和苏颂那样的科学家，如此才能再造水运仪象台。

除了有上述的科学团队，还要有国家的财力支持。北宋的四大浑仪各用铜30多吨，南宋和金国都没有这样的财力。两国讨论重建水运仪象台时，宰相都说拿不出那样多的铜铁，仅有的铜铁还要用于制造武器。此类讨论记录在《宋史》《金史》的《律历志》中。这也是苏绅、苏颂和水运仪象留给我们的启迪。

苏氏传承科学的精神从来没有中断过，苏携没有能够重建水运仪象台，他的侄儿苏象先服侍在苏颂的身边。苏颂不停地向苏象先讲述他如何接受苏绅的科学教育，他怎样校勘《神农本草经》，怎样编撰《本草图经》，怎样受诏研制水运仪象台，怎样绘制水运仪象台中层浑象上的星图，这一切都记入了《魏公谭训》。

最令人感动的是，在一个晴朗无云的夜晚，苏颂召集孙子们到庭院中，让苏象先脱掉上衣，在他的头上、背上点画北斗七星和二十八宿，考问孙子们对星空的认知。

《魏公谭训》卷三“家学、家训、行己”记载：

> 祖父仰瞻宿度，常于小子首背上提之，使之知星命。谓子孙曰：“悬象昭然如此，汝不虔奉，乃欲求之杳冥乎？”

苏颂向苏象先等子孙讲述天文知识、认知星象的情景，已经过去了900多年，我们大力提倡科教兴国战略，又有几个家庭能像苏绅、苏颂、苏象先这样代代相传、始终不渝地进行科学教育呢？

面对苏绅、苏颂、苏象先和《魏公谭训》，我们应该获得怎样的启迪呢？

第三节 苏颂的教育思想与人才培养

苏颂根据他所处时代的教育现状，提出了自成体系的教育思想。对于培养什么样的人才、怎样培养人才，对于学校教育、家庭教育，对于人才考核、人才选拔，对于教育改革、教育立法，他都提出了自己的看法，这些看法不仅在当时是有价值的，就是现在也依然给我们以有益的启迪。

一、培养什么样的人才

在《议贡举法》中，苏颂对应培养什么样的人才说得十分明白："国家取士，行实为先。"在"行实为先"的前提下，又要求"其行完学富"。"行实为先"就是说政治品德是最重要的，是第一位的；同时他又强调"行完学富"，即品德优秀，学识渊博。

为了贯彻他的"国家取士，行实为先"的人才标准，为了取得"行完学富"的人才，苏颂批评科举制中"弥封誊录之法"："今既弥封誊录，考官但校文词，何由知其行实？故虽有瑰异之士，所试小戾程式，或致退落。平时常负玷累，苟一日之长可取，便预采收。"

苏颂认为"去弥封誊录之法"，除了便于贯彻"行实为先"的标准外，还有三大好处："一则主司知朝廷委任不疑，益务尽心；二则负实学者得以自明，程文小疵，不虞见弃；三则浅漏之人，固无侥幸之望。"

为了能将品德优秀的人才选出来，苏颂主张采取三个办法：一是民众监督。他说："士子之行，莫若乡曲最知其详。"二是地方官选拔。他指出："今并委知州、通判常加察访本州行能之士，记其姓名，更相论辩。""令知州、通判同入试院，共加审复。以素有声称著于乡里者为先，然后定其去留，依以额解送。"三是为防止州官、试官徇私舞弊，再派官监督、考察。他指出："令监试严加按察，具奏其事，重行黜降。如此诠择，必无幸进之人。"

苏颂的人才标准是，不仅要"行完"，而且要"学富"，就是知识渊博，深通治国理财之术。为了贯彻这个标准，他批评当时科举制中的“士子不事所业”。即举子只背经义，应付科举考试，而成了没有真才实学的书呆子。

“士子不事所业”是怎样造成的呢？苏颂认为是由于“举人不纳公卷”。“旧日制秋赋先纳公卷一副，古律、诗、赋、文、论共五卷，预荐者仍亲赴贡院投纳，及于试卷头自写家状，其知举官去试期一月前，差入贡院，先行考校，内事业殊异者至日更精加试验。”由于必须交纳这份公卷，举人就必须学习上述五种知识。要求士子不仅会诗赋，而且要学习治国之法、安民之策，迫使士子必须学习广博的知识，以达“学富”之标准。

苏颂就是用“行完学富”这个标准来要求自己的。他历任五朝，大节无亏。政治上忠君爱国，勤政恤民；处世上严于律己，宽以待人；治家上孝悌亲睦，勤俭朴素。真可谓“行完”之人。邹浩在《道乡集》中为苏颂写《故观文殿大学士苏公行状》时说：“自书契以来，经史、九流、百家之说，至于图纬、阴阳、五行、律吕、星官、算法、山经、本草、训诂、文字、无所不通。”可见苏颂是何等渊博，说他“行完学富”真是当之无愧。

二、怎样培养人才

对于怎样培养人才，苏颂认为首先要抓好学校教育。他说：“古者立太学以教于国，设庠序以化于邑……国朝自景祐以来，天下建学。庆历以后，数立规程，自是诸儒知所崇尚。岁月寖久，生师益增。然而黉校之间，未闻有业成通经之士，显著于时，而副朝廷之选用者。”

苏颂认为必须抓学校的整顿和改革。他说：“今明诏将议改制，而降于询访，兹诚治世之先务，而圣主所当留神也。”怎样抓好学校的整顿和改革呢？他认为首先要抓好教师队伍的建设。他把唐、宋两代学校加以比较：“唐制学官，国学则博士、助教各二人、直讲四人、大成十人，学生三百人。太学、四门学，则博士、助教各三人，学生各五百人……今之学官，惟直讲、说书共八人，而无国子、太学、四门之别，职事又无殿最之课。”苏颂认为学校门类减少，教师人数减少，对教师的优劣不加以考核，是培养不出人才的根本原因。

他提出对教师要分工明确，职责具体：“今学官八人，谓宜各令分掌职事。五人专职讲说，人各一经……三人掌教授诸生，以诗赋、论文、经史之大义及时务策，仍轮日值学，以待诸生请问疑义，并出公试题目，若考校试卷，则八人通主之。”他又提出对教师要严格考核，奖优汰劣：“其教导有方，成效显著，为诸生凛伏者，候及三年，委判监官闻于朝廷，望赐召试馆阁职事。其不职者，罢免之。”

对于州郡之学，也要充实教师队伍，严格考核，实行奖惩，他具体提出：“每州请置经学博士一员，内举人及三百人以上者，朝廷为选差正官。三年为一任，如能举职有效者，任满日本州为保荐之。乞加旌擢，其余本州辟召。有科名守选官员或经行纯粹之士，上于本路，列奏朝廷，俟旨补授。”

在整顿充实教师队伍的同时，苏颂又要求抓好课程设置：“《春秋》兼《三传》，《礼记》兼《周礼》《仪礼》并为大经，各限二年讲毕。《毛诗》为中经，限一年半。《周易》《尚书》为小经，限一年。”“仍兼习《孝经》《论语》，听读罢，则课习文史……其律、书、算等，亦望各立学，量置生徒。庶令学者粗知本原，以之入官，不至墙面也。”苏颂的课程设置是全面的，除了传统的经学外，还要课习文史；除了文史外，还有法律和算学。

苏颂认为学校工作中应抓的第三件事是学生的考试。他指出：“每月公试三，学官考校优劣，分三等。揭名于学，以为劝沮。监丞掌其课最，主簿纠其违慢”。对考试优异的学生要给以奖励：“其通一大经或一中经兼一下经，试入优等者，上于朝廷，望加旌拔，或直送省试……其文行道艺超绝伦辈，朝野所知者，不拘常例，并许举荐，以备朝廷擢用。”他主张对于考试成绩较差的学生要严加教育：“甄别下等，本学常加敦勉。”

苏颂认为学校工作中应抓的第四件事是教育经费。他说：“既立学校，需藉公费。望许摽拨本处闲田或户绝及僧寺庄土多处，斟酌移割入学充职田，随生徒多少，以定顷亩。州县为差人主持勾收，课利入学，以助支费。”

苏颂关于优化学校管理的思想是系统而全面的，从指导思想、教师队伍，到课程设置、考试方法，再到奖惩制度和经费来源，具体详尽、切实可行。而且，他在自己的职权范围内，将这一套措施付诸实施。

神宗熙宁五年（1072 年），苏颂出知婺州，他将自己优化学校管理的思想付诸实施，使婺州登科者不绝如缕。可见，苏颂的教育思想绝非泛泛之谈，而是行之有效的笃论。

三、革弊求新的教育改革观念

苏颂考察了唐代中央的国学、太学、四门学等和宋代的国学；任地方长官时，亲自督办了州郡之学；参加科举考试时，对科考弊病身受其害；任主考官时，又对各种科举制度悉加研究。在此基础上，他确立了自己的教改观念。准确地指出："本朝学制，大抵仿唐之旧。然而，设官有未备，教导有未至，故积日虽久，而成效无闻也。"

苏颂的改革都是针对教育的时弊提出的。苏颂指出宋代科举的四大弊病："一曰考试关防太密；二曰士子不事所业；三曰诈冒户贯取应；四曰取人多少不均。"他还指出："天下州郡举子，既以本处人多解额少，往往竞赴京师，施求户贯。乡举之弊、无甚于此。"苏颂的改革措施是认真调查各府州县实有举子的数字，根据这个数字，比照其他府郡，下达定额。这样南方举人就不会北上冒充籍贯。开封府与北方各府减下的定额，由国子监统一使用，则免除假冒户贯之弊。

苏颂认为当时科举的另一项弊病是"所谓取士多少不均"。进士科所取人数太多，"每榜不下四五百人，自间年放榜，亦尝近二百人"。制举、明经与遗逸三项取人太少，"而制科入等者不过两三人，明经不过三五人，遗逸之荐，复未有定制"。由于取人奇多奇少，致使制举、明经、遗逸三科中的德才之士，不能被朝廷录取任用。

针对这一弊病，苏颂提出改革旧制，实行新规："进士每榜且以二百五十人为限，留其余五十人以待制举与遗逸之类。其制举策人优等者，自依常例。在下等者，望量添人数，比类锡以出身，以酬其积学之勤。"苏颂认为改革后的新制定会广揽人才，利国利民。他说："是则诗赋所遗者，取之于策论，策论所失者，选之明经，二者又不能尽，则擢之于遗逸。天下苟有怀才负艺之人，靡不毕为朝廷收擢而任用之矣。"

苏颂根据自身多年选才任官的经验，除按正常规章制度外，他又一贯主张乡野举荐或私询走访，破格录取人才。如设计水运仪象台的韩公廉、擅长机械制造的原武县的寿州州学教授王沇之，都是通过苏颂特殊举荐而得皇帝恩准的，后来都做出了巨大贡献。

苏颂在《送郭京评事序》中详尽地表达了自己的选才思想。康定二年(1041 年）春，渭城告急。仁宗命吴兴郡滕公往镇泾阳，为诸军统帅。滕公推荐处士郭君，得对于朝廷，“兵家成败之策，边徼之利害，攻戍之得失，诸臣所未能言者，悉为之对……皆合当世之务，天子悦之。乃以廷尉平命生往参谋陕西军事”。对这一任命，苏颂极为称赞：“是举也，可为上下俱适其道耶!”后来的事实也证明这一举荐与任命之正确。这些选才任官的史实告诉我们，在教育和选才问题上，苏颂敢于根据实际情况，打破常规。

四、初具体系的教育立法思想

苏颂在熙宁二年（1096 年），上神宗的《内降条贯》中说：“臣等所以喋喋有言，不避斧钺之诛者，非它也，但为爱惜朝廷之法制，而守遵有司之职业耳。”此类肺腑之言，可见苏颂拳拳之心。

苏颂对于培养人才、课程设置、考核教官、选拔人才等，都提出了一系列的法规，要求以立法来管理和监察教育，认为教育立法是办好教育的根本所在。立法方面，他强调“必因时而施宜，视俗而兴化”。他以立法的形式，规定了各类学校教师的人数、职责、考核办法与奖惩制度。这对于促进教师的工作，保证教师的权益都是十分有益的。他将各类学校的招生方法、人数、课程设置、考试时间、考核标准，奖惩制度、荐官条件等都写入教育法规。这对于鞭策学生努力学习，保证教学质量都有重大作用。

对于学校经费的多少，如何调拨职田，苏颂也提出立法建议。他主张由政府差人经营职田，收入交给学校，使学校有稳定的经费，并以法律的形式给以保证。关于人才管理，他也建议颁发各种法规。如：对于州郡如何推荐举人、推荐后如何考试、如何防止推荐中州官和考官徇私舞弊等，他都提出应有严格的法规；对于被推荐的举人如何向礼部交纳公卷、公卷所涉的内容、卷头家状的写法、投送的时间以及如何防止公卷的假人之手等，他也提出了具体的法规；对于举人的假冒户贯，他提出以法规的方式决定“解额”的分配；对于开封府多余的“解额”应移交国子监、如何向国子监申报应考、如何确定各州郡“解额”及举人户籍等，他也提出了一系列法规。

为解决这些立法问题，苏颂专门写了《论制科取士加策等增取人数》的奏书，指出制科的长期问题所在：“臣窃观本朝故事，制科程式太严，取人太窄。多不过三人，少或一人，至有全不收者。”他乞请增加录取的人数和等级，并用立法的形式公之于众。

苏颂在担任考官，录取武举人时，“伏睹条制可未尽事理”，要求另立新的法规，加以补充。他认为战场兵器五花八门，取胜者智谋、技巧、力量并用，而考试只以箭满为录取标准，遗才太多，不利于国家。他在对武举考试的立法中详列了“策论武艺俱优者为优等”“艺优策平者为次等”“策艺俱平者为末等”。对每项取人的不合理内容都悉加评论，要求另立有利于取才的条制。他另立的条制不仅能把大量有一技之长的武举人收入军队，使其效命疆场，而且能激励更多的人习练武艺，促进强身卫国的尚武之风。

附录一

苏颂简明年谱[*]

- 宋真宗天禧四年（1020 年），苏颂 1 岁。

  苏颂生于泉州府同安县芦山堂。

《宋史·苏颂传》、邹浩《道乡集·故观文殿大学士苏公行状》、曾肇《曲阜集·赠司空苏公墓志铭》皆未言苏颂生年。据苏颂薨于建中靖国元年（1101 年），年八十二，上推而得其生年。

台北“故宫博物院”收藏《燕支苏氏族谱》载：“颂公真宗天禧四年庚申十一月二十三日生。”

芦山堂《同安苏氏族谱》记载：“入闽之祖益始于亶，传光诲，始家于同安县治西北隅葫芦山下，其故宅再传佑图而仲昌，而大魏绅公，绅子太师颂实生于此。”

- 宋真宗天禧五年（1021 年），苏颂 2 岁。

  苏绅 23 岁，为宜州军事推官。

- 宋真宗乾兴元年（1022 年），苏颂 3 岁。

  父 24 岁，任安州（今湖北安陆）军事推官。苏颂随父居安州。

- 宋仁宗天圣元年（1023 年），苏颂 4 岁。

  父 25 岁，任安州（今湖北安陆）军事推官。苏颂随父居安州。

- 宋仁宗天圣二年（1024 年），苏颂 5 岁。

《家训诗》曰：“我生五岁，先公口授《孝经》，古今诗赋皆成诵。又

---

* 1988 年颜中其教授作苏颂年谱于中华书局出版的《苏魏公文集》之后。2006 年管成学教授加以增补，附于《苏颂评传》之后。这次按钱永波先生的意见又加修改，列于书后，特此说明。

令从诸父教学，不数年而诵《五经》，习《尔雅》，知声律。”

- 宋仁宗天圣三年（1025 年），苏颂 6 岁。
  父 27 岁，为安州军事推官。苏颂随父居安州。

- 宋仁宗天圣四年（1026 年），苏颂 7 岁。
  与蔡濬冲、休文兄弟同笔砚，聚学于家，随父居。
  父 28 岁，为复州（今湖北天门）军事推官。

- 宋仁宗天圣五年（1027 年）苏颂 8 岁。
  父 29 岁，楚国太夫人病逝，居扬州守制。苏颂随侍，居扬州。

- 宋仁宗天圣六年（1028 年），苏颂 9 岁。
  父三十岁，丁太夫人忧，苏颂随父居扬州。

- 宋仁宗天圣七年（1029 年），苏颂 10 岁。

父 31 岁，守太夫人丧期满，自扬州调京师。苏颂《家训诗》说：“天圣中，先公服楚国太夫人丧，外除自维扬赴调，适值外祖龙图陈公出守余杭，以先妣魏国太夫人久别，欲邀同行。时予十岁，独侍先公入都，会盛文肃公在翰林，荐先公文馆，法当投进所业，使予管勾装写进卷及接待宾客。相过诸公皆一时之望，予获侍侧，颇蒙奖顾。时盛仲谟学士坐中试予以省题诗，予即时赋成，尤见赏激。”

- 宋仁宗天圣八年（1030 年），苏颂 11 岁。
  父 32 岁，在京师待调迁。苏颂随侍，居京师。

- 宋仁宗天圣九年（1031 年），苏颂 12 岁。

父 33 岁，任无锡县宰，办第一所私塾。苏颂与华直温、华直清同学，准备迎举，日夜不息。诵读文史，研经习文，有长足进步。

- 宋仁宗明道元年（1032 年），苏颂 13 岁。

父 34 岁，继续任职无锡。苏颂就学县厅西圃学舍。苏颂《家训诗》说：“先公宰无锡日，即县厅西圃开学舍，延诸生、郡进士华直温、新安闵从先辈数人同结课。予时十三岁，与从叔宣甫、山甫同砚席，预课试。”

- 宋仁宗明道二年（1033 年），苏颂 14 岁。

父 35 岁，调知公安县。苏颂在《朝议大夫致仕张公二首》的注文中说“予稚齿随亲寓武陵”，即指此时。

父年底入京师，迁太常博士。

- 宋仁宗景祐元年（1034 年），苏颂 15 岁。

父 36 岁，入京举贤良方正科，擢尚书祠部员外郎、通判洪州（今江西南昌）。办第二所私塾。

苏颂随侍洪州，就读于万君特先生。他在《家训诗》中谈到此事时说：“先公通判洪州，又延乡先生万君特讲书。予与诸父及临川蔡元导（原文误为道）、元翰昆弟同厅学。时南城李觏泰伯贽文谒先公，亦留馆斋中，得以切磋，蒙益多矣。”

- 宋仁宗景祐二年（1035 年），苏颂 16 岁。

父 37 岁，任洪州通判，苏颂随侍。

苏象先在《魏公谭训》卷三记载：“祖父言：年十六岁侍曾祖，为洪州通判，命作《夏正建寅赋》。赋成，曾祖曰：‘夏正建寅，无遗事矣，汝异时当以博学知名也。’”

- 宋仁宗景祐三年（1036 年），苏颂 17 岁。

父 39 岁，通判洪州。

苏颂居洪州，读经习文，以备举业。

- 宋仁宗景祐四年（1037 年）苏颂 18 岁。

父 39 岁，归京师，上《十议》。擢直史馆，为开封府推官、三司盐铁判官。

苏颂初预开封府试，“主司吴育（春卿）以博学识题见奖，便许以远到，自此士大夫稍稍称道。”

与吕公著（晦叔）结识于考场。苏颂回忆与吕公著的友谊说：“吕公与予少时相得于场屋，及仕朝廷，接迹最久。”（见《苏魏公文集》卷一四）

- 宋仁宗宝元元年（1038 年），苏颂 19 岁。

父 40 岁，直史馆，为开封府推官、三司盐铁判官。

苏颂读书京师，参加省试。苏颂回忆这次省试说：“省试以犯声病格不收。时主文盛文肃公谓先公曰：‘试文当在高等，以点检官指摘诗中押声‘闻’字退落，诚可惜也’。”“既知以声病黜落，遂刻意音训之学，自尔颇知字书。”（见《苏魏公文集》卷五）。叔父苏缄考中进士。

苏象先在《魏公谭训》卷三中记载这次考试及苏颂与主考官的交往

说："祖父一日坐书室中，吴春卿为知制诰来访曾祖。曾祖出，迳来见祖父。骤然论文，遽问唐人制诰孰为优者？祖父辞不敢对。吴曰：'相与论文，何必形迹。'祖父遂言：'世称常、杨、元、白，以某观之，常不及杨，白不及元。'吴大称赏曰：'足下举子而能如此，异时必典制命矣。'"

- 宋仁宗宝元二年（1039 年），苏颂 20 岁。

父 41 岁，仍直史馆，为开封府推官、三司盐铁判官。闰十二月，擢史馆修撰。

苏颂居京师，习读经史、音韵，准备再次应举。

- 宋仁宗康定元年（1040 年），苏颂 21 岁。

父 42 岁，任中书舍人、知制诰。

乾元节（仁宗诞辰日）推恩任子，父欲奏荐苏颂，颂力辞之。

苏颂在《家训诗》中回忆："康定元年乾元节，推恩近著。先公任中书舍人，欲奏荐，予乞且应举。先公初不怿，既而大称许，复勉以勤笃，又延建安黄晞先生数公置门下，及与长乐王深甫子直，清江刘原父、贡父兄弟同砚席，凡五六年。后予已忝科第，往来京师，犹相从讲论。"

八月，父任贺辽国太后生辰使。

- 宋仁宗庆历元年（1041 年），苏颂 22 岁。

父 43 岁，使辽归，擢翰林学士、知制诰。赐金带。

苏颂于考场认识陈绎、杨立之，并结下深厚友谊。苏颂有《陈和叔内翰得庄生观鱼图于濠梁出以相示且邀作诗以纪其事》诗。杨立之自与苏颂相识，即成终生挚友。苏颂写过《次韵杨立之十一官府二篇》《次韵杨立之怀旧》等诗。

- 宋仁宗庆历二年（1042 年），苏颂 23 岁。

父 44 岁，任翰林学士，知制诰。

苏颂居京师应试。春，聂冠卿权知贡举，欧阳修、苏绅皆为权同知贡举。苏颂因父之嫌，为别试。遂中进士乙科别试第一。王安石也是同榜进士。

苏颂初任汉阳判军，后改宿州观察推官。

- 宋仁宗庆历三年（1043 年），苏颂 24 岁。

父 45 岁，由翰林学士迁尚书礼部郎中。又授御史中丞，固辞不拜。因其父病重，不愿任监察之职，恐因政治争论损父之健康。七月，因荐御史马端言不符实，改龙图阁学士，出知扬州。辞不赴任，亦因父病重。

苏颂为宿州（今安徽宿州）观察推官。

冬祖父仲昌病逝，父奔丧复州，归葬于闽。

苏象先在《魏公谭训》卷二记载此事说："曾祖庆历中在翰苑，丁福国公忧。星奔赴景陵，护柩由湖北涉京畿，历京东、西，过淮、浙，水陆千里，方至闽境，数冒险难。故曾祖谓祖父曰：'吾归葬失计，汝辈慎勿效。既不能免仕宦，随处葬我，乃延陵季子之志也。'"

- 宋仁宗庆历四年（1044 年），苏颂 25 岁。

父 46 岁，守丧寓金陵（今南京市）。

皇帝为照顾苏绅，特移苏颂知江宁县（今南京市）。

六月去贵池。苏颂在《题青溪图》中说："予庆历四年领邑江宁，六月驰漕牒，之贵池，适遇天章滕公过郡，盘桓新居。都官曾公退居州第，相期为弄水之游者数四。临青溪，望诸山，以琴棋消暑，笑言甚适。"（见《苏魏公文集》卷七二）

- 宋仁宗庆历五年（1045 年），苏颂 26 岁。

父 47 岁，持服寓金陵。

苏颂仍知江宁。

十一月，父守丧期满，被召返京，复为翰林学士、史馆修撰、权判尚书省。

- 宋仁宗庆历六年（1046 年），苏颂 27 岁。

父 48 岁，至京师未满三月，又于正月以吏部郎中改侍读学士、集贤殿修撰、知河阳。

又徙河中（今山西永济市蒲州镇），未赴任而感疾，为医者用药所误，卒于河阳。

苏颂奔丧河阳。

- 宋仁宗庆历七年（1047 年），苏颂 28 岁。

苏颂治父丧。

苏颂在《家训诗》中记载奔丧治葬一事："予登科初，补宿州观察推官，值先祖太尉薨背，先公持服寓金陵。朝廷特就移予知江宁县，才满秩，先公在河阳下世。予星行护丧南归治命，以泉山乡里道远不可归，令于升、常间卜葬谋居。既过京口，会故人钱起居子高作守，治馆相留。时有道人自真善山水学，从予行常、润数州，择得今青阳坟地。术者皆言善地，遂安葬。自此谋居郡中，占丹阳为乡里。”

- 宋仁宗庆历八年（1048 年），苏颂 29 岁。

为父守丧居丹阳。

- 宋仁宗皇祐元年（1049 年），苏颂 30 岁。

为父守丧期满。回京师，因父逝，苏颂将祖母、母亲及诸姑弟妹接来孝养，家贫无资，请求铨调，授南京（今河南省商丘，下同）留守推官。

苏颂在《家训诗》记载这次请调说：“予既除先公丧，祖母徐国太夫人、先妣魏国太夫人皆在堂，及诸姑弟妹未婚嫁。家素无资，不暇择禄，急铨调，授南京留守推官。”

- 宋仁宗皇祐二年（1050 年），苏颂 31 岁。

苏颂继续任南京留守推官。

七月，欧阳修知应天府（今商丘）兼南京留守司，十分倚重，委以府事。

杜衍此时以太子少师退休，居南京，十分器重苏颂，过从甚密。

《魏公谭训》卷六记此事说：“杜相在南都，尤待遇祖父。每一月不往，必曰：子容欲为不可得而亲疏耶？何待老夫之薄也？’时欧公为尹，每燕会，止是两客，祁公与祖父也。”

《苏颂行状》言及杜衍：“且自谓平生人罕见其用心处，遂自小官以至为侍从、宰相，所以设施出处先后本未悉以语公。曰：‘以子相知，且知子异日必为此官，老夫非以自矜也。’”

苏颂对欧阳修和杜衍的知遇之恩也刻骨铭心，永世不忘。他写给欧阳修的挽辞曰：

早向春闱遇品题，继从留幕被恩知。
何期瀫水缄书日，正是椒陵梦奠时。
感旧绪言犹在耳，怆怀双泪谩交颐。
谁将姓字题延道，共立门生故吏碑。

他写给杜衍的挽辞曰：

几杖初来宅次睢，孤生从此被深知。
翘材馆盛亲师益，绿野堂闲奉燕私。
恩纪难忘空陨涕，绪言如昨重铭肌。
涣阳松柏无因见，延首东南倍怆悲。

（皆见《苏魏公文集》卷一四）

- 宋仁宗皇祐三年（1051 年），苏颂 32 岁。

苏颂任南京留守推官任满，转大理寺丞、知广德县（今安徽广德）未赴任，因赵叔平、孙梦得举荐，于京师待试馆职。

- 宋仁宗皇祐四年（1052 年），苏颂 33 岁。

苏颂待试馆职于京师。

苏颂在《家训诗》中记此事说："先友少师赵康靖公（赵慨）、少傅孙文简公（孙忭），洎诸翰林连章荐文继先世。蒙取索先公遗稿及予投贽，乞召试职名。先是言事者奏近岁文馆太冗，乞加慎选。"苏颂因此未得立即与试，而留滞京师一年。

- 宋仁宗皇祐五年（1053 年），苏颂 34 岁。

苏颂召试馆职，授馆阁校勘。寓京师西冈宅。

苏颂记载召试说："时预试者如梅尧臣、宋敏修、宋充国、杨忱并弟慥文词皆入等，止迁秩或赐科名及升差遣。逮予被荐……乃试两题，俱书高等。时翰林曾、胡、杨、田四公皆云：近预试者，唯冯京、苏颂皆入高等。因此遂得职。"（见《家训诗》注文）

苏象先记载这次召试说："祖父试馆职《兴王赏谏臣赋》《吹邠迎寒诗》。胡武平为考官，见之曰：'近岁唯冯当世与公在三上，赋对尽兴王赏谏臣事，皆切中。如《吹邠迎寒诗》，尽该一部《周礼》矣。'"这次召试充分显示了苏颂之博学多才。

正月，因朝廷兵败于依智高，苏缄被贬职房州（今湖北房县）司马。苏缄迁谪过都时写诗给苏颂，苏颂作和诗《次韵和宣甫叔父迁谪过都见寄》。

- 宋仁宗至和元年（1054 年），苏颂 35 岁。

苏颂任馆阁校勘。十一月同知太常礼院。

苏颂热爱校书职业，他说："伏以校文中秘，儒者美官。预台阁之渐阶，以铅椠为职业。朝廷育材之地，礼待之甚隆……固当负帙宿官，潜精志业。考会字书之误，参订于前篇；详求《略》《录》之余，更资于新簿。冀成铅椠之效，弗累权衡之私。”（见《苏魏公文集·谢馆阁校勘》）

- 宋仁宗至和二年（1055 年），苏颂 36 岁。

任大理寺丞、馆阁校勘、同知太常礼院。

正月，晏殊卒。苏颂撰《司空侍中临淄公晏殊谥元献议》（见《苏魏公文集》卷二〇）。苏象先在《魏公谭训》卷四说：“祖父与东坡在金华，因论作赋之方……喜晏元献、欧（阳）文忠小词，以为有骚雅之风而不古不俗，尤爱声韵谐偶。”

文彦博为相，请建家庙，命太常礼院讨论，苏颂写了《立家庙议》，考周、唐设家庙之礼，论宋代应行之制。

- 宋仁宗嘉祐元年（1056 年），苏颂 37 岁。

苏颂迁大理寺丞任满。仍为馆阁校勘、同知太常礼院。

闰三月，程琳卒。苏颂撰《中书令程文简挽词》三首（见《苏魏公文集》卷一四）。

五月，王贻永卒。苏颂撰《驸马都尉赠右仆射王贻永谥康靖状》。（见《苏魏公文集》卷二〇）

九月，皇帝恭谢天地于大庆殿，大赦。苏颂代宰相刘沆作《恭谢庆成诗十韵》。苏颂自注说：“嘉祐元年九月，代刘相作。时二府皆有诗，议者云皆不逮刘公者。公闻之，曰：‘某久不事笔砚，此亲倩苏校勘所作也。’人嘉其不掩善。”（见《苏魏公文集》卷一）

- 宋仁宗嘉祐二年（1057 年），苏颂 38 岁。

苏颂迁殿中丞、馆阁校勘、同知太常礼院。

二月，故相杜衍卒，撰《司徒侍中杜正献公挽词》五首（见《苏魏公文集》卷一四）。

四月，苏颂挚友黄晞卒，即日往吊痛哭，为其买棺就殓，且为之筹措丧事，埋于郊寺。

八月，枢密使韩琦奏请诸道配药赐民，以救疫疾。又请选知医近臣与太医校定医书，下诏于编修院设校正医书局，命苏颂与掌禹锡、林亿年等并为校正医书官。

- 宋仁宗嘉祐三年（1058 年），苏颂 39 岁。

苏颂任殿中丞、馆阁校勘、同知太常礼院。兼任校正医书官。

与掌禹锡、林亿年、张洞等，并医官秦宗古、朱有章等，共同校定《神农本草经》及其他医药古籍。

- 宋仁宗嘉祐四年（1059 年），苏颂 40 岁。

苏颂任校正医书官。

二月，迁集贤校理。

右正言吴及上奏："请选馆职三两人，分馆阁人吏编写书籍。"朝廷采纳了吴及的建议，乃命秘阁校理蔡子直、陈述古，集贤校理苏颂、馆阁校勘陈绎，分史馆、昭文馆、集贤院、秘阁书而编校之。

三月，朝廷殿试，苏颂为复考官，宿于景福殿水亭之西。他后来写诗回忆此事说：

当年覆实水亭西，曾见春龙起蛰泥。
晚接官联方喜幸，老忧颠踣待扶携。
入兰游雾蒙芼润，激浊扬清望品题。
蹇步强攀英俊躅，终然驽骥力难齐。

（见《苏魏公文集》卷一二）

七月，诏礼院议立故郭皇后神御殿于景灵宫，群臣争论不已。八月，苏颂参与争论，他认为郭皇后本不当废，请附于后庙，以成追复之道。并请加"怀""哀""愍"之谥。使争论完美解决，宰相曾公亮为之叹重。

家贫俸薄，无钱募佣书传写秘阁书籍，每日自记两千言，归即装成书册，后藏书积数万卷。

- 宋仁宗嘉祐五年（1060 年），苏颂 41 岁。

苏颂任太常博士、集贤校理、编定书籍官。

嘉祐二年（1057 年）春，崛起于文坛的苏洵、苏轼、苏辙自蜀返京师，亦居于西冈，与苏颂得叙宗盟，认为本家。

苏颂受知宋庠、宋祁。苏象先在《魏公谭训》卷三中记载："祖父受知二宋，尝谒元献，公曰：'舍弟子京于文章少许可，独称君文典重而清新。'"

八月，《补注神农本草经》成书，上奏，并写总序。

秋季，恳求外补。因九年不迁，俸禄微薄，食口众多，家素无资。

苏象先在《魏公谭训》卷六记载："祖父为大理寺丞、馆阁校勘，月俸共十七千。赁宅养马已费三之一，迎侍高曾祖母、二曾叔祖、二曾祖姑、二叔祖、三叔姑皆未婚嫁，食指既众，亲宾益多。"宰相富弼为之奏请，而差知颍州（今安徽阜阳市）。

苏颂在《家训诗》中记载说："予在馆阁九年，与同舍陈述古、孙圣途俱请外补。久之无报，遂同见执政。丞相富郑公问：'九年不迁，未有前比，莫且别移一京局？予再三言食贫且久，难更伺候。翌日特为奏陈，独予得汝阴善郡。陈、孙岁浅，得常、郢，皆常调也。"

- 宋仁宗嘉祐六年（1061年），苏颂42岁。

苏颂以朝奉郎、太常博士充集贤校理差知颍州，三月五日到任。

九月，《本草图经》撰成，为之作序。（见《苏魏公文集》卷六五）

在颍州西湖与王回、王向、王山民、辛成之游赏赋诗。（见《苏魏公文集》卷七）

- 宋仁宗嘉祐七年（1062年），苏颂43岁。

苏颂仍知颍州。

王向卒，为之撰祭文。（见《苏魏公文集》卷七一）

苏颂满怀深情地写道："呜呼！予与子直，世笃朋仪。越在稚年，游从讲谊……辇寺同馆，秋闱并试。爱子襟怀，脱落闳肆。嘉子文章，俊雄雅丽。"

苏颂在《王子直二首》诗中写道："嗟若时之彦，怀哉昔并游。十年追几砚，一别见坟丘。满目皆陈迹，伤心未白头。风流何处尽？颍水去悠悠。"（见《苏魏公文集》卷一四）

- 宋仁宗嘉祐八年（1063年），苏颂44岁。

苏颂知颍州。

三月，仁宗驾崩。建山陵征调急迫，苏颂为民请命说："遗诏务从简约，岂有土不产而可强赋乎？量其有无，事亦随集。"

在颍州界内，苏颂"高估缓期，官自为市，民不知扰。"（见《宋史·苏颂传》和苏颂《墓志铭》）。

写《次韵司徒富公耆年会诗》。（见《苏魏公文集》卷五）

- 宋英宗治平元年（1064年），苏颂45岁。

英宗即位，召提点开封府界诸县镇公事。

上奏章《奏乞京畿诸县分屯禁军》，建议增兵西北诸县，以备非常。（见《苏魏公文集》卷一八）

又上奏章《奏请考校知县县令盗贼为殿最》，苏颂认为巡检县尉“但能捕盗，而不能使民不为盗”，而知县县令可以使民不为盗，应考察知县县令。（见《苏魏公文集》卷一九）

上《奏乞专差官开修府界至京沟河》，请疏浚自盟、白沟、圭、刀四河，以防京畿水患。（见《苏魏公文集》卷一七）

此岁大灾疫，苏颂“请转邻路粟以补匮乏”。（见苏颂《行状》）

入为三司度支判官，与李公仪同衙共事。

- 宋英宗治平二年（1065年），苏颂46岁。

苏颂仍任三司度支判官。

英宗举行南郊大礼，“大报圜丘恭展三年之礼；祗见宗庙遍祀八世之灵”。

苏颂写《进南郊大礼庆成诗状》和《大礼庆成诗五首》。（见《苏魏公文集》卷一）

七月贾昌朝卒，苏颂写《司徒侍中贾魏公挽辞二首》。（见《苏魏公文集》卷一四）

- 宋英宗治平三年（1066年），苏颂47岁。

苏颂仍任三司度支判官。

四月，苏洵卒于京师。苏颂撰《苏明允宗丈挽辞》二首。其诗曰：“尝论平陵系，吾宗代有人。源流知所自，道义更相亲。痛惜才高世，赍咨涕满巾。又知余庆远，二子志经纶。”

七月，孙抃葬，苏颂写《太子少傅致仕赠太子太保孙公墓志铭》。（见《苏魏公文集》卷五五）。

孙抃，字梦得，眉州眉山人。苏绅之好友，苏颂预试馆阁的推荐人。

- 宋英宗治平四年（1067年），苏颂48岁。

苏颂仍任三司度支判官。

圣寿节，任辽贺使接送伴使，送辽使至恩州，驿舍夜火，苏颂措置镇定而未生乱。

英宗驾崩，赵顼即位，是为神宗。

冬，任送伴契丹使。十月五日出都北行，经四十一日到达就日馆，十二月十七日到达榆林宿馆。作《前使辽诗》。（见《苏魏公文集》卷一三）

- 宋神宗熙宁元年（1068 年），苏颂 49 岁。

元月十四日，参加初郊大典，撰《进皇帝初郊大礼庆成诗状》和《皇帝初郊大礼庆成诗》。（见《苏魏公文集》卷一）

送契丹使回朝，神宗询问辽国国情，对苏颂之奏十分称赏。

因郊恩改工部郎中，迁淮南转运使。七月十五日到任，到淮南仅五个月，召还，修起居注，兼同判礼部祠部，又判三司磨勘司，改同判太常寺兼礼仪事。

写《淮南转运使谢上表》。（见《苏魏公文集》卷三七）

八月，掌禹锡葬，苏颂撰《工部侍郎致仕掌公禹锡墓志铭》。（见《苏魏公文集》卷五七）掌禹锡，字唐卿，许州郾城人。苏颂任职校正医书局，掌禹锡总其事，共同编定《嘉祐补注神农本草》《本草图经》等书。苏颂主撰《本草图经》，由掌禹锡推荐。

苏颂好友刘敞卒。苏颂曾写《维扬题壁诗》记述刘敞的政绩和两人之友谊。（见《苏魏公文集》卷五）苏象先于《魏公谭训》卷四记刘敞与苏颂关系说："刘原父豪迈超轶，博极群书……尝谓祖父曰：'纵不取高第，亦不能为州县之职。'……次贾黯榜，试《戎祀国之大事》，刘赋如神助。警句云：'仲尼明三慎之文，唯斋及战；箕子陈五事之目，在祀与师。'考为状元。"

- 宋神宗熙宁二年（1069 年），苏颂 50 岁。

苏颂知制诰、知通进银台司兼门下封驳事、知审官院，又权知审刑院事，详定天下印文，判司农寺。（见苏颂《行状》）

二月，以富弼为宰相，王安石参知政事（副宰相）。创置三司条例司，议行新法。

知金州（今陕西安康）。张仲宣因贪臧枉法，罪至死，判杖脊黥配海岛。苏颂上书，论"古者刑不上大夫"，遂免杖黥之刑，其后定以为法。

- 宋神宗熙宁三年（1070 年），苏颂 51 岁。

苏颂仍知制诰、知通进银台司、知审刑院。

正月，调知礼部贡举。此榜得人甚多，奏陆佃为第一。放榜集英殿侍立扆前，及赐闻喜宴亦预班列。

变法派与反对派斗争日趋激烈，反对派以司马光为首，为表示不合作，司马光辞去枢密副使。苏轼两次上书反对新法。

苏颂虽力图保持中立，但亦难置身激流之外。四月至五月，因神宗、王安石任命李定为监察御史里行一事，掀起轩然大波。苏颂五次封还词头，反对此项任命。与李大临、宋敏求并落知制诰，归工部郎中班，史称“熙宁三舍人”。苏颂等声望益重，宾客满门。

十二月，韩绛、王安石并为相，神宗决心继续推行新法。

- 宋神宗熙宁四年（1071 年），苏颂 52 岁。

苏颂归工部郎中班，寓京师西冈宅。日奉朝请，虽风雨寒暑未尝移。

九月，因大享明堂恩，出知婺州（今浙江金华）。子苏嘉弃科举随侍。

苏象先在《魏公谭训》卷五记载苏颂在婺州的政绩说：“祖父知婺州，前此未有登第者。祖父视州学卑陋，形模湫隘，乃徙之爽塏地，建立宏丽。是岁钱得循发解登第，自而登科者不绝。”

苏轼因受弹劾请求外补，通判杭州，先于苏颂赴任。

- 宋神宗熙宁五年（1072 年），苏颂 53 岁。

初春，苏颂赴任婺州，过杭州，与苏轼畅游西湖，诗词赠答，谊情深笃。苏颂作《次韵苏子瞻学士腊日游西湖诗》。苏颂之子苏嘉亦得苏轼赏识。苏象先记载了这次游湖：“祖父知婺州，大人（苏嘉）侍。过杭，东坡为倅。自明允（苏洵）讲宗盟之好，东坡称祖父为宗叔，府会外自请游西湖终日。将起，曰：‘明日复邀宗弟。’先是东坡录近诗一卷呈祖父，祖父和之。大人亦继作，大相称赏。祖父谢其敦笃，明日遂遍游湖山，颇有诗什。及大人还赴亳掾，子瞻谓曰：‘乡人杨元素守亳，烦附一书，并致子由一信，及常茶一瓶。’盖东坡欲致委曲荐大人于元素而不欲言，故托以附子由信。后见书，果言：‘宗掾乃子容子，督学有文，而沉静若愚，刚毅不可犯。’及见元素，稍异待。”（见《魏公谭训》卷一〇）

二月十二日，过桐庐县漏港滩舟沉，苏颂母陈夫人得救，妹张君夫人苏氏、甥獐老及子颖士沉江而亡。（见《苏魏公文集·万寿县令张君夫人苏氏墓志铭》）

二月二十四日到任，撰《婺州谢上表》。（见《苏魏公文集》卷三七）

八月，欧阳修病逝于颍州，作《欧阳文忠公挽辞》二首。（见《苏魏

公文集》卷一四）

- 宋神宗熙宁六年（1073 年），苏颂 54 岁。

春，苏颂罢婺州守。

迁亳州（今安徽亳县），三月二十七日到任。二月，路经杭州，再与知州陈襄、通判苏轼游赏湖山。（阮元《两浙金石志》卷六有陈襄、苏颂、苏轼等熙宁六年二月二十一日游石屋洞题名。其刻石至今犹存。）

苏颂到任后，撰《亳州谢上表》。（见《苏魏公文集》卷三七）

- 宋神宗熙宁七年（1074 年），苏颂 55 岁。

苏颂仍知亳州。

五月，召还京师，勾当三班院。

十月，因郊祀恩复集贤院学士。撰《谢集贤院学士表》。（见《苏魏公文集》卷三七）

- 宋神宗熙宁八年（1075 年），苏颂 56 岁。

苏颂出知应天府兼南京留守司事，荐刘挚为签判。

撰《南京谢上表》。（见《苏魏公文集》卷三七）

十月，因彗星出，大赦天下，苏颂以恩复原官，除秘书监。此时已经三赦，李大临早复原官。可见，苏颂在李定事件中被称为“三舍人之冠”是当之无愧的。

又召复三班院，知银台司。

冬，苏轼自密州（今山东诸城）致信苏颂，恭贺又任新官。

- 宋神宗熙宁九年（1076 年），苏颂 57 岁。

苏颂为秘书监、知通进银台司。

正月，交趾围邕州（今广西南宁）急，叔苏缄为知州，遣使至桂州（今广西桂林）请救，未得救，邕州陷，苏缄死节。神宗谥忠勇。

吴越大饥，选杭州知州。神宗曰：“苏颂仁厚，必能拊安吴人。”（见苏颂《墓志铭》）出知杭州。

陛辞，神宗面旌苏缄忠义之节。

四月四日到任，撰《杭州谢上表》。（见《苏魏公文集》卷三八）

苏颂出京师，杨元素及诸僚友在祖佛寺设宴送行。席间苏颂撰《某忝命守余杭杨元素内翰洎两禁诸公出祖佛寺席上探韵赋诗以宠其行某亦分得

留字》诗。（见《苏魏公文集》卷九）

苏颂在杭州任内，踏察凤凰山，创建自来水。（见《苏魏公文集》卷三）

撰《次韵杨立之十一官府馆二篇》。自注文曰："予到郡值灾歉，涉五月，尚未暇游山。"可见政务之繁忙与爱民之笃切。

苏颂还有《次韵杨立之怀旧》《次韵杨立之赠京》《次韵杨立之见别》《次韵杨立之观韵海》《读杨文公集》等诗传世。（见《苏魏公文集》卷九、卷一一）

- 宋神宗熙宁十年（1077 年），苏颂 58 岁。

苏颂仍知杭州。

蒋颖叔自毗陵（今江苏常州）来杭州，共游湖山，撰《次韵蒋颖叔同游超化院》诗。苏颂还有《次韵蒋颖叔金部游介亭望湖山二十四韵》《次韵蒋颢叔同游南屏见惠长篇》《次韵蒋颖叔游西湖入南屏山》等诗。（见《苏魏公文集》卷四、卷八）

五月，召入为史官，修仁宗、英宗两朝国史。提举中太一宫，转右谏议大夫。

《续资治通鉴长编》卷二八二记载修史说："熙宁十年五月戊午，以宰相吴充为提举，宋敏求为修史、苏颂为同修史、王存、王履、林希为编修官。"七月，神宗对他们的修史提纲给予全面肯定，手诏曰："两朝大典，虽为重事，以卿等才学述作之，固已比迹马、班矣。朕之浅陋，何所加损乎！其如拟准进草绪成之。"

八月，再为贺辽主生辰使，西上阁门使、知英州姚麟副之。

苏颂等十月三日出京师，过北都，判大名府事文彦博欢宴送行，有唱和诗传世。其诗为《次韵开府太师留别诸公》。自注文曰："某顷年奉使过北都，伏蒙留连累日，早来请见，亦尝语及。"

十一月十六日抵辽中京，再赴广平见辽主，十二月十日离广平返国。第二年正月二十八日还京师。

作《后使辽诗》。（见《苏魏公文集》卷一三）

姚兕卒，撰《陇干姚将军神道碑铭》。（见《苏魏公文集》卷五四）

从叔苏绎卒，享年 72 岁。苏颂撰《叔父卫尉寺丞景陵府君墓志铭》。（见《苏魏公文集》卷六二）

- 宋神宗元丰元年（1078 年），苏颂 59 岁。

闰正月，权知开封府。再辟刘挚为府推官。

有僧犯法，事连祥符令孙纯（《宋史·苏颂传》误为李纯），置未治。十一月苏颂因此案被罢职。

六月，对鞫陈世儒狱。（见《苏魏公文集》卷一〇）

曾肇对此案进一步解释说："上阅狱词，疑不直，诏更劾实。御史推穷，乃大理丞贾种民增损囚词，以为有请，得其稿于狱吏家。于是，种民抵罪，而公得白。顾尝因人语及世儒帷箔事，公应曰然。以是为泄狱情，罢郡归班。"（见苏颂《墓志铭》）

- 宋神宗元丰二年（1079 年），苏颂 60 岁。

正月，降授秘书监，知濠州。

九月，因去年陈世儒一案，被传讯，赴御史台监狱。

此时苏轼因李定诬告所造成的"乌台诗案"而入狱，已系于知杂南庑，而苏颂囚于三院东阁，仅一墙之隔。因不得通音息，作诗四篇，以为异日相见时的谈话资料，其诗曰：

其一

早年相值浙江边，多见新诗到处传。
楼上金蛇惊妙句，卷中腰鼓伏长篇。
仳离岁月如流水，抑郁情怀积似烟。
今日柏台相望处，隔垣音响莫由宣。

其二

近年出处略相同，十载邅回我与公。
杭婺邻封迁谪后，湖濠继踵絷维中。
诗人嗫嗫常多难，儒者凄凄久讳穷。
他日得归江海去，相期来访蒜山东。

（见《苏魏公文集》卷一〇）

该诗记载了两人的不幸遭遇和患难与共的真情。

苏颂季子苏携随至京师诉冤，事情终于得以澄清，但苏颂仍因泄狱情被罢职。

十二月，苏轼也结案。神宗认为苏轼的诗并不是影射他，苏轼才免除了牢狱之灾，但也被贬谪黄州（今湖北黄冈）。

宋敏求病逝。苏颂撰《龙图阁直学士修国史宋公神道碑》。（见《苏魏公文集》卷五一）苏颂还有《次韵宋次道学士重过礼院》《与次道集贤谏议元素翰林赴冲卿枢密谏议见招宴会同赋》《和宋次道戊午岁馆中曝书画》《次韵宋次道庆黄安中李邦直二舍人皆自史院拜命》等诗传世。

- 宋神宗元丰三年（1080年），苏颂61岁。

岁中，起知河阳，因父苏绅病逝于河阳而未赴任。

十二月，以中大夫、集贤院学士出知沧州。入辞，神宗曰："卿又当远守，如卿宜在朝廷。朕知卿久矣，每欲用卿，则为事夺，岂非命也……卿直道，久而自明。"又从容访问为学之道，并命以往时所论典礼一二事奏进，遂有《立家庙议》《议承重法》上奏。（见《苏魏公文集》卷一五）

- 宋神宗元丰四年（1081年），苏颂62岁。

苏颂知沧州。

正月二十六日到任，撰《沧州谢上表》。（见《苏魏公文集》卷三八）

苏象先记载苏颂在沧州事迹说："祖父知沧州，神宗方修官制，一新政典。祖父被召同详定，每有所疑，令枢密承旨张诚一就第访问。无不叹美而从之。"（见《魏公谭训》卷一）

五月，复太中大夫，召判尚书吏部，同详定官制。

苏颂铨叙官吏，文武一归吏部，定四选法，即：行尚书左选，主管中级文官；尚书右选，主管中级武官；侍郎左选，主管初级文官；侍郎右选，主管初级武官。

八月，奉诏编类辽宋通和以来国信文字，考据双方盟誓、聘使、礼币、仪式等修成一书。《续资治通鉴长编》元丰四年八月丙辰日诏曰："自南北通和以来国信文字，差集贤院苏颂编类。"

苏颂记载："予到沧才数月，上喻执政云：'要苏某来修一书，令速召归。'遂有判吏部，修官制之命。"（见苏颂《家训诗》）

置局于枢密后厅，与王汝翼、李士京检阅文字，编修《华戎鲁卫信录》。

- 宋神宗元丰五年（1082年），苏颂63岁。

苏颂为同详定官制。

正月，毕仲衍押伴高丽，赐燕楼下赐诗。苏颂写《恭各御制上元观灯》。（见《苏魏公文集》卷一）

命为辽贺正馆伴使。复太中大夫。

三月，为御试初考官。

苏象先记载："神宗元丰五年，廷试进士。有暨陶者，因诸公唱名呼曰：'洎'，久之不应。上顾祖父，曰：恐当呼'讫'，吴有'暨艳造营府'之论，恐其后。上命以'讫'呼，果出应。问陶乡里，乃崇安人。上顾左右曰：'果吴人也。'"可见苏颂之博学。(见《魏公谭训》卷三)

四月，官制实施，进通议大夫守吏部侍郎，仍诏管左曹。

六月，修仁宗、英宗两朝国史完成。苏颂与修史官黄复、林希等受银绢奖赏。苏颂得银50两、绢50匹，并对衣金带。

- 宋神宗元丰六年（1083年），苏颂64岁。

苏颂任正议大夫、吏部侍郎。

写《留守太尉潞国文公宠示耆年会诗次韵继和》诗，颂扬文彦博之功绩。(见《苏魏公文集》卷一一)

九月，宋辽国信文字修完，神宗赐名《华戎鲁卫信录》，二二九卷，事目五卷，总二百册。

苏颂因详定官制和编书之功及车驾视省之恩，特授光禄大夫，加上护军，进封武功郡开国侯，食邑四百户。

十一月，南郊大典及上仁宗、英宗徽号，苏颂皆预礼仪事。

苏颂母病危，神宗遣使慰问，特准苏颂趋出视事。

赵概、富弼病逝。

赵概，字叔平，官至吏部尚书，苏绅之好友，苏颂任馆职的推荐人之一。

富弼对苏颂有知遇之恩，是苏颂任馆职和汝阴郡（颍州）的推荐人。苏颂写给富弼的诗有《次韵司徒富公耆年会诗》《和富公十二人中第二人绝句》，并为富弼母亲写过挽诗。(见《苏魏公文集》卷一四）富弼是苏绅的僚友、苏颂的长辈。苏颂的诗中有："高轩每过从，纵言谈道义。"可见他们交往之繁多。

- 宋神宗元丰七年（1084年），苏颂65岁。

苏颂任光禄大夫、吏部侍郎。

六月，苏颂母亲陈夫人病逝。神宗遣中贵人唁劳，除规定之丧葬费用外，另赐白金千两，敕州县应接其丧事，诏有司假官舍以居。神宗宠爱尤异，恩赐丰厚。

苏颂居京口（今江苏镇江市）丁忧。

九月，苏轼自黄州（今湖北黄冈）移汝州（今河南平顶山）途中，自仪真（今江苏仪征）渡江至京口，吊陈夫人之丧，作《陈夫人挽辞》。

- 宋神宗元丰八年（1085 年），苏颂 66 岁。

苏颂守母丧，寓扬州。陈夫人归葬润州，苏象先随侍。

三月，神宗驾崩。哲宗即位，年 10 岁，太皇太后高氏摄政，召用吕公著、司马光执政。

年末，苏轼回朝任职。苏颂之政治生涯也进入了一个回翔期。

苏颂对他自嘉祐六年（1061 年）守颍州到元丰八年（1085 年）神宗辞世这段时间的政治经历做了扼要自述如下：

> 予守颍州将二年，忽被召迁府界提点，逾年徙三司度支判官，又二年，出为淮南转运使。神宗初登极，因送辽使还，陛对，特蒙访问北辽事，颇合旨，仍宣谕二府。故到淮南才五月，召还修起居注。迁西掖掌诰二年，因论差除御史事，蒙中札召对，询问本朝故事，上初甚以为然及有褒语。无何，执政以为违忤，见黜归班，趋常朝者一年半。遇恩，出领东阳，移谯郡。还朝两领三班银台，又出南郡，知余杭。入为史官，尹京府。以孙纯、陈世儒事贬濠梁，凡五换，推及入对狱，卒无一事结吏议。乃罢濠领孟，辞以先公薨逝之地，改知沧州。予到沧才数月，上喻执政云："要苏某来修一书，令速召归。"遂有判吏部修官制之命。及进对，上曰："朝廷与契丹通好岁久，故事仪式，旧章案牍，遗佚者多。每使人来生事，无以折证。朕欲裒集国朝以来至昨代州议定地界文案等，以类编次，为一朝典章，使后来得以稽据。朕思非卿不能成之。"又宣喻云："近日修书臣僚多迁延岁月，只如《密院机要》已七八年，近方奏请差人检阅，已令罢之。卿该通勤敏，此书何日可成？"对以案籍浩大，凡数十架，急急编次，亦须二年，不知果可成就否？上曰："二年了得，甚善。"有旨就枢密院四厅置局，仍许辟官检计，指射密院人吏。于是，晓夕比次，逐时面奏，商议例类，不逾期成书二百五十卷。奏稿日，上大喜，仍御笔赐名《华戎鲁卫信录》。是年南郊，加上仁宗、英宗御号。予预五使，奉册乘辂入朝。明年，先帝升遐，予适丁先太夫人忧，寓维扬，不得预挽绋之列，于今痛恨。

- 宋哲宗元祐元年（1086 年），苏颂 67 岁。

苏颂守母丧，寓扬州。

七月，守丧期满，除服，授刑部尚书。

八月八日诏书到扬州，撰《谢降诏已除刑部尚书》。（见《苏魏公文集》卷三九）

十一月，兼详定重修敕令。

《续资治通鉴长编》卷三九一记此事曰："刑部尚书苏颂兼详定重修敕令，御史中丞傅尧俞兼看详诉理。"苏颂主持的详定重修敕令工作于第二年完成，他在《进元祐编敕》中说："凡删修成敕 2440 条，共十二卷，内人名件多者，分为上下，计十七卷，目录三卷。令一千〇二十条，共二十五卷。式一二七条，共六卷，令、式目录二卷。申明一卷，余条准此例一卷，元丰七年以后赦书德音一卷，总五十六卷，合为一部。如得允当，即望降敕雕印颁行，仍乞以《元祐详定令式》为名。"（见《苏魏公文集》卷四四）这是苏颂领导删编的一部简明法典，成于元祐二年十二月。

又诏详定新旧浑仪，领导水运仪象台之研制工作。因吏部令史韩公廉通天算，奏用之。韩公廉撰《九章勾股测验浑天书》一卷，苏颂阅后命其造木样机轮一座。差官实验，如候天有准，即别造铜器。

改吏部尚书。

孙永卒，撰《致政侍读孙曼叔挽辞二首》。（见《苏魏公文集》卷一四）

- 宋哲宗元祐二年（1087 年），苏颂 68 岁。

苏颂任吏部尚书兼侍读。

八月兼充实录院修撰。

八月十六日奉诏置局，领导水运仪象台研制。又奏郑州原武县主簿充寿州州学教授王沇之专监造作，兼管勾收支官物。太史局夏官正周日严、秋官正于太古、冬官正张仲宣等，与韩公廉同充制度官。局生袁惟几、苗景、张端，节级刘仲景，学生侯永和、于汤臣等测验晷影刻漏等，都作人员尹清部辖指画工作。

上《谢赐御筵并御书诗》。

撰《次韵苏子瞻题李公麟画马图诗》。（见《苏魏公文集》卷五）

此时朝廷有洛党，以程颐为首；蜀党，以苏轼为首；朔党，以刘挚为首。以程颐任崇政殿说书，苏轼任翰林学士兼侍读，刘挚任尚书左丞。

苏轼是苏颂的宗侄和挚友，刘挚曾是他的属吏。他却不涉党争，不树党援。

- 宋哲宗元祐三年（1088 年），苏颂 69 岁。

苏颂任吏部尚书兼侍读，主持水运仪象台研制工作。三月，为廷试详定官。

在取士问题上与苏辙争执不已。

苏象先说："祖父元祐三年为廷试详定，得李注、元发，以为胸臆瑰奇，文章浩博似史迁；论事有本末，布衣而知天下事似陆贽，欲以第一人。苏黄门诸公皆不悦，曰：'适出一曾旼，又擢一曾旼，不可。'意不能夺，才得乙科，士论惜之。"（见《魏公谭训》卷四）

三月，韩绛病逝。撰《司空赠太傅康国韩公挽辞五首》。（见《苏魏公文集》卷一四）

五月，水运仪象台小样成，自后造大木样，至十二月工毕。闰十二月二日具札子取禀安放处，得旨置于集英殿。

闰十二月，范镇卒。撰《蜀公范景仁忠文公挽辞四首》。（见《苏魏公文集》卷一四）自注曰："公修《仁宗实录》成，迁秩，某忝当制。公进《大乐书》，蒙以副本为传。"

苏颂写给范景仁的诗，有《效范景仁侍郎次韵和君实端明长句奉呈龙舒杨守》等。（见《苏魏公文集》卷五）

- 宋哲宗元祐四年（1089 年），苏颂 70 岁。

苏颂任光禄大夫、吏部尚书兼侍读。

正月，上《乞致仕第一表》，不准。（见《苏魏公文集》卷三九）

二月，吕公著病逝，撰《司空平章军国事赠太师开国正献吕公挽辞》五首。

三月，诏以铜造水运仪象台成，仍以"元祐浑天仪象"为名。

甲戌日，进《迩英要览》。

苏象先在《魏公谭训》卷一记载："祖父为吏部尚书，因转对建言：国朝典章，大抵沿袭唐旧。史官报记，善恶咸备。乞诏迩英臣僚，采录新旧《唐书》中臣主所行，日进数事，以备圣学。"《迩英要览》即以此而成。

五月，迁翰林学士承旨，撰《谢翰林学士承旨》。（见《苏魏公文集》卷四〇）

陈绎葬，撰《太中大夫陈公绎墓志铭》。（见《苏魏公文集》卷六〇）

- 宋哲宗元祐五年（1090 年），苏颂 71 岁。

苏颂为翰林学士承旨、光禄大夫、知制诰兼侍读。

三月，迁右光禄大夫守尚书左丞。多次请辞免，均不准。

九月，诏议郊祀合祭，众臣所论不一。苏颂与郑雍曰："古者人君嗣位之初，必郊见天地。今皇帝初郊而不祀地，恐未合古。"从之。

- 宋哲宗元祐六年（1091 年），苏颂 72 岁。

苏颂任右光禄大夫守尚书左丞。

长孙苏象先蒙恩赐第，苏颂谓贺客曰："本朝五世登科者，唯衰族尔。"（见《魏公谭训》卷二）

苏颂请以润州之因胜院为母亲坟寺，且乞以"因胜报亲禅院"为额。既得请，仍以旧住持人道澄主之。黄山谷（字庭坚）见访，使作请疏。

十一月，傅尧俞卒，撰《中书侍郎赠银青光禄大夫傅钦之挽辞》三首。（见《苏魏公文集》卷一〇）

孔文仲病逝，撰《中书舍人孔公文仲墓志铭》。（见《苏魏公文集》卷五九）

- 宋哲宗元祐七年（1092 年），苏颂 73 岁。

苏颂任右光禄大夫守尚书左丞。

正月，撰皇帝纳后册文。

四月，摄太尉，充发册使。（见《续资治通鉴长编》卷四七二、卷四七四）

诏撰《浑天仪象铭》。（见《宋会要辑稿·运历二》）

六月丙寅，铜制浑天仪象（即水运仪象台）成。诏三省枢密院阅之。

六月辛酉，擢左光禄大夫、守尚书右仆射兼中书侍郎（即右宰相）。加上柱国，进封开国公，加食邑七百户，食实封三百户。

吕大防为左仆射兼门下侍郎（左宰相），苏辙为大中大夫守门下侍郎，梁焘为尚书左丞，郑雍为尚书右丞。这就是苏颂任相时的主要领导人。

吕大防（微仲）欲以宰相子弟之惯例任苏嘉馆职，苏颂未允。

苏象先记此事曰："元祐七年，祖父与吕微仲同为相，暇日因言大人（即苏嘉）累任京局，且以宰执子弟以例除馆职，欲以用之。祖父答以馆职乃朝廷育才之地，岂可令子弟以例得之。吕唯唯而已。"（见《魏公谭训》卷一〇）

- 宋哲宗元祐八年（1093 年），苏颂 74 岁。

苏颂任右仆射兼中书侍郎。

曾肇评论苏颂任相说：“及登丞弼，论议持平，务循故事，避远权宠，不立党援。进退人才，弗专主已。理有未当，亦不苟从。”（见苏颂《墓志铭》）

三月，因御史杨畏、来之邵弹劾苏颂稽留贾易授官制命，苏颂则上疏辞职，退避于家。又以老病为由，坚决请求致仕。

罢为集禧观使。

苏象先记此事经过甚详：“逾年，遂拜右仆射。会牵复前侍御史贾易知苏州争不决，至论于上前。祖父曰：‘易与臣本无雅故，以其为御史不避权要，号为敢言。又法应牵复，既已为监司矣，乃除苏州，则是虽更赦，反下迁。兼其余当牵复者甚众，使人人如易，则赦令为虚文矣。众欲加易以馆职，祖父亦以为不可。有旨再议，而御史杨畏、来之邵以为稽留诏命。又言知杭州待制林希、礼部侍郎张巘、阎木自太学博士迁太常博士，邹浩自许州教授迁太学博士，以为交结子弟。祖父闻之，即日归私第，称疾辞位。二府诸公相过，苏黄门（苏辙）云：‘须翌日见上，少叙陈，然后求罢，贵全进退之礼。’祖父言：‘宰相一有人言，乃是物议不允，岂有解纷之理。’三上不允，陛对，再上一札，力辞老病，乃罢为观文殿大学士、集禧观使。”（见《魏公谭训》卷一）

九月，出知扬州。

十月路经润州祭扫苏绅墓。

苏象先记载：“元祐八年，祖父罢相以集禧观使居京师，更历之时，出守广陵，遂援前比，亦乞以时过家上冢，得请。故祖父谢上表云：‘淮海奥区，名在九州之列；松楸故国，地才一水之遥。缘近岁守臣之文，有过家上冢之例。’”（见《魏公谭训》卷一〇）

十一月到扬州，作《维扬题壁诗》。苏颂自注：“元祐癸酉秋九月，蒙恩补郡维扬，十一月到治，莅事之始，首阅题名，前后帅守莫非一时豪杰，固所钦慕矣。然于其间九公颇有寅缘，感旧思贤，嗟叹不足，因作长韵，题于斋壁，以寄所怀耳。”

高太后辞世，哲宗亲政。

- 宋哲宗绍圣元年（1094 年），苏颂 75 岁。

苏颂以观文殿大学士、集禧观使知扬州。

调西京留守（今河南洛阳），以老病辞，不许。赴任行至符离，辛夫人卒，恳请再归。六月再拜知扬州。

哲宗起用新党，以章惇为相，罢吕大防等。以“绍述”为名，贬逐旧党，追夺司马光、吕公著等赠谥，毁所立碑。苏轼自定州（今河北定州）贬谪惠州（今广东惠州）。

- 宋哲宗绍圣二年（1095 年），苏颂 76 岁。

苏颂以观文殿大学士、集禧观使知扬州。

多次上书请求致仕，恳言病老求归，特授中太一宫使，许随意居住，遂还京口。

撰《谢中太一宫使表》。（见《苏魏公文集》卷四三）

苏颂对其自元祐元年任刑部尚书至绍圣二年得归京口这段经历，自述曰：“太夫人服除，蒙诏书已除刑部尚书，令乘驿赴阙。逾月，改吏部，二年，除翰林承旨。予自承旨拜左丞二年，忝中揆又一年，言者论台杂牵复事，云予独主之。予闻言，即时出省，归私第待罪。同列见喻云：‘且须翌日见上，略叙陈，然后求罢，贵全进退之礼。’予答以宰相一有人言，乃是物议不允，岂有解纷之礼。连上三削一札，获罢，拜大学士，领集禧观使，恩礼优异，近岁未有。中谢日，两宫褒语：‘知卿无他意，只是避人言。’其年出守维扬。再告老，复得宫使之命，许还丹阳。”（见《苏魏公文集》卷五）

- 宋哲宗绍圣三年（1096 年），苏颂 77 岁。

苏颂以中太一宫使居京口。

撰《谢中太一宫使表》。（见《苏魏公文集》卷四三）

建京口新居，得刁景纯土地，扩大了宅地面积。

苏颂描写新居诗曰：

勿谓衡茅陋，门墙亦仅全。
山连京岘外，水接漕渠边。
乔木傍行列，幽花晚秀妍。
子孙环舍后，兄弟对斋前。

自注曰：“予营此居有年矣，初唯得一山麓地甚窄。刁景纯学士割柳南数亩相助，其后又买十余契，方稍完。考其旧址，皆南唐林太师仁肇故园宅。板筑时犹得旧砖瓦，林亦温陵人而家此。”（见《苏魏公文集》卷

一二）

苏颂写给刁景纯学士的诗，还有《次韵刁景纯学士将至郡见寄》《景纯学士文史再录早年见庆召试嘉篇重用前韵奉和》等。他的注文曰：“刁景纯学士寄赐嘉篇，述前后过颍游览之乐，不鄙虚陋，曲蒙推奖，感叹不足，则用本韵通成五十，仰答来贶。”（见《苏魏公文集》卷三）

写《家训诗》，教育子孙。自注：“累年告老，恩旨未俞，诏领祠宫，遂还乡闬，燕闲无事，追省平生。因成感事述怀诗五言一百韵，示儿孙辈，使知遭遇终始之意，以代家训，故言多不文。”（见《苏魏公文集》卷五）

苏象先记载：“祖父以宫使归润，居化龙之新第，著百韵诗以代家训。具述祖先基业，平生艰勤，遭遇始终之大纲，训饬子孙。俾之谨守家法，无坠世绪也。”（见《魏公谭训》卷二）

得安乐亭五州山，葬亡室辛氏于山麓。

- 宋哲宗绍圣四年（1097 年），苏颂 78 岁。

苏颂以中太一宫使居京口。

再三上表，请求致仕。九月以太子少师、观文殿大学士致仕。

撰《谢致仕表》。（见《苏魏公文集》卷四三）

吕大防、刘挚、梁焘等再被贬官夺恩，苏轼再迁谪儋州（今海南儋州市），而苏颂却恩宠如旧。

- 宋哲宗元符元年（1098 年），苏颂 79 岁。

苏颂以太子少师致仕居京口。

司马光、吕公著、吕大防等元祐重臣皆遭追贬。御史周秩弹劾苏颂。哲宗批曰：“颂知君臣之义，勿轻议此老。”未遭贬逐。这是由于苏颂尊重年幼的哲宗皇帝且不介入党争。

- 宋哲宗元符二年（1099 年），苏颂 80 岁。

苏颂以太子少师致仕居京口。

苏颂写诗描述退居京口的生活：

春园乘间灌，冬户随时墐。
入对书甲乙，出驱车薄笨。
扶杖拜先茔，携觞问田畯。

可见，他能随遇而安，晚年生活幸福如意，并无高官离位的失落之感。

- 宋哲宗元符三年（1100 年），苏颂 81 岁。

苏颂仍以太子少师居京口。

正月，哲宗驾崩。哲宗无子，皇太后向氏立神宗第十一子端王赵佶为皇嗣，年十九，是为徽宗。向皇太后权同处分军国事。韩忠彦为宰相。

五月，大赦天下。追复司马光、吕公著、吕大防、刘挚等官职，苏轼等迁官内徙，章惇罢相，贬武昌军节度副使，安置潭州（今湖南长沙）。

在又一次政治风波的大反复中，苏颂依然受到新皇帝与皇太后的尊宠，进太子太保，累爵赵郡公。

- 宋徽宗建中靖国元年（1101 年），苏颂 82 岁。

苏颂以太子太保居京口。

夏至，自写遗书，准备后事。

逝前一日，犹接待宾客，训诲子孙，临终不乱。

徽宗诏辍朝二日，赠司空。遣中使，赙恤其家，葬费官给。

邹浩记其临终曰："建中靖国元年五月戊寅，日北至，公起居用膳犹如常，三接宾客，甚款至。已而草遗表数百言，逮暮与诸子语如平时，无一及家事。明日庚辰，稍就枕，即屏左右，却药饵，召常所用医工，亲谢，遣之。夜半犹起坐，达寅而薨，实二十日也。讣闻，上辍视朝二日。"（见苏颂《行状》）

苏颂的遗表中说些什么呢？他想到的不是自己和家室子孙，而是皇上、国家和百姓。他说："鸟将死而其鸣哀，天虽高而其听迩。矧怀欲报之德，敢爱垂绝之音。虽无补于万分，仅或能于一得。伏愿皇帝陛下，法尧舜之修已，过高中之历年，进有德以尊朝廷，示敦朴以先天下。延谠直则下情无壅，省营缮则民力不劳……则臣虽盖棺长夜，谏弗假于陈尸；瞑目九泉，报犹当于结草。精诚徒切，昏愦不伦。臣无任。"苏颂忠君至诚，爱民极切，至死不渝，实在令人感动。

为苏颂吊唁赴丧者甚多。苏轼从海南岛北返，六月十二日从仪真渡江至京口。因病不能起，十三日派幼子苏过代表他向苏颂致哀，出钱请僧为苏颂念经，并亲撰《荐苏子容功德疏》：

> 伏以自昔先君以来，尝讲宗盟之好。俯仰之间，四十余年。在熙宁初，陪公文德殿下，已为三舍人之冠。及元祐际，缀公迩英阁前，又为五学士之首。虽凌厉高躅，不敢言同，而出处大概，无甚相愧。

散缘薄物，以荐一哀。

苏象先记载士大夫的祭悼曰：

> 祖父薨背，贤士大夫祭文甚众。惟南丰曾相之文委曲周尽，颇无遗事，若行状然。
>
> 学士毕公仲游言："自韩、富亡，有司马；司马亡，忠宣是侔；忠宣亡后，旧相唯公。今公又亡，故老遂空。"
>
> 邹道卿云："某尝闻公之绪言矣。学至于绝学，心至于无心，消息盈虚，自与时会。世欲亲疏利害之，不可得也。"文德皆冠绝一时。
>
> 陆农师挽诗云："始知夷险异，高卧看南行。亦纪实也。"
>
> （见《魏公谭训》卷一〇）。

崇宁元年（1102 年）十一月丙申，葬于丹徒县义理乡乐安亭五州山之东北阜，与先葬之辛氏合墓。

崇宁四年（1105 年），绘像景灵宫。（见韩元吉《南涧甲乙稿·苏师德墓志铭》）

苏颂两妻为凌氏吴国夫人，辛氏韩国夫人。凌氏景阳之女。约在宝元二年（1039 年）前后，凌氏亡，于是再娶辛氏，其时苏颂任南京留守推官，年 32 岁左右。辛氏乃驾部员外郎辛有则之女。

苏颂有弟四人：衮、棁、兖、浚。苏衮中贾黯榜进士，仕宦不详。苏棁荫补得官，曾任秘阁校理，又曾知江淮某州。苏颂任官杭州，苏兖陪游西湖，多所吟咏。司马光《涑水纪闻》中有苏兖提供的材料，可知他与司马光有一定交谊。

苏颂有六子：熹、嘉、驷、诒、京、携。

苏嘉，字景谟，以荫入仕。熙宁五年于对策中论王莽、武后改制之非，被列第一。后王安石发觉，贬斥学官，取消苏嘉成绩。曾任襄邑县丞、富阳知县、东京监门官等。宣和三年致仕，为朝奉郎。建炎三年卒。《京口耆旧传》有苏嘉传。

苏驷，元丰二年进士，朝散郎。

苏京，字世美，以荫入仕，知丹阳、签书昭庆军节度判官，通判沂州，官至奉议郎。卒于政和七年。《京口耆旧传》有苏京传。

苏携，字季升，13 岁（一说 15 岁）赴御史台为父诉冤。后以荫入仕，任丹阳县丞、庐州通判、明州知州等职，绍兴九年（1139 年），召为太常少卿，擢刑部侍郎，除徽猷阁待制致仕，为通直郎，卒于绍兴十二年(1142 年)。汪藻《浮溪集》卷二五，有苏携墓志铭。

孙十九人，长孙象先，苏嘉之子。长期随侍苏颂，著《魏公谭训》。为元祐六年（1091 年）马涓榜进士，官至左朝请大夫。

苏颂有三女，左朝议大夫李孝鼎、朝散郎刘瑄、襄州录事参军贾收，皆其婿。

- 徽宗末年，追赠魏公。
- 理宗朝，赐谥正简。

附录二

生活在镇江的苏颂后裔

邱隆洪

苏颂因父苏绅卒葬润州丹徒（今镇江），因此寓居镇江，死后安葬镇江，其子孙也有多支生活在镇江，宋元时期的镇江方志如《嘉定镇江志》《咸淳镇江志》《至顺镇江志》等留下了大量有关苏颂家族人物的记载。奇怪的是，自苏颂玄孙苏汉之后的数百年间，镇江地方志书几乎找不到更多有关苏颂后裔的记载，不由让人心生疑问：在风云际会的历史长河中，曾经显赫一时的苏颂家族为何悄无声息？镇江还生活有苏颂后裔吗？这不仅令学术界颇感困惑，更是海内外苏氏宗亲关注的问题，笔者有幸阅览了镇江市史志办公室收藏的《润东苏氏重修族谱》，终于解开了这一谜团。

一、苏颂守墓京口，子孙开派镇江

根据苏氏家谱记载，苏颂出自同安苏氏，即武功苏氏闽派，支派始祖为唐末随威武军节度使王潮入闽的苏益，至苏颂已历六世。苏氏世居河内，后徙武功（今属陕西咸阳），因以为郡望，至唐末苏益家于河南固始，年方二十赠隰州刺史，与王潮有世谊之交，故入镇福建，增防其地。苏益入闽后封先锋将、都统军使，生苏光诲，唐朝灭亡后父子避居同安县永丰葫芦山下；苏光诲历官泉州都统军使、漳州刺史、左屯卫将军，五代后晋开运年间（944—946 年）建芦山堂于葫芦山南麓，子孙世居，故这一支苏氏又称芦山堂苏氏（简称芦山派），繁衍发展为闽南望族。苏光诲为苏颂高祖，生苏佑图；苏佑图任漳州司马，迁御史大夫，生苏仲昌；苏仲昌，历官左屯卫将军，提点荆湖南北两路刑狱，知宜州、邵州、复州，殁于复州、知州任上，即《苏魏公文集》中所称的“复州府君”，生苏绅，即苏颂之父；苏绅，北宋天禧三年（1019 年）进士，历任宜州推官、大理寺丞、太常博士、洪州通判、礼部郎中、翰林学士等职，后知河阳，徙河中，未及上任，染疾而卒，苏颂时在江宁知县任上。

《润东苏氏重修族谱》书影

苏绅病卒后，苏颂护丧南归，葬父于润州青阳门外京岘山（今镇江城东），并“谋居郡中”，卜第于青阳门内（今镇江市区正东路酒海街一带），与他一同移居镇江的，还有他的妻子儿女、祖母徐国太夫人刘氏、母亲魏国太夫人陈氏、未出嫁的姑姑及弟弟、妹妹等一大家子人。苏颂生有六子：熹、嘉、驷、诒、京、携（南宋刘宰《京口耆旧传》称苏颂“子十人”系误。此从曾肇《赠司空苏公墓志铭》记载），以苏嘉、苏京、苏携最知名。苏嘉曾任太常博士、常州通判，徽宗宣和年间（1119—1125 年）致仕，南宋初年避兵移居金坛，卒葬金坛上元乡；苏京以父荫入仕，曾任丹阳知县，后任沂州通判，卒葬丹徒长岗（今镇江城东）；苏携幼随苏颂宦居各地，及长亦以父荫入仕，南宋绍兴初为太常少卿、权刑部侍郎，卒后也葬长岗。

苏颂子嗣众多，六子别为六房，衍为京口支派。据《新编苏氏大族谱》记载，苏颂有孙 18 人，曾孙 45 人，玄孙 70 多人（详见同安苏氏京口支派世系图）。这一支派先是定居镇江，后来有陆续外迁的，如：苏颂子苏嘉南宋初年避兵移居金坛；苏颂玄孙（即苏瑑之子、苏师德之孙、苏京曾孙）苏洞入籍山阴（今浙江绍兴），与著名诗人陆游交谊甚厚。从苏颂曾孙、玄孙较多重名可以推断出，散居各地的苏颂后裔联系并不紧密，大概为古时交通不便、信息闭塞所致。

苏颂子苏京、曾孙苏忠规①（《光绪重修丹阳县志》误作苏颂之孙）先后任丹阳知县，子苏携曾任丹阳县丞，遇县令出缺，一度代理县事，三人均因治绩颇佳，口碑不错，同被列入丹阳名宦祠崇祀。② 另据《嘉定镇江志》记载，苏颂之孙、苏嘉之子苏行冲，绍兴元年任丹徒知县，后调任真州（今仪征），治迹不详。曾经在镇江任职的还有苏颂玄孙、苏熹曾孙苏渭，任粮料院干办公事，为总领官之下属官。南宋在镇江设总领所，下辖粮料院、榷货务、大军仓、大军库、酒库等，主要负责军需物资供应。苏渭任干办公事时间及治迹均不详。

苏颂子孙不仅在宋代镇江地方治理方面颇有建树，在宋代镇江文坛也有一定声誉。苏颂子苏京，字世美，文才很不错，在担任颍川幕僚时，曾将倡酬之作结集为《颍川集》，好友邹浩为之作序；苏颂之孙、苏京之子苏师德，字仁仲，以父任入官，历计幕，即起草文书、参与谋议的幕府，善作诗，有诗收入《京口集》；苏颂曾孙、苏京之孙苏炤，字元晦，隐居不仕，自号“东山樵隐”，平生无书不读，精于作诗，有诗集，惜今已佚，《至顺镇江志》有传。

另据《至顺镇江志》记载，苏颂玄孙、苏携曾孙苏汉，南宋庆元二年（1196 年）以镇江籍登进士第，③ 成为地地道道的镇江人，苏汉后来仕至开州太守，这也是镇江方志关于苏颂家族人物的最晚记载。

二、镇江至少生活有三支苏颂后裔

《润东苏氏重修族谱》封签作《苏氏族谱》，谱序或称《润东苏家桥苏

---

① 据《京口苏氏世系图》，苏忠规为苏处厚之子，苏駉之孙，苏颂曾孙，见颜中其、苏汝谦、苏克福主编《新编苏氏大族谱》，东北师范大学出版社，1994 年，第 17 页。

② 凌焯，等：《光绪重修丹阳县志》卷一一。

③ 俞希鲁：《至顺镇江志》卷一八，江苏古籍出版社，1990 年，第 735 页。

氏重修族谱》，或称《润东当江沙苏家桥苏氏族谱》，由苏颂十八世孙苏永芳创修于明嘉靖三十六年（1557年），后经多次递修，镇江市史志办公室收藏的《润东苏氏重修族谱》为九修本，民国丁巳年（1917年）由苏颂二十九世孙苏鼎南主修、苏颂三十世孙苏启生纂修。《润东苏氏重修族谱》八卷八册：卷一为谱序、凡例、家训、像赞、府县志关于苏颂家族人物的记载摘录、姓氏宗支源流考、行派图、讳派图等；卷二、卷三、卷四为世德考、阃范考、遗音考；卷五为世系考、外纪世系图、内纪世系、一至廿一世年表；卷六、卷七、卷八为二十二世至三十三世年表、修谱后跋、领谱录等。该家谱以苏颂父亲苏绅为内纪世系第一世（京口始祖），外纪世系先祖则有唐中宗朝宰相苏瓌、唐玄宗朝宰相苏颋、入闽始祖苏益等人，主要记载了苏颂之孙苏彦伯（苏京之子，《新编苏氏大族谱》作苏伯彦）一支的繁衍、派分、迁徙情况。

《润东苏氏重修族谱》内纪世系图记载苏颂有六子：熹、驷、诒、京、嘉、携，苏颂年表却又称“生十子”。其实，关于苏颂的子嗣有两种说法，北宋邹浩《故观文殿学士苏公行状》①、曾肇《赠司空苏公墓志铭》② 均记载苏颂子六人，南宋刘宰《京口耆旧传》则称苏颂“子十人，嘉、京、携最知名”③，很显然，《润东苏氏重修族谱》将这两种说法都收录进去。与刘宰坊间访得相关情况不同，曾肇撰墓志铭、邹浩书行状，均为苏氏子孙所托，其时苏颂之子尚在人世，当以此为是。《润东苏氏重修族谱》年表部分仅列了苏京（字世美）、苏嘉（字景谟）、苏携（字季升）三人，以京为苏颂长子、嘉为次子、携为三子，与碑传史志记载不合，据《故观文殿大学士苏公行状》《赠司空苏公墓志铭》，嘉为颂次子，京为五子，携为六子，当然也不排除系家谱编纂者随意重新排行，不值得细究。

润东苏氏尊苏颂父亲苏绅为京口支派始祖，以苏京长子苏彦伯为本支祖，一世至十九世世系为：

一世：绅。

二世：颂。

---

① 曾枣庄、刘琳主编：《全宋文》第132册，上海辞书出版社、安徽教育出版社，2006年，第119－125页。

② 曾枣庄、刘琳主编：《全宋文》第110册，上海辞书出版社、安徽教育出版社，2006年，第1－17页。

③ 《京口耆旧传》卷四，中华书局，1991年，第49页。

三世：京，生彦伯（本支祖）、惠二、惠三（俱另谱记载）。

四世：彦伯生福一、福二、福三、福四、福五、福六（俱另谱记载）、灿。

五世：灿，生洪、溪。

六世：洪，生逸，无传；溪，生迦。

七世：迦，生云龙。

八世：云龙，字从泉，生镛（无传）、钊、鑑（无传）。

九世：钊，生济、瀛。

十世：济，生渠、棐；瀛，生柰。

十一世：渠，生四子（另谱记载）；棐，生炳、焕（无传）；柰，生一子，早亡无传。

十二世：炳，生垣、培、垚。

十三世：垣，生一子（另谱记载）；培，生镳；垚，生二子（另谱记载）。

十四世：镳，生沂、濯。

十五世：沂，生榛、机（无传）；濯，生栋（失考）。

十六世：榛，字永康，生原臣、原良。

十七世：原臣，字万春，生一子，另谱记载；原良，字万贞，号轶群，生廷桢、廷柱、廷栋。

十八世：廷桢，字邦昌，号定国，迁居高资，生一子（另谱记载）；廷柱，字邦福，号安国，迁居大港，生一子（另谱记载）；廷栋，字邦庆，号经国，郡庠生，生永芳。

十九世：永芳，字斯馨，号升闻，行大一，谱称大一公，邑庠生，始迁当江沙，即谱载润东一支。

从润东苏氏的世系演变情况来看，在今镇江地区至少生活着三支苏颂后裔，分别居住在当江沙（大致位于今镇江新区大路镇沿江一带）、大港、高资，遗憾的是，目前尚未发现另外两支苏颂后裔的家谱，对其繁衍情况有待进一步调查了解。此外，《润东苏氏重修族谱》还提及了另谱记载的多支苏颂后裔，四世有惠二、惠三（俱为苏京子，据《新编苏氏大族谱》世系表可知，即苏师德、苏正伦二人）、孟容（苏携子）；五世有福一、福二、福三、福四、福五、福六（俱为四世彦伯之子，据《新编苏氏大族谱》世系表可知，即苏辉、苏炜、苏烜、苏炤、苏炳、苏烨等六人）；十一世有堂二、堂三、堂五、堂七；十四世有智一、智三、智四；十八世有庆一，这些分支有无散落在今镇江地区，均有待查考。

三、润东苏氏已繁衍至三十多世

润东苏氏始迁祖苏永芳像

《润东苏氏重修族谱》记载，这支苏氏始迁祖苏永芳为十九世（苏颂十八世孙），生于明成化二十年（1484 年），殁于嘉靖四十年（1561 年），族谱收录有孙经撰写的《苏家桥邑庠生斯馨苏公序》一文，对其生平有大致介绍。据该文记载，明弘治年间，苏永芳弱冠即遭遇父母双亡，在料理完丧事之后，他决定四处游学，北上经淮扬，过太行，西及荆襄，返归后离开郡城，游历润东时发现山北港东南的当江沙是个不错的地方，这里山环水绕，土沃风淳，便决定在此择地而居。当地有名的隐士葛大经特别欣赏苏永芳的为人才学，将女儿许配给他，一度浪迹四方的他从此过上了夫唱妇随、亦耕亦读的乡居生活，开启了这个家族新的发展史。沙洲河流纵横，通行不便，苏永芳在住宅西边的河流上修筑了一座桥，称之为苏家桥。后来因为坍江，这座桥连同苏家老宅一起没入滔滔江水中，不过这支苏氏仍自称为润东苏家桥苏氏或当江沙苏家桥苏氏，大概是不忘祖地。

迁居当江沙之初，这支苏颂后裔人丁并不兴旺，苏永芳生二子：世隆，字盛之，号茂庵，生四子，三子无传；世节，字君俭，号约庵，生三子，各传一子……直到二十四世，家族人口逐渐多了起来，根据族谱记载，这支苏氏自十九世起行派为：大、小、贤、良、方、正、乾、坎、艮、震、巽、离、坤、兑、泰、谦、豫、临、复、咸、恒、晋、益、萃、升、丰、元、亨、利、贞……修谱时曾编有讳派（字辈）图，不过一直没有严格地遵照取字，直到二十七世起合族字辈才统一为：绍、盛、元、南、生、学、士、洪、文、正、启、大、振、家、邦、克、明、峻、德、定、达、安、祥……1917 年九修谱时，辈分最小的为三十三世“士”字辈，而镇江学者蒋立群几年前到镇江新区大路镇实地走访了解到，辈分最小的已有三十五世“文”字辈出生。①

这支苏氏原本居于当江沙，清雍正年间沙洲坍江，族人四散，主要居住在今镇江新区大路、大港以及隔江相望的扬中一带，还有多个支系外迁到邻近地区。族谱记载外迁的支系主要有：二十八世盛源居金坛东门外戴庄村，盛银居靖江刘闻沙得胜桥东长圩，盛志居武进县城外黄花村安家舍；二十九世元祐迁金坛，元岭居靖江刘闻沙爱兴圩，元义居武进县安家舍；三十世考南住兴化县沙家庄，旭南住盐城伍祐场，瑞南住东台县南安丰，见南住东台县，礼南住东台县小海，焕南住东台县草堰场，芝南住东台县三昧寺；三十一世汝生、履生、瑞生住兴化县沙家庄。

此外，族谱还记载多支外出经商、下落不明、后传失考的支系。

四、润东苏氏数百年科名不显

和大多数传统家族一样，润东苏氏家族秉持耕读传家的传统，《润东苏氏重修族谱》所载家训强调：“凡我子孙必教之，习经书之礼义。”“耕稼为衣食之所自出、税粮之所由供，乃国家之大本、生民之常业也。”② 三十世苏莲南还在永安洲（今属扬中）开设了百韵草堂，专门延请塾师为家族子弟授课。③ 不过，在迁居当江沙之后两三百年里，这支苏颂后裔的科举之路似乎并不顺畅，族谱记载的二十世至二十六世苏氏族人，连个秀才（含郡庠生、邑庠生、国学生、太学生等，下同）都没有，更别说举人、进士了。

苏氏家族的这一窘况直到二十八世起才有了点起色，据《润东苏氏重修族谱》记载，二十七世绍铭通过捐纳取得太学生资格，捐名明选，议叙从九品职衔，是整个苏氏家族近两三百年来的第一个秀才；二十八世有秀才 3 人：盛裕（国学生）、盛德（国学生）、盛宏（太学生，捐名庆德）；二十九世则有秀才 9 人：元度（国学生，捐名凝斋）、元恺（太学生）、元祐（太学生，监名锡三，族谱收录有其诗多首）、元龙（太学

---

① 蒋立群：《北宋科学家苏颂与镇江研究的重大发现》，《镇江市历史文化名城研究论文集》第 12 集，2011 年 3 月 12 日。

② 《苏氏家训》，《润东苏氏重修族谱》卷一。

③ 解为幹：《苏君荷卿百韵草堂诗序》，《润东苏氏重修族谱》卷四。

生，监名光达）、元淇（国学生，监名金泉）、元松（太学生）、元灏（太学生，监名凤标）、元滨（太学生）、元善（太学生，监名凤岐，同治十年捐布政司理问职衔）；三十世也有秀才9人：开南（国学生）、莲南（国学生，捐名仿周，著有《百韵草堂学吟草》，族谱收录有其诗10多首）、雅南（太学生，族谱收录有其诗）、旭南（郡庠生）、鼎南（太学生，监名鹤亭）、蔚南（国学生）、懋南（太学生）、鸿南（太学生）、诵南（太学生）。

润东苏氏三十一世主要生活在清末民初，亦有秀才数人：润生，莲南子，字朗山，号玉如，太学生；仁生，字爱春，号鹤卿，邑庠生，名钟奎；厚生，字纯斋，太学生，捐名钟翰；富生，字崧山，太学生，监名绍卿，光绪三十年（1904年）捐布政司理问职衔；明生，鼎南子，太学生，监名亮卿……另有多人毕业于新式学堂，《润东苏氏重修族谱》纂修者苏启生，学名桂林，毕业于镇江府中学堂，其时科举制度已废止，宣统二年（1910年）被奏奖为优贡，这也是苏氏家族数百年来科举路上取得的最高荣誉。一年后，清王朝覆亡，这个空名头并没有给苏启生带来多少实惠。

查阅族谱所载内纪世系图可知，润东苏氏家族二十七世绍铭一支、二十八世盛德一支均为祖孙四世秀才出身，族人引以为傲，另外还有元度、开南父子，莲南、润生父子秀才出身，这些都是苏氏家族里的佼佼者。不过，若是将视野放大到镇江地区，这样的科举实绩并不“亮眼”，且不说没有一个进士、举人，为数不算太多的秀才里还有不少是通过捐纳途径取得生员资格的，所有秀才都没有担任一官半职（只有三人捐了个虚衔），没能在“学而优则仕”的科举道路上走得更远。明清两代科举当道，举人、进士备受推崇，官本位思想十分严重，在这样的大背景下，苏氏家族被边缘化在所难免，镇江府县志书对居住在润东的这支苏颂后裔缺少记载也就好理解了。

事实上，对于润东苏氏家族的逐渐不为人知，早在一百多年前，与苏氏家族有交谊的地方名士、同治十年（1871年）进士袁善在为苏氏二十九世元龙所作的传记中，就不无惋惜地指出：苏氏早先“数世簪缨，光昭史册，郡邑志载之甚详，厥后科名不显，几数百年，多寂处丘园，怀才不试……"① 不过话又说回来，这也是很正常的历史现象，大浪淘沙，有哪个家族能经历数百年而长盛不衰呢？更何况苏氏子孙只是在举子业一事上时乖运蹇，不为所重，而在崇文重教、经营实业诸方面却颇多建树，尤其是二十九世元龙、元善，三十世鼎南、莲南，三十一世润生等人，热心公益，仗义疏财，为地方公益事业做出了不少贡献。②

① 袁善：《世伯光达苏翁序》，《润东苏氏重修族谱》卷三。

② 周振金：《光达五先生序》，苏启生：《祖考瑞山公传》，《润东苏氏重修族谱》卷三；袁煦：《苏姻丈鹤亭先生事略》，邓遂：《苏公朗山传》，《润东苏氏重修族谱》卷四。

附图：

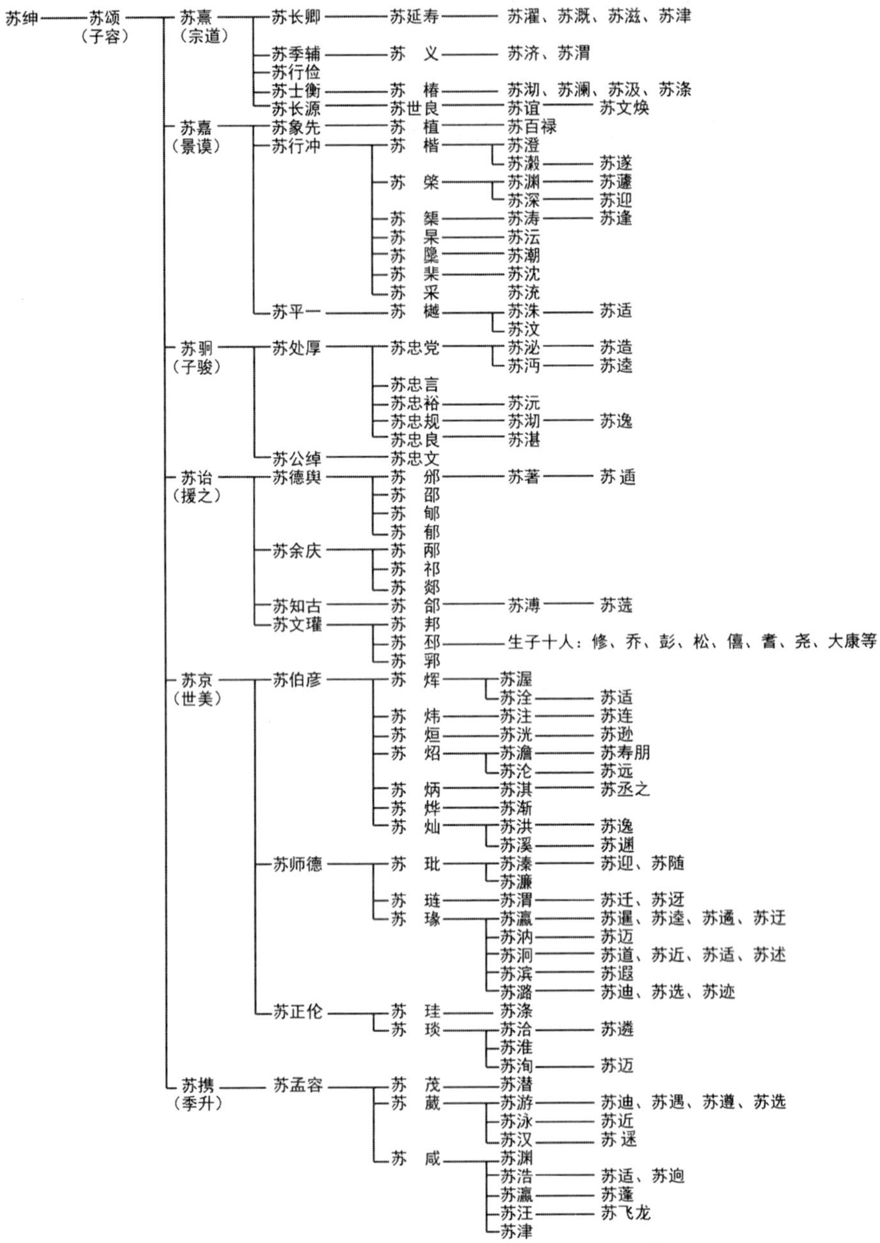

同安苏氏京口支派世系图（据《新编苏氏大族谱》制作）

附录三

苏颂家族镇江史迹钩沉

——兼论苏颂的里籍

邱隆洪

苏颂，字子容，原籍泉州同安（今属福建厦门），北宋知名宰相。他还是一位杰出的天文学家、天文机械制造家、药物学家，领导制造了世界上最古老的天文钟——“水运仪象台”，著有《图经本草》《新仪象法要》等，在国内外有相当大的影响。苏颂因其父苏绅葬京口，移居镇江守制，晚年定居镇江，死后安葬镇江，前后历 50 余年，其中生活在镇江至少有 9 个整年，镇江是苏颂生活时间最长的城市，其子孙也有多支生活在镇江，苏颂及其子孙在镇江留有大量史迹以及跟镇江相关的诗文。

苏颂研究会常务副会长、长春师范大学管成学教授在接受笔者采访时表示，镇江有苏颂故居、苏颂墓，还发现了国内不多见的、由苏颂后裔编纂的家谱，在弘扬苏颂文化精神方面有独特优势，大有可为。同时，管教授也不无遗憾地指出，对于苏颂在镇江居住的这一段历史，以及其子孙在镇江繁衍分布、史迹遗存的情况，目前研究得太少，期盼能补上这一块“短板”。作为镇江的一名文史爱好者，笔者深受触动，不揣愚陋，翻检史志、苏氏诗文及今人相关著述，将苏颂及其子孙在镇江留下的史迹作一简单集纳，以期对纪念先贤、弘扬苏颂文化、复原相关遗迹，方便苏颂后人凭吊祖迹有所帮助，其中或存遗漏和掠美之处，还请方家见谅。

据笔者初步梳理，镇江市区及各辖市区均有苏颂家族史迹可寻，多数集中在市区，共有 10 多处，分述如下：

一、镇江城东京岘山：苏颂之父苏绅墓葬所在地

镇江府志、丹徒县志都有苏颂父亲苏绅墓位于城东京岘山的记载。苏绅，字仪甫，北宋天禧三年（1019 年）进士，历任宜州推官、大理寺丞、太常博士、吏部郎中、翰林学士、集贤殿修撰等职，徙知河阳（今河南孟州），再徙河中（今山西永济市蒲州镇），未及上任病逝，年仅 48 岁，苏颂时在江宁知县任上。

苏绅在病逝前有遗命留给苏颂："以泉山乡里道远。不可归，令于升（今南京）、常（今常州）间卜葬谋居"①。升州、常州之间即润州（今镇江）。事有凑巧，苏颂护丧南归途经润州时，担任润州知州的，正好是他的好朋友钱彦远。钱氏热情相留，与他随行数州的僧人自真很会看风水，在郡城青阳门外京岘山择得一处坟地，于是苏颂将父亲安葬于此。

苏绅为福建人，为什么会遗命归葬润州呢？这还得从苏颂祖父苏仲昌的归葬经历说起。苏仲昌，历官左屯卫将军、提点荆湖南北两路刑狱，知宜、邵、复三州，庆历三年（1043 年）病逝于复州（今湖北天门）任上，苏绅护丧归至家乡安葬，路途遥远，备尝艰辛，期间路过金陵（今南京）时，还大病一场，居留养病了一段时间，到次年，身体康复后才继续南下归葬入闽。有鉴于此，苏绅自感"吾归葬失计，汝辈慎勿效"②，于是叮嘱苏颂在他百年之后不必归葬故里，可在升、常二州之间即润州卜葬。

那么问题就来了，天下那么大，为什么苏绅要叮嘱儿子将其葬在润州呢？这就得从北宋时流传甚广的一句谚语说起了，据《嘉定镇江志》记载："京口江山，素号奇伟，故承平时，士大夫有'生居洛阳，死葬朱方'③之语。"洛阳为九朝故都，繁华异常，那里的生活质量自然不会差，生活在洛阳应该是件很有面子的事，这很好理解，"朱方"即润州（今镇江）的别称，北宋士人为什么乐于死后葬在镇江呢？苏颂在为其外祖母长安郡太君高氏撰写的墓志铭给我们提供了答案，元丰八年（1085 年）高氏

---

① 苏颂：《家训诗》，北京大学古文献研究所编《全宋诗》第 10 册，北京大学出版社，1999 年，第 6341－6345 页。

② 苏象先：《丞相魏公谭训》，朱易安、傅璇琮等主编《全宋笔记》第三编第 3 册，大象出版社，2008 年，第 55 页。

③ 卢宪：《嘉定镇江志》卷二一。

葬于润州丹徒县白兔山（今属镇江市丹徒区辛丰镇），苏颂在墓志铭中称其地“土厚水深，宅圹于兹，吉莫大焉”。① 当然，这只是风水先生的说辞，但古时迷信风行，却有相当大的影响，苏绅墓址的选择，也是因地理僧自真“用治命得吉”②，苏颂父子葬于镇江，苏颂的两个儿子苏京、苏携也葬于镇江，北宋时期葬于镇江的名公巨卿、文人墨客更是数不胜数，如陈升之、王存、曾布、詹文、米芾、苏舜钦、刁约、宗泽等，这些人当中，除了王存等少数几人外，绝大多数人原籍并非镇江，他们归葬镇江，应该都跟当时盛行的“死葬朱方”的这一风气不无关系。

苏绅葬于京岘山无疑，但是苏绅墓现已无存，是早已被毁还是深埋于地表之下已无从知晓，墓葬的具体方位也有待考证。镇江青年学者黄胜国根据史志记载及现场寻访后推测，苏绅墓的大致方位为现今京岘山京岘寺西北侧、梦溪嘉苑东区后侧山冈处。③

二、镇江市区正东路酒海街一带：苏颂故宅所在地

苏颂葬父后，即“谋居郡中，卜第于青阳门”，“依山建亭榭……又宅前开沟通城外，自此运河外涨则出城外，正与坟相望”。④ 镇江府志、丹徒县志有苏颂故宅的记载。据《嘉定镇江志》记载：“故相魏国公苏颂宅在化龙坊，与陈升之宅相近，即林仁肇故居也。”清《嘉庆丹徒县志》及《光绪丹徒县志》都记载：“丞相苏颂宅在化隆坊”。（按：化隆坊即化龙坊）

与苏颂一同移居镇江的，还有他的妻子儿女、祖母徐国太夫人刘氏、母亲魏国太夫人陈氏、未出嫁的姑姑及弟弟、妹妹等一大家子人，维持生活相当不容易，苏颂感慨“族大家虚，赡给常苦不足”，其宅第相当简陋，占地也不大。据苏颂《大夫七弟有庆新居二百四十言次韵和之》自注，当

---

① 苏颂：《长安郡太君高氏墓志铭》，曾枣庄、刘琳主编《全宋文》第62册，上海辞书出版社、安徽教育出版社，2006年，第171－172页。

② 苏象先：《丞相魏公谭训》，朱易安、傅璇琮等主编《全宋笔记》第三编第3册，大象出版社，2008年，第55页。

③ 黄胜国：《京岘山苏绅墓考略》，《京江晚报》，2020年1月4日。

④ 苏象先：《丞相魏公谭训》，朱易安、傅璇琮等主编《全宋笔记》第三编第3册，大象出版社，2008年，第55页。

初他仅购得山麓下一小块地，好友刁约割让了柳南数亩地给他，后来又收购了周围的十多块零散地块，这才得以营建宅第。这些地方都是南唐检校太师、宣猛将军林仁肇宅第旧址。巧合的是，林仁肇和苏颂都是福建人，前后相距百余年，新居建成后，苏颂特地在东北的山间立庙祭祀这位与他十分“有缘”的老乡。

苏颂故宅在南宋时废为军寨，现已不存，准确方位待考。黄胜国根据史志记载及现场寻访后推测，苏颂故宅应该在酒海街（范公桥）以东到东门（朝阳门）之间的一带地域，即东门科技大厦以南马路对面的市船舶研究所西侧，现今正东路 11 号部队干休所及四院宿舍区一带地段。①

三、镇江市区南门大街南端：苏颂功德院因胜寺及苏颂祠原址

据《嘉定镇江志》记载，故相魏国公苏颂祠，在因胜报亲寺。因胜报亲寺在府治之南三里虎踞门内，即今南门大街南端，始建于唐大中六年(865 年)，初名妙喜寺，南唐时改慈云寺，宋代改因胜寺，元祐中，苏颂拜尚书左丞，请为功德院，获准以“因胜报亲禅院”为额。

功德院是王侯贵族为本家先人作功德、求神庇佑而建的寺院，在宋代极为盛行。苏颂获准以因胜寺为功德院后，特地请好友黄庭坚撰《开堂疏》，刻于壁间，书法家米芾有跋。苏颂母亲陈氏逝世后，一度停柩于此。苏颂逝世后，寺内设祠纪念，今寺庙及石刻虽不存，但是《开堂疏》却完整保留了下来，成为研究苏颂家族历史的重要资料，也是苏颂和黄庭坚两位历史文化名人结缘镇江的真实见证。

四、镇江城西五州山：苏颂墓所在地

北宋建中靖国元年（1101 年），苏颂逝于润州，葬于丹徒县义理乡乐安亭五州山之东北阜，夫人辛氏合葬，镇江府志、丹徒县志有苏颂墓的记载。五州山的墓址其实是在苏颂去世之前就选好了的，绍圣元年（1094年），其夫人辛氏离世，卜葬于五州山，苏颂在《七弟示诗后又改缘字为川字，因再次韵》一诗中有“颐生无异术，送死有新阡”之句，自注“近

① 黄胜国：《苏颂故宅今何在?》，《京江晚报》，2019 年 3 月 16 日。

得乐安亭山，亡室葬于彼。”①

苏颂玄孙苏泂，曾数次前来拜谒祖墓，有《过高资丞相墓》诗：“先祖当元祐，诚心相哲宗。闹蓝初不入，遗表尚深忠。簪笏儿孙少，松楸盗贼空。经从每瞻拜，何日免飘蓬。”② 另外其组诗《金陵杂兴》亦提及苏颂墓，其中有：“高资冢上五楼穹，先祖曾经相哲宗。乱后伤心余石马，小孙来补万株松。”③ 综合其诗中记载可以得知：苏颂墓前有石马和大型祭祀建筑，历经丧乱，墓区内的树木为附近村民盗伐一光，不忍看到祖墓残破景象，苏泂进行了整修，补植了“万棵松”。不过，由于年代久远，苏颂墓及墓前建筑均已无存，墓葬的具体方位也有待查考，2019 年，考古工作者经过初步勘探，在五州山东侧茶园处发现有宋代大型墓葬建筑，这一考古发现非常重要，至于是不是专家学者、苏颂后人期待已久的苏颂墓，尚有待进一步考古发掘。

五、镇江城西五州山净因寺：苏颂祠所在地

因胜寺几经兴废，明万历年间，僧人治静于五州山中结茅独居，郡人刘、笪、何、曹四姓为之市山建寺，因移城中因胜寺旧额于此，并于寺内重建苏颂祠，乾隆年间更名为净因寺，后毁于战火。20 世纪 90 年代末年，在常修大法师主持下，净因寺启动复建，现已初具规模，陆续建成念佛堂、僧舍、天王殿、客堂、藏经殿、琉璃斋等 140 余间，寺内设有苏颂纪念堂一间，并于寺东建纪念墓，竖苏颂墓碑，以供苏颂后人和游人敬拜。

六、金山：以苏绅诗句命名的玉鉴堂

苏绅有《金山寺》诗：“九派分流涌化城，登临潜觉骨毛清。僧依玉鉴光中住，人踏金鳌背上行。钟阜云开春雨霁，海门雷吼夜潮生。因思绝

---

① 北京大学古文献研究所编：《全宋诗》第 10 册，北京大学出版社，1999，第 6410－6411 页。

② 北京大学古文献研究所编：《全宋诗》第 54 册，北京大学出版社，1999 年，第 33915－33916 页。

③ 北京大学古文献研究所编：《全宋诗》第 54 册，北京大学出版社，1999 年，第 33941－33952 页。

顶高秋夜，四面云涛浸月明。”① 金山寺玉鉴堂即以其中诗句“僧依玉鉴光中住”命名。据《光绪续金山志》记载，玉鉴堂在金山寺大雄宝殿右侧，一名玉带堂，久废，光绪丁酉间主僧隐儒重建，江苏织造常山书额。堂内有光绪帝师翁同龢集《瘗鹤铭》字联“天旌厥事事乃集，江里此山山不浮”，还有清议政王、恭亲王奕䜣书“松风水月”匾。

七、北固山：苏颂题记并赋诗的宝墨亭原址

北宋庆历八年（1048 年），苏颂好友钱彦远守润时，大力整治淫祠泛滥、民间巫风盛行之弊，强行拆毁了若干淫祠，恰在此时从江中打捞上来部分《瘗鹤铭》残石，便利用拆祠其中的材料在州署西北隅建了一座亭子用来陈列，方便来往官员、学者观摩。苏颂应约撰文记述其事，大概是当时亭未建成或尚未定名，苏颂在文中并未留下这座亭的名称②。苏颂另有《钱祠部新建宝墨亭》诗记其事：“王萧书迹卫公诗，流落江南世少知。古寺购寻遗刻在，新亭龛置断珉奇。模传遂比黄庭字，埋没非同石鼓碑。墨薮书评多逸事，何妨挥翰与题辞。”③ 由此可知，这座亭的名称叫宝墨亭，宋时州署位于北固山前峰，西北隅即今烈士陵园西北角一带。当时题诗祝贺的还有诗人苏舜钦等众多名流，据苏舜钦诗序记载，与《瘗鹤铭》残石一起陈列在宝墨亭里的，还有梁唐诸贤四石刻。

宝墨亭后来不存，明代在焦山设宝墨轩，收藏碑铭甚多，在江南一带非常有名气，今为焦山碑刻博物馆一部分。

此外，苏颂致仕居润期间，还曾应润州知州龚原之邀，到州署聚会，与他一同参加聚会的，还有同时致仕居润的王存、俞康直，苏颂有《润守修撰见招与左丞王公大夫俞公东园集会》诗记其事：“曾览祁公五老诗，仍陪三寿燕留司。今逢北固开樽日，正似南都命席时。喜奉笑言挥尘柄，

① 北京大学古文献研究所编：《全宋诗》第 4 册，北京大学出版社，1991 年，第 2638 页。

② 苏颂：《润州州宅后亭记》，曾枣庄、刘琳主编《全宋文》第 61 册，上海辞书出版社、安徽教育出版社，2006 年，第 373 页。

③ 北京大学古文献研究所编：《全宋诗》第 10 册，北京大学出版社，1999 年，第 6346－6349 页。

却惭衰朽倚琼枝。定知此会人间少，五十年才一再期。”①

八、焦山：苏颂玄孙苏洞题名石刻

苏洞为苏师德之孙、苏京曾孙、苏颂玄孙，入籍山阴（今浙江绍兴），工诗，有《泠然斋集》传世，与著名诗人陆游交情甚厚。苏洞题名石刻在焦山浮玉岩，治平甲辰（1064 年），苏洞与润州知州裴煜及鲍安上、徐亿、郑修辅、丁宝臣同游焦山普济禅院题刻，苏洞自署“武功苏洞”②。武功（今陕西咸阳武功）为苏姓郡望，普济禅院即今定慧寺。

九、镇江城东长岗：苏颂之子苏京、苏携墓所在地

据镇江府志、丹徒县志记载，苏颂子苏京、苏携葬于润州城东长岗（今属镇江市京口区象山街道），具体方位待考。③

苏颂的另一个儿子苏嘉，则葬于距镇江不远、原本同属润州的金坛上元乡，去茅山十里，今属常州，此不赘述。

十、茅山：苏颂曾游茅山并夜宿明真观

苏颂有《和俞仲素太傅游茅山》诗二首，其一为《宿明真观》：“平林行尽到岩扃，一昔恬然道味生。爽籁远随林谷响，飞云时拂栋梁轻。间倾仙斝流琼液，高论神方炼日精。更想真游成不寐，坐听松韵到黎明。”其二为《马上初望茅峰》：“三士隐沦地，上林句曲前。竭来思访道，属望赋游仙。松引飞轮路，云收积玉巅。华阳不知远，趣驾似行天。”④ 诗中记载的明真观，因年代久远，已荒废，无迹可寻。

---

① 北京大学古文献研究所编：《全宋诗》第 10 册，北京大学出版社，1999，第 6410 - 6411 页。

② 袁道俊：《焦山石刻研究》，江苏美术出版社，1996 年，第 49 页。

③ 朱霖，等：《乾隆镇江府志》卷二一；鲍天钟，等：《康熙丹徒县志》卷一〇。

④ 北京大学古文献研究所编：《全宋诗》第 10 册，北京大学出版社，1999 年，第 6346 - 6349 页。

十一、镇江新区大路苏家大院：苏颂后裔聚居地

2007年，镇江网名华夏等人在镇江新区大路镇发现苏家大院老宅建筑群，并通过《镇江日报》、镇江文旅网城市山林版块进行了报道。2010年镇江蒋立群依据华夏、马阿林等镇江文史爱好者寻访发现的线索进一步查证，撰文披露镇江苏颂后裔世居的苏家大院老宅建筑群，经媒体报道后，一时引起轰动，苏颂后人多次来镇探访祖迹。①

苏家大院临大路老街，坐西朝东，两进七开间，东西进深50多米、南北宽40多米，门额刻“耕读传家”四个大字，有精美砖雕。大路这支苏颂后裔，又称润东苏家桥苏氏，为苏京之裔，据《润东苏氏重修族谱》（民国丁巳年九修本，苏颂二十九世孙苏鼎南主修、苏颂三十世孙苏启生纂修）记载，苏颂十八世孙苏永芳，字斯馨，号升闻，行大一，谱称大一公，邑庠生，明弘治年间始迁当江沙，即谱载润东一支。沙洲河流纵横，通行不便，苏永芳在住宅的西边河流上修筑了一座桥，称之为苏家桥。清雍正年间沙洲坍江，这座桥连同苏家老宅一起没入滔滔江水中，不过这支苏氏仍自称为润东苏家桥苏氏或当江沙苏家桥苏氏。坍江后，族人四散，主要居住在今镇江新区大路、大港以及隔江相望的扬中一带，还有多个支系外迁到南通、泰兴、金坛、靖江、武进、兴化、盐城、东台等邻近地区。

十二、镇江城南鹤林寺：苏颂曾与僧人惟晤同游，有诗

鹤林寺，始建于晋代，是一座古迹、典故甚多的名刹。苏颂曾与僧人惟晤同游鹤林寺，有《和惟晤师游鹤林寺寄颖长老》诗：“黄鹄山前古梵宫，参差楼殿倚岩中。群峰重叠围松径，三伏嬉游爱竹风。牛首禅宗怀马素，襄阳耆旧忆庞翁。长思胜会真幽适，谁使句婴不与同。”② 惟晤，字冲晦，金山寺高僧昙颖法嗣，工诗；颖长老，即昙颖。

---

① 蒋立群：《北宋科学家苏颂与镇江研究的重大发现》，《镇江市历史文化名城研究论文集》第12集，2011年3月12日。

② 北京大学古文献研究所编：《全宋诗》第10册，北京大学出版社，1999年，第6346－6349页。

十三、丹徒：苏颂之孙苏行冲任职地

苏行冲为苏嘉之子，据《嘉定镇江志》记载，绍兴元年（1131 年）任丹徒知县，后调任真州（今仪征），治迹不详。丹徒县署本在北固山下，苏行冲任丹徒知县时已迁至州署西面，即今镇江市区道署街一带。

另据《嘉定镇江志》记载，在镇江任职的还有苏颂玄孙、苏熹曾孙苏渭，任粮料院干办公事，为总领官之下属官。南宋在镇江设总领所，下辖粮料院、榷货务、大军仓、大军库、酒库等，主要负责军需物资供应。苏渭任干办公事时间及治迹均不详。

十四、扬中：苏颂后裔建百韵草堂遗址

除了大路苏家大院，苏颂后裔润东苏家桥苏氏还有多个支系居住在江中沙洲，苏颂三十世孙苏莲南就居住在永安洲（今属扬中市三茅街道）。苏莲南，又名仿周，字友白，号荷卿，是一位在当地很有名的士绅，他弃儒从商，开设烟店，生意做得有声有色，富而好文，尤善作诗，而且十分重视家族子弟的教育，在宅第旁边专门修建了百韵草堂，延请塾师授课。苏莲南还将自己的诗集取名《百韵草堂学吟草》，诗人解为幹作序。“百韵”之名，源自苏颂所著“百韵诗”。① 苏颂持家以孝、治事以公，奉行耕读为本、诗礼传家，致仕寓居镇江后，为了更好地教育子孙，他追忆平生，总结一生遭遇得失，撰写了家训诗《感事述怀诗》，这组诗五言百韵，故又称“百韵诗”，其中附有大量自注，涉及苏颂葬父京口、移居镇江等诸多史实，是研究苏颂生平及其家族历史的最重要、最可靠的资料。百韵草堂今不存，具体地址待考。

十五、丹阳：苏颂之子苏京、苏携及曾孙苏忠规任职地，留有祭祀苏颂的三贤堂

据方志记载，苏颂子苏京、曾孙苏忠规（丹阳旧志误作苏颂之孙）先

① 解为幹：《苏君荷卿百韵草堂诗序》，《润东苏氏重修族谱》卷四。

后任丹阳知县，苏颂另一子苏携曾任丹阳县丞，三人因治绩颇佳，口碑不错，一齐被列入丹阳名宦祠崇祀。

苏京，字世美，苏轼在哀词中称他“达于从政，敏而廉”，绍圣年间出任丹阳知县，值年旱，募民疏浚练湖，易置斗门，以湖蓄水，供济漕渠和灌溉，公私兼便。苏京曾建寿堂于县署内，迎养父亲苏颂于此，苏颂逝世后，改为三贤堂，祀苏颂、陈东、苏庠三人，后迁县治东县学内，改为众贤堂。① 丹阳县学旧址为今省丹阳中学，众贤堂遗址为现省丹阳中学图书馆。②

苏携，字季升，任丹阳县丞，遇县令出缺，一度代理县事，期间岁饥，他不理会上司的刁难，再三请求下拔粮米赈济，并亲自监督分发，全活灾民无数。苏携代理丹阳县事期间还为民办了一件大好事，当时高丽入贡使者，来往声势浩大，如何接待好使臣和为他们准备礼品成了当地士绅的头疼事，民不堪其扰，苏携上报有司，改变接待方式，由官府单独出面招待，使百姓免于其扰。

苏忠规，苏驷之孙，苏颂曾孙，绍兴十八年（1148 年）任丹阳知县，明隆庆《丹阳县志》称其“多伟绩，可谓无忝厥祖矣”。

苏颂本人则被丹阳旧志列入“乡贤”，很显然是把他视作丹阳人了，乾隆《丹阳县志》还记载了苏颂父苏绅墓，并称“旧志失其地，绅葬丹阳，其子颂因徙居守墓”。③ 令人疑惑的是，在镇江府志、丹徒县志和苏颂及其子孙著述中有明确记载的苏绅墓怎么成了“旧志失其地”呢？丹阳旧志编纂者为什么这么“笃定”认为苏颂就是丹阳人呢？这恐怕与《宋史》的记载和苏颂本人的自述有关。

《宋史》苏颂本传载：苏颂父绅葬润州丹阳，因徙居之。苏颂本人在题跋中也自署“丹阳苏某”（见《题右军帖》）、“丹阳苏子容”（见《题维摩像》）、“丹阳苏颂子容”（见《题欧阳修书简后》）④。苏颂《感事述怀

① 马豸，等：《隆庆丹阳县志》卷四。

② 蒋国清：《古运河畔千年学宫》，《京江晚报》，2020 年 9 月 12 日。

③ 凌焯，等：《光绪重修丹阳县志》卷一二。

④ 曾枣庄、刘琳主编：《全宋文》第 61 册，上海辞书出版社、安徽教育出版社，2006 年，第 357 - 366 页。

诗》自注："谋居郡中，占丹阳为乡里"①。如此看来，史书有记载，与本人自述也对得上，苏颂为丹阳人似乎是板上钉钉的事。不过，我们不要忽略了这样一个事实：唐代一度改润州为丹阳郡，后人因此往往以丹阳代指润州或润州州治（即今镇江市区），宋人笔下的丹阳，很多时候并不是指润州下辖的丹阳县（今丹阳市），如沈辽《龙游寺宴堂记》称："金山在扬子江中流，南直蒜山渡，视丹阳城下，人物皆可识。"② 这个"丹阳城"显然指的是润州州治，即今镇江城，丹阳旧志编纂者不明就里，将曾短暂居住丹阳、有较大文化影响的名人苏颂列为乡贤，勉强说得过去，但是将其父苏绅墓载入、并自注"旧志失其地"，则纯属画蛇添足之举了，苏绅墓在润州城东京岘山、苏颂故宅在润州城南，无论是苏颂著作还是镇江府志、丹徒县志均有记载，可为互证，今人不能不察。

最后说一说苏颂的里籍。关于苏颂里籍的分歧，由来已久，至少有同安、南安、丹阳、晋江四种说法。《宋史》"苏颂传"称他为南安人，可能是因为同安本为南安县地，其实有误，同安县早在南唐时就从南安析出单独设县了。管成学教授经多方考证后认为，苏颂的里籍应定为同安③，最有力的证据就是苏颂本人的叙述，苏颂在为叔父苏绎撰写的墓志铭提到，其曾祖苏益，自固始从王潮入闽，为泉州同安人（今厦门市同安区）。④

里和籍本来是两个概念，里为故里，籍为户籍，如苏颂叔父苏绎"占数"景陵，苏颂玄孙苏泂落籍山阴，另一玄孙苏汉，南宋庆元二年（1196年）以镇江籍登进士第，但是古人有时又往往混用，加上迁徙、行政区划调整等原因，因而要搞清楚古人的里籍，有时是一件很困难的事情。明清两代十分重视乡土教育，不少名人从家祠被"请"进了乡贤祠，对涵养人文精神、培植淳朴乡风起到了积极作用，同时也带来了一个问题，就是各地争抢名人，有的地方或根据传说，或根据史传的含糊记述，有的甚至不惜以造假墓来"坐实"名人的归属，从而给今人留下了一个个无厘头的笔

---

① 苏颂：《感事述怀诗》，北京大学古文献研究所编《全宋诗》第10册，北京大学出版社，1999年，第6341—6345页。

② 曾枣庄、刘琳主编：《全宋文》第79册，上海辞书出版社、安徽教育出版社，2006年，第194页。

③ 管成学：《论苏颂里籍应为何处》，管成学、邓明鲁主编《论苏颂与〈本草图经〉》，吉林科学技术出版社，2012年，第1－8页。

④ 苏颂：《叔父卫尉寺丞景陵府君墓志铭》，曾枣庄、刘琳主编《全宋文》第62册，上海辞书出版社、安徽教育出版社，2006年，第168－170页。

墨官司，苏颂的里籍之争恐怕就是其中的一个。

苏颂《感事述怀诗》有“先畴闽岭遥，寓舍京口近”之句①，《七弟示诗后又改缘字为川字因再次韵》一诗中也有”思亲乐京口，怀土限闽川”之句②，这些都再清楚不过地表明，苏颂以福建为故乡，以京口（今镇江）为守墓寓居之地。

① 苏颂：《感事述怀诗》，北京大学古文献研究所编《全宋诗》第10册，北京大学出版社，1999年，第6341－6345页。

② 北京大学古文献研究所编：《全宋诗》第10册，北京大学出版社，1999年，第6410－6411页。

附录四

镇江五州山及其寺院演变、历史名僧

——兼记苏颂家寺的前延后续

张大华

我先后在镇江市政府办公室、旅游局、民族宗教事务局工作。从开始建设润扬长江大桥起，我们就组成课题组，研究如何利用大桥通车后的有利条件，保护和开发五州山地区的自然、人文资源，发展镇江西区的旅游事业。参加课题组的主要有蒋立群①、周建华、刘朝宽、张培寅、魏洁、窦启荣等，各位专家都写出了相关专题研究报告，最后形成课题报告，被收录在2002年出版的《镇江历史文化名城研究论文集》第三辑中。此后20年，我一直没有停止对五州山、净因寺和苏颂的研究，并得到了各方面专家学者的支持。中国人民大学博导、古汉语专家韩陈其教授审定了我点校的明代《重建五州山因胜寺碑记》。润州区原蒋乔文化站站长刘朝宽先生把他点校的《鼎建翠岩禅室碑记》提供给我收入本文。在此向所有对本文做出贡献的专家学者致谢！

一、五州山概况

五州山位于镇江市润州区蒋乔社区乔家门，山高306米，是镇江城内的最高峰，是从城西眺望镇江大江风貌和城市山林的绝佳地点。

五州山是古代镇江一处旅游胜地，是登高远眺的好地方，不登五州山

---

① 蒋力群（1952—2018）先生生前是镇江市科学技术信息研究所情报研究室主任、副研究馆员，是镇江最早研究苏颂的学者，他于2018年9月突然病故，在此予以哀悼。

就不知镇江江山之壮美。在镇江城内的北固山、金山、焦山、南山都可以欣赏到镇江的大江风貌和城市山林，但由于观景角度不同，观察效果殊异。金山宜远眺，焦山宜平观，北固山宜俯瞰，南山宜环视。在这些山上看到的都是局部美景，而登上五州山，放眼望去，长江的壮阔，江天的壮丽，镇江城市山林的秀美，一览无余，令人陶醉。现在润扬大桥早已建成，金秋时节，五州山是领略镇江江、山、城、桥全貌的最佳观景地点。

五州山山名的来历，现存最早的镇江地方志《嘉定镇江志》称：山名不知何时始。前辈多以为登山之绝顶能望五州，而能望的惟真、扬、昇、润四州，并无五州。独《文选》载颜延之《车驾幸京口三月三日侍游曲阿后湖作》诗开头四句云："虞风载帝狩，夏谚颂王游。春方动辰驾，望幸倾五州。"该志对"望幸倾五州"句的注释是："九州之地，宋得其五，五州之人，倾心望帝临幸。"这个注释引用的是吕延济的五臣注本《昭明文选》，而在李善注的六臣注本《昭明文选》中，也有关于五州的注释，内容是："《尚书》有十二州，宋得其七，故北境云五州。"①《嘉定镇江志》最后的结论是："一名二义，当两存之。"比较这两个释义，我们觉得后一条阐释更为准确，即晋宋年间，淮北流民寓居江左，疑五州之民居此山左右，倾心望帝临幸，因而得名。

经过考证，一般以为，所谓"登绝顶能望五州"说难以成立。不仅因为在这里看不到五州，而且志书列举的四个州中，润州、昇州、真州是隋、唐时才先后首用的。四个州中有三个还没有，说明在南朝梁代有"登绝顶能望五州"之说，是经不起推敲的。

镇江是"六朝"重镇，南朝时的"五州"是指北方领地，因此，颜延年的"望幸倾五州"诗句，是五州山山名的源头。丹阳杨再年先生考证：颜延之诗作于南朝宋元嘉二十六年（449 年）三月三日（上巳节），中书侍郎颜延之从宋文帝刘义隆幸京口、游曲阿。江苏大学吴晓峰教授查阅《昭明文选》，其中有三篇诗文写到"五州"。这三篇的作者中，颜延之是南朝宋时人，王元长、任彦升是南朝齐时人。可见，在《文选》诗文中，颜延年是最早用"五州"一词的。

又据《江苏史纲·古代卷》载，从西晋永嘉之乱起，到南朝宋武帝刘裕卒后一段时间止，即从 308 年开始到 424 年以前，先后发生过五次北人

---

① 镇江市史志办公室编：《嘉定镇江志》，江苏大学出版社，2014 年，第 50 页。

南迁，南迁人数 90 万（包括聚居在山东境内未到长江流域和过江后继续南进到闽、广一带的），占当时政府领有人口 540 万的六分之一；按《晋书·地理志》记载，北方诸州及徐州之淮北共有户数约 141 万，以每户 5 口计，共有人口 700 余万，则占近八分之一。其中南迁到今江苏境内（时为徐、扬二州）的 26 万人，90% 是南渡到南徐州（州治京口，今镇江市）。南徐州总人口 42 万，其中南迁来的 22 万，本地居民 20 万，外来移民超过本地居民。

迁居者中，有官员，有士族，有黎民百姓。他们不忘北境故土，期望南北统一，《嘉定镇江志》所说，他们被安置在“五州山”周围。在他们没有居住到这里时，民间传说的山名叫五老山，因为这些北方五州的移民居住在山周围，因而改名为“五州山”。在清代《江南通志》卷一三“山川·镇江府”中，对五州山的释义是：五州山在府西三十里，晋永嘉后幽、冀、青、并、兖五州之人流寓京口，故颜延之《车驾幸京口》诗云“望幸倾五州”疑山名缘起于此。

五州山山势雄伟，绵延起伏，林木繁茂，紫竹丛生，茶树成片，兼有怪石、云山、溶洞、清泉之美，是目前镇江市内生态环境保护最完整的一块宝地。暮秋时节，登上五州山，薄雾散尽，蓝天一碧，遍山是黄得耀眼、红得醉人的秋叶，秀雅、清新、幽深。

五州山有翠岩禅茶和千尺井水两大特产。翠岩禅茶又称五州云雾茶，据明、清《丹徒县志》记载，徒邑迤西诸山皆产茶，五州山出者尤佳，名云雾茶；惟翠岩室前茶树茂盛，此茶作贡品进京。改革开放后，五州山茶场出产的“金山翠芽”，多次在全国名茶评比中获得金银奖，1998 年被农业部授予“全国名茶”称号。千尺井位于今净因寺内，井水清醇甘洌，水量充沛，常年不涸，饮之有神清气爽之感。过去当地老百姓每逢春节，都要上山挑一担千尺井水回家以作待客之用。

二、从西晋因胜寺至今净因寺的历史演变

五州山的佛寺从古到今变化很大。据江苏省、镇江市政协文史委和镇江市民族宗教事务局合编的《镇江宗教》记载，镇江五州山的因胜寺，建于西晋永熙元年（290 年），梁武帝曾到此游历。这一记载，在寺院明代碑文和《光绪丹徒县志》中得到证实。这说明五州山因胜寺建寺时间晚于焦

山定慧寺（194 年），略早于金山江天寺（322 年），距今有1700 多年历史。在唐代妙喜寺，后遭火焚毁。宋神宗熙宁年间（1068—1078 年）赐寺名“显慈寺”，哲宗元祐六年（1091 年），应丞相苏颂之请，哲宗亲赐寺名“因胜报亲禅院”。到了明代，再回建五州山，仍名因胜寺。明末清初，叫翠岩禅室。清乾隆十六年（1752 年），乾隆帝赐“净因寺”匾额。

历史上鼎盛时的净因寺规模宏大，除传统规制的天王殿、大雄宝殿、藏经楼外，还有天衣堂、偃月庐、弥勒阁、翠岩室、涌泉庵、普同塔院、苏颂祠等，此外还有观日亭、卧云亭、卓锡泉、虎跑泉、夕听泉、木棋墩、义女碑、千尺井、梁武帝辇道等景观。

历代文化名人与净因寺也有广泛联系。苏东坡曾到过显慈寺，并题写了“卧看沧江”匾额，并为一处泉水题写了“夕听流泉”泉名。黄庭坚为因胜报亲禅院题写《开堂疏》石刻，米芾在这块碑上有题跋。被喻为“本朝第一”的清初书画家、御史笪重光，曾隐居寺院读书，并为翠岩禅室题写匾额。清代京江画派主要画家周镐所作的《京江二十四景》中，“五州积雪”便是其中一景。

清代中期，净因寺曾发生过一场大火，由此从鼎盛走向衰败。太平天国战争时，这里是镇江攻防战的主战场，清军主要战将、时任江南大营帮办、江苏巡抚的吉尔杭阿即战死在这里。抗日战争时，这里是镇江到南京的交通要道，在韦岗战斗后的1939 年冬，日军放火烧毁了寺院。到1949 年，这里已经残破不堪。1958 年“大跃进”时，寺院被拆除，明清时作为古寺标志的古树名木，悉数被砍去作大炼钢铁的燃料。但寺院建筑遗址、遗迹基本可循。20 世纪 90 年代末，在原遗址上恢复建设了净因寺，2017 年寺院被评为江苏省四星级宗教活动场所。

五州山及周边地区的民间故事传说比较丰富，流传较广的有：乔家门来历的传说；韩世忠在山北的黄天荡大战金兀术的传说；杜十娘在五州山北面长江怒沉百宝箱的传说；乾隆南巡时和珅与刘墉斗诗的传说；等等。

五州山、长山一带是镇江古代名人墓葬最集中的地方。据地方文献统计，这里有宋、明、清三代位列封疆大吏、朝廷重臣以上的名人墓葬近30 处。其中北宋宰相、大科学家苏颂的墓“在五州山东北阜”（碑文上写的是“东北阜”，地方志写的是“北阜”，《中国科学技术史・人物卷》苏颂篇中从”东北阜”说）；宋代著名词人、苏州沧浪亭建造者苏舜钦的墓在檀山石门村；北宋宰相陈升之墓和京口转运使、苏舜钦弟弟苏舜元的墓在山下；宋左丞王存的墓在山西的仙凤里；明代大学士杨一清的墓在五州山西阜；《老残游记》作者刘鹗父亲刘成忠的墓在五州山西阜；现代著名桥梁专家茅以升祖父的墓在嶂山村。

三、记录五州山寺院的两篇碑文

五州山建寺1700多年以来，经历了多次毁建，见之于现存史料的，仅宋代以来至少有10次，即宋建炎间遭兵火，徙于山下；元初寺废；元至正间遭火毁，僧玄炫重建；明洪武年复毁，僧宣德重建；明成化间僧戒秀重建，丞相杨一清有记；明万历冶净重建，曹廷杰有碑记；明崇祯末兵毁，僧剖玉重建（《乾隆镇江府志》记载的剖玉与何絜碑所记慈舟是不是一个人，有待查证）；明末清初慈舟禅师重建，何絜有记；清太平天国间寺毁，同治七年，僧晓初重建；近代抗日战争中被日本人烧毁，直到20世纪90年代末常修法师来山重建。由于寺院毁建频繁，所以现在保存完整的两篇碑文，对了解寺院历史就显得十分珍贵。这两块碑文，一块是明代万历年间曹廷杰所撰的《重建五州山因胜寺碑记》，一块是清代康熙十七年何絜撰写的《鼎建翠岩禅室碑记》。

1.《重建五州山因胜寺碑记》

明代曹廷杰所撰的《重建五州山因胜寺碑记》，石碑已经不存，但碑文被收录在《乾隆镇江府志》卷四六和《光绪丹徒县志》卷五五。这篇碑文记录了五州山寺“起晋永熙中”，并被后来的《光绪丹徒县志》采用；同时它还记录了翠岩禅师住持过寺院的史实。下面是点校过的全文：

> 润之山，自高骊支分金陵，涌叠而东，为曹王山、为长山。自分牛冈北忽突起，矗为九峰如飞龙，是为五州。望之谽谺嵂崒，入其中又甚平彝空旷，而扬而真而通而泰，四州皆在望，而吾润固又在指顾间，故曰五州云。
>
> 山旧有寺，曰因胜，起晋永熙中，扩于齐梁，更唐宋俱称名刹。有石桥、水陆堂、白衣、大雄、天王殿。由殿而陟，有岭若鸱蹲。岭而降有洞，洞中晏坐可二十余人，夜时闻猛兽怒嗥。洞左有墩，曰木棋墩。由墩蜿蜒而下，可数百步许，有卓锡泉，泉甚深。一曰千尺井，井甃万佛，又曰万佛井。山生兰蕙，每岁春，莔蓿葱菁，红翠万状。

翠岩真禅师尝栖隐于此。宋丞相张商英问机，禅师曰："野僧迎客下烟岚，试问如何是翠岩?"禅师随应之曰："门径横岩千尺井，石桥分水绕松杉。"丞相叹异之。宋末兵燹频仍，寺僧散，殿宇灰烬，山魈栖号，而千载琳宫，一旦销歇。游人徘徊其上，往往叹息而去。樵夫牧竖，时见神蟒戴巨冠，来往盘旋卓锡泉下；又见关武安王，时手大刀环步废殿左右。知是山寻当再兴矣。

万历辛亥岁终，终南山智公来，周览形胜，悟法藏轮回，遂自誓建兴。是日僧数人见岭上群白牛乍隐现，若卧若起状。智公乃为披荆棘、犯霜雾，露坐山顶十八昼夜，蛇虺豺虎魑魅悉潜遁，夜有物纷纷藉藉于侧，旦忽地藏像一极庄严置地上。智公曰："异哉！神鉴我矣。"郡人笪某何某刘某曹某捐给地以助兴建。智公删芜削阻，聚石鸠工，不日成精舍三间。阅岁元（玄）黓，益广规模，载岁昭阳，遂成绮错，广殿崇台，高廊密室，悬墀铅砌，华榱璧榱，焕然旭然，鳞鳞烂烂。时当上巳，召彼都人，冠盖云从，簪裳雾涌，承崖依水，扶携叟童，缘谷被山，驰驱舆马。盖幸丛林之久颓而再振，嘉高僧之宏力而广慈也。

予窃闻之智公居终南山时，精修贝叶，令誉播闻。时在戊申，有诏博延名僧集五台，焚修法戒，祝厘圣母。是时，智公应诏，事竣褒异，特赐袈裟，上绣千佛。非常荣遇，智公视之平平。盖由智公操修坚白，故愿誓易副若此也。宜刻诸石，以著厥美。而系以诗，乃作诗曰："峨峨崇山，作镇润西。大江汤汤，爰止其湄。若我往矣，草莽猕猕。今我登焉，金碧辉辉。问谁为此，终南智师。智师来斯，神人焉依。"

2.《鼎建翠岩禅石碑记》

生活在清代康熙、乾隆年间的镇江诸生何絜，曾参加撰修《江南通志》和《乾隆镇江府志》，他于康熙十七年（1678 年）撰写的《鼎建翠岩禅石碑记》，现完整保存在净因寺，记录了慈舟禅师重建翠岩禅室和涌泉庵过程、规模、寺田数量和八条寺规。现在这块碑漫漶严重，碑文没有见诸任何史料。为保存历史，现将刘朝宽①先生依据颜氏丙子抄本校石标点的

① 刘朝宽先生担任镇江市润州区蒋乔文化站站长 30 多年，在民间文化、地域文化研究推广方面成绩卓著，2005 年被国家人社部、文化部评为全国先进文化工作者，2010 年被中宣部命名为"中国好人"。

《鼎建翠岩禅室碑记》碑文收录如下（文中打“□”处为损缺、漫漶不清字；八条寺规原无编号，为便于阅读加上了序号）：

古有高僧翠岩者，盖尝隐居五州山。云练川慈舟大师，幼未读书，忽矢愿为僧，从三峰学，年甫廿二，得深悟释氏宗旨，诸内典箓，无不窥究奥杳。间作诗，亦甚隽永，然不多示人，一时海内缁流，咸尊礼之。喜静修，不逐□名。年二十四，来结茅山中——苏子瞻题“卧看沧江”处也，日采樵自给。未几，有郡人买山及田奉大师为静室。大师徒跣肩担，市薪易木，一椽一础，皆自负荷。辟荆榛，开山奠室，址去结茅处数百武，而西枕山顶，为佛殿三楹。殿中肖香木佛像，侧肖大悲观音像。左小阁三楹，右如之，阁上香像三。两庑各三楹，奉韦驮与汉关侯像。前对佛殿者，为大士殿三楹，奉大士像。左山门，门左为厨房，右为客堂三楹，浴室、杵臼杂作室、厕室皆列右。庑后门外，拓蔬圃二，四围竹树蓊荟。胼胝几四十年乃告成功，名之曰“翠岩室”，志古高僧也。释氏之徒谓□道，为授衣。有欲授大师衣者，屡笑而避之。先君子山居近二十年，敬事大师，絜时时省侍。先君子既爱其山之嶙峋而幽荡，水之甘醇而澄冽，更爱大师之为人，有类乎此山此水之能引人于无穷。喟然叹近世禅风之衰，稍稍采释氏书，剽掠古人数语，或能援笔作字数行，勉为诗数句，辄拟为人师，召号僧众，执拂登坛，南面高坐，僧众跪拜其下，诩诩自号于人曰：“吾道在，固然衣帛披锦，传食五方。”不再传而其□荡□坏败，遗模不善，无所景从，以视大师为何等也！大师生平维布衣草履，今年七十有一，退藏涌泉庵，又已十有余年，犹冬夏躬耕，春秋樵薪，自食其力如二十时不少衰。尝与其徒言曰：“古人怀道而隐居，其在《衡门》之诗有云：‘泌之洋洋，可以乐饥’；在《伐檀》之诗有云：‘不稼不穑，胡取禾三百廛兮？’我辈弃家学道，不能淡漠明志，无功于世而素餐于人，仰望古先，宁无愧于心乎？”且虑躬自创筑，后人或不善守，因著规训八则，并山与田数，属絜为记，镌于石，以垂告于永永。凡其及门若、瞿、长、元公，蠲赀襄力以缉造，功为多。而超一性公、自牧仁公、得髓可公、三撼俯公、不移智公、涤尘洁公、得度挠公、通源逵公、道源信公、赐谷杲公、证心彻公，并有功于斯室，例皆得附书于末，因告后之居此室者。

慈大师训条于左：

一、翠岩、涌泉合一，恐易坏败，今虽判而为二，毋得两相侵损。因涌泉系是田庄，须受翠岩稽查。倘有废弛或不守法，并听翠岩主持、诸护法、檀越公同别立有道德者居之。至两处修粮，照数早完，不许混乱牵累。

二、孝敬师长，不可纤毫忽略。无巨细，务先禀白，慎毋放肆自专。

三、叔侄兄弟间贵以和，相接尤贵以严正相辅，是曰是，非曰非，慎毋暗相侵构，以生衅端。

四、抚诸卑幼，须令早起晏眠。课程毕则协理常住诸务，董以百文规绳，重廉耻，尊礼义，精修日进，慎毋上下私庇，养成匪材，以遗玷清规。

五、建庵本为潜养道德，断当视为公器，慎毋倚势生□□汲□，为后代计，以自随恶业。

六、收蓄徒众，礼宜先白师长。纵其父兄请求，本人亦自愿披缁，仍令在山住满三年，果是真实修行之人，方许剃度。幼小在二十岁内者，概不许留。

七、山居自当节俭，待客概以五果五菜为率，切勿侈费，以滋罪过。

八、同居聚首，须互相警策，真参实学莫虚。天赋灵明，至若忤逆师长，造生诽谤，盗取常住，不告而逃者，永不许再入山门。

住持之要，古有明训，今所立规例八则，实以防衰杜弊，永宜遵守，毋违师教。有故犯者，罚不轻宥；梗不受罚者，集众鸣鼓，摈出不许再入。

计开：翠岩、涌泉二处，共山塘壹佰伍拾捌亩陆分零柒毫；田叁拾玖亩柒分贰厘叁毫；地壹拾柒亩壹分叁厘贰毫。

时：大清康熙十七年岁次戊午孟春月上浣日樵山人何絜谨撰

剃度弟子上果、上智、上俯、上元、上彻仝立石

四、宋代高僧翠岩禅师

历史上住持净因寺的僧人，据现有史料记载，有宋代翠岩可真①禅师，元代的玄（一作悬）炫，明代宣德、戒秀、冶净、剖玉、灯传②，清代慈舟、晓初等。在这些僧人中，在佛教史上有记载的名僧是翠岩可真禅师，佛教禅宗正史《五灯会元》《禅林宝训》《续传灯录》都记有他的事迹，这些著作都被收录在佛教经典《大藏经》中。

综合成书于南宋的《五灯会元》卷一二、《禅林宝训》卷一和成书于明代的《续传灯录》卷七记载，翠岩可真禅师是福州人，年轻时曾参访禅宗泰斗石霜慈明禅师，成为他的嗣法弟子。又因到荆州金銮寺结夏安居，与石霜慈明禅师的得意弟子善侍者结为好友。年轻时，翠岩禅师以石霜慈明禅师嗣法弟子自负，目空一切，闹出了许多记录在禅宗史上的公案。翠岩禅师悟道后，以“爽气逸出机辩迅捷”③ 而闻名禅林，以至“丛林惮之”。翠岩禅师一生撰写了大量有深刻哲理的诗文，其中在佛教史上产生重大影响的是《警僧铭》④，全文如下：

凡一披缁，便非庸类。岂可泛常，仅同俗辈。
立志立心，宜勇宜锐。进道进德，克精克励。
处众处独，宜韬宜晦。埋光埋名，养智养慧。
随动随静，忘外忘内。离圣离凡，拔群拔萃。
一粥一饭，信施信馈。饱享饱餐，须惭须愧。
勿效庸僧，成群逐队。说张说李，杂痴杂秽。
争是争非，夸能夸会。本性本真，尽盲尽昧。

---

① 光绪《丹徒县志》卷四五中有“五州翠岩令参永明禅师”的记录。这应该是张冠李戴的错误记录。翠岩令参永明（907—975 年）禅师是唐末五代人，这在《五灯会元》卷七中有记载，他住持的寺院宁波翠岩寺今已不存。明代曹廷杰的碑记中，准确记载与张商英斗禅诗的是“翠岩真禅师”。

② 光绪《丹徒县志》卷四五记载：“五州翠岩灯传晖禅师，娄东王氏子，参硕揆禅师得法，出住翠岩。上堂（有偈语）：提起无半字，放下有多般；自从循迹云深处，绝无一语到人间。”

③ 《续传灯录》卷七，《大正藏》卷五一，第 507 页。

④ 源于 2012 年 03 月 29 日凤凰网佛教频道。

凡戒凡律，或犯或背。虚朝虚暮，丧月丧岁。

可悲可怜，必沉必坠。常警常惺，灭殃灭罪。

《警僧铭》从进道修身、为人处世和持戒修福等方面，提出了作为合格僧人的标准和修行方向，告诫僧人应进德修道、精勤用功，韬光养晦、超凡脱俗，珍惜信施、不论人非，严持戒律、不虚度日，以作人天师表。

翠岩禅师住持净因寺的具体时间已经无法确定，但从他与宋代著名护法丞相张商英（1043—1121 年）留下的斗禅诗推测，他住持净因寺是在北宋末年。因为张商英生活的年代是北宋末，并且张商英信佛崇佛是在中年以后。张商英到净因寺的时间，应该是在宋哲宗（1086—1100 年在位）初年任职江淮荆浙等路发运使和在大观四年（1110 年）出任杭州太守之间。在这一期间，张商英还到过金山寺，在《金山志》中收有他的《裴公洞》① 诗。

翠岩禅师与张商英斗禅诗的史实，主要记录在明代曹廷杰的《重建五州山因胜寺碑记》和《大清一统志》中。《重建五州山因胜寺碑记》记载："宋丞相张商英问机，禅师曰：'野僧迎客下烟岚，试问如何是翠岩？'禅师随应之曰：'门径横岩千尺井，石桥分水绕松杉。'丞相叹异之。"在《大清一统志》卷六二中，十分肯定地说，净因寺是他们斗诗的地方："卓锡泉在丹徒县五州山，泉甚深。一曰千尺井，井甃万佛，又曰万佛井。泉流山下汇为溪，澄泓不竭。土人名曰夕溪。宋翠岩禅师答丞相张商英机偈：'门对悬崖千尺井，石桥分水绕松杉。'即此。"《大清一统志》是清代官修地理总志，从清康熙二十五年（1686 年）至道光二十二年（1842 年），前后编辑过三部，即《康熙大清一统志》《乾隆大清一统志》《嘉庆重修一统志》，史实经过了千锤百炼，其价值和重要性，超过历史上任何一部地理总志，它的记载无疑是可信的。

---

① 张商英的《裴公洞》诗收录在清代卢见曾编《金山志》卷六，全诗为："中间石室安禅地，盖代功名不易磨。白蟒化龙归海去，岩中留下老头陀。"

附录五

镇江地方典籍对“净因寺”的记载

张大华摘录

一、宋《嘉定镇江志》

卷八：

因胜报亲院，在府治之南三里。唐大中六年建，曰妙喜寺；南唐曰慈云；宋朝改因胜。元祐中，苏颂拜尚书左丞，请为功德院，乞以“因胜报亲禅院”为额。壁间有集贤学士黄庭坚《开堂疏》石刻云：“因胜得名旧矣，报亲自天锡之。”又云：“瓶水炉香，终借松楸之润；晓猿夜鹤，将从杖履之游。”礼部郎米芾跋。

卷八：

显慈院，在五州山。熙宁癸丑，故相陈升之再入元枢，建守坟院，请于朝，赐今额。寺旧在山之腹，升之手自裁定。曾文肃布与客王律曾游，有诗，并见《京口集》。注云：“日观卧云，山中绝景。建炎兵火，寺徙于山下，非丞相自定旧基。”

另卷七：

故相秀国公陈升之祠，在五州山寺。

故相魏国公苏颂祠，在因胜报亲寺。

二、元《至顺镇江志》

卷九：

因胜寺，在府治之南三里。唐大中六年建，曰“妙喜”，南唐曰“慈云”。宋元祐中，尚书左丞苏颂请为功德院，遂名因胜报亲院。（苏颂拜尚书左丞，请为功德院，乞以“因胜报亲禅院”为额。壁间有集贤学士黄庭坚《开堂疏》石刻，详见“杂录”）咸淳重修（通判陈应新为之记，石刻在佛殿侧）。寺门外有石羊，今不知所在（事见“杂录”门）。

卷九：

显慈寺在五州山。宋熙宁中建，丞相陈升之守坟院也（熙宁乙丑，升之再入为元枢时，建此寺，因请赐额）。其登眺之所曰观日、曰卧云，当时为山中绝景。建炎间，徙山下。归附后，田地为子孙所取，寺因废。

三、明《万历重修镇江府志》

卷三三：

因胜寺在虎踞门内，唐大中六年建。初曰“妙喜”，南唐曰“慈云”。宋元祐中，苏右丞请为功德院，遂名因胜报亲院。壁有集贤学士黄庭坚开堂疏石刻及米芾跋。宋咸淳间重修，通判程应新记。素有石羊，久失所在。元至正间厄于火，僧玄炫少复旧规。国朝洪武中复毁。宣德末重建。成化间，僧戒秀重修。副使杨一清记。

显慈寺在五州山，宋熙宁中建，陈丞相升之守墓院也。其登眺之所曰观日，曰卧云。建炎间，徙山下，曾布有诗。今废。

四、清乾隆《江南通志》

卷四五：

因胜寺在府城西二十五里五州山，梁武帝尝游此，辇道尚存。宋熙宁中为显慈寺，元祐中为因胜报亲院。后废。明万历间复建。

五、清《乾隆镇江府志》

卷二〇：

因胜寺在城西二十五里五州山。梁时山中有寺，武帝曾游幸焉，辇道尚存。宋熙宁中陈丞相升之葬亲于此，建寺曰显慈。其登眺之所曰观日，曰卧云。苏轼题其亭曰：卧看沧江；题其泉曰：夕听流泉。建炎间，徙山下，后废。先是虎踞门内有唐大中六年建寺，曰妙喜，宋元祐中，苏右丞颂请为功德院，遂名因胜报亲院（寺内旧有黄庭坚开堂疏石刻，米芾跋）。寺有石羊（后失所在）。元至正间毁，僧玄炫复建。明洪武又毁，成化时，僧戒秀重建（杨一清有记）。寻废，万历间有北僧冶净来山结茅独居，郡刘、笪、何、曹四姓为市山创建，因移城中因胜旧额于寺，规制宏敞，有普同塔院、千尺井、陈元素金刚经偈，曹廷杰记。崇祯末兵毁其殿，后禅僧剖玉主寺，开丛林，继以克初更构大殿。克初逝，僧郎真继之。

六、清《光绪丹徒县志》

卷二：

五州山在城西二十五里，《文选》颜延之“侍游曲阿后湖”诗：“望幸倾五州。”注：九州之地，宋得其五，或谓山名以此，或云曾布诗：“海门西北望崇邱，绝顶参差见五州。”蔡肇诗：“西北崇丘望，培塿见五州。”谓登山望见五州地。旧志云，晋宋之间，淮北遗黎侨寓江左，疑五州之民居此山左右，故名。老人峰在山巅，天鹅洞在山上，木棋墩在山下，夕溪、卓锡泉、夕听泉、鹿跑泉、千尺井并在山下。日观、卧云二亭见宫室。

梁武帝辇道，相传武帝游此山，幸山寺，遗迹犹存。
显慈寺在山下，因胜寺在山下。
苏公题字、笪侍御题额。
宋秀国公陈升之墓在山下。
京口转运使苏舜元墓在山下。
司空苏颂墓在山北阜。
左丞蒋猷墓在山西阜。

卷六·寺观·因胜寺：

因胜寺在城西二十五里五州山麓，晋永熙中建。梁武帝尝游幸焉，辇道尚存。宋丞相陈升之葬其亲于山，建寺曰显慈。建炎间，徙山下（曾布有诗）。后废。先是虎踞门内，唐大中六年建寺，曰妙喜。宋元祐中，苏右丞颂请为功德院，遂名因胜报亲院（寺内旧有黄庭坚开堂疏石刻，米芾跋）。元至正间毁，玄炫复建。明洪武间又毁，成化间僧戒秀重建。杨一清有记。寻废。万历间，有僧冶净来山中结茅独居。郡人刘、笪、何、曹四姓为市山创建。因移城中因胜寺旧额于寺。国朝乾隆十六年，赐额净因寺。其登眺之所，曰观日，曰卧云。苏子瞻题其亭曰："卧看沧江。"泉曰："夕听流泉。"又有普同塔院、千尺井、天衣堂、偃月庐、弥勒阁、翠岩室（室内有笪重光读书楼，楼上有笪重光书"观自在"三字）。山上有天鹅洞、鹿跑泉（以上分见山水宫室古迹案，今亦毁于寇。唯御书墨宝，寺僧奉之出避，今尚存。同治七年，僧晓初重来结茅，以次建后殿三楹及天衣堂、偃月庐、僧房等屋，同住僧真监襄葺）。

卷一五·杂文·明：

明万历四十八年（1620 年）曹廷杰撰《重建五洲山因胜寺碑记》："旧有寺曰因胜，起晋永熙中，扩于齐梁，更唐宋俱称名刹。"

七、清《京口山水志》

卷七：

五州山在城西二十五里，《文选》颜延之"侍游曲阿后湖"诗："望幸倾五州"。曾布诗："海门西北起崇邶，绝顶参差见五州"。蔡肇诗："西升崇邶望，培塿见五州"，谓登山望见五州也。未知孰是。山生兰蕙及茶，其巅有老人峰、天鹅洞，下有木棋墩，又有苏轼书"卧看沧江，夕听流泉"八字。

梁武帝辇道，相传武帝曾至此山，遗迹犹存。因胜寺在山下，相传梁代建。

国朝乾隆十六年赐额"净因寺"。寺内旧有宋黄庭坚开堂疏石刻，米芾跋（见元《至顺镇江志》）。寺旁有翠岩室（宋有翠岩禅师居此山，故名。邑人笪重光书额）

鲍皇五州山因胜寺诗："山翠横秋冷四天，两峰平处一江悬，松阴无数当门黑，林虎时来白昼眠。"程梦湘晚过五州山翠岩室诗："路转千峰秀，溪回一径微。松阴乱人影，崖翠湿僧衣。樵逐白云返，钟和黄叶飞。东林月初上，习静坐忘机。"

宋秀国公陈升之墓在山下。

京口转运使苏舜元墓在山下。

司空苏颂墓在山北阜。

左丞王存墓在山西之仙风里。

尚书蒋猷墓在山西阜。

参考文献

［1］（宋）陈思编、（元）陈世隆补：《苏侍郎集》，《四库全书》，上海：上海古籍出版社，2003 年。

［2］（宋）李焘：《续资治通鉴长编》，北京：中华书局，1978 年。

［3］（宋）苏颂：《苏魏公文集》，王同策、管成学校点，北京：中华书局，1988 年。

［4］（宋）苏颂、苏象先：《魏公谭训》，《苏魏公文集》，北京：中华书局，2006 年。

［5］（宋）苏颂：《本草图经》，尚志钧辑佚，合肥：安徽科技出版社，1994 年。

［6］（宋）苏颂：《图经本草》，胡乃长、王致谱辑，福州：福建科技出版社，1988 年。

［7］（元）脱脱：《宋史》，北京：中华书局，1977 年。

［8］（宋）苏颂：《新仪象法要校注》，管成学、杨荣垓注释，长春：吉林文史出版社，1991 年。

［9］（明）毛晋：《魏公题跋》，《津逮秘书》十三集，汲古阁影印本，民国十年（1921 年）。

［10］颜中其、管成学：《新编苏氏大族谱》，长春：东北师大出版社，1994 年。

［11］管成学：《新编苏氏总族谱》，长春：东北师大出版社，2012 年。

［12］管成学、杨效雷：《苏缄史料汇编与评析》，长春：吉林文史出版社，2016 年。

［13］管成学、王兴文：《苏颂与〈魏公谭训〉研究》，长春：吉林文

史出版社，2015 年。

［14］管成学、王兴文：《苏颂评传》，长春：吉林文史出版社，2006 年。

［15］管成学、邓明鲁：《论苏颂与〈本草图经〉》，长春：吉林科技出版社，2012 年。

［16］苏颖、赵宏岩：《本草图经研究》，北京：人民卫生出版社，2011 年。

［17］刘仙州：《中国机械工程发明史》，北京：科学出版社，1962 年。

［18］李约瑟主编：《中国科学技术史》第三卷（天文数学分册），北京、上海：科学出版社、上海古籍出版社，2018 年。

［19］卢嘉锡主编，陈美东著：《中国科学技术史 · 天文卷》，北京：科学出版社，2003 年。

［20］庄添泉、洪辉星主编：《苏颂研究文集》，厦门：鹭江出版社，1993 年。

［21］管成学、杨荣垓：《苏颂与〈新仪象法要〉研究》，长春：吉林文史出版社，1991 年。

［22］［日］山田庆儿、土屋荣夫：《复原水运仪象台——十一世纪中国的天文观测计时塔》，日本新曜社，1997 年。

［23］管成学：《宋辽夏金元科学技术史》，长春：吉林科技出版社，1990 年。

［24］管成学、王兴文：《宋代科技文献研究》，兰州：兰州大学出版社，2006 年。

［25］管成学：《南宋科技史》，北京：人民出版社，2009 年。

［26］管成学：《苏颂水运仪象台复制与研究》，长春：吉林出版集团图书出版公司，2012 年。

后记

2019 年 12 月 30 日至 2020 年 1 月 2 日，我应中共镇江市委原书记钱永波之邀，与我的学生连和平在镇江市度过了愉快的三天。

2019 年 12 月 31 日，我们参加了钱永波书记、镇江高新经济技术开发区书记詹立风、原江苏省机械厅副厅长苏泽民等领导主持的苏颂祠复建工程奠基仪式。参加会议的还有镇江历史文化名城研究会王玉国副会长、为苏颂祠捐款的江阴企业家苏存章总经理、苏颂祠所在的镇江市净因寺住持常修法师等各界代表。世界苏姓宗亲总会待任会长苏建民和山东七河生物科技公司苏秮同董事长派世界苏姓宗亲总会副会长、山东苏秦文化研究中心常务副主任苏勇武参加了会议。

2020 年 1 月 1 日上午，王玉国副会长领我们参观了赛珍珠故居和纪念馆。下午，《京江晚报》副总编邱隆洪和记者马彦如就“苏颂千年华诞问题”对我进行了专题采访，全文见《京江晚报》。

1 月 2 日上午，应常修住持之邀，到净因寺与常修法师、原南京财经大学副校级调研员汤曙东商量复建苏颂祠和纪念馆展览内容及出版苏颂中医药书籍事宜。

下午，钱永波书记亲自陪我们参观了纪念文论家刘勰的南山文苑公园，又游览了金山寺、文宗阁四库全书藏书楼和王仁堪纪念馆。晚上，钱永波老书记、镇江市人大常委会副主任王萍、镇江历史文化名城研究会会长任振棣和副会长王玉国等在宾馆洽谈苏颂千年华诞在镇江如何弘扬苏颂精神。

这次与钱书记见面时，他提出联合撰写《苏颂精神长青》一书。书的主题思想是他提出的，全书分七章阐述是他设计的，七章都抓住了苏颂精神的核心问题。

我离开镇江的第二天，就在北京向苏颂学术研究会发布了撰写《苏颂精神长青》一书的信息。一批资深的苏颂研究者参加了此书的编撰工作。

天津师范大学历史文学院教授杨效雷博导，是苏颂学术研究会的第一批会员。1991 年学会成立后的第一本书《苏颂与〈本草图经〉研究》，他撰写了《〈本草图经〉医方述略》。我和杨荣垓教授的《苏颂与〈新仪象法要〉研究》一书，指出了李约瑟引译中国古代文献的错误，英文翻译与核对工作也由杨效雷完成。2011 年苏建民总裁资助的"苏颂原著丛书"，杨教授主编了《苏颂所撰碑铭题跋选集》。2015 年杨教授又主编了《魏公谭训校注》。他对苏颂的多数主要著作做过研究。所以，他是撰写苏颂《新仪象法要》和水运仪象台复制与研究部分内容最佳人选。

安徽报业集团的程启贵博士也是苏颂学术研究的早期开拓者，1991 年学会的第一本书他撰写了《苏颂是北宋科举革新派的代表人物》一文。1994 年他协助尚志钧先生出版了《本草图经》辑校本。1998 年他在《千古科坛话精英》一书中撰写了"苏颂的科技成就"。

杨效雷和程启贵是我在吉林大学古籍研究所带的第二期硕士研究生，毕业后跟随我参加了《中国科技古籍大辞典》《世界五千年科技故事丛书》《探索者的足迹》等科学史著作的撰写工作，负担了有关苏颂的内容。2019 年福建教育出版社与我签订《苏颂全集》出版合同。杨效雷负责《新仪象法要》的注释；程启贵又是《本草图经》的注释者和《嘉祐补注神农本草》的辑复者，他们是撰写苏颂有关医药成就的最佳人选。

南开大学历史文化学院的白新良博导也是苏颂学术研究的早期开拓者。他参加了苏颂学术研究会的成立大会。他是我和杨效雷父亲杨荣垓教授的挚友、杨效雷教授的博士导师。他应我之邀参加 2011 年"苏颂原著丛书"的编撰工作和 2015 年《魏公谭训》的校注工作，负责撰写"苏颂的家世源流"一章。

长春中医药大学的基本医学院院长、博导苏颖是苏颂学术研究会的待任理事长，她追随苏颂学术研究会的老会长、长春中医药大学校长、她的导师邓明鲁终身教授致力于《本草图经》研究，是目前成就最高的研究者。邓会长生前提出的研究苏氏三种医药著作，即《本草图经》《苏沈良方》和苏敬的《唐新修本草》，前两种她已经有研究专著出版。所以，她是撰写"《本草图终》的版本源流与学术价值"部分的最佳人选。

崔蓓是我们作者队伍中最年轻的一位。她领导苏州育龙科教设备有限公司的科研团队，复制了北京中国科技馆、厦门苏颂公园、开封历史博物馆的三个水运仪象台。他们的论文来自科学实验和水运仪象台的复制实践，具有特殊的学术价值。

苏颂研究会新任秘书长、吉林职业师范学院继续教育学院院长苏顺庭教授撰写了水运仪象台的机械传动研究专题。

刘庆是苏颂学术研究的后起之秀，他是中医药学的博士后，是济南解放军医院的中医科主任、主任医师。他购买了苏颂学术研究会的所有著作和苏颂的原著，认真研读这些著作，并与我深入交流。有些问题我很受启发和教益，就邀请他撰写“苏颂的家训诗和咏庄诗”一章。

连和平是我在吉林大学时的学生，又是苏颂和苏轼的崇拜者，每天沉浸在科学泰斗和文学巨星的书中，帮我做了很多文秘工作。

中共镇江市委原书记、镇江市历史文化名城研究会名誉会长钱永波为本书作序。镇江市历史文化名城研究会会员李德柱撰写了第一章中有关苏颂与镇江的内容。镇江市京江晚报副总编、镇江市历史文化名城研究会会员邱隆洪和张大华分别撰写了附录二、三和四、五。中共镇江市委常务、宣传部部长、统战部部长孙晓南，宣传部二级巡视员潘法强对本书的编著出版高度重视，安排了出版经费。镇江市历史文化名城研究会名誉会长李壮云、镇江市历史文化名城研究会会长任振棣和副会长王玉国为本书的出版做了大量的协调工作。

谨在本书付梓之际，向以上领导和同志们表示衷心的感谢。

管成学

2020 年日 8 月 2 日